**中国社会科学院学部委员专题文集**
ZHONGGUOSHEHUIKEXUEYUAN XUEBUWEIYUAN ZHUANTI WENJI

# 运行与调控

## 中国宏观经济研究

刘树成◎著

中国社会科学出版社

**图书在版编目(CIP)数据**

运行与调控：中国宏观经济研究／刘树成著．—北京：中国社会科学
出版社，2013.1

（中国社会科学院学部委员专题文集）

ISBN 978 - 7 - 5161 - 2034 - 7

Ⅰ.①运…　Ⅱ.①刘…　Ⅲ.①宏观经济—研究—中国
Ⅳ.①F123.16

中国版本图书馆 CIP 数据核字(2012)第 315267 号

| | | |
|---|---|---|
| 出　版　人 | 赵剑英 | |
| 出版策划 | 曹宏举 | |
| 责任编辑 | 李庆红 | |
| 责任校对 | 周　昊 | |
| 责任印制 | 戴　宽 | |

| | |
|---|---|
| 出　　　版 | 中国社会科学出版社 |
| 社　　　址 | 北京鼓楼西大街甲 158 号（邮编 100720） |
| 网　　　址 | http://www.csspw.cn |
| | 中文域名:中国社科网　　010 - 64070619 |
| 发 行 部 | 010 - 84083685 |
| 门 市 部 | 010 - 84029450 |
| 经　　　销 | 新华书店及其他书店 |

| | |
|---|---|
| 印刷装订 | 环球印刷(北京)有限公司 |
| 版　　　次 | 2013 年 1 月第 1 版 |
| 印　　　次 | 2013 年 1 月第 1 次印刷 |

| | |
|---|---|
| 开　　　本 | 710 × 1000　1/16 |
| 印　　　张 | 24.5 |
| 插　　　页 | 2 |
| 字　　　数 | 389 千字 |
| 定　　　价 | 76.00 元 |

# 前　　言

　　哲学社会科学是人们认识世界、改造世界的重要工具，是推动历史发展和社会进步的重要力量。哲学社会科学的研究能力和成果是综合国力的重要组成部分。在全面建设小康社会、开创中国特色社会主义事业新局面、实现中华民族伟大复兴的历史进程中，哲学社会科学具有不可替代的作用。繁荣发展哲学社会科学事关党和国家事业发展的全局，对建设和形成有中国特色、中国风格、中国气派的哲学社会科学事业，具有重大的现实意义和深远的历史意义。

　　中国社会科学院在贯彻落实党中央《关于进一步繁荣发展哲学社会科学的意见》的进程中，根据党中央关于把中国社会科学院建设成为马克思主义的坚强阵地、中国哲学社会科学最高殿堂、党中央和国务院重要的思想库和智囊团的职能定位，努力推进学术研究制度、科研管理体制的改革和创新，2006 年建立的中国社会科学院学部即是践行"三个定位"、改革创新的产物。

　　中国社会科学院学部是一项学术制度，是在中国社会科学院党组领导下依据《中国社会科学院学部章程》运行的高端学术组织，常设领导机构为学部主席团，设立文哲、历史、经济、国际研究、社会政法、马克思主义研究学部。学部委员是中国社会科学院的最高学术称号，为终生荣誉。2010 年中国社会科学院学部主席团主持进行了学部委员增选、荣誉学部委员增补，现有学部委员 57 名（含已故）、荣誉学部委员 133 名（含已故），均为中国社会科学院学养深厚、贡献突出、成就卓著的学者。编辑出版《中国社会科学院学部委员专题文集》，即是从一个侧面展示这些学者治学之道的重要举措。

　　《中国社会科学院学部委员专题文集》（下称《专题文集》），是中国社会科学院学部主席团主持编辑的学术论著汇集，作者均为中国社会科学院学部委员、荣誉学部委员，内容集中反映学部委员、荣誉学部委员在相关学科、专业方向中的专题性研究成果。《专题文集》体现了著作者在科学研究实践中长期关注的某一专业方向或研究主题，历时动态地展现了著作者在这一专题中不断深化的研究路径和学术心得，从中不难体味治学道路之铢积寸累、循序渐进、与时俱进、未有穷期的孜孜以求，感知学问有道之修养理论、注重实证、坚持真理、服务社会的学者责任。

2011 年，中国社会科学院启动了哲学社会科学创新工程，中国社会科学院学部作为实施创新工程的重要学术平台，需要在聚集高端人才、发挥精英才智、推出优质成果、引领学术风尚等方面起到强化创新意识、激发创新动力、推进创新实践的作用。因此，中国社会科学院学部主席团编辑出版这套《专题文集》，不仅在于展示"过去"，更重要的是面对现实和展望未来。

这套《专题文集》列为中国社会科学院创新工程学术出版资助项目，体现了中国社会科学院对学部工作的高度重视和对这套《专题文集》给予的学术评价。在这套《专题文集》付梓之际，我们感谢各位学部委员、荣誉学部委员对《专题文集》征集给予的支持，感谢学部工作局及相关同志为此所做的组织协调工作，特别要感谢中国社会科学出版社为这套《专题文集》的面世做出的努力。

《中国社会科学院学部委员专题文集》编辑委员会

2012 年 8 月

# 目 录

# 序　言

　　中国社会科学院学部主席团决定，组织出版《中国社会科学院学部委员专题文集》。这是一件具有重要学术意义的大事。按照相应的出版规定，我选出了个人独立完成的、符合要求的代表性学术论文 28 篇，合成这本专题文集。我从 1981 年发表经济学的学术论文开始，至今已 32 年。32 年来，我的研究始终围绕一个主题展开，就是——中国宏观经济运行与调控。我的研究立足于对经济学基础理论和应用理论的探索，动态地跟踪我国宏观经济运行中的新情况和新问题，理论与实际紧密结合，为党中央、国务院的宏观经济决策服务，为推动中国特色经济学的学科建设服务。由此，我的这些论文既具有一定的学术性、创新性，又具有一定的时代性、政策性，同时还具有一定的连续性、系列性。

　　收入本文集的 28 篇论文以发表时间排序，可以分为三个时段：

　　第一个时段是 1981—1984 年，收入了我最早的论文 5 篇。这 5 篇论文尚未收入过我以前出版的个人文集中。具体来说，围绕中国宏观经济运行与调控这一主题，这组论文主要研究的是宏观经济运行中的综合平衡问题，以及相关的经济数学模型。其中，"商品—货币"平衡表或投入产出扩展模型，是对改革开放之初最早引入我国的投入产出模型的改造和扩展，这一研究具有前沿性。

　　在这一时段中，《宏观经济计量模型应用研究》一文是我在 1982 年至 1983 年间参加"山西综合经济模型"研制工作的一个成果。除此之外，在参加该模型研制的具体实践中，还产生了一个重要的成果，那就是产生了一个对以后研究工作具有重要意义的概念，即"波动"的概念。当时，在使用经济数学模型对山西省经济发展的历史和未来进行逐年模拟与预测计算时，一开始是把固定资产投资这一外生变量每年按一个固定的百分比线性增长。在模型计算中,这种"固定比例增长"的处理带来了一些与实际经济运行不相符合的问题,因为现实的经济运行是高低波动的。于是,我们把固定资产投资作为一个上下起伏波动的外生变量来处理。这样,整个模型的计算效果就比较贴近实际了。那时,对于固定资产投资为什么会起伏波动,其中的机制和原理是什么,都没有来得及去细想。这是首次在实际经济模型研究与应用工作中有了"波动"的概念。

第二个时段是1985—2009年年初,收入了16篇论文。这一时段是我发表论文最多的时候,其中已有70篇论文收入我以前出版的3本个人文集中。这3本文集是:《繁荣与稳定——中国经济波动研究》(社会科学文献出版社2000年版),《经济周期与宏观调控——繁荣与稳定Ⅱ》(社会科学文献出版社2005年版),《中国经济增长与波动60年——繁荣与稳定Ⅲ》(社会科学文献出版社2009年版)。在本次《中国社会科学院学部委员专题文集》中,我从上述3本文集的70篇论文中,再精选出8篇最具代表性的论文加入进来。这8篇论文占本次文集28篇论文的28%。另外,在这一时段,我又新筛选出8篇论文加入进来,它们均没有收入过我以前出版的个人文集中。

具体来说,围绕中国宏观经济运行与调控这一主题,该时段的16篇论文主要研究的是宏观经济运行中的周期波动与调控问题。对中国经济周期波动问题的研究具有突破性。1984年下半年,乌家培和我一起合写了一篇题为《经济数量关系研究三十年》的文章(载《经济研究》1985年第6期),首次在我国公开的经济理论刊物上提出中国社会主义经济周期波动这个命题。随后,我在《经济研究》、《数量经济技术经济研究》上,连续发表了4篇对我国固定资产投资周期性和宏观经济周期波动探讨的论文(已收入本文集)。这一研究领域的开拓,在国内外学术界产生了很大的反响。当时,《经济学动态》曾发表一篇评论,题为《近年来中国经济周期问题研究述评》(载《经济学动态》1987年第10期)。该文写道:"长期以来,人们对社会主义经济周期问题一直讳莫如深。近年来,不少中青年学者大胆闯入这一禁区,尤其是继1984年、1985年超高速增长后的生产滑坡,有关中国经济周期波动的讨论骤然热了起来。从已发表的文献来看，最早提出周期问题的是乌家培和刘树成等人，1985 年他们把'社会主义经济增长有没有周期波动'作为一个重要课题提了出来。紧接着，刘树成首先论证了中国的投资周期。与此同时，苏联经济增长的长波运动和短波运动也被提出。"该评论说："短短的几年，我国理论界在这样一个社会主义经济发展的重大理论课题上取得突破性进展，是令人鼓舞的；我国不少中青年学者的敏锐洞察力和创见能力也是令人欣慰的。"日本一桥大学的木幡仲二教授曾发表一篇评论，题为《社会主义经济中的投资周期与中国的经济改革》（载《一桥研究》1990 年 4 月第 15 卷第 1 号），其中详细评介了我写的上述关于中国投资周期的 4 篇论文。他评论说："在中国投资周期问题上，刘树成作了最有主导性的探讨。这里之所以必须介绍刘树成的见解，是因为他的见解代表了对这一问题的规范性认识。"

在这一时段中，收入本文集的《论中国的菲利普斯曲线》一文，曾获第八届（1998 年度）孙冶方经济科学奖；《我国五次宏观调控比较分析》一文，曾作为内部研究报告上报，获得党中央、国务院领导的高度重视，获得中国社会科学院 2004 年优秀决策信息"对策研究类"一等奖。

第三个时段是 2009 年年中至 2011 年，收入了我近三年来新发表的论文 7 篇。这组论文还没有收入过我的个人文集中。具体来说，围绕中国宏观经济运行与调控这一主题，这组论文主要研究的是 2008 年和 2009 年以来，在应对百年不遇的国际金融危机的冲击中，我国宏观经济运行与调控的新特点，以及"十二五"时期我国宏观经济发展的新趋势。其中，《新中国经济增长 60 年曲线的回顾与展望》一文，是为庆祝中华人民共和国成立 60 周年而作的。该文对中国经济增长曲线 60 年来的深刻变化及其原因进行了系统的分析。

本文集的各篇论文均按照最初发表时的原样进行编排，仅对个别论文中原刊发时的错别字、不妥当的标点符号做了校正。另外，个别论文中，对原文中不易排印的较大表格、复杂图形和变量符号进行了适当的简化，在简化处加了说明性脚注，以区别于原文的注释。除此之外，本文集各篇论文中的注释均为原文所注。各篇论文之末，都注明了原发表的出处、时间或期数等。

　　本主题的研究尚在继续中，欢迎广大读者给予批评指导。

　　衷心感谢中国社会科学出版社的大力支持和帮助！

刘树成

2012 年 6 月

# "商品—货币"平衡表及其数学模型

商品可供量与货币购买力的平衡问题（以下简称"商品—货币"平衡），是我国经济生活中常常出现的一个很突出的问题。一方面有许多商品供不应求或积压滞销，另一方面又有大量货币在市场上滞塞或涌流。这种情况不利于社会再生产的正常进行和人民生活的改善与提高。为了有利于国民经济的调整和实现"四化"的宏伟目标，必须切实搞好"商品—货币"平衡工作。

本文试图对"商品—货币"平衡表及其静态数学模型问题进行初步探讨。

## 一　"商品—货币"平衡表

### （一）"商品—货币"平衡表的编制

在社会主义条件下，仍然存在着商品生产和商品交换关系。这就要求商品可供量与货币购买力之间既在总量上相一致，又在结构上相适应。因此，在国民经济平衡体系中，应该编制一种综合性的"商品—货币"平衡表，以便把商品运动与货币运动有机地结合起来，直接反映出一定时期内（如1年）"商品—货币"平衡和社会产品的实现状况。

在我国目前的国民经济平衡体系中，只有综合物资平衡表和综合财政平衡表，还没有一种能够把二者结合起来的"商品—货币"平衡表。

由美国经济学家瓦·列昂节夫提出的投入产出平衡表，现已在我国得到初步应用。我国目前使用的按货币表现的投入产出平衡表（其简化表式见表1，数字是假设的，并假定进口物资只用作中间产品），分为四个象限，表中十字交叉的深黑色线的左上方、右上方、左下方、右下方分别为第Ⅰ、第

表 1

**按货币表现的投入产出平衡表**

单位：亿元

| | 物质生产部门 | | | | | | 固定资产更新改造和大修理 | 积累 | 消费 | | | | 出口 | 总计 |
|---|---|---|---|---|---|---|---|---|---|---|---|---|---|---|
| | 农业 | 工业 | 建筑业 | 运输业 | 商业 | 合计 | | | 个人消费 | 生活服务科研文教卫生 | 行政管理和国防 | 合计 | | |
| **物质生产部门** 农业 | 421 | 634 | 70 | 64 | 24 | 1213 | | 45 | 772 | 5 | | 822 | 65 | 2100 |
| 工业 | 62 | 786 | 171 | 147 | 271 | 1437 | 130 | 433 | 1292 | 278 | 195 | 2328 | 135 | 3900 |
| 建筑业 | | | | | | | 20 | 380 | | | | 400 | | 400 |
| 运输业 | 42 | 253 | 25 | | | 320 | | | | 30 | | 30 | | 350 |
| 商业 | 50 | 550 | | | | 600 | | | | | | | | 600 |
| 合计 | 575 | 2223 | 266 | 211 | 295 | 3570 | 150 | 858 | 2064 | 313 | 195 | 3580 | 200 | 7350 |
| 进口 | 35 | 155 | 10 | | | 200 | | | | | | | | |
| 折旧基金 | 20 | 98 | 12 | 13 | 5 | 148 | | | | | | | | |
| 劳动报酬 | 1197 | 616 | 66 | 57 | 92 | 2028 | | | | | | | | |
| 社会纯收入 | 273 | 808 | 46 | 69 | 208 | 1404 | | | | | | | | |
| 合计 | 1490 | 1522 | 124 | 139 | 305 | 3580 | | | | | | | | |
| 总计 | 2100 | 3900 | 400 | 350 | 600 | 7350 | | | | | | | | |

Ⅱ、第Ⅲ、第Ⅳ象限。第Ⅰ、第Ⅱ象限按水平方向连接起来指明社会产品的实物运动过程，第Ⅰ、第Ⅲ象限按垂直方向连接起来表明社会产品的价值形成过程，第Ⅳ象限反映通常所说的非生产领域中的职工工资、事业单位收入和有关上缴税收等再分配情况。但是，这种平衡表也没有把社会产品的实物形态与货币形态二者的运动过程完全紧密地结合起来，不能反映工资、利润、税收、国家预算、银行信贷等经济机制的作用，不能表明各种货币资金最终怎样形成各种有支付能力的购买力，因而，不能揭示"商品—货币"平衡状况。然而，按货币表现的投入产出平衡表却可以为编制"商品—货币"平衡表提供基础结构。通过对前者进行适当的改造和延伸，便能得到综合性的"商品—货币"平衡表。

"商品—货币表"平衡表（例见表2①，仍假定进口物资只用作中间产品），也分为四个象限。其中，部门划分的原则同投入产出法一样，按"纯"部门划分。项目设置的详细程度可根据需要和取得资料的难易而确定。

### （二）"商品—货币"平衡表的主要特点
与我国目前使用的按货币表现的投入产出平衡表相比，"商品—货币"

---

① 笔者新注：原文表2篇幅很大，不易排印，现改为简化表。简化表中主栏的各项及其序号分别为：农业（1），食品工业（2），纺织工业（3），其他轻工业（4），机器制造业（5），原材料、燃料、动力工业（6），建筑业（7），运输和邮电业（8），商业、物资供应业（9），生活服务业（10），科研、文教、卫生（11），行政管理（12），国防（13），进口（14），折旧基金（15），劳动报酬（16），企业发展生产基金（17），企业集体福利基金（18），银行信贷利息（19），国家预算（20），银行信贷支出增长（21）。简化表中宾栏的各项及其序号分别为：农业（101），食品工业（102），纺织工业（103），其他轻工业（104），机器制造业（105），原材料、燃料、动力工业（106），建筑业（107），运输和邮电业（108），商业、物资供应业（109），生活服务业（110），科研、文教、卫生（111），行政管理（112），国防（113），固定资产更新、改造和大修理（114），农业固定资产（115），食品工业固定资产（116），纺织工业固定资产（117），其他轻工业固定资产（118），机器制造业固定资产（119），原材料、燃料、动力工业固定资产（120），建筑业固定资产（121），运输和邮电业固定资产（122），商业、物资供应业固定资产（123），生活服务业固定资产（124），科研、文教、卫生固定资产（125），行政管理固定资产（126），国防固定资产（127），流动资产增长（128），国家储备增长（129），个人消费品（130），生活服务（131），科研、文教、卫生（132），行政管理（133），国防（134），银行信贷资源增长（135），出口（136）。为简化，原表中的假设数值案例亦从略。

"商品—货币"平衡表

表2

| | 序号 | 国民经济各部门 | | | 固定资产更新改造和大修理 | 积累 | 消费 | 银行信贷资源增长 | | 出口 | 总计 |
|---|---|---|---|---|---|---|---|---|---|---|---|
| | | 农业 | ……国防 | 合计 | | | | 增长 | 合计 | | |
| 农业 | 1 | 101…… | 113 | | 114 | 115……129 | 130……134 | 135 | | 136 | |
| …… | ： | | | | | | | | | | |
| …… | ： | | | | | | | | | | |
| 国防 | 13 | | | | | | | | | | |
| 合计 | | | | | | | | | | | |
| 进口 | 14 | | | | | | | | | | |
| 折旧基金 | 15 | | | | | | | | | | |
| …… | ： | | | | | | | | | | |
| …… | ： | | | | | | | | | | |
| 国家预算 | 20 | | | | | | | | | | |
| 银行信贷支出增长 | 21 | | | | | | | | | | |
| 合计 | | | | | | | | | | | |
| 总计 | | | | | | | | | | | |

平衡表除具有前者的全部作用外，还具有如下几个重要特点：

第一，它把原投入产出表第Ⅳ象限的内容移至第Ⅲ象限，然后用第Ⅳ象限反映最终收入的形成，即各种有支付能力的货币购买力的形成。这样，在"商品—货币"平衡表中，第Ⅰ、第Ⅱ象限按水平方向连接起来，主要表明商品形态运动过程；第Ⅰ、第Ⅲ象限按垂直方向连接起来，同时把第Ⅲ、第Ⅳ象限按水平方向连接起来，表明货币形态运动过程；因而，第Ⅱ、第Ⅳ象限是完全对应的，即把最终产品与最终收入对应起来，反映出商品可供量与货币购买力的平衡关系。

第二，该表第Ⅲ与第Ⅳ象限的水平连接能够表明每种货币资金收支平衡状况。

第三，该表不仅能反映物质生产部门商品运动与货币运动的平衡关系，而且也能反映国民经济其他各部门经济活动的平衡关系。如社会服务部门所提供的总劳务（包括其物资消耗和纯劳务）与对其货币支付或资金拨款之间的平衡关系；一般管理部门的职能活动（以其总费用计，包括这些部门的物资消耗和工资）与对其资金拨款之间的平衡关系。因此，"商品—货币"平衡表可以把整个国民经济各部门以及社会再生产各个环节（生产、分配、交换、消费）联结成为有机的整体系统，便于我们从整体上把握"商品—货币"平衡关系。

### （三）"商品—货币"平衡表的指标体系和基本的平衡关系

各种指标的记述符号（参见表3）如下：

$x_{eg}$（$e = 1, 2, \cdots, 13$；$g = 101, 102, \cdots, 113$）——由 $e$ 部门提供给 $g$ 部门的中间产品量（当 $e = 7, 10, 11, 12, 13$ 时，$x_{eg}$ 均等于零）；$X_e.$——由 $e$ 部门提供的中间产品总量；$X._g$　$g$ 部门所消耗的本国生产的中间产品总量；$X..$——本国生产的中间产品总量；$X_e$、$X_g$——当 $e = 1, 2, \cdots, 9$ 或 $g = 101, 102, \cdots, 109$ 时为各物质生产部门的总产值，当 $e = 10, 11$ 或 $g = 110, 111$ 时为各社会服务部门的劳务总值，当 $e = 12, 13$ 或 $g = 112, 113$ 时为各一般管理部门的职能活动总费用；$X.$——$X_e$ 或 $X_g$ 的总合计；$\alpha_{eg}$——直接消耗系数，即 $g$ 部门每单位总产值（或劳务总值、职能活动总费用）中所消耗的 $e$ 部门中间产品的数量。

$u_{14,g}$——用于 $g$ 部门的进口中间产品量；$U_{14}.$——用作中间产品的进口总量；$\varphi_{14,g}$——进口物资消耗系数，即 $g$ 部门每单位总产值（或劳务总值、职能活动总费用）中所消耗的进口物资量。

$y_{ej}$（$e=1,2,\cdots,13$；$j=114,115,\cdots,134$）——由 $e$ 部门提供给 $j$ 部门或 $j$ 种需要的最终产品（或劳务）量；$Y_e.$——由 $e$ 部门提供的用于固定资产更新、改造、大修理和用于积累、消费的最终产品（或劳务）合计量；$Y_{.j}$——$j$ 部门或 $j$ 种需要所使用的最终产品（或劳务）合计量；$Y_{..}$——用于固定资产更新、改造、大修理和用于积累、消费的最终产品（或劳务）总合计；$\beta_{ej}$——最终产品构成系数，即 $j$ 部门或 $j$ 种用途的最终产品（或劳务）合计量中，$e$ 部门所提供的份额的比重。

$y_{e,136}$——由 $e$ 部门提供的出口产品量；$Y_{.136}$——出口总量；$\beta_{e,136}$——出口物资构成系数。

$s_{ig}$（$i=15,16,\cdots,20$；$g=101,102,\cdots,113$）——由 $g$ 部门提供的 $i$ 种货币资金量；$S_i.$——$i$ 种货币资金合计额；$S_{.g}$——$g$ 部门所提供的货币资金合计额；$S_{..}$——折旧基金和各种收入总额；$\gamma_{ig}$——货币资金构成系数，即 $g$ 部门每单位总产值（或劳务总值、职能活动总费用）中 $i$ 种货币资金所占的比重。

$h_{ij}$（$i=15,16,\cdots,21$；$j=114,115,\cdots,135$）——$i$ 种货币资金部门或 $j$ 种需要的支出额；$H_i.$——$i$ 种货币资金支出合计额；$H_{.j}$——$j$ 部门或 $j$ 种需要所使用的支出合计额；$H_{..}$——货币支出总额；$\pi_{ij}$——支出构成系数，即 $i$ 种货币资金总支出额中，用于 $j$ 部门或 $j$ 种需要的支出所占的比重。

$C_j$（$C_j=Y_{.j}-H_{.j}$）——当 $j=114,115,\cdots,130$ 时为最终产品可供量与其货币购买力之间的平衡差额，当 $j=131,132$ 时为社会服务部门所提供的总劳务与对其货币支付或资金拨款之间的平衡差额，当 $j=133$，$134$ 时为一般管理部门的职能活动总费用与对其资金拨款之间的平衡差额；$C_{136}$（$C_{136}=U_{14}.-Y_{.136}$）——进出口平衡差额（进口物资除用作中间产品外，亦可用作最终产品，本文为简明起见，假设用作最终产品的进口物资全为零，因此表中没再列出）；$C_i$（$C_i=S_i.-H_i.$）（$i=15,16,\cdots,20$）——$i$ 种货币资金的收支平衡差额。

表3

## "商品—货币"平衡表指标体系

| 序号 | 国民经济各部门 农业 101…… | … | 国防 113 | 合计 14 | 固定资产更新改造和大修理 114 | 积累 115……129 | 消费 130……134 | 银行信贷资源增长 135 | 合计 | 出口 136 | 总计 |
|---|---|---|---|---|---|---|---|---|---|---|---|
| 1　农业 | $x_{1,101}$ | …… | $x_{1,113}$ | $X_{1\cdot}$ | $y_{1,114}$ | …… | $y_{1,134}$ | | $Y_{1\cdot}$ | $y_{1,136}$ | $X_1$ |
| …… | …… | …… | …… | …… | …… | …… | …… | | …… | …… | …… |
| 13　国防 | $x_{13,101}$ | …… | $x_{13,113}$ | $X_{13\cdot}$ | $y_{13,114}$ | …… | $y_{13,134}$ | | $Y_{13\cdot}$ | $y_{13,136}$ | $\check{x}_{13}$ |
| 合计 | $x_{\cdot101}$ | …… | $x_{\cdot113}$ | $x_{\cdot\cdot}$ | $Y_{\cdot114}$ | …… | $Y_{\cdot134}$ | | $Y_{\cdot\cdot}$ | $Y_{\cdot136}$ | |
| 14　进口 | $u_{14,101}$ | …… | $u_{14,113}$ | $U_{14}$ | | | | | | $C_{136}$ | |
| 15　折旧基金 | $s_{15,101}$ | …… | $s_{15,113}$ | $S_{15}$ | $h_{15,114}$ | …… | $h_{15,134}$ | $h_{15,135}$ | $H_{15\cdot}$ | | $C_{15}$ |
| …… | …… | …… | …… | …… | …… | …… | …… | …… | …… | | …… |
| 20　国家预算 | $s_{20,101}$ | …… | $s_{20,113}$ | $S_{20}$ | $h_{20,114}$ | …… | $h_{20,134}$ | $h_{20,135}$ | $H_{20\cdot}$ | | $C_{20}$ |
| 21　银行信贷支出增长 | | | | | $h_{21,114}$ | …… | $h_{21,134}$ | | | | $H_{21\cdot}$ |
| 合计 | $S_{\cdot101}$ | …… | $S_{\cdot113}$ | $S_{\cdot}$ | $H_{\cdot114}$ | …… | $H_{\cdot134}$ | $H_{\cdot135}$ | $H_{\cdot\cdot}$ | | |
| 总计 | $X_{101}$ | …… | $X_{113}$ | $X_{\cdot}$ | $C_{114}$ | …… | $C_{134}$ | | | | |

"商品—货币"平衡表中指标之间存在着一定的平衡关系，其中基本的平衡关系有：

第一，第Ⅰ、第Ⅱ象限连接起来每一行的总计对应等于第Ⅰ、第Ⅲ象限连接起来每一列的总计，即

$$X_e = X_{e+100} \quad (e = 1, 2, \cdots, 13)$$

可详记为：

$$X_{e.} + Y_{e.} + y_{e,136} = X_{.\,e+100} + u_{14,e+100} + S_{.\,e+100}$$

第二，第Ⅱ、第Ⅳ象限连接起来每一列的总计在平衡状况下等于零，即

$$C_j = Y_{.\,j} - H_{.\,j} = 0 \quad (j = 114, 115, \cdots, 134)$$

第三，第Ⅲ、第Ⅳ象限连接起来每一行的总计在平衡状况下等于零，即

$$C_i = S_{i.} - H_{i.} = 0 \quad (i = 15, 16, \cdots, 20)$$

第四，第Ⅱ象限除进出口外的总合计、第Ⅲ象限的总合计和第Ⅳ象限的总合计在平衡状况下均相等，即

$$Y_{..} = S_{..} = H_{..}$$

## 二　"商品—货币"平衡静态数学模型

"商品—货币"平衡数学模型，是依据"商品—货币"平衡法，把整个再生产过程中商品运动与货币运动的客观经济联系用数学公式建立起来的。

依据"商品—货币"平衡静态数学模型，可以解决从居民福利基金出发①，在"商品—货币"平衡的基础上，制订国民经济发展计划的任务。这需要在电子计算机上进行运算，其计算顺序见框图（图1）。图中标出8个方框，表明从信息输入、迭代计算到打印结果的整个步骤。

第1框，信息输入。输入为整个计算所需要的信息，包括计划年有关

---

① 居民福利基金包括：（1）居民个人消费品；（2）生活服务、科研、文教、卫生、环境保护等社会服务部门所提供的总劳务；（3）用于上述部门建设的产品。本文为简明起见，没有列出环境保护项目。

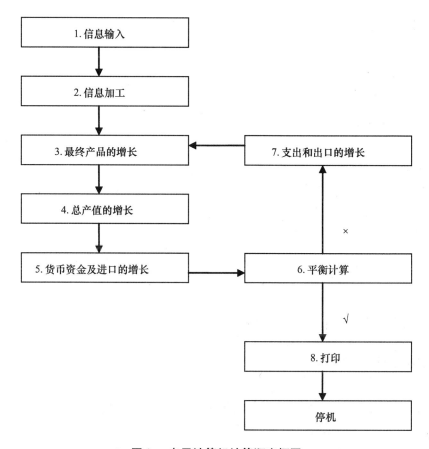

图1 电子计算机计算顺序框图

居民福利基金的各种支出增长指标 $\Delta h_{ij}$、$\Delta H_{i\cdot}$、$\Delta H_{\cdot j}$（$i=16$，18，20；$j=124,125$，130，131，132，135）和报告年"商品—货币"平衡表中有关的流量指标、总计合计指标。

第2框，信息加工。根据报告年的上述指标，计算出各种系数，并根据计划年预期的变化进行调整和修正。

第3框，最终产品的增长。居民福利基金支出的增长引起最终产品的增长，计算公式为：

$$\Delta Y_{e\cdot} = \sum_{j} \beta_{ej} \Delta H_{\cdot j}$$

（$e=1$，2，…，13；$j=124$，125，130，131，132）

用矩阵符号简记为：

$$\Delta Y = B\Delta H' \tag{1}$$

式中，$\Delta Y$——最终产品增长额（$\Delta Y_e.$）的列向量；$B$——与居民福利基金有关的最终产品构成系数矩阵；$\Delta H'$——居民福利基金支出增长额 $\Delta H._j$（$j=124$，125，130，131，132）的行向量转置为列向量。

第 4 框，总产值的增长。最终产品的增长又引起各部门总产值（或总劳务）的增长，计算公式为：

$$\Delta X = (E - A)^{-1}\Delta Y \tag{2}$$

式中，$\Delta X$——总产债（或总劳务）增长额（$\Delta X_e$）的列向量；E——单位矩阵；$A$——直接消耗系数矩阵。

第 5 框，货币资金及进口的增长。各部门总产值（或总劳务）的增长，又引起各种货币资金相应的增长，计算公式为：

$$\Delta S_i. = \sum_g \gamma_{ig}\Delta X_g$$

（$i=15$，16，$\cdots$，20；$g=101$，102，$\cdots$，113）

用矩阵符号简记为：

$$\Delta S = \Gamma\Delta X \tag{3}$$

式中，$\Delta S$——各种货币资金新增额（$\Delta S_i.$）的列向量；$\Gamma$——货币资金构成系数矩阵。

各部门总产值（或总劳务）的增长，还将引起进口的相应增长，计算公式为：

$$\Delta U_{14}. = \sum_g \varphi_{14,g}\Delta X_g$$

（$g=101$，102，$\cdots$，113）

用矩阵形式简记为：

$$\Delta U_{14}. = \Phi\Delta X \tag{4}$$

式中，$\Phi$——进口物资消耗系数行向量。

第 6 框，平衡计算。将上面计算出的 $\Delta S_i.$ 中与形成居民福利基金有关的收入项（$\Delta S_{16}.$，$\Delta S_{18}.$，$\Delta S_{20}.$）和第 1 框输入的居民福利基金支出的增长额（$\Delta H_{16}.$，$\Delta H_{18}.$，$\Delta H_{20}.$）进行比较。一般地讲，这时 $\Delta S_{16}. < \Delta H_{16}.$，$\Delta S_{18}. < \Delta H_{18}.$，因此需要继续追加这两项收入；而 $\Delta S_{20}. >$

$\Delta H_{20}$. ，剩余部分将形成除居民福利基金外的其他各项新增支出。同时，$\Delta S_i$. 中的 $\Delta S_{15}$. ，$\Delta S_{17}$. ，$\Delta S_{19}$. 也将形成各项新增支出；进口的增长（$\Delta U_{14}$. ）也要求有出口的增长相适应。各种新增支出及出口的增长又会引起最终产品新的增长；后者又引起各部门总产值及各种货币资金收入新的增长，这是一个迭代计算过程。

第7框，支出和出口的增长。计算除居民福利基金外的各项新增支出的公式为：

$$\Delta h_{ij} = \pi_{ij} \Delta S_i.$$

（$i = 15$，$17$，$19$，$20$；$j = 114$，$115$，$\cdots$，$123$，$126$，$127$，$128$，$129$，$133$，$134$，$135$）

然后将全部有关银行信贷资源增长的指标加总起来，得到银行信贷资源总增长额 $\Delta H_{.135}$，即为银行信贷支出总增长额 $\Delta H_{21}$. ，公式为：

$$\Delta H_{21}. = \Delta H_{.135} = \sum_i \Delta h_{i,135} + \Delta h_{16,135} + \Delta h_{18,135}$$

（$i = 15$，$17$，$19$，$20$）

式中，$\Delta h_{16,135}$ 和 $\Delta h_{18,135}$ 是在第1框中输入的。再计算出各种新增贷款指标：

$$H_{21,j} = \pi_{21,j} \Delta H_{21}.$$

（$j = 114$，$115$，$\cdots$，$123$，$126$，$127$，$128$，$129$，$133$，$134$）

将上述各项新增支出指标按其最终用途加总，得到各项新增支出合计额 $\Delta H_{.j}$：

$$\Delta H_{.j} = \sum_i \Delta h_{ij}$$

（$i = 15$，$17$，$19$，$20$，$21$；$j = 114$，$115$，$\cdots$，$123$，$126$，$127$，$128$，$129$，$133$，$134$）

以上计算过程用矩阵符号简记为：

$$\Delta H_2 = \Delta S_2' \Pi_1 + (\Delta S_2' \Pi_2 + \Delta h_{16,135} + \Delta h_{18,135}) \Pi_3 \qquad (5)$$

式中，$\Delta H_2$——与居民福利基金无关的新增支出额 $\Delta H_j$（$j = 114$，$115$，$\cdots$，$123$，$126$，$127$，$128$，$129$，$133$，$134$）的行向量；$\Delta S_2'$——由 $\Delta S_{15}$. ，$\Delta S_{17}$. ，$\Delta S_{19}$. ，$\Delta S_{20}$. 组成的货币资金列向量转置为行向量（由 $\Delta S_{16}$. 和 $\Delta S_{18}$. 组成的货币资金列向量则记为 $\Delta S_1$）；$\Pi_1$——由 $\pi_{ij}$（$i = 15$，$17$，$19$，

20；$j = 114$，115，…，123，126，127，128，129，133，134）组成的支出构成系数矩阵；$\Pi_2$——由 $\pi_{i,135}$（$i = 15$，17，19，20）组成的支出构成系数列向量；$\Pi_3$——由 $\pi_{21j}$（$j = 114$，115，…，123，126，127，128，129，133，134）组成的支出构成系数行向量。

这里计算出的 $\Delta H_2$ 是作为下面迭代计算的初始值。迭代过程开始后，（5）式中不需要再加进 $\Delta h_{16,135}$ 和 $\Delta h_{18,135}$ 两项，该式可改写为：

$$\Delta H_2 = \Delta S_2{}'（\Pi_1 + \Pi_2\Pi_3）\tag{6}$$

另外，假定出口的总增长额 $\Delta Y_{.136}$ 等于进口的总增长额 $\Delta U_{14}$.，这是为简化起见。

以上计算出的除居民福利基金外的各项新增支出额和出口增长额引起最终产品新的增长，计算回到第 3 框最终产品的增长。这时的公式为：

$$\Delta Y = B_2 \Delta H_2{}' + B_3 \Delta U_{14}.\tag{7}$$

式中，$B_2$——由最终产品构成系数 $\beta_{ej}$（$e = 1$，2，…，13；$j = 114$，115，…，123，126，127，128，129，133，134）组成的矩阵；$B_3$——由出口构成系数 $\beta_{e,136}$ 组成的列向量。

迭代计算依第 7、3、4、5、6 框的顺序进行，整个迭代过程可记为：

$$\Delta S_1{}^{(K+1)} = \Gamma_1（E - A）^{-1}（B_2 \Delta H^{(K)}{}'\Delta H_2{}' + B_3 \Delta U_{14}.{}^{(K)}）\tag{8}$$

$$\Delta H_2{}^{(K+1)} = \left[\Gamma_2（E - A）^{-1}（B_2 \Delta H_2{}^{(K)}{}' + B_3 \Delta U_{14}.{}^{(K)}）\right]'（\Pi_1 + \Pi_2\Pi_3）$$

$$\tag{9}$$

$$U_{14}.{}^{(K+1)} = \Phi（E - A）^{-1}（B_2 \Delta H_2{}^{(K)}{}' + B_3 \Delta U_{14}.{}^{(K)}）\tag{10}$$

式中，$K$（$K = 0$，1，2，…，$n$）——迭代次数；$\Gamma_1$——由货币资金构成系数 $\gamma_{ig}$（$i = 16$，18；$g = 101$，102，…，113）组成的矩阵；$\Gamma_2$——由 $\gamma_{ig}$（$i = 15$，17，19，20；$g = 101$，102，…，113）组成的矩阵。迭代一直进行到满足如下条件时为止：

$$\sum_{K=0}^{n} \Delta S_{16}.{}^{(K)} = \Delta H_{16}.$$

$$\sum_{K=0}^{n} \Delta S_{18}.{}^{(K)} = \Delta H_{18}.$$

第 8 框，打印。打印出以上计算出的各种新增额指标，然后加到报告年相应的指标上去，即可编制出计划年度的"商品—货币"平衡表。本模型曾以假设数据在电子计算机上进行实际运算，其程序已获通过。

目前，我国已编制出1973年61种主要产品的投入产出平衡表，并正在组织编制新的全国的投入产出平衡表。山西省也在编制地区投入产出平衡表。这就为"商品—货币"平衡表及数学模型的进一步研究和实际应用开辟了良好的前景。

（原载《晋阳学刊》1981年第6期）

# 投入产出扩展模型在社会再生产中的应用

## 一　马克思再生产公式与投入产出扩展模型

投入产出扩展模型，是通过对投入产出产品模型的扩展，把马克思再生产公式具体化，利用现代高等数学和电子计算技术，研究社会再生产中诸如社会产品的实现条件、两大部类生产的比例关系、财政信贷和物资平衡、进出口平衡、劳动力就业等重要问题的一种科学方法。

为了说明投入产出扩张模型，我们先看马克思的扩大再生产公式（第一例），它可以写为如下形式[①]：

$$Ⅰ.（4000c+400\Delta c）+（1000v+100\Delta v+500\Delta m）=6000 \qquad (1)$$

$$Ⅱ.（1500c+100\Delta c）+（750v+50\Delta v+600\Delta m）=3000 \qquad (2)$$

式中[②]，c——生产资料转移价值；v——必要劳动价值；$\Delta c$——剩余劳动价值中用于追加生产资料的部分；$\Delta v$——剩余劳动价值中用于追加物质生产领域劳动报酬的部分；$\Delta m$——剩余劳动价值中用于非生产领域的部分。

该公式表明了马克思所揭示的下述重要原理：社会产品的运动"不仅是价值补偿，而且是物质补偿，因而既要受社会产品的价值组成部分相互之间的比例的制约，又要受它们的使用价值，它们的物质形式的制约"[③]。这就是社会再生产的实现条件问题。从该公式可以看出，扩大再生产的实现条件为：

---

① 马克思：《资本论》第二卷，人民出版社 1975 年版，第 576—577 页。
② 笔者新注：原文中公式所用的一些符号较为复杂，现改为简化的符号。
③ 马克思：《资本论》第二卷，第 437—438 页。

$1000\text{ I }v + 100\text{ I }\Delta v + 500\text{ I }\Delta m = 1500\text{ II }c + 100\text{ II }\Delta c$ （3）

这是两大部类之间交换的平衡条件式。

$(4000\text{ I }c + 400\text{ I }\Delta c) + (1500\text{ II }c + 100\text{ II }\Delta c) = 6000$ （4）

这是第 I 部类产品（生产资料）生产和分配平衡条件式。

$(1000\text{ I }v + 100\text{ I }\Delta v + 500\text{ I }\Delta m) + (750\text{ II }v + 50\text{ II }\Delta v + 600\text{ II }\Delta m) = 3000$ （5）

这是第 II 部类产品（生活资料）生产和分配平衡条件式。

现在，我们把马克思扩大再生产公式转化为投入产出扩展模型的表格形式（见表1）。

该平衡表共分为四个象限，表中十字交叉深黑色线的左上方、右上方、左下方、右下方分别为第 I、第 II、第 III、第 IV 象限。第 I 象限表明两大部类当前生产过程中的物质消耗，也即表明第 I 部类所提供的中间产品分配使用情况；第 II 象限表明两大部类所提供的最终产品的分配使用情况；第 III 象限表明各种收入的来源和分配情况；第 IV 象限表明各种收入转化为支出，形成各种有支付能力的货币购买力。表中，第 I、第 II 象限按水平方向连接起来，表明社会产品的使用价值——实物形态的运动过程；第 I、第 III 象限按垂直方向连接起来，加之第 III、第 IV 象限按水平方向连接起来，表明社会产品的价值——货币形态的运动过程。其中，第 II、第 IV 象限是完全对应的，反映最终产品可供量与其货币购买力之间的平衡状况，第 IV 象限最末一行为二者的平衡差额，表 1 中这里全为零，表明这两者之间平衡；同时，第 III、第 IV 象限也是完全对应的，反映各种货币资金收支之间的平衡状况，第 IV 象限最末一列为货币收支的平衡差额，表 1 中这里全为零，表明这两者之间也是平衡的；这就满足了扩大再生产的实现条件。

充分利用第 IV 象限位置，表明最终收入的形成，从而分别与第 II、第 III 象限相对应，反映最终产品可供量与货币购买力之间的平衡以及各种货币之间平衡的状况，这是扩大的投入产出平衡表与原来的按货币表现的投入产出产品平衡表相比所具有的主要不同特点。

表 1 中，第 I、第 III 象限按垂直方向连接起来可写为：

**表1　扩展的投入产出平衡表**

| 投入 ＼ 产出 | 中间产品 | | 最终产品 | | | | | 总计 |
| --- | --- | --- | --- | --- | --- | --- | --- | --- |
| | | | 生产资料 | | 消费资料 | | | |
| | | | | | 生产领域个人消费 | | 非生产领域消费 | |
| | 第I部类 | 第II部类 | 第I部类 | 第II部类 | 第I部类 | 第II部类 | | |
| 物质消耗 第I部类 | 4000c | 1500c | 400Δc | 100Δc | | | | 6000 |
| 物质消耗 第II部类 | | | | | 1000v + 100Δv | 750v + 50Δv | 500 I Δm + 600 II Δm | 3000 |
| 劳动报酬 | 1000v | 750v | | | 1000v | 750v | | 0 |
| 社会纯收入 用于追加生产资料 | 400Δc | 100Δc | 400Δc | 100Δc | | | | 0 |
| 社会纯收入 用于追加劳动报酬 | 100Δv | 50Δv | | | 100Δv | 50Δv | | 0 |
| 社会纯收入 用于非生产领域 | 500Δm | 600Δm | | | | | 500 I Δm + 600 II Δm | 0 |
| 总　计 | 6000 | 3000 | 0 | 0 | 0 | 0 | 0 | |

$$\text{I}.\ 4000c + 1000v + 400\Delta c + 100\Delta v + 500\Delta m = 6000 \tag{6}$$

$$\text{II}.\ 1500c + 750v + 100\Delta c + 50\Delta v + 600\Delta m = 3000 \tag{7}$$

（6）、（7）两式即分别等同于前述（1）、（2）两式。

表1中，第 I、第 II 象限按水平方向连接起来可写为：

$$4000\,\text{I}\,c + 1500\,\text{II}\,c + 400\,\text{I}\,\Delta c + 100\,\text{II}\,\Delta c = 6000 \tag{8}$$

$$1000\,\text{I}\,v + 100\,\text{I}\,\Delta v + 750\,\text{II}\,v + 50\,\text{II}\,\Delta v + 500\,\text{I}\,\Delta m + 600\,\text{II}\,\Delta m = 3000 \tag{9}$$

（8）、（9）两式即分别等同于前述（4）、（5）两式。

按照该平衡表的基本平衡关系，第 I、第 III 象限按垂直方向每列总计等于第 I、第 II 象限按水平方向每行总计，我们把第（6）和第（8）两式合并起来，或者把第（7）和第（9）两式合并起来，然后等式两边消去相同项，即可得到前述第（3）式。

我们看到，投入产出扩展模型的基本思想与马克思的再生产公式是完全一致的。当然，在现实生活中，社会产品的价值补偿和物质补偿是一个十分复杂的运动过程。利用投入产出扩展模型，我们便可以根据现实经济生活的实际情况，引入马克思所舍象的许多因素，从而把马克思再生产公式具体化，用于计划统计工作。

在经过具体化的投入产出扩展模型的表式中（见表2①），第 I 象限的主栏和宾栏不是按两大部类划分，而是按具体的国民经济各个部门列出，其中包括整个国民经济的四类部门：（1）物质产品生产部门，如农业、食品工业、纺织工业、其他轻工业、机械制造业、原材料燃料动力工业、建筑业等；（2）流通部门，如运输和邮电业、商业和物资供应部门等；（3）社会服务部门，如生活服务、科研文教卫生、环境保护等；（4）一般管理部门，如行政管理、国防等。第 II 象限主栏与第 I 象限相同，也是国民经济各个部门，其宾栏列明各部门所提供的最终产品（或劳务）的各种实际用途，包括用于固定资产更新、大修理的部分，用于积累、消费、出口的部分等。第 III 象限的宾栏与第 I 象限相同，即国民经济各部门，其主栏列出折旧基金和各种货币收入项目，包括居民劳动报酬、奖金（或家庭副业

① 笔者新注：原文表2篇幅很大，不易排印，现改为简化表。

收入)、企业发展生产基金、企业集体福利基金、银行信贷利息、国民预算收入等;国民预算收入又细列出生产基金付款、上缴利润和税款、个人所得税等项。第Ⅳ象限的主栏同第Ⅲ象限,只是由收入转化为支出,其宾栏同第Ⅱ象限,表明各种收入的最终用途。该平衡表项目的设置,可根据实际需要和取得资料的难易进一步细化。

表 2　　　　　　　　　　　　　　扩展的投入产出平衡表

| 投入＼产出 | | 国民经济各部门 | | | 固定资产更新大修理 | 积累 | 消费 | 银行信贷资源增长 | 出口 | 总计 |
|---|---|---|---|---|---|---|---|---|---|---|
| | | 农业 | …… | 国防 | | | | | | |
| 国民经济各部门 | 农业 …… …… 国防 | | | | | | | | | |
| | 进口 | | | | | | | | | |
| | 折旧基金 | | | | | | | | | |
| 居民 | 劳动报酬 | | | | | | | | | |
| | 奖金 | | | | | | | | | |
| 企业 | 发展生产基金 | | | | | | | | | |
| | 集体福利基金 | | | | | | | | | |
| | 银行信贷利息 | | | | | | | | | |
| 国家预算 | 生产基金付款 | | | | | | | | | |
| | 利润和税款 | | | | | | | | | |
| | 个人所得税 | | | | | | | | | |
| | 银行信贷支出增长 | | | | | | | | | |
| | 合计 | | | | | | | | | |
| | 总计 | | | | | | | | | |

与投入产出扩展模型的表式相适应，有一组数学方程式①。其特点是，它把国民经济各类部门和社会再生产各个环节（生产、分配、再分配、交换、消费）联结成为一个完整的有机系统，经过电子计算机运算，可以求解一系列相互联系的数值指标。求解问题的基本思路如下：

1. 从第Ⅳ象限出发，根据预估的需要和可能，拟订有关的支出计划；

2. 支出形成有支付能力的货币购买力，其变化（增长或减少）将引起第Ⅱ象限最终产品的变化；

3. 最终产品的变化又将引致各部门总产值的变化，这是利用第Ⅰ象限中直接消耗系数来计算的；

4. 各部门的产值变化，又将带来第Ⅲ象限各种货币收入的变化；

5. 各种收入的变化又转化为第Ⅳ象限各种支出的变化，这又引起最终产品的变化……

这是一个循环计算过程，用迭代法进行，直至收支平衡为止。这样，便可得到相互协调、比例适当，既使货币收支平衡，又使商品可供量与货币购买力平衡的各种数值指标。利用投入产出扩展模型在电子计算机上进行运算的过程，就是对现实经济生活进行模拟试验的过程。由此，我们可以具体地分析各种拟订的计划指标是否切实可行，将会在各个方面带来何种影响，怎样修订原拟计划，怎样使社会再生产诸环节互相配合，互相促进，这对于加强经济分析，开展经济预测，搞好综合平衡，提高计划统计工作的科学性和预见性，从而有计划按比例地发展国民经济，具有重要的意义。

## 二 利用投入产出扩展模型研究当前再生产中的几个重要问题

现在，我们利用投入产出扩展模型，从方法论上来研究当前再生产中的一些重要问题，具体说明该模型在计划工作中的应用。

---

① 为使文章简明易读，数学模型不在这里列出。

### （一）财政、信贷、物资三者之间的平衡问题

财政、信贷、物资三者之间的平衡问题，是国民经济综合平衡的重要组成部分。我们先从国家预算谈起。

毛泽东同志曾经指出："国家的预算是一个重大的问题，里面反映着整个国家的政策，因为它规定政府活动的范围和方向。"[①] 怎样安排国家预算，其收支是否平衡，对于党的政策的实施和社会再生产的顺利进行影响极大。货币资金代表的是物资，有多少货币收入，就代表有多少相应的物资。如果国家预算收支不平衡，比如支出大于收入，就意味着货币购买力超过了物资可供量，财政出现赤字就是物资出现短缺，这就必然破坏社会产品的实现条件，造成经济生活的混乱。因此，必须坚持财政收支当年平衡、略有结余的原则。

为了妥善地安排国家预算，做到收支平衡，必须考虑到预算收支在整个国民经济各部门和社会再生产各环节所引起的连锁反应，这是一个复杂的运动过程。利用投入产出扩展模型，便可以从拟订的各种预算支出方案出发，得出以下一系列相互联系的数值指标。

1. 各项预算支出应该有多少相应的物资供应（包括生产资料和消费品）做保证；

2. 为满足这些物资的供应，各部门的生产规模应有多大，发展速度应有多快；

3. 各部门生产和建设的发展，会使居民和企业的收入有相应的增长，其增长为多少；

4. 居民和企业的这些新增收入将形成多大的货币购买力，其投向如何，又应有多少相应的物资供应保证这些新增购买力的实现；

5. 为满足原先拟订的预算支出计划，国家应从各部门各方面取得多少资金收入才能达到收支平衡；等等。

这些计算虽然很复杂，但是应用迭代法，在电子计算机上进行，很快便会得到全部结果。在对原方案加以修订和在多方案的比较中，可以选择出一

---

① 转引自《人民日报》1949 年 12 月 4 日。

种较为理想的方案。这些计算如果只靠简单的初等数学和运算工具来进行，那是不可想象的。若只凭主观经验来定案，那就会出现很大的误差。

国家预算支出决策如要发生重大变动，比如要突出发展国民经济某些部门，向这些部门增加投资，或者要比较广泛地提高职工工资，增加对居民的补贴，使居民收入有一个较大幅度的增长，或者要加强国防战备等，由此引起的一系列有关变化都可以利用该模型迅速计算出来，以供决策参考。

国家预算支出主要用于经济建设和科研文教事业，同时，还要向银行增拨信贷资金。财政增拨银行信贷资金是信贷收支平衡的重要保证。随着经济改革的进行，基本建设投资逐步由财政拨款改为银行贷款，企业流动资金实行全额信贷，国家预算支出用于增拨银行信贷资金的部分将会增加，因而，国家预算收支平衡将对信贷收支平衡产生更大的影响。在扩展的投入产出平衡表中，信贷收支情况是在第Ⅳ象限内反映的。利用该模型同样可以对信贷收支平衡、财政对信贷的影响、财政信贷所形成的货币购买力与其相应的物资可供量之间的平衡等问题进行求解。利用该模型计算出的财政信贷与物资的平衡，既是总量上的平衡，又是构成上的平衡。

### （二）消费品供求问题

消费品供求问题，主要是居民购买力与消费品可供量之间的平衡问题，这是社会再生产中的重要一环。居民购买力若大于消费品可供量，便造成供不应求、市场紧张的局面，势必引起物价上涨，影响人民生活的安定、改善和提高。为了保持市场繁荣，物价相对稳定，满足广大人民生活的需要，充分体现社会主义制度的优越性，我们必须下大力气做好消费品的供求平衡工作，尽可能多地回笼货币，为此，有必要利用投入产出扩展模型对一系列有关问题进行求解计算。

1. 确定居民购买力的大小和有计划地调节与控制居民购买力的增长。居民对消费品购买力的大小首先取决于居民从工资、工分、奖金、副业等方面所取得的收入的大小；其次取决于这些收入用于消费品支出、生活服务支出、文化教育支出、银行储蓄支出等方面的比例。根据报告期扩展的投入产出平衡表所提供的有关资料和数学模型的相应计算，可以确定出一定时期内居民所拥有的购买力的大小。另外，也可以从计算一定时期内消费品的生产与供应量着手，确定出这一时期内所允许的居民购买力的增长幅度，从而采取必要的政策和措施，有计划地调节和控制居民收入的增长和消费品购买力的形成。比如，规定一定时期内的工资总额和发放奖金总额，不许突破，便可控制居民购买力的增长；积极发展生活服务、文化服务（如电影、戏剧）、旅游业，等等，吸引居民有支付能力的需求，便可调节对消费品购买力的形成，减轻对市场的压力。

2. 在居民购买力已定的情况下，确定各种消费品的需求量。消费品的需求量不仅取决于居民购买力的总量，而且取决于消费品的需求结构。不同的社会成员（如城市职工、乡村农民）、不同的收入水平、不同的价格、不同的季节、不同的地区、不同的风俗习惯等，都会引起消费品需求结构的变化。例如，在收入水平比较低的时候，用于吃的方面的比重比较大，用于穿、用、住、行等方面的比重较小；用于日常消费品的比重比较大，用于耐用消费品的比重较小。随着收入水平的提高，消费需求结构就会有相反方向的消长变化。我们可以参照报告期或以往年份扩展的投入产出平衡表所提供的资料，结合各种实际调查（如家计调查、市场调查等），确定出一定时期内职工与农民的消费结构，从而利用数学模型计算出这一时期内居民购买力对消费品的需求量。

3. 在各种消费品的需求量已定的情况下，确定各有关部门的生产量。消费品的需求直接对食品工业、纺织工业、其他轻工业等部门的生产提出要求，同时又直接和间接对原材料、燃料、动力工业和机器制造业等部门的生产提出要求。因此，这是关系到如何建立合理的国民经济产业结构的问题。我国的国民经济产业结构之所以不合理，就是因为它不能很好地满足广大人民的吃、穿、用、住、行的需要。利用该模型，我们可以从居民购买力和消费品的需求量出发，计算出国民经济各有关部门的生产规模和发展速度，以建立起相互协调、充分体现社会主义生产最终目的的产业结构。当前，提出要大力发展轻纺工业，最大限度地把消费品生产搞上去。那么，各种各样的轻纺工业，如民用电子工业（电视机、半导体收音机、录音机等）、民用电器工业（洗衣机、冰箱等）、民用机械工业（自行车、缝纫机、手表等）、食品工业、毛纺工业、化纤工业、服装工业、制鞋工业等，究竟发展到什么程度为宜？提出要对轻纺工业实行"六个优先"，即原材料、燃料、动力供应优先，挖潜、革新、改造措施优先，基本建设施工力量安排优先，银行贷款优先，外汇分配和技术引进优先，交通运输优先，那么这些"优先"究竟到何种程度？为此，各有关部门的生产量又应为多大？以上一连串的问题，都可以利用此模型在连续的计算过程中解决，而不需要一个个孤立地去计算，从而为编制相应的计划提供科学的依据。

### （三）基本建设投资问题

基本建设是购置和建造新的固定资产（机器设备、厂房建筑等）的生产活动，这里既有固定资产的简单再生产，又有固定资产的扩大再生产。它是使整个社会再生产连续不断进行的重要物质保证，是影响各种物资可供量与货币购买力之间实现长期平衡的重要因素。它的投资规模过大过小都会造成经济上的不合理。前面第一、二个问题的计算是利用静态投入产出扩展模型进行的，这里则要用动态投入产出扩展模型。动态模型的主要特点是引入基本建设的时滞问题。

基建投资规模究竟多大，才能既不影响当年经济生活，又能促进后续年份生产的发展？从前者来说，首先要安排好当年生产和人民生活，然后看可以有多少力量供基建使用；从后者来说，要计算后续年份社会产品预定的增长对固定资产建设的需求量，然后在两者之间进行平衡，确定出一个比较稳妥的基建投资规模。

基本建设的发展要有各部门的发展相配合。基建投资直接对建筑材料、机器设备等生产资料和建筑业的劳务作业提出需求，直接和间接对燃料、电力、运输等部门提出了需求。同时，这些部门的发展又增加了其职工的工资总收入，提高了居民购买力，又对生活消费品提出新的需求。再者，大型企业、厂矿的建设，还要对生活服务、文化教育、卫生保健等部门提出新的需求。这些合理配合问题是可以在相互联系的计算中解决的。

通过计算，还可以紧紧围绕人民物质文化生活水平不断提高的需要，确定出基建投资的方向，多少用于老企业的更新，多少用于新建；多少用于物质生产部门，多少用于非物质生产部门；多少用于物质产品生产部门，多少用于流通部门；多少用于农业、轻工业，多少用于重工业；多少用于为农业、轻工业服务的重工业，多少用于为重工业自身服务的重工业；多少用于基础工业，多少用于加工工业，等等。这就为逐步建立和形成合理的国民经济产业结构和部门结构打下了坚实的物质基础。

**（四）发展服务行业与劳动力就业问题**

积极发展服务行业，改变劳动力就业结构，在安排就业问题上走出一条新路子，这是当前再生产中提出的又一重要问题。

这里所谈的服务行业包括：商业、饮食业、洗澡业、理发业、修理业、旅游业、文化服务业，等等。它们的特点是：第一，直接为人民生活服务；第二，一个劳动力所需固定资产的装备少，劳动力密集。服务行业究竟发展多少较为适宜，一方面，它要受到居民收入水平的影响，要看在一定时期内居民究竟有多大购买力可用于这些服务行业。一般地说，当居民收入水平比较低的时候，用于这些服务行业的支出比较少；随着收入水平的提高，用于这些方面的支出才会相应增长。这就对居民收入水平的发展及由此而引起的对服务行业业需求量的增大进行计算，确定出服务行业所需要的发展规模。另一方面，它们的发展也要受到物质生产条件的制约，因为这些服务行业的发展毕竟也需要一定的固定资产装备。比如，商业部门，要兴建商店，增设网点，扩大加工能力和存储设备；旅游部门，要整缮风景区，修建旅馆，增设服务设施；文化服务部门，要修建影剧院，开设新的文化活动场所，等等。这些建设项目总共有多大，所需资金和物资能否得到保证，经计算确定出服务行业所可能的发展规模。然后在需要和可能之间进行平衡。

在扩展的投入产出平衡表第Ⅰ象限主、宾栏中，可以一一对应地列出上述这些服务部门，利用该平衡表就能直接反映出这些部门的投入产出关系。运用相应的数学模型，便可对上述这些问题进行求解计算。这是投入产出扩展模型比之我国目前使用的投入产出产品模型又一优越的地方。

确定出服务行业的发展规模之后，就不难进一步计算它的发展究竟能容纳多少新的劳动力，以此来规划劳动力的就业安排问题。

（原载《经济研究》编辑部编《社会主义再生产、所有制、
商品价值问题》，山东人民出版社 1982 年版）

# 投入产出扩展模型及其意义

投入产出扩展模型，是对按货币表现的社会产品投入产出模型的改造和扩展。它为我们在国民经济计划管理中搞好综合平衡，走出一条速度比较实在、经济效益比较好、人民可以得到更多实惠的新路子，提供了有力的工具。本义着重探讨其静态模型和动态模型，并阐明其应用意义。

## 一　静态的投入产出扩展模型

静态的投入产出扩展模型，从其表式来说，与我国目前使用的按货币表现的投入产出平衡表相比，主要改造和扩展的地方在于：第一，将原投入产出表放在第Ⅳ象限反映的非物质生产部门的再分配内容，移到第Ⅲ象限中；第二，与此相适应，第Ⅰ象限的主、宾栏不仅列出国民经济各物质生产部门，而且列出各非物质生产部门；第三，以上处理的目的，是为了将原投入产出表第Ⅳ象限完全空出来，重新加以利用，用来反映各种最终收入即各种货币购买力的形成。由此，将第Ⅲ象限与第Ⅳ象限完全对应，表明各种货币资金（如居民劳动报酬、企业留成利润、国家财政、银行信贷等）收入和支出之间的平衡关系；将第Ⅱ象限与第Ⅳ象限完全对应，表明最终产品与最终收入之间，即商品可供量与货币购买力之间的平衡关系，进而体现社会产品的实现过程。如果说上述第一、二点是对原投入产出表形式上的改造，那么第三点则是实质性的扩展。为简明起见，假设整个国民经济分为农业、工业、科研文教、行政管理四个部门，并假设进口物资只用作中间产品，同时舍象了固定资产更新、大修理和折旧基金等项目。

为了更好地把握静态模型的主要特点，我们来看其求解问题的基本思路。

第一步：首先从第Ⅳ象限出发。根据量力而行的原则，拟订有关的货币资金支出计划（各项货币资金支出以 $h_{ij}$、$H_i$. 和 $H._j$ 表示）。如居民劳动报酬支出计划、企业留成利润支出计划、国家财政支出计划、银行信贷支出计划，等等。这里，我们以居民劳动报酬支出计划为例（见表1、表 2[①]）。假设计划年居民劳动报酬全部用来购买个人消费品，其支出总额为 $H_6. = H._{110} = h_{6,110} = 1900$ 亿元。

第二步：计算最终产品供应量。货币购买力的形成对第Ⅱ象限的最终产品提出了需求。在本例，是居民支出对个人消费品提出需求，其计算为：

$$Y = B_{110} H._{110} \tag{1}$$

式中，$Y$——最终产品列向量；$B_{110}$——用作个人消费品的最终产品构成系数（$\beta_{e,110}$）的列向量。在本例，其数值为：

$$Y = \begin{bmatrix} 0.368 \\ 0.632 \\ 0 \\ 0 \end{bmatrix} \times 1900 = \begin{bmatrix} 700 \\ 1200 \\ 0 \\ 0 \end{bmatrix}$$

第三步：计算总产值。为了保证最终产品的供应，需借助第Ⅰ象限的直接物质消耗系数和完全物质消耗系数来确定各部门的总产值。这个计算原投入产出法相同，公式为：

$$X = (E - A)^{-1} Y \tag{2}$$

式中，$X$——总产值列向量；$E$——单位矩阵；$A$——直接物质消耗系数（$\alpha_{eg}$）矩阵。本例经计算，

$$X = \begin{bmatrix} 1150.8 \\ 2107.7 \\ 0 \\ 0 \end{bmatrix}$$

---

①　笔者新注：原表将案例中的各项数值和相应的系数列在一个表里，这样表格很大，不易排印，现将案例中的各项数值和相应的系数分列在两个表里，表1为案例中的各项数值，表2为相应的系数。

单位：亿元

**表1　投入产出扩展模型的计算例子**

| 投入＼产出 | 序号 | 农业 101 | 工业 102 | 科研文教 103 | 行政管理 104 | 合计 | 积累 固定资产 农业 105 | 积累 固定资产 工业 106 | 积累 固定资产 科研文教 107 | 积累 固定资产 行政管理 108 | 积累 流动资产增长 109 | 消费 个人消费品 110 | 消费 科研文教 111 | 消费 行政管理 112 | 银行信贷资源增长 113 | 合计 | 出口 114 | 总计 |
|---|---|---|---|---|---|---|---|---|---|---|---|---|---|---|---|---|---|---|
| 国民经济各部门 农业 | 1 | 200 | 500 | 10 | | 710 | | | | | 50 | 700 | | | | 750 | 60 | 1520 |
| 国民经济各部门 工业 | 2 | 250 | 1200 | 80 | 20 | 1550 | 100 | 300 | 20 | 10 | 200 | 1200 | | | | 1830 | 140 | 3520 |
| 国民经济各部门 科研文教 | 3 | | | | | | | | | | | | 150 | | | 150 | | 150 |
| 国民经济各部门 行政管理 | 4 | | | | | | | | | | | | | 50 | | 50 | | 50 |
| 合计 | 5 | 450 | 1700 | 90 | 20 | 2260 | 100 | 300 | 20 | 10 | 250 | 1900 | 150 | 50 | | 2780 | 200 | 5240 |
| 进口 | | 40 | 160 | | | 200 | | | | | | | | | | | | 200 |
| 居民劳动报酬 | 6 | 800 | 1020 | 50 | 30 | 1900 | | | | | | 1900 | | | | 1900 | | 0 |
| 企业留成利润 | 7 | 200 | 100 | | | 300 | | 180 | | | 120 | | | | | 300 | | 0 |
| 国家财政 | 8 | 30 | 540 | 10 | | 580 | 100 | 120 | 20 | 10 | 80 | | 150 | 50 | 50 | 580 | | 0 |
| 银行信贷支出增长 | 9 | | | | | | | | | | 50 | | | | 250 | 300 | | 300 |
| 合计 | | 1030 | 1660 | 60 | 30 | 2780 | 100 | 300 | 20 | 10 | 200 | 1900 | 150 | 50 | 50 | 2780 | | 0 |
| 物质生产部门净产值合计 | | 1030 | 1660 | | | 2690 | | | | | | | | | | | | 0 |
| 总计 | | 1520 | 3520 | 150 | 50 | 5240 | 0 | 0 | 0 | 0 | 0 | 0 | 0 | 0 | 0 | 0 | 0 | 0 |

表2

### 投入产出扩展模型的计算例子（各系数）

| 产出＼投入 | 序号 | 国民经济各部门 农业 101 | 国民经济各部门 工业 102 | 国民经济各部门 科研文教 103 | 国民经济各部门 行政管理 104 | 合计 101—104 | 积累 固定资产 农业 105 | 积累 固定资产 工业 106 | 积累 固定资产 科研文教 107 | 积累 固定资产 行政管理 108 | 积累 流动资产增长 109 | 消费 个人消费品 110 | 消费 科研文教 111 | 消费 行政管理 112 | 消费 银行信贷资源增长 113 | 合计 105—113 | 出口 114 | 总计 101—114 |
|---|---|---|---|---|---|---|---|---|---|---|---|---|---|---|---|---|---|---|
| 国民经济各部门 农业 | 1 | 0.132 | 0.142 | 0.067 | | | | | | | 0.2 | 0.368 | | | | | 0.3 | |
| 国民经济各部门 工业 | 2 | 0.164 | 0.341 | 0.533 | 0.4 | | | | | | 0.8 | 0.632 | | | | | 0.7 | |
| 国民经济各部门 科研文教 | 3 | | | | | | | | 1.0 | | | | 1.0 | | | | | |
| 国民经济各部门 行政管理 | 4 | | | | | | | | | 1.0 | | | | 1.0 | | | | |
| 合计 1—4 | 5 | 0.296 | 0.483 | 0.6 | 0.4 | | 1.0 | 1.0 | 1.0 | 1.0 | 1.0 | 1.0 | 1.0 | 1.0 | | | 1.0 | |
| 进口 | | 0.026 | 0.045 | | | | | | | | | | | | | | | |
| 居民劳动报酬 | 6 | 0.526 | 0.29 | 0.333 | 0.6 | | 0.133 | 0.133 | 0.034 | | 0.4 | 1.0 | 0.133 | | | 1.0 | | |
| 企业留成利润 | 7 | 0.132 | 0.028 | 0.067 | | | 0.035 | 0.138 | 0.017 | 0.017 | 0.086 | | | | 0.167 | 1.0 | | |
| 国家财政 | 8 | 0.02 | 0.154 | | | | 0.133 | 0.6 | 0.017 | 0.086 | | | 0.19 | 0.086 | 0.431 | 1.0 | | |
| 银行信贷支出增长 | 9 | | | | | | 0.133 | | | | 0.267 | | | | | | | |
| 合计 6—9 | | 0.678 | 0.472 | 0.4 | 0.6 | | | | | | | | | | | | | |
| 物质生产部门净产值合计 | | | | | | | | | | | | | | | | | | 1.0 |
| 总计 1—9 | | 1.0 | 1.0 | 1.0 | 1.0 | | | | | | | | | | | | | |

第四步：计算各种货币收入。各部门总产值除去物质消耗部分（$X_{eg}$）外，形成第Ⅲ象限的各种货币收入（用 $S_{ig}$、$S_i$. 和 $S._g$ 表示）。其计算可分为两个方面。一方面是居民劳动报酬收入，公式为：

$$S_6. = \Gamma_6 X \tag{3}$$

式中，$S_6$.——居民劳动报酬收入总额；$\Gamma_6$——居民劳动报酬收入系数（$\gamma_{6,g}$）的行向量。在本例，$S_6. = 1216.5$ 亿元。

另一方面是除居民劳动报酬外的其他各项货币收入，包括企业留成利润收入（$S_7$.）和国家财政收入（$S_8$.），公式为：

$$S = \Gamma X \tag{4}$$

式中，$S$——由 $S_7$. 和 $S_8$. 组成的列向量；$\Gamma$——相应的货币收入系数（$\gamma_{ig}$）（$i = 7$，8）矩阵。本例为：

$$S = \begin{bmatrix} S_{7.} \\ S_{8.} \end{bmatrix} = \begin{bmatrix} 210.9 \\ 347.6 \end{bmatrix}$$

第五步：计算居民劳动报酬收支平衡差额。将第（3）式计算出的居民劳动报酬收入总额 $S_6$. 与最初拟订的其支出总额 $H_6$. 进行平衡比较，即：

$$C_6 = S_6. - H_6. \tag{5}$$

式中，$C_6$——居民劳动报酬收支平衡差额。在本例，$C_6 = 1216.5 - 1900 = -683.5$ 亿元。这表明二者还有 683.5 亿元的平衡差额，需继续追加其收入，这将在以下迭代计算中进行。

第六步：计算各项新的货币支出。由第（4）式计算出的企业留成利润收入 210.9 亿元和国家财政收入 347.6 亿元将转化为第Ⅳ象限新的各种有关支出。计算公式为：

$$H = S'\Pi + S'\Pi_{113}\Pi_9 \tag{6}$$

式中，$H$——各种货币支出按其最终用途的合计额 $H._j$ 组成的行向量；$S'$——$S$ 由列向量转置为行向量；$\Pi$——支出构成系数（$\pi_{ij}$，$i = 7$，8；$j = 105$，106，…，112）矩阵；$\Pi_{113}$——向银行存款或拨款的支出构成系数（$\pi_{i,113}$）列向量；$\Pi_9$——银行贷款的支出构成系数（$\pi_{9,j}$）行向量。在本例，

$$\Pi = \begin{bmatrix} 0.133 & 0.133 & 0.034 & 0 & 0.4 & 0 & 0.133 & 0 \\ 0.035 & 0.138 & 0.017 & 0.017 & 0.086 & 0 & 0.19 & 0.086 \end{bmatrix}$$

$$\varPi_{113} = \begin{bmatrix} 0.167 \\ 0.431 \end{bmatrix}$$

$$\varPi_9 = \begin{bmatrix} 0.133 & 0.6 & 0 & 0 & 0.267 & 0 & 0 & 0 \end{bmatrix}$$

（6）式中，第一项 $S'\varPi$ 的计算结果为除向银行存款或拨款外的其他支出额；第二项中的 $S'\varPi_{113}$ 为向银行存款或拨款的支出额，即银行信贷资源增长额（以年末比年初的增长额计）；第二项全项 $S'\varPi_{113}\varPi_9$ 为银行信贷资源增长额转化为银行信贷支出增长额。（6）式可简化为：

$$H = S'(\varPi + \varPi_{113}\varPi_9) \tag{7}$$

本例经计算，$H$ 的值为：

$$H = \begin{bmatrix} 64.8 & 187 & 13.2 & 5.9 & 163.7 & 0 & 94 & 29.9 \end{bmatrix}$$

第七步：计算对最终产品新的需求量。第（7）式计算出的各种支出额形成新的货币购买力，它们对最终产品（包括劳务）提出了新的需求，其计算为：

$$Y = BH' \tag{8}$$

式中，$B$——最终产品构成系数（$\beta_{ej}$，$e = 1$，2，3，4；$j = 105$，106，…，112）矩阵。

第八步：计算进出口的需求量。第（2）式曾计算出各部门总产值（$X$），各部门在生产中还需消耗进口物资（用 $U_{5,g}$ 表示），计算为：

$$U_5. = \varPhi X \tag{9}$$

式中，$U_5.$——进口物资总额；$\varPhi$——进口物资消耗系数（$\varPhi_{5,g}$）的行向量。在本例，

$$U_5 = \begin{bmatrix} 0.026 & 0.045 & 0 & 0 \end{bmatrix} \times \begin{bmatrix} 1150.8 \\ 2107.7 \\ 0 \\ 0 \end{bmatrix} = 125 \text{ 亿元}$$

为保证进口，需要有相应的出口。为简明起见，假定进口所需外汇全部由出口承担，并假定进出口按国内价格进行平衡。计算为：

$$Y = B_{114} U. \tag{10}$$

式中，$B_{114}$——用于出口的最终产品构成系数（$\beta_{e,114}$）列向量。第（8）、（10）两式可合并为：

$$Y = BH' + B_{114} U_5.$$
(11)

本例经计算，其数值为：

$$Y = \begin{bmatrix} 32.7 \\ 401.9 \\ 94.0 \\ 29.9 \end{bmatrix}$$

第九步：迭代计算。为了保证第（11）式计算出的最终产品（或劳务）的供给，又需确定各部门的总产值（或总劳务）；这又形成新的各种货币收入；又转化为各种有关支出……整个迭代循环计算可记为以下三式：

$$S_6.^{(K+1)} = \Gamma_6 (E - A)^{-1} (BH^{(K)'} + B_{114} U_5.^{(K)})$$
(12)

$$H^{(K+1)} = \left[\Gamma (E - A)^{-1} (BH^{(K)'} + B_{114} U_5.^{(K)})\right]' (\Pi + \Pi_{113}\Pi_9)$$
(13)

$$U_5.^{(K+1)} = \Phi (E - A)^{-1} (BH^{(K)'} + B_{114} U_5.^{(K)})$$
(14)

式中，$K$——迭代次数。迭代一直进行到满足如下条件时为止：

$$C_6 = \sum_{K=0}^{n} S_6.^{(K)} - H_6. = 0$$
(15)

即居民劳动报酬收入总额与原先拟定的其支出总额相平衡。在本例，$K = 8$ 次。最终计算的全部结果列于表 1。我们以 $C_j$ 表示各种最终产品与其货币购买力之间的平衡差额；$C_i$ 表示各项货币收入与支出之间的平衡差额。从表 1 中可以看到：

$$C_j = Y._j - H._j = 0$$

表明各种最终产品与其货币购买力之间均相平衡；

$$C_i = S_i. - H_i. = 0$$

表明各项货币收支亦均相平衡。

依据表 1 中计算出的各项指标，我们便可从预定的社会需要目标出发（在本例是从个人消费品的需求出发），在综合平衡的基础上，确定国民经济各方面发展的规模、速度和重大比例，编制出相应的国民经济计划。这样确定出来的规模和速度，是符合综合平衡要求的，是相互协调、相互促进的，因此是比较可靠和实在的。

# 二  动态的投入产出扩展模型

动态投入产出扩展模型的主要特点是，引入基本建设的时滞因素，反映基本建设投资对整个国民经济综合平衡的长期影响。基本建设工程，除当年开工当年建成使用的一些小型项目外，一般说来，要有一个较长的建设周期。建设各项工程均以上年末完工，下年初交付使用，那么当年的投资只是形成后续年份的固定资产，而当年新建成的固定资产则是前行时期投资的结果。因此，为了保证国民经济各个年度计划之间的相互衔接，必须对综合平衡进行长期的动态考察。这里主要就生产性固定资产的扩大再生产问题进行分析。

动态模型的主要计算步骤如下：

第一步：我们仍然从个人消费品的购买和供应计划出发，首先根据预估的需要和可能，拟定计划期各年（如五年、十年等）居民购买个人消费品的支出指标。然后，利用静态模型计算出相应的各年各物质生产部门的总产值和基建投资额。

第二步：计算可拥有的新增固定资产。在拟订计划期各年个人消费品购买和供应计划时，虽已遵循了量力而行的原则，考虑了有关的条件和可能，但是还必须进一步精确地计算每年内新增固定资产生产能力是否能保证每年内各部门总产值增长指标的实现。这时需根据静态模型得出的计划期各年各物质生产部门的基建投资额，计算各部门可拥有的新增固定资产总值。它等于前行各年投资额之和（为简明起见，这里假定各项工程动工以年初计，完工以年末计）。公式为：

$$V_j^p = \sum_q H._j^{pq} \quad (j=105,\ 106；\ q=p-l_j,\ \cdots,\ p-2,\ p-1) \tag{1}$$

式中，$p$——投产年份；$q$——投资年份；$l_j$——$j$ 部门工程建设周期；$V_j^p$——$j$ 部门在 $p$ 年可拥有的新增固定资产总值；$H._j^{pq}$——在前行的 $q$ 年，用于 $j$ 部门 $p$ 年投产工程的投资额。

第三步：计算所需要的新增固定资产。计划期各部门总产值的增长，要求有相应的新增固定资产，其计算公式为：

$$G_j^p = K_j^p \left( X_g^p - X_g^{p-1} \right) \ (g = 101, \ 102; \ j = g + 4) \tag{2}$$

式中，$G_j^p$——在 $p$ 年 $j$ 部门所需要的新增固定资产总值；$K_j^p$——在 $p$ 年 $j$ 部门生产性固定资产直接占用系数。如果考虑到维持固定资产简单再生产的需要，那么（2）式还需加上各年各部门固定资产的补偿量。

第四步：计算所需要的与可拥有的新增固定资产之间的平衡差额。将第（2）式计算出的对新增固定资产的需求量 $G_j^p$，与第（1）式计算出的新增固定资产拥有量 $V_j^p$ 进行平衡比较，即：

$$\Delta G_j^p = G_i^p - V_j^p \ (j = 105, \ 106) \tag{3}$$

式中，$\Delta G_j^p$——新增固定资产平衡差额。如果 $\Delta G_j^p \neq 0$，表明二者有差额，或需继续追加投资，或需减少原定投资。这时，就要计算各年基建投资的增减变化额。为以下叙述方便，假定 $\Delta G_j^p > 0$，即需要继续追加投资。

第五步：计算基建投资新的增加额。为继续增添固定资产（$\Delta G_j^p$）而追加的投资，是前行各年分别进行的，其计算为：

$$\Delta H_{.j}^{pq} = \lambda_j^{pq} \Delta G_j^p \ (q = p - l_j, \ \cdots, \ p - 2, \ p - 1) \tag{4}$$

式中，$\lambda_j^{pq}$——$j$ 部门 $p$ 年投产的新增固定资产在前行建设时期（$q$ 年）的投资分配系数。

第六步：计算最终产品新的增长量。新的投资引起相应的最终产品新的增长，这个计算用矩阵形式简记为：

$$\Delta Y^q = B_1^q \Delta H_1^{q\prime} \tag{5}$$

式中，$\Delta H_1^{q\prime}$——由第（4）式计算出的 $\Delta H_j^{pq}$ 组成的行向量转置为列向量；$B_1^q$——相应的最终产品构成系数矩阵。

第七步：计算总产值新的增长量。最终产品的增长又要求各部门总产值的增长，计算公式为：

$$\Delta X^q = (E - A^q)^{-1} \Delta Y^q \tag{6}$$

第八步：计算货币收入新的增长额。各部门总产值的增长又带来各部门货币收入的增长，计算公式为：

$$\Delta S^q = \Gamma^q \Delta X^q \tag{7}$$

式中，$\Delta S^q$——由 $\Delta S_i^q$（$i = 6, \ 7, \ 8$）组成的列向量；$\Gamma^q$——相应的货

币收入系数（$\gamma_{ig}{}^q$，$i = 6$，$7$，$8$）矩阵。

第九步：计算各种货币支出新的增长额。各种收入的增长，又转化为支出的相应增长，计算公式为：

$$\Delta H^q = \Delta S^{q'} \left( \Pi^q + \Pi_{113}{}^q \Pi_9{}^q \right) \tag{8}$$

式中，$\Pi^q$——支出构成系数（$\pi_{ij}{}^q$，$i = 6$，$7$，$8$；$j = 105$，$106$，$\cdots$，$112$）矩阵；$\Pi_{113}{}^q$——向银行存款或拨款的支出构成系数（$\pi_{i,113}{}^q$，$i = 6$，$7$，$8$）列向量；$\Pi_9{}^q$——银行贷款的支出构成系数（$\pi_{9,j}{}^q$）行向量。

第十步：计算基建投资的平衡差额。第（8）式计算出的行向量 $\Delta H^q$，包括两个部分：一部分是与各物质生产部门新增基建投资额有关的支出项目，即 $\Delta H_1{}^q$；另一部分是与此无关的其他支出项目，记为 $\Delta H_2{}^q$。这些数值是以下迭代计算开始前的数值，所以记为 $\Delta H^{q(0)}$、$\Delta H_1{}^{q(0)}$、$\Delta H_2{}^{q(0)}$。将 $\Delta H_1{}^{q(0)}$ 与第（4）式计算出的基建投资新增额进行平衡比较，即：

$$J^q = \Delta H_1{}^{q(0)} - \Delta H_1{}^q \tag{9}$$

式中，$J^q$——基建投资平衡差额。若 $J^q < 0$，表明二者不平衡，需进行迭代计算，继续追加投资。$\Delta H_1{}^{q(k)}$ 不参加迭代过程。这时参加迭代过程的是 $\Delta H_2{}^{q(k)}$，即与基建投资无关的其他支出额。

第十一步：迭代计算。加入进出口相应的增长项目，整个迭代过程可记为：

$$\Delta H^{q(K+1)} = \left[ \Gamma^q \left( E - A^q \right)^{-1} \left( B_2{}^q \Delta H_2{}^{q(K)'} + B_{114}{}^q \Delta U_5 \cdot {}^{q(K)} \right) \right] \left( \Pi^q + \Pi_{113}{}^q \Pi_9{}^q \right) \tag{10}$$

$$\Delta U_5{}^{q(K+1)} = \Phi^q \left( E - A^q \right)^{-1} \left( B_2{}^q \Delta H_2{}^{q(K)'} + B_{114}{}^q U_5{}^{q(K)} \right) \tag{11}$$

式中，$B_2{}^q$——与投资无关的支出项目 $\Delta H_2{}^q$ 相对应的最终产品构成系数矩阵。

迭代一直进行到满足如下条件时为止：

$$J^q = \sum_{K=0}^{n} \Delta H_1{}^{q(k)} - \Delta H_1{}^q = 0 \tag{12}$$

需要注意的是：由于以上的计算，各年各物质生产部门的总产值已与原先在第（2）式计算时的总产值不同，有了新的增长，这又对固定资产提出了新的需求，又要进行固定资产新的平衡计算。为了避免这种重复计算，可事先在第（3）式计算时，对所需新增固定资产 $G_j^p$ 加进一个适当的机动系数 $\xi_j^p$，使第（3）式写为：

$$\Delta G_j^p = \xi_j^p G_j^p - V_j^p$$

根据动态模型计算出来的各项指标，既能保证每个年度内的综合平衡，又能保证各个年度之间的综合平衡。

## 三　投入产出扩展模型的意义

投入产出扩展模型是在投入产出模型的基础上，进行了实质性的扩展。因此，它不仅保留了原投入产出模型的一切作用，如分析部门间的技术经济联系，考察经济结构，从最终产品出发确定各部门的总产值等，而且具有更加广泛的应用意义。

其一，对社会再生产过程的诸环节进行全面的整体的考察和计划。投入产出扩展模型的一个显著特点是，它将社会再生产过程的生产、分配、交换、消费等各个环节紧密地联结成一个有机整体。我们来看前面列出的迭代计算公式（为简明起见，这里暂舍象与进出口有关的 $B_{114}U_5$. 一项）。参见静态模型第（13）式和动态模型第（10）式：

$$H^{(K+1)} = \lceil \Gamma (E - A)^{-1} BH^{(K)\prime} \rceil' (\Pi + \Pi_{113}\Pi_9)$$

从最内层看起：①$H$ 为货币支出项目，即货币资金的最终使用，它体现以货币购买力为代表的社会消费需要；②$BH'$ 一项为最终产品（$Y$）需求量，该项体现货币购买力与最终产品之间的交换；③$(E - A)^{-1}BH'$ 一项即为 $(E - A)^{-1}Y = X$，它表明为满足最终产品需求量而进行的生产过程；④$\Gamma (E - A)^{-1}BH'$ 一项即为 $\Gamma X = S$，它反映货币收入的分配与再分配；⑤整个大项表明新形成的各种货币资金的最终使用。可见，投入产出扩展模型以货币购买力的形成而引起的社会消费需要作为出发点和归宿，以生产过程作为主导环节，以分配和交换作为媒介，把社会再生产过程有机地联系起来。利用该模型，我们就可以从量上把握社会再生产过程各个环节之间相互作用、相互制约的内在联系，可以从拟定的目标出发，在电子计算机上进行各种复杂的多方案的经济模拟实验，从多方案的比较分析中，选择出一种速度比较实在、经济效益比较好、人们可以得到更多实惠的方案来，从而制订出目标明确、比例适当、各方协调、综合平衡的国民经济发展计划。

其二，测算国家财政收支平衡。在投入产出扩展模型中，反映国家财政收支的公式为：

$$C_8 = S_8. - H_8. \tag{1}$$

$$S_8. = \sum_g S_{8,g} = \sum_g \gamma_{8,g} X_g \tag{2}$$

$$H_8. = \sum_j H_{8,j} = \sum_j \pi_{8,j} S_8. \tag{3}$$

式中，$C_8$ 为国家财政收支平衡差额；$S_8$ 为财政收入总额；$H_8$ 为财政支出总额。该式表明，要保证财政收支平衡，必须从增收和节支两个方面进行努力。

国家财政收入主要来源于各物质生产部门上缴的利润和税金。从（2）式中可以看到，国家财政收入一方面与各部门总产值（$X_g$）的大小有关，另一方面与财政收入系数（$\gamma_{8,g}$）的大小有关。为了增加财政收入，最根本的是努力增加生产，增加社会财富，这是解决财政问题的基础。同时，财政收入系数（各部门上缴财政的利税占该部门总产值的比重）也是不可忽视的因素。财政收入系数的公式为：

$$\gamma_{8,g} = S_{8,g}/X_g = (X_g - \sum_e X_{eg} - S_{6,g} - S_{7,g}) / X_g$$

$$= 1 - (\sum_e X_{eg}/X_g) - (S_{6,g}/X_g) - (S_{7,g}/X_g)$$

$$= 1 - \sum_e \alpha_{eg} - \gamma_{6,g} - \gamma_{7,g} \tag{4}$$

该式表明，财政收入系数的大小与物质消耗系数（$\alpha_{eg}$）、居民劳动报酬收入系数（$\gamma_{6,g}$）、企业留成利润收入系数（$\gamma_{7,g}$）均成反方向运动。当各部门总产值为已定时，若想增加财政收入，提高财政收入系数，就必须：第一，努力节约使用原材料、燃料，提高机器设备的利用率，降低物质消耗系数；第二，坚决制止滥发奖金的现象，控制居民劳动报酬收入系数的增长；第三，合理安排企业留成利润的比例，首先保证上缴利税任务的完成，使企业留成利润收入系数维持在适当水平，等等。当然，随着科学技术的进步，有机构成的提高，随着劳动生产率和各部门总产值的增长，物质消耗系数、居民劳动报酬收入系数、企业留成利润收入系数会发生不同程度的升降，但要保证财政收入绝对额的增加。总之，$S_8. = \sum_g \gamma_{8,g} X_g$ 一式体现出生财、聚财之道。

上述第（3）式体现出用财之道。该式表明，国家财政支出的使用包含两个方面的问题。一方面，要量入为出，支出总额要受收入总额的制约，以保持财政收支总额的平衡；另一方面，要讲究使用方向，这是由财政支出构成系数（$\pi_{8,j}$）体现出来的。国家财政支出，多少用于基本建设，多少用于增拨流动资金，多少用于科研文教卫生，多少用于行政管理和国防，都要根据需要和可能来确定，并要考虑到对国民经济各个方面的影响。当国家财政支出发生重大变化时，如支出总额或某项支出要较大幅度地增长或压缩，由此对国民经济各有关方面将会带来怎样的影响，可以利用投入产出扩展模型进行测算。

其三，测算银行信贷收支平衡。随着经济调整和改革的深入进行，银行在国民经济管理中的地位和作用愈加重要。投入产出扩展模型专门引入了银行信贷收支因素，这也是对原投入产出模型的一个新扩展。利用该模型，可以对银行信贷收支状况及其对各个方面的影响进行测算，以利于有计划地筹集、管理和使用信贷资金。

其四，从人民日益增长的物质文化需要出发，测算居民购买力与消费品供应量之间的平衡，促进经济结构的合理化。从前面我们所举的例子中可以看到，利用该模型，可以从居民购买力的状况来组织消费品的生产和供应，使二者不仅在总量上相一致，而且在构成上相适应。整个计算将告诉我们，为了满足居民购买力的增长和消费品供应的需要，各有关部门应以怎样规模进行生产，由此又对原材料、燃料、动力和机器设备等生产资料提出多大需求。依据这种计算，我们便可以统筹安排生产、建设和生活，调整各部门的发展方向，逐步建立起合理的经济结构。

其五，测算进出口平衡。实行对外开放政策，扩大国际贸易往来，对进出口工作提出了更高的要求。进出口平衡不是孤立地进行的，它与整个国民经济的发展有着密切的联系。利用投入产出扩展模型，可以从这种联系出发，从整体上考察和计算进出口平衡。为了详细地分析进出口，可把表式中进口与出口两项按产品种类和进出口地区分别列明，就像在地区投入产出表中处理调入、调出一样。

其六，考察物质生产部门与非物质生产部门之间的经济联系，促进各种服务事业和科研文教卫生事业的发展。在我们目前使用的投入产出表中第Ⅰ象限不列入各种服务部门和科研文教卫生等部门。但在实际工作中，为了核算居民货币收支平衡，核算消费品的投入产出平衡，又需要计算出这些部门的物质消耗，合并到第Ⅱ象限居民直接购买的消费品中去。因此，看不清非生产部门投入产出关系的全貌。在扩展模型中，第Ⅰ象限单独列明了这些部门的物质消耗，第Ⅲ象限列明了这些部门的纯劳务收入，第Ⅰ象限列明了这些部门所提供的总劳务，第Ⅳ象限列明了对这些部门当前活动和基本建设方面的货币支付或资金拨款。这样，就能把物质生产部门与非物质生产部门之间的经济联系，以及非物质生产部门自身的活动过程充分反映出来，从而可以从人民物质文化生活水平提高的需要和四个现代化建设的需要出发，合理安排和积极促进各种服务事业和科研文教卫生事业的发展。

总之，现实经济生活是非常复杂的运动过程，利用投入产出扩展模型，我们可以进行多种经济计算和分析。这对于提高计划统计工作的科学性和预见性，提高国民经济计划管理的现代化水平，具有重要的意义。

我国曾经编制了 1973 年 61 类主要产品的实物投入产出表。目前正在试算全国的投入产出价值表。一些省市，如山西、河南、黑龙江和北京等已经或正在编制地区投入产出表。这为投入产出扩展模型的深入研究和实际应用创造了极为有利的条件。

（原载《经济研究参考资料》1983 年 11 月第 185 期）

# 宏观经济计量模型应用研究[*]
## ——若干重要参数的分析和调整

## 一　应用的四个主要方面

依据历史资料，采用经济计量方法，编制出全国或地区宏观经济计量模型之后，它的应用主要有以下四个方面。

第一，回答"历史和现状怎样"的问题，即对历史和现状进行分析。在进行这方面的应用时，不必对原模型进行调整，只需通过各种参数的分析，来研究诸经济变量（外生变量与内生变量）之间在历史和现实已客观存在的相互依存关系。

第二，回答"依照原样将会怎样"的问题，即对未来进行预测，不采取什么新的政策和措施，依原来的趋势发展，未来将会是什么情况。在进行这方面的应用，即进行历史趋势外延时，仍不必调整原模型的参数，只需给出一定的外生变量值，测算相应的内生变量的未来值。比如，给出今后 20 年一定量的投资额，仍依照新中国成立三十多年来的投资效果系数不变，那么，可预测出到 20 世纪末工农业年总产值翻几番这一内生变量。

---

* 这项工作是在中国社会科学院数量经济与技术经济研究所张守一同志的指导和参加下完成的。直接与本文有关的工作人员有：阎子民（中国社会科学院数量经济与技术经济研究所），张桂喜（北京经济学院经济数学系），韩林云、牛卫平（山西省计委电子计算站），胡安荣（山西省计委），阿思奇（山西省社会科学院）等。在这一工作中，我们把经济计量模型与投入产出模型相结合，称为综合经济模型。该模型的整个设计，参见张守一《投入产出模型在计划工作中的应用》，《数量经济技术经济研究》1984 年第 3 期。

　　第三，回答"为要怎样将应怎样"的问题，即进行规划论证，为了实现已定的未来发展目标，应该采取什么相应的政策和措施。在实际经济工作中，我们经常会遇到这样的情况：各级党政领导经过调查研究，根据一定的总体条件，制订出长远的宏观发展目标，需要我们进一步做具体的政策和措施论证。在进行这方面的应用时，比如，为要在一定的投资条件下，到 20 世纪末使工农业年总产值翻两番，即目标值已定，这时，就要对参数进行调整，确定投资效果系数等应该提高到什么水平。

　　第四，回答"如果怎样就会怎样"的问题，即进行政策模拟，对将可能采取的政策和措施测定未来的影响，在各种方案中进行选择，这也是我们在实际经济工作中经常遇到的一种情况。在进行这方面的应用时，外生变量和参数的值都可加以调整，考察内生变量将会产生的各种变化，以便在多种方案中选择出最适合我们需要的方案。比如，给定不同的投资、不同的投资效果系数，可以得出不同的工农业总产值增长额，从中选取最佳的组合方案。

　　如果说以上第一、二个方面属于基础性的应用，那么第三、四两个方面则是我们所经常要做的目的性应用。因此，对模型参数的分析特别是调整，成为一项十分重要的工作。现以我们参加山西经济计量模型编制和应用工作的实践为基础，对若干重要参数进行分析，并对参数的调整方法作一初步探讨。

## 二　生产函数中的参数分析及调整

　　在山西经济计量模型中，采用的是净产值生产函数，其一般形式为：

$$N_t^i = b_0^i + b_1^i L_{t-1}^i + b_2^i (K_{t-1}^i / L_{t-1}^i) \qquad (1)$$

　　式中，$i$——各物质生产部门，归并为 19 个部门，即 $i = 1, 2, \cdots,$ 19。$t$——年份。$N$——各物质生产部门净产值。$L_{t-1}$——各物质生产部门上年末的劳力数。$K_{t-1}$——各物质生产部门上年末的固定资产原值。$(K_{t-1}/L_{t-1})$——各物质生产部门上年末的固定资产装备率。$b_0$——常数项。$b_1$——劳力项的产出系数。$b_2$——固定资产装备率项的产出系数。

　　（1）式之所以采用带有一年时滞的 $L_{t-1}$ 和 $K_{t-1}$，是为了与劳力子模型和固定资产子模型相连接，建立时差递归模型系统；之所以选用（$K_{t-1}/L_{t-1}$）而不单独选用 $K_{t-1}$ 作为第二个解释变量，是为了避免 $K_{t-1}$ 与第一个解释变量 $L_{t-1}$ 之间的多重共线性。

各物质生产部门的总产值（$X$）为：

$$X_t^i = N_t^i / (1 - AT_t^i) \qquad\qquad (2)$$

式中，$AT$——投入产出模型中的直接消耗系数与固定资产折旧系数之和。$1 - AT$——净产值系数。

利用 1963—1980 年的山西统计资料，以（1）式求出了常数项 $b_0^i$ 和劳力项的产出系数 $b_1^i$、固定资产装备率项的产出系数 $b_2^i$。通过对各有关部门净产值历史数据进行内插和外推检验，回归结果较为理想。然而，当运用这些参数进行今后 20 年的预测时，在充分给定劳力数和固定资产装备率的条件下，各部门净产值和相应的总产值的预测值与山西经济发展战略目标所确定的规划值相比，普遍偏低。预测出的 1981—2000 年工农业净产值的年平均增长速度仅为 4.2%，工农业总产值的年平均增长速度仅为 4.1%。这说明，依据近二十余年来的历史资料所得出的净产值生产函数中的两个参数（$b_1^i$ 和 $b_2^i$）普遍偏低。这是符合历史情况的。过去，由于种种原因，特别是十年动乱时期所造成的影响，许多部门的劳动生产率和固定资产产出率等经济效益指标上升得很缓慢，有些年份甚至呈下降态势。山西如此，全国也有同类情况。以全国全民所有制独立核算工业企业的全员劳动生产率为例，1953—1957 年这 5 年间，其年平均增长速度为 8.7%；1958—1965 年这 8 年间，其年平均增长速度降为 4.4%；1966—1978 年这 13 年间，则降为 1.7%；1979—1981 年这 3 年间，略有上升，但也仅为 2.1%。各工业部门的情况详见表 1。

如果以过去那种缓慢增长的劳动生产率和固定资产产出率来预测今后 20 年，势必会低估未来的发展。因此，在充分给定劳力数和固定资产装备率的情况下，要实现工农业年总产值翻两番的目标，就必须对净产值生产函数中的两个参数进行调整。

表1　　　全国全民所有制独立核算工业企业全员劳动生产率年平均增长速度　　单位:%

| 年份<br>部门 | 1953—1957 | 1958—1965 | 1966—1978 | 1979—1981 |
|---|---|---|---|---|
| 工业全员劳动生产率 | 8.7 | 4.4 | 1.7 | 2.1 |
| 其中: | | | | |
| 1. 冶金工业 | 15.8 | 4.8 | -2.0 | 2.4 |
| 2. 电力工业 | 9.3 | 6.0 | 3.4 | -4.5 |
| 3. 煤炭工业 | 8.6 | -5.1 | 0.9 | -3.1 |
| 4. 石油工业 | 11.8 | 7.7 | 5.3 | -5.9 |
| 5. 化学工业 | 18.3 | 10.1 | 0.8 | 5.8 |
| 6. 机械工业 | 14.8 | 4.7 | 2.7 | -2.0 |
| 7. 建材工业 | 11.4 | 7.8 | 0.4 | 1.3 |
| 8. 森林工业 | -0.3 | -0.3 | -1.4 | 0.4 |
| 9. 食品工业 | 7.2 | 1.7 | -0.2 | 3.7 |
| 10. 纺织工业 | 2.7 | 5.1 | 1.6 | 4.6 |
| 11. 造纸工业 | 11.8 | 2.3 | -2.3 | -2.9 |

　　根据《中国统计年鉴》（1981）（国家统计局编，中国统计出版社1982年版）中的"按工业部门分的全民所有制独立核算工业企业全员劳动生产率指数"资料计算。

　　一种方法是，分别调整劳力项的产出系数 $b_1{}^i$ 和固定资产装备率项的产出系数 $b_2{}^i$。起初，我们就是这样做的。但是，实践表明，这种调法很困难。因为：第一，在山西经济计量模型中包括有19个物质生产部门，对每个部门的净产值生产函数都要同时调整两个参数，这样，工作量既大，也难以把握；第二，在上述生产函数中，劳力项的产出系数并不就是劳动生产率，固定资产装备率项的产出系数更不等同于固定资产产出率，因此，这两个参数调到多大为宜，也难以找到历史依据。于是，我们考虑使用另一种较为简便易行的方法。不对两个参数直接去加以调整，而是把净产值生产函数的整个右式乘上新的一项，使（1）式变为：

$$N_t{}^i = [\, b_0{}^i + b_1{}^i L_{t-1}{}^i + b_2{}^i\, (K_{t-1}{}^i / L_{t-1}{}^i)\,]\ (1 + p^i)^t \qquad (3)$$

$p^i$ 为各物质生产部门的综合效益系数，其经济含义为，通过科技进步、挖改革措施、体制改革、经营管理的改善等各种途径所提高的产出效益增长率。这样，由对两个参数（$b_1^i$和$b_2^i$）分别加以调整，变为只对一个参数（$p^i$）加以赋值和调整。

关于综合效益系数的取值，我们是这样考虑的。在 1981 年，就工业全员劳动生产率来看，山西仅为全国平均水平的 62.2%；就百元固定资产原值所实现的工业产值指标来看，山西仅为全国平均水平的 58%。今后20 年，全国的经济效益指标还会不断提高。因此，到 20 世纪末，山西要达到全国水平，必须把经济效益指标提高一倍以上。这是以全省平均而言，至于每个具体部门，由于部门的性质不同，提高效益的潜力不同，提高效益的任务也就不同。于是，我们把各物质生产部门的综合效益系数分为低、中、高三类。所谓低效益，指未来 20 年继续保持历史和现状的原水平；所谓高效益，指 20 世纪末达到全国平均水平；所谓中效益，指高效益的一半。同时，我们把中央对山西未来 20 年的可能投资（外生变量）分为低、中、高三种情况。这样，共计算了九种方案，将其中五种方案提交有关领导部门作为编制长远规划的参考。

利用调整好的模型即公式（3）重新计算出各部门的净产值和相应的总产值后，再用各年度的总产值除以同一年度的就业劳力数和固定资产原值，从而求得为实现规划目标，在各年份应达到的劳动生产率和固定资产产出率等经济效益指标。

## 三 劳力需求函数中的参数分析及调整

在山西经济模型中，劳力需求函数的形式为：

$$L_t^i = d_0^i + d_1^i I_t^i + d_2^i L_{t-1}^i \tag{4}$$

式中，$L_t$——各物质生产部门在 $t$ 年的劳力需求数。$I$——各物质生产部门的固定资产投资额。$L_{t-1}$——各物质生产部门上年末的劳力数。$d_0$——常数项。$d_1$——固定资产投资项的系数。$d_2$——上年劳力项的系数。

我国的劳力就业，特别是非农业部门的劳力就业，是有计划地统一调配的。影响劳力就业量的因素，除适龄人口的增减、各类学校毕业生和部队复员退伍人数的增减，以及各部门现有劳力的状况和部门结构的调整变动外，主要取决于固定资产投资额的增减。故（4）式选用 I 作为主要解释变量。

与此同时，编制了一个山西人口模型，计算出到 2000 年的可供劳力总量。

以（4）式进行今后 20 年的预测，在适当给定固定资产投资额的情况下，到 20 世纪末，各物质生产部门对劳力的需求总量将较大地超过可供劳力总量。

为什么用（4）式预测出的劳力需求量普遍偏高？怎样对劳力需求函数的参数进行调整？

首先看 $L_{t-1}$ 项的系数 $d_2$。在（4）式中，因变量劳力需求数 $L_t$ 与自变量上年末劳力数 $L_{t-1}$ 之间是滞后自回归关系。如果不发生一个部门的劳力大规模地向另一个部门的转移，系数 $d_2$ 主要表明某部门的劳力自然增员（如农业）或自然减员的程度。一般来说，$d_2$ 的值是比较稳定的。因此问题在于，用历史资料计算出来的固定资产投资项的系数 $d_1$ 是普遍偏高的，说明由固定资产投资而导致的对劳力的需求量偏高。这也符合历史情况。在过去，由于劳动生产率和固定资产产出率提高的速度很缓慢，扩大生产主要依靠固定资产投资额的增长和就业劳力的增加。如果以历史上的这种状况来预测今后 20 年，再考虑到实行计划生育和人口控制政策，那么，未来的劳力需求量势必会超过劳力供给量。

为使今后 20 年劳力的需求量与供给量相平衡，就要降低固定资产投资所引致的劳力需求量；同时，随着科学技术的进步，有机构成的不断提高，固定资产投资所导致的劳力需求量客观上存在着相对下降的趋势，所以就要降低（4）式中固定资产投资额的系数 $d_1$。

对系数 $d_1$ 的调整方法是，在该系数前乘以一个小于 1、大于零的新系数 $q_t$，可称之为劳力调整系数，使（4）式变为：

$$L_t^i = d_0^i + q_t^i d_1^i I_t^i + d_2^i L_{t-1}^i \qquad (5)$$

对于 $q_t^i$ 的取值，可用以下几种信息来控制和确定它。其一，已由人口模型给出今后 20 年可供劳力总量；其二，根据这一可供总量，请有关部门和专家商议，给出分部门的劳力控制量；其三，以未加劳力调整系数的原模型即公式（4）计算出劳力需求量作为调试的基础；其四，参考历史上各部门万元投资对劳力需求这一指标的变动情况。有了这些信息，就能

较为容易地确定出 $q$ 值。

## 四　固定资产函数中的参数分析及调整

在山西经济计量模型中，生产性固定资产的函数形式为：

$$K_t^i = \gamma_0^i + \gamma_1^i K_{t-1}^i + \gamma_2^i I_t^i + \gamma_3^i I_{t-1}^i + \cdots + \gamma_\tau^i I_{t-(\tau-2)}^i \tag{6}$$

式中，$K$——各物质生产部门生产性固定资产原值。$I$——对各部门生产性固定资产的投资。$\gamma_0$——常数项。$\gamma_1$——上年末固定资产原值项的系数。$\gamma_2$，$\cdots$，$\gamma_\tau$——各年度生产性固定资产投资项的系数。

关于生产性固定资产的函数形式，曾试用了好几种，最后选定（6）式形式。在利用 1958—1980 年的历史资料求解各项系数时，给定了 $\gamma_0 = 0$、$\gamma_1 = 1$ 的约束条件，这样得出的方程，通过内插、外推检验，回归结果较好。但是，适当给定固定资产的投资额，利用（6）式进行今后 20 年的预测时，许多部门生产性固定资产的预测值普遍偏高，致使一些制造业部门固定资产产出率（$X / K$）的年平均增长速度不应有地呈现递减趋势。

问题出在 $\gamma_1 = 1$ 的约束条件上。一者，在做回归时，历史统计资料中关于上年末固定资产原值 $K_{t-1}$ 的数据，已扣除了固定资产的报废量，而后来在做预测时，由于假定了 $\gamma_1 = 1$，所以 $K_{t-1}$ 本身没有再扣除固定资产新的报废量。这就意味着在未来的年份，上年末的固定资产全部转到下年使用，导致固定资产的预测值虚假地偏高。二者，就历史情况看，过去固定资产的更新、改造、换代是十分缓慢的，一般说来，固定资产的报废量也是很低的。因此，用 $\gamma_1 = 1$ 的约束条件虽然能较好地模拟过去，但用来预测今后 20 年，必然会出现固定资产预测值的偏大。

考虑到目前已有不少固定资产老式陈旧，加之今后 20 年科学技术的进步，固定资产更新、改造、换代必然加速，在一些部门的生产性固定资产的函数形式中，$\gamma_1 = 1$ 的约束条件已不再适用，因此，对系数 $\gamma_1$ 需赋予一个小于 1、大于 0 的值。

对于 $\gamma_1$ 的取值，可由以下信息来控制和选定。第一，各部门现有生产性固定资产的老化状况；第二，以 $\gamma_1 = 1$ 的原方程所计算出的生产性固定资产及其相应的固定资产产出率作为调试的基础依据；第三，对一般制造业部门来说，固定资产产出率（$X/K$）应按一定幅度正常上升，而不能呈现下降趋势；第四，参考历史上的有关情况及先进地区、国家的有关情况，如各部门年平均报废系数指标。现在，我们往往不重视固定资产的报废、更新统计工作，缺少这方面的全面资料，但我们可进行典型调查，以取得必要资料。

# 五　科学与艺术的统一

整个山西经济计量模型由三十多个子模型构成，除上述净产值、总产值、劳力需求和供给、生产性固定资产子模型外，还有地方财政收支、城乡居民收支、产品的最终供给与需求、调进调出、非物质生产部门等子模型。有关其他子模型中参数的分析和调整问题，这里不一一赘述。[①]

通过参加山西经济计量模型的编制与应用工作，我们深深地体会到，一个完整的宏观经济计量模型由许多子模型有机结合而成，每个子模型中又有无数个方程。方程与方程之间、子模型与子模型之间互相紧密联系，往往牵一发而动全身，因而，在经济预测、规划论证和政策模拟中，许多参数均是在相互联系中加以调整的。这里就有一个科学与"艺术"的统一问题。所谓"艺术"，我们的体会主要是指，模型制作者能比较全面、比较深刻地了解经济规律和经济机制在过去和当前的运行特点，在此基础上，对它们在未来的运行能作出比较正确的判断。对每一个参数的调整，都要有充分的科学依据，不能主观臆断；同时，又要充分运用对未来经济发展的正确判断，发挥综合驾驭模型的能力。

比如，对于净产值（$N$）及其相应的总产值（$X$）子模型、劳力需求（$L$）子模型和固定资产（$K$）子模型中有关参数的调整，开始，我们是孤立地分别加以进行的。然而，在综合考察 $X$、$L$ 和 $K$ 的未来预测值之间的相互关系时，却发现在许多部门，预测出的劳动生产率（$X/L$）的增长速

---

① 关于投入产出模型中直接消耗系数的修订问题，参加该项工作的湖北财经学院刘昌平同志另有专文论述。

度逐年提高，劳力的固定资产装备率（$K/L$）的增长速度也逐年提高，但是固定资产产出率（$X/K$）的增长速度是逐年下降的。在电子计算机的打印结果上，$X/K$ 的增长速度一项出现了一连串的负值。进一步的分析表明，根据下述公式，

$$(X/K) = (X/L)/(K/L)$$

当劳力（$L$）为一定时，固定资产（$K$）的增长速度如果超过了总产值（$X$）的增长速度，必然会出现 $K/L$ 上升，而 $X/K$ 下降的趋势。这就告诉我们，原来的固定资产函数中的参数有问题。最后，找到问题的所在，即公式（6）中 $\gamma_1 = 1$ 的约束条件在预测中是不适宜的。实践表明，只有在错综复杂的相互联系中，在经济发展的总体运动中去把握和驾驭模型，才能把各种参数调整好，从而作出较好的经济预测、规划论证和政策模拟。

恩格斯指出：在社会生产内部的无政府状态为有计划的自觉的组织所代替的时候，人们自己的社会行动的规律，这些直到现在都如同异己的、统治着人们的自然规律一样而与人们相对立的规律，那时就将被人们熟练地运用起来，因而将服从他们的统治。……只是从这时起，由人们使之起作用的社会原因才在主要的方面和日益增长的程度上达到他们所预期的结果。这是人类从必然王国进入自由王国的飞跃。[①] 同样，在编制和应用经济模型中，也有一个从必然王国向自由王国的飞跃问题。在这个过程中，特别需要经济理论工作者、经济计量工作者和实际经济部门工作者三方面人员互相尊重，取长补短，自始至终地密切配合，这是使整个模型工作取得顺利进展的关键一环。

（原载《数量经济技术经济研究》1984 年第 4 期）

---

[①]　恩格斯：《反杜林论》，《马克思恩格斯选集》第三卷，人民出版社 1972 年版，第 323 页。

# 投入产出法在地区的推广应用

## 一  投入产出法在地区推广应用的必要性和可能性

### （一）我国编制地区投入产出表的简况

近几年来，投入产出法在我国地区一级（省、市、自治区）的推广应用，得到了较为迅速的发展。我国开展地区投入产出表的编制工作，最早可追溯到1962年。该年6月，中国科学院经济研究所国民经济平衡组（现为中国社会科学院经济研究所国民经济问题研究室）的同志，曾到山西省考察试编地区投入产出表的问题，提出《关于在山西省试编部门联系平衡表条件的考察报告》。该报告提出："为了加强计划工作，做好国民经济的综合平衡，除遵循国民经济有计划按比例发展的客观经济规律，正确地贯彻党的路线、方针和政策外，还必须在总结我国计划工作经验的基础上，改善计划方法。这里，一方面是要有效地运用过去已经实行的平衡法和平衡表，另一方面是要考虑进一步应用部门联系平衡表的问题。"他们不仅考察了山西省编表的客观条件（内部经济结构是否齐全，外部经济联系是否单纯）和主观条件（计划统计工作基础是否好），而且还详细考察了现行计划统计工作制度与编制部门联系平衡表的要求之间的距离。经过考察，得出两点结论："第一，在山西省试编部门联系平衡表是适宜的，基本上具备试编的条件"；"第二，在目前试编部门联系平衡表，同现行计划统计工作的实际距离还较大，但是只要一方面适当地简化部门联系平衡表，降低一些要求，另一方面尽可能提高计划统计工作水平，作些必要的改进，这样两头靠拢，距离即可缩小"。但后来，由于种种原因，特别是"文化大革命"十年动乱的干扰和破坏，这一工作完全停顿下来。直到

1979 年，在党的十一届三中全会完成了指导思想上拨乱反正任务的大好形势下，由中国社会科学院经济研究所数量经济研究室（现划归中国社会科学院数量经济与技术经济研究所）、中国人民大学计划统计系协助，山西省重新开始酝酿编制地区投入产出表。

山西省是我国第一个编制地区投入产出表的省份，他们的工作具有开创性。该项工作具体由山西省统计局主办（指组织日常工作）。1979 年 3 月至 1980 年 4 月，为学习、试点、培训干部阶段。从 1980 年 5 月全面布置编表工作开始，到 1982 年 4 月，历时两年整，先后编制出该省1979 年 88 种产品的实物型投入产出表和 56 个部门的价值型投入产出表。山西省先行一步，取得了可贵的经验。随后，其他几个省、市也相继行动起来。

黑龙江省亦由省统计局主办，从 1981 年 11 月布置调查至 1983 年 1 月，共用一年零两个月时间，编制出该省 1981 年 115 种产品的实物型投入产出表和 78 个部门的价值型投入产出表。

北京经济学院经济数学系师生在北京市统计局的协助下，从 1982 年 2 月至 6 月中旬，用了四个半月时间，编制出北京市 46 种产品的实物型投入产出表。

广东省在清华大学、中国社会科学院数量经济与技术经济研究所、水电部电力科学院动能经济研究所等单位协助下，由该省科委"中国与联邦德国合作能源调研办公室"主办，从 1982 年 4 月至 7 月，仅用了四个月时间，编制出该省 1980 年 153 种产品的实物型投入产出表和 27 个部门的价值型投入产出表。

河南省由计委经济研究所主办，河南省科委数学研究所、能源研究所、河南财经学院、郑州大学数学系、省电业局调度所等单位协助，于1982 年 4 月开始编制该省 1982 年 123 种产品的实物型投入产出表和 78 个部门的价值型投入产出表。全部工作预计于 1984 年 2 月结束。

上海市由市统计局主办，上海市社会科学院部门经济研究所、复旦大学、上海交通大学、上海商业学校等单位协助，从 1982 年 5 月开始全面培训和调查，到 1982 年 12 月，用半年时间编制出该市 1981 年 197 种产品的实物型投入产出表。

天津市由市计委主办，市统计局、市财政局、市物价局、南开大学、天津大学、天津财经学院等单位协助，编制该市 1982 年 198 种产品的实物型投入产出表和 81 个部门的价值型投入产出表。该项工作于 1983 年 5 月在全市铺开，预计 1984 年年初完成。

上述七个省、市编制投入产出表的情况，综合列于表 1。

表 1                           我国地区投入产出表编制情况

| 地区 | 编表起止时间 | 报告年 | 实物表产品分类（种） | 价值表部门分类（个） |
|------|------------|--------|----------------------|----------------------|
| 山西 | 1980.5—1982.4 | 1979 | 88 | 56 |
| 黑龙江 | 1981.11—1983.1 | 1981 | 115 | 78 |
| 北京 | 1982.2—1982.6 | 1980 | 46 | |
| 广东 | 1982.4—1982.7 | 1980 | 153 | 27 |
| 河南 | 1982.4—未完 | 1982 | 123 | 78 |
| 上海 | 1982.5—1982.12 | 1981 | 197 | |
| 天津 | 1983.5—未完 | 1982 | 198 | 81 |

目前，一些省、市、自治区正在筹备编制本地区的投入产出表。河北省已在邯郸市完成了试点。吉林省选择若干企业，做了事前布置的试点。

党的十一届三中全会以来，投入产出法在我国地区的推广应用发展较快，这绝不是偶然的，而有其客观必然性。一方面，投入产出法在地区推广应用有了更加迫切的必要性；另一方面，也有了更加现实的可能性。

### （二）投入产出法在地区推广应用的必要性

投入产出法在地区推广应用的必要性，主要表现在以下几个方面：

第一，从生产力发展的角度来看，投入产出法在地区的推广应用，是发挥地区优势、促进社会主义现代化建设提出的迫切需要。

党的十一届三中全会做出了伟大的历史性决策，全党全国的工作重点转移到社会主义现代化建设上来。为了加速社会主义现代化建设的步伐，促进社会生产力的迅速发展，就要求我们遵循首要的经济规律。这就是马克思所指出的：时间的节约以及劳动时间在不同的生产部门之间有计划的分配，在共同生产的基础上仍然是首要的经济规律。① 由此，可以得到两点认识：其一，所谓时间的节约，归根结底，就是要以较少的人力（活劳动时间）、物力（物化劳动时间）消耗，得到较多的、能满足社会各种不同需要的产品量；其二，为此，就要在不同的生产部门之间有计划地分配社会总劳动量。就一国范围讲，不同的生产部门分布在各个不同的具体地区。因此，究竟在哪个地区的哪个部门投入较多的劳动量，在哪个地区的哪个部门投入较少的劳动量，才符合时间节约的要求，成为一个具有首要意义的生产分配问题。由于各个地区的自然资源条件不同，社会历史背景不同，经济发展水平不同，等等，各地区都会有自己的两种特殊的部门。一种是该部门与其他地区的同类部门相比，或与各地区同类部门的平均水平相比，能够以较少的人力、物力消耗取得较多的、能满足某种社会需要的产品量；另一种部门则相反，只能靠投入较多的人力、物力取得一定限量的某种产品量。前者可称为该地区的优势部门，后者则称为该地区的劣势部门。如果每个地区都能从全国的整体利益出发，充分地、合理地、有效地发挥自己的优势，那就能够按照前述首要经济规律的要求，加速我国社会主义现代化的进程。投入产出法在具体地分析各部门的投入消耗结构和产出分配结构，具体地分析比较经济效益，从而确定哪些部门是本地区的优势部门，哪些是劣势部门等方面，具有独特的作用。所以，随着社会主义现代化建设的深入发展，随着发挥地区优势问题的突出，投入产出法必然会在地区一级得到广泛的推广应用。

第二，从生产关系和上层建筑变革的角度来看，投入产出法在地区的推广应用，是经济管理体制改革、扩大地方自主权提出的迫切需要。

实现四个现代化是一场伟大的革命。这场革命，既要大幅度地改变目前落后的生产力，就必然要多方面地改变生产关系，改变上层建筑，改变国民经济管理方式。其中包括在统一认识、统一政策、统一计划、统一指挥、统一行动之下，在经济计划和财政、外贸等方面给予地方更多的自主

---

① 马克思：《政治经济学批判大纲》（草稿）第一分册（1857—1858 年），人民出版社 1975 年版，第 112 页。

权。① 我国包括台湾在内，共有30个省、市、自治区，一个中等的省相当于欧洲的一个大国。因此，必须建立从中央到地方、到部门、到企业的多层次经济计划管理体制，以便适应现代化大生产的需要，更好地、更有计划地分配社会总劳动量。这也表明，社会主义国家在经济职能上要比资本主义国家大得多。扩大地方自主权以后，各地区不仅要考虑怎样发挥本地区优势的问题，而且还要考虑本地区的综合平衡，兼顾地区内的生产建设与人民生活，兼顾地区内外的协作与交流。一个地区的优势部门，按部类划分，有的可能属于第一部类，有的可能属于第二部类；按国民经济部门划分，有的可能属于重工业部门，有的可能属于农业、轻工业部门。这就要求一个地区在制订自己的经济计划、安排自己的财政时，既要注意发挥地方优势，扬长避短，又要注意两大部类之间以及农、轻、重之间比例关系的协调，特别是要按照社会主义基本经济规律的要求，在不断发展生产的基础上，不断改善和提高人民的物质和文化生活水平。但是，就一个地区讲，两大部类之间以及农、轻、重之间比例关系的协调具有它的特点。这种比例关系的协调，主要是就社会产品的最终分配使用来说的。就生产而言，每个地区内部的两大部类之间以及农、轻、重之间不一定都要保持自我平衡，不能追求在一个地区内建立"万事不求人"的完全独立的经济体系。因此，各地区究竟应该怎样从本地区的实际出发调整经济结构，应该在生产上建立怎样的比例关系，在分配上建立怎样的平衡关系，如何恰当地安排调进与调出，恰当地建立与其他兄弟地区的专业化协作关系等复杂问题，都需要不仅给予定性的说明，更要给予定量的分析。在这里，投入产出法大有用武之地。应用投入产出法，可以揭示地区内各部门之间以及本地区与其他兄弟地区之间复杂的和紧密的、直接的和间接的经济、技术联系，为搞好地区综合平衡提供科学依据。所以，随着经济管理体制改革的深入发展，随着地方自主权的扩大，投入产出法在地区的推广应用必然会得到迅速发展。

第三，从计划统计工作本身的角度来看，投入产出法在地区的推广应

---

① 参见邓小平《工人阶级要为实现四个现代化作出优异贡献》、《解放思想，实事求是，团结一致向前看》，《邓小平文选》第二卷，人民出版社1983年版，第135、141、152页。

用是不断提高地区经济计划和统计工作的现代化水平，把地区中、长期发展规划建立在科学的基础上提出的迫切需要。

党的十二大提出在不断提高经济效益的前提下，到 20 世纪末使工农业年总产值翻两番的宏伟战略目标。我国翻两番，各地区应该翻几番，地区内的各部门又应该翻几番？在实现宏伟目标的过程中，各地区、各部门既要尽力而为，又要量力而行，这个"力"的界限究竟应当怎样掌握？为了回答这些问题，除了要对本地区的历史状况作出正确的分析和对本地区的现实进程作出合理的安排之外，还要对未来的发展进行科学的预测。这就要求把地区的计划统计工作建立在现代化的、科学的基础之上。投入产出法在完成这一任务中，可以发挥自己的作用。我们可以通过建立相应的动态地区投入产出模型，也可以把投入产出法与其他的经济数学方法相结合，利用有关的统计资料，借助电子计算机，计算出各部门协调发展的规划方案，供决策选择和参考。所以，随着对各地区计划统计工作不断地提出新的更高的要求，必然会推动投入产出法在地区的推广应用。

**（三）投入产出法在地区推广应用的可能性**

近些年来，投入产出法在地区的推广应用不仅有了迫切的必要性，而且有了更加现实的可能性。

一者，投入产出法在地区的推广应用有了可靠的思想保证和各级领导的大力支持。党中央提出，我们要学会用经济方法管理经济，自己不懂就要向懂行的人学习，向外国的先进管理方法学习。学习好，才能领导好高速度、高水平的社会主义现代化建设。[1] 并提出："在全国的统一方案没有拿出来以前，可以先从局部做起，从一个地区、一个行业做起，逐步推开。"[2] 这就为各地区指明了方向，消除了他们在学习、推广、应用投入产出法上存在的顾虑，鼓励大家在马克思主义指导下，对投入产出法进行各

---

[1] 参见邓小平《解放思想，实事求是，团结一致向前看》，《邓小平文选》第二卷，人民出版社 1983 年版，第 150 页。

[2] 同上。

种改造、扩展和广泛应用。从已编制投入产出表的地区看，这些地区的省、市党委和人民政府的领导，对于这项工作的开展都给予了极大的重视和多方面的支持，这是投入产出法能够在地区得到实际推广应用的关键一环。

二者，投入产出法在地区的推广应用有了专业队伍基础。几年来，各地区广大计划和统计工作者学马列主义、学经济学、学科学技术、学管理的积极性空前高涨，而投入产出法与社会主义计划和统计工作中通常采用的平衡法密切相关，因此易于为实际经济工作者学习和把握。同时，许多科研和教学人员走出科研机关和高等院校大门，到各地进行讲学与传授，一方面指导了各地区投入产出表的编制工作，另一方面又使他们向实际经济工作者学到了丰富的实践经验。广大计划和统计工作者与有关的科研人员、教学人员相结合，使投入产出法在地区的推广应用有了较为深厚的专业队伍基础。

三者，投入产出法在地区的推广应用有了一定的物质条件。投入产出表的编制，从资料汇总、直接消耗系数与完全消耗系数的确定，到开展经济分析和利用模型进行预测，都需要大量的数据处理和计算。而这一切工作，依靠简单的手工算盘是不可想象的，必须利用现代化的电子计算机。近年来，我国各地区相继建立了许多电子计算站或计算中心，这就为投入产出法在地区的推广应用提供了必要的物质条件。

## 二　各地区投入产出表的编制

在投入产出表的编制中，山西、黑龙江等七个省市已积累了较为丰富的经验。在编表的目标确定、部门分类、编制方法、资料收集等各个方面，各地区既有相同的经验，又有各自的不同特点。

### （一）编表的目标确定和部门分类

确定编表的目标，就是确定该地区编制投入产出表所要着重反映和解决的主要问题。这是整个编制工作的出发点和归宿，并直接关系到部门或产品的分类及表格规模大小的选定。一个地区编表目标的确定，是由该地区经济发展的历史状况、现实特点及未来方向所决定的。确定了编表目标，编制中部门或产品的分类就有了依循。

山西省确定的编表目标是，为建设能源重化工基地服务。具体解决三大问题：第一，该省煤炭、电力、重化工等部门的发展速度和规模究竟以多大为宜；第二，与能源重化工发展有关的各生产部门和交通运输部门应如何配合；第三，相应的城乡人民生活、文教科研卫生事业等应如何发展。最初编表时，他们设计的实物表为 61 种产品，价值表为 41 个部门。后来，在明确和选定了上述编表目标后，在实物表和价值表中，又分别增设了与煤炭开采有关的、与煤炭综合利用有关的及与人民物质文化生活有关的部门和产品，使实物表扩大为 88 种产品，价值表扩大为 56 个部门，更好地体现了上述编表目标。

黑龙江省编制投入产出表，主要为调整本地区经济结构服务。因此，在部门分类中，第一，突出了具有地方优势的部门。如粮食、森林采伐、石油开采、煤炭生产四大骨干部门。在实物表中，单独列出了具有独特经济地位的大豆、甜菜、亚麻等产品。第二，突出了将来需要着力发展的部门。如该省土质严重缺磷，把化肥分列为氮肥、磷肥两类。第三，突出了与兄弟地区有调入调出关系的部门。如该省橡胶加工工业、纺织工业较发达，但橡胶、棉花等原料全部依靠调入；而该省生产的大型机器设备和机电产品，又主要是调往省外。反映地区间调入调出问题，正是投入产出表的一个特点。

北京经济学院在编制北京市实物型投入产出表时，目标确定为，以研究城乡人民生活需求为中心。因此，在食品方面，除粮食、蔬菜、油料外，还单独列出了猪、蛋、奶、鸡、鸭和干鲜果、糖果、糕点等细类。

广东省编表的目标是，预测1981 2000 年该省国民经济的发展及其对能源的需求，为制订和选择能源供应方案服务。编表中，将能源部门细分为各种能源产品。这样，在预测全省经济总需求的同时，也预测了各种能源产品的总需求。

河南省编表目标与黑龙江省大体相同，主要为解决经济结构调整问题。在部门分类时，第一，突出了地方优势部门。如把烟草工业细分为烤烟和卷烟工业；把纺织工业细分为纤维初步加工，棉纺，毛纺，麻、丝、绸纺，针织及其他纺织等六个分部门。第二，突出了未来将有发展前途的部门。如石油开采工业，石油化学工业，黄、红麻种植业等。第三，突出了主要的原材料、燃料工业。同时，他们为今后进一步深入细致地研究国民收入的再分配、财政收支、社会货币购买力的形成等问题，还把该省价值型投入产出表的新创造价值部分主栏细分为固定资产折旧、劳动报酬、税金、利润、资金占用费、利息支出和其他新创造价值等七个项目。

上海是我国最大的一个老工业城市，目前已形成经济门类比较齐全，大中小型企业相结合，协作条件比较好，具有一定科学技术水平的综合性工业基地。他们编表主要为解决以下几个问题：（1）进一步调整经济结构，促进上海市经济的全面增长；（2）解决能源及一些原材料供应紧张问题；（3）陈旧设备的更新、换代；（4）解决交通拥挤、住房困难、环境污染等问题。因此，他们所编制的实物型投入产出表规模较大。在产品分类上，突出了"一小三少"产品，即运量小、耗能少、污染少、占地少；突出了精度加工和高技术水平的发展方向。

天津市编表的目标为，以投入产出表为核心，进一步编制天津市宏观经济模型，为制订该市中、长期发展规划服务。因此，他们的表式规模也比较大，实物表为198种产品，价值表为81个部门，是目前我国各地区中规模最大的实物型和价值型投入产出表。天津市有许多工业企业以废料作为原材料使用，在表中单独列出了一个"废旧物料"部门。同时，还突出了天津作为口岸城市的特点，单独列出了"港口作业"。

### （二）编表方法和资料收集

关于编表方法，从目前已编制的地区投入产出表看，基本可归纳为两种。一种是直接分解"纯"部门的方法，可简称分解法；另一种是联合国统计局的间接推导"纯"部门的 UV 表法，可简称推导法。不同的编表方法各具其长处，同时牵涉到资料的收集问题。

编制一张地区投入产出表，需要大量的统计资料。这些统计资料大体可分为以下五类：第一类，按"纯"部门归类的总产值；第二类，中间产品的物质消耗构成；第三类，物质消耗中地区内产品和地区外产品的构成；第四类，最终产品的构成；第五类，对价值表来说，还有新创造价值的构成。由于投入产出法的原理与我国现行的统计、财务、业务核算制度既有一定的联系，又有较大的差别，所以编表中对于现有的统计、财务、业务核算资料，既不能直接利用，也不能完全脱离。这就需要在现有资料的基础上，进行新的调查和收集工作，并对资料进行分解、补充、分摊、推算等加工处理。

采用第一种编表方法，即分解法的有山西、黑龙江、河南等地区。山西省在资料收集中进行了三种调查。一是一次性全面调查。对全省2100个全民所有制独立核算工业企业进行一次性全面调查。目的是取得全省按"纯"部门分列的工业总产值控制数。此项调查历时三个月。二是重点调查。对250个企业进行重点调查，目的是取得投入产出表中最核心的第1象限内各部门间物质消耗流量数据，包括物质消耗按"纯"部门的分解、流通费用的分解、物质消耗省内外产品的分解等。这项调查从布置到全面完成汇总，共历时11个月。这一阶段，是编制投入产出表中最基本、最重要的一个工作环节。三是专项调查。这些调查主要解决投入产出表中有关最终产品的使用和构成、新创造价值的分配和再分配等方面的数据收集问题。该项调查是在前两项调查的过程中穿插进行的。黑龙江、河南等省的资料收集工作大体与山西相同。

采用第二种编表方法，即推导法的有广东、天津等地区。他们在采用这种方法时，都进行了新的改进。联合国的这种方法，原先只适用于编制价值型投入产出表。广东省经过相应的改制，通过一次运算即可直接得到部门乘部门的价值型投入产出系数矩阵和产品乘产品的实物型投入产出系数矩阵。天津市在编表中考虑到目前我国产品产值和实物产量统计口径的不同，编制价值表和实物表的作用各异，分别独立地编制了这两种表。在价值表中，由于加设了废旧物料部门，其具体的数学模型跟联合国方法的模型略有不同。在实物表中，参照联合国方法的特点，重新加以设计。实物表不设立废旧物料部门，其中的 U 表和 V 表均为方形。采用推导法编表，能够较为充分地利用现有统计资料，因此编表所需人力较少，时间较短。广东省只用20个人·月就基本编成了投入产出表，天津市拟用两个月时间完成调查和收集资料工作。

# 三　投入产出法在各地区的应用及尚需解决的问题

## （一）投入产出法在我国各地区的应用

从 1980 年 5 月山西省全面布置编表调查开始，到 1983 年 5 月天津市开展编表工作为止，短短的三年时间内，全国就有七个省、市进行了该项工作，占除台湾地区外的全国 29 个省、市、自治区的 24%，这可以说是一个可喜的发展。各地区在编制了投入产出表之后，利用这一成果，开展了多方面的应用工作。这里，着重以山西、北京、广东等省市为例，说明投入产出法在我国地区的应用情况。

山西省应用投入产出法可以分为三个阶段。第一个阶段是，统计部门应用投入产出表进行若干重要的综合经济分析。如：（1）分析两大部类之间的比例关系；（2）分析工、农业之间，农、轻、重之间以及轻、重工业之间的比例关系；（3）分析积累与消费之间的比例关系；（4）分析积累、消费与两大部类之间的比例关系；（5）分析国民经济各部门间的比例关系；（6）分析社会产品分配的比例关系；（7）分析物质生产部门间的直接联系与间接联系；（8）分析省际间的经济联系；（9）分析省的宏观经济效果，包括物化劳动消耗效果、活劳动消耗效果、物化劳动与活劳动综合消耗效果，等等。第二个阶段是，计划部门利用投入产出法开展经济预测，论证该省"六五"计划，并为编制"七五"计划和到 20 世纪末的长远规划提供依据，为把山西建设成全国的能源重化工基地服务。他们利用实物型投入产出模型和动态投入产出模型、应用投入产出模型与经济计量模型相结合的综合经济模型、应用投入产出优化模型，对山西煤炭的开发规模、各部门相应的发展速度以及城乡人民生活测算了若干个规划方案，以利互相验证，互相补充，辅助决策。从而，把该省计划和规划工作推向一个新水平。第三个阶段是，带动该省各业务厅局和有关部委保证了各种专业模型，并通过举办包括投入产出法在内的数量经济学研究班，广泛培训人才，巩固和扩大已有成果，为进一步推广应用现代化科学管理方法打下了坚实基础。

北京经济学院应用北京市 1980 年实物型投入产出表，以城乡人民生活为中心，对该市经济现状及未来发展进行了分析和预测。主要有三个方面：（1）吃的方面。对北京市农业经济结构进行了分析。就 1980 年情况看，北京农村地区农作物播种面积中，粮食作物占 83.5%，菜田仅占 7.8%，经济作物仅占 5%。这种农业种植结构对于拥有几百万城市人口的首都而言是极不适应的。据此，他们提出政策建议：为把北京农村建设成首都的农副产品基地，发展多种经营是一项亟待解决的任务。（2）穿的方面。对纯棉布和纯化纤布的产销情况进行了分析。北京市每年要从外地调入大量棉花，同时又向外地调出化纤原料，这也加剧了运输紧张。据此，他们建议：应充分利用北京化纤原料多的优势，增产化纤布，在提高质量、降低成本、增加花色品种、打开国内外销路上狠下工夫；同时，减少棉花调入，适当降低纯棉布产量。他们还结合线性规划方法，测算了北京 1984 年纯棉布、纯化纤布、呢绒三种产品的最优生产方案，得出结论：纯化纤布需增产两倍，纯棉布要减少 27%，呢绒产量基本保持不变，这与前面的分析相吻合。（3）烧的方面。对原煤的生产使用情况进行了分析，并对 1985 年人民生活消费用煤进行了预测。北京的煤种主要是无烟煤，基本上用于生活消费，工业用煤主要靠外地调入。为满足 1985 年预计的原煤生活消费量，仅靠增加本市的原煤产量是远远不够的。他们建议：除适当增加调入外，最重要的措施是节约用煤，特别是节约煤炭的生产性消耗，在这方面大有潜力可挖。同时他们提出，北京市重工业的大量耗煤，不仅加剧了北京煤炭供应的紧张状况，同时也给首都城市建设和人民生活带来了严重污染。这表明中央有关北京市重工业基本不再发展的指示是完全正确的。

广东省将投入产出法与回归分析法、传统计划法等相结合，对今后 20 年该省的宏观经济发展及其对能源的需求进行了预测。他们的做法分为以下六步：第一步，应用已编制好的该省 1980 年投入产出表，分析各部门、各产品之间技术经济关系的现状，确定出投入产出直接消耗系数矩阵 A；第二步，采用回归分析法，考察 1970—1980 年该省经济发展的历史状况，外推 1981—2000 年各个时期的最终需求向量 $Y_1$；第三步，采用传统计划法，根据初步拟定的 2000 年经济发展水平，回推各个时期的最终需求向量 $Y_2$；第四步，将第二步外推出的最终需求向量 $Y_1$ 与第三步回推出的最终

需求向量 $Y_2$ 进行比较，相互校正，确定出最终需求向量 $Y$；第五步，运用投入产出模型预测总需求向量 $X\ [X=(I-A)^{-1}Y\,]$，其中，包括对各种能源产品的总需求；第六步，将能源需求作为外生变量，输入马卡尔（MARKAL）能源供应模型，计算出能源供应的各种方案，提供决策参考。

以上情况表明，投入产出法正在成为提高我国地区经济管理、计划、规划、预测、决策工作的现代化水平的有力工具。

### （二）投入产出法在地区推广应用尚需解决的几个问题

第一，对于尚未编制投入产出表的地区来说，应积极创造条件，尽早开展编表工作。地区投入产出表是全国投入产出表的基础。各省、市、自治区若都编出来自己的地区表，即可为全国表的编制和完善提供便利条件。如果说过去省、市在编表中还缺乏现成的经验，需在摸索中前进，那么现在这些省、市已积累了许多可供借鉴的宝贵经验，这就使其他各地区在开展这一工作时，可少走弯路，并取得更快、更好的效果。

第二，对于已编制投入产出表的地区来说，应充分利用该表，开展多方面的应用研究。从目前情况看，已编制的表式重点在研究物质生产部门的经济结构问题，这与投入产出表自身的特点分不开。但尚不能进一步研究国民收入分配与再分配的全过程、研究综合财政、研究非物质生产部门的投入与产出平衡和社会购买力与商品可供量之间的平衡等重要经济问题，这也是原投入产出表的缺陷所在。因此需要对投入产出表进行多方面的扩展和改造，以扩大其用途。一些地区已提出了这种要求，有的地区还做了相应的准备。在投入产出法与其他经济数量分析方法，如经济计量分析、系统分析、优化分析等方法相结合方面，还大有文章可做。

第三，在编表的规范化和制度化方面，实物表与价值表的结合方面，以及从我国实际出发、结合各地区特点、使编表方法多样化方面，都还有大量工作要做。

第四，编表中还有一些具体的细节问题需要进一步探索。如采取对内搞活经济的政策之后，各地区之间广泛开展了协作，一个地区向另一个地区投资或派出人力，相应的产值产量应计入哪个地区？再如，铁路、公路、邮电等流通部门全国是统一的网，而地区编表则以行政区划为界，二者不一致，其中的劳务收入应怎样计算？在资料的收集、加工、换算等方面，也还有不少问题需深入研究。

（原载《投入产出法在中国的应用》，山西人民出版社 1984 年版）

# 我国固定资产投资周期性初探

　　三十多年来，我国固定资产投资规模一再出现失控局面。尽管每次失控的程度和具体背景有所不同，但都对国民经济稳定、协调发展带来了危害。特别是当前，我国正在深入开展以城市为重点的整个经济体制改革，认识和掌握我国固定资产投资的规律性，有效地控制固定资产投资规模，对于保持国民经济的健康发展，保证改革的顺利进行，使改革与建设互相适应、互相促进，具有十分重要的意义。

　　我国固定资产投资有没有周期性？如果有，它又具有什么特点？形成这种周期性的原因何在？怎样把握这种周期性，以取得控制投资规模和驾驭整个国民经济发展的主动权？这些问题，目前在我国经济学界尚未展开深入的研究，本文试对这些问题作一初步探讨。

## 一　我国固定资产投资的周期性及其特点

　　现把 1952—1984 年我国历年固定资产投资总额（全民所有制范围）[①]及其增长速度的统计资料列于表 1，并把固定资产投资增长速度在坐标上画为一条曲线（见图 1）。从表 1 "增长速度"一栏和图 1 增长速度曲线可以看到，32 年来，我国固定资产投资每增长三四年（正号），就下降一两年（负号），明显地呈现出周期性。

---

　　① 1952—1983 年数据取自《中国统计年鉴》（1984），中国统计出版社 1984 年版，第 301 页；1984 年数据取自《中华人民共和国国家统计局关于 1984 年国民经济和社会发展的统计公报》，《人民日报》1985 年 3 月 10 日。均按当年价格计算。

表1                       **我国固定资产投资总额及其增长速度**

| 年 份 | 投资总额（亿元） | 增长速度（%） | 周期序号 |
|:---:|:---:|:---:|:---:|
| 1952 | 43. 56 | + 85. 68 | |
| 1953 | 91. 59 | + 110. 26 | |
| 1954 | 102. 68 | + 12. 11 | |
| 1955 | 105. 24 | + 2. 49 | 1 |
| 1956 | 160. 84 | + 52. 83 | |
| 1957 | 151. 23 | − 5. 97 | |
| 1958 | 279. 06 | + 84. 53 | |
| 1959 | 368. 02 | + 31. 88 | |
| 1960 | 416. 58 | + 13. 19 | 2 |
| 1961 | 156. 06 | − 62. 54 | |
| 1962 | 87. 28 | − 44. 07 | |
| 1963 | 116. 66 | + 33. 66 | |
| 1964 | 165. 89 | + 42. 20 | |
| 1965 | 216. 90 | + 30. 75 | 3 |
| 1966 | 254. 80 | + 17. 47 | |
| 1967 | 187. 72 | − 26. 33 | |
| 1968 | 151. 57 | − 19. 26 | |
| 1969 | 246. 92 | + 62. 91 | |
| 1970 | 368. 08 | + 49. 07 | 4 |
| 1971 | 417. 31 | + 13. 37 | |
| 1972 | 412. 81 | − 1. 08 | |
| 1973 | 438. 12 | + 6. 13 | |
| 1974 | 463. 19 | + 5. 72 | 5 |
| 1975 | 544. 94 | + 17. 65 | |
| 1976 | 523. 94 | − 3. 85 | |
| 1977 | 548. 30 | + 4. 65 | |
| 1978 | 668. 72 | + 21. 96 | |
| 1979 | 699. 36 | + 4. 58 | 6 |
| 1980 | 745. 90 | + 6. 65 | |
| 1981 | 667. 51 | − 10. 51 | |
| 1982 | 845. 31 | + 26. 64 | |
| 1983 | 951. 96 | + 12. 62 | 7 |
| 1984 | 1160. 00 | + 21. 85 | |

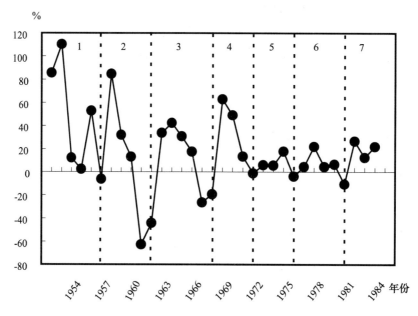

图 1   中国固定资产投资增长率波动曲线

这种周期性具有如下几个特点：

第一，每个周期的持续时间一般为 4—5 年。

从每年固定资产投资总额开始比上一年增加，即投资增长速度开始为正的年份算起，到固定资产投资总额比上一年减少，即投资增长速度为负的年份结束为止，作为一个周期。32 年来，我国固定资产投资共经历了七个周期。

第一个周期：1953—1957 年，持续 5 年；

第二个周期：1958—1962 年，持续 5 年；

第三个周期：1963—1968 年，持续 6 年；

第四个周期：1969—1972 年，持续 4 年；

第五个周期：1973—1976 年，持续 4 年；

第六个周期：1977—1981 年，持续 5 年；

第七个周期：1982—1984 年，已持续 3 年，尚未完成。

从已经完成的几个周期看，除第 3 个周期持续 6 年外，其余均为 4—

5 年。

第二，每个周期内固定资产投资增长速度的升降振幅渐趋缓和。

我们把每个周期内固定资产投资增长速度的最高峰与最低谷的数据相加，其距离作为振幅。每个周期的振幅为：

第一个周期：116.23（110.26 + 5.97）；

第二个周期：147.07（84.53 + 62.54）；

第三个周期：68.53（42.20 + 26.33）；

第四个周期：63.99（62.91 + 1.08）；

第五个周期：21.50（17.65 + 3.85）；

第六个周期：32.47（21.96 + 10.51）。

投资的大起大落，对整个国民经济的影响很大。我国固定资产投资增长速度的升降振幅逐渐变小，表明我国已经从过去的大起大落中取得了一定的教训，情况正在逐渐好转。

第三，固定资产投资增长为负的低谷年份在每个五年计划中所处的位置逐步前移。

固定资产投资增长速度为负的低谷年份在每个五年计划中所处的位置是：

"一五"时期，处于第五年（1957 年）；

"二五"时期，处于第四、五年（1961 年、1962 年）；

"三五"时期，处于第二、三年（1967 年、1968 年）；

"四五"时期，处于第二年（1972 年）；

"五五"时期，处于第一年（1976 年）；

"六五"时期，处于第一年（1981 年）。

这表明，在第一、第二个五年计划时期，开头几年即可进行大规模的投资，低谷年份处于期末；而到了第五、第六个五年计划时期，一开头就遇到了低谷年份，使五年计划的开端处于压缩和调整的被动局面。

## 二　形成周期性的原因

形成我国固定资产投资周期性的原因究竟是什么？是纯属主观失误，

还是纯属客观必然，或是二者兼而有之？它与资本主义制度下的经济危机和固定资本投资的周期性有何不同？

在资本主义制度下，经济危机的周期性带来固定资本大规模更新和投资的周期性；同时，后者又成为前者的物质基础。马克思指出："这种由若干互相联系的周转组成的包括若干年的周期（资本被它的固定组成部分束缚在这种周期之内），为周期性的危机造成了物质基础。在周期性的危机中，营业要依次通过松弛、中等活跃、急剧上升和危机这几个时期。虽然资本投下的时期是极不相同和极不一致的，但危机总是大规模新投资的起点。"[1]经济危机和固定资本投资的周期性，根源于资本主义生产方式本身所固有的基本矛盾，即生产的高度社会化与生产资料的资本主义私人占有之间的矛盾。这种周期性建立在资本主义商品生产相对过剩的基础上。

世界上一切事物的运动都有波，都是波浪式前进、不平衡发展的。从这一哲学道理上讲，我国固定资产投资也存在着高高低低的运动波，这并不奇怪。但具体来讲，在我国条件下，固定资产投资的周期性运动，情况又与资本主义不同。

第一，我国是社会主义国家，生产资料公有制及与之相应的国民经济有计划管理占主导地位。我们可以通过有计划的管理和运用各种手段，采取相应的措施，来控制和调节固定资产投资的规模。所以，从根本上说，我国固定资产投资的周期性不是根源于社会主义制度本身。

第二，我国是发展中的社会主义国家，从客观条件上说，我们不是商品生产的相对过剩，而是物质力量的相对不足。我国社会的主要矛盾是人民日益增长的物质文化需要同落后的社会生产力之间的矛盾。这个矛盾反映在固定资产投资上则是大规模经济建设的需要与物质力量不足之间的矛盾。物质力量的不足表现为大规模的经济建设要受到几个方面的重大比例关系的制约。如第一个方面，农、轻、重之间的比例关系。固定资产投资要有相应的生产资料的供给作保证，这主要由重工业来承担。大规模的投资要求重工业的快速发展。如果重工业发展过快，就要挤压农业和轻工业，引起农、轻、重之间比例关系的失调。第二个方面，积累与消费之间

---

① 马克思：《资本论》第二卷，人民出版社 1975 年版，第 207 页。

的比例关系。固定资产投资的大部分属于国民收入最终使用中的积累部分。在一定时期内，国民收入总额是一定的。积累过多，积累率升高，就要挤压消费，包括个人消费和社会消费。当投资规模过大，积累率过高，对消费挤压过重，就会引起积累与消费之间比例关系的失调。第三个方面，建设与生产之间的比例关系。固定资产投资要在一个较长时间内占用社会的人力、物力、财力，而不能提供有效的用品。如果它所占用的物质力量过多，就要挤压当前的正常生产，激化能源、交通和原材料方面的紧张，并影响有用产品的形成，引起建设与生产之间比例关系的失调。新中国成立以来，为了使我国在原有十分薄弱的基础上富强起来，客观上需要进行大规模经济建设，但随着每次投资规模持续扩大，物质力量不足的矛盾就越来越突出，逐步引起国民经济各方面重大比例关系的严重失调，造成整个社会经济生活的紧张和混乱，这时，就要进行调整。经过调整，国民经济重大比例关系趋于合理，又可以重新开始下一次的大规模投资。从这个角度看，我国固定资产投资的周期性具有一定的客观性。

　　第三，我国是发展中的社会主义国家，社会主义制度本身还有待进一步完善，特别是在经济管理体制和管理水平方面，我们还缺乏足够的经验。从主观条件上说，在进行大规模投资的时候，我们在指导思想上应该保持清醒的头脑，避免盲目冒进，在宏观管理上应该实施有效的控制，避免大上大下。然而，我们没有能够很好地做到这一点。从这个角度看，我国固定资产投资周期性中的大起大落包含着工作的失误，又具有一定的主观性。

## 三　把握固定资产投资的周期性

　　目前，我国正在进行以城市为重点的整个经济体制改革，经济生活必然会出现一系列的新情况，这会对固定资产投资的周期性及其特点带来新的影响，从而需要我们随着时间的推移和各种情况的变化，审时度势，在实践中继续探索，不断丰富和校正我们的认识，更好地把握投资的周期性变化。

　　但是，总的来说，前述我国固定资产投资以四五年为一周期的情况，今后还不容易一下子改变，还可能持续一段时间。这主要是因为，一方面，要实现到 20 世纪末我国国民经济发展的宏伟目标，还必须不断地进行大规模的投资；另一方面，我们虽然经过了几个五年计划的建设，但物质力量不足的问题尚不能一下子解决，大规模的投资还必然要受到国民经济各项重大比例关系的制约；再一方面，在以城市为重点的整个经济体制·改革的进行中，要发挥各种手段和各种经济杠杆的作用，实施有效的宏观调节与控制，尚需一个过程。

在今后几年内，如果不出现其他重大变动，按照前述周期性，固定资产投资的低谷年份大体上将出现于 1986 年和 1991 年左右。这只是一个粗略的预测。只要我们不断地认识和把握固定资产投资的周期性，就会在这种周期性的运动波面前减少盲目性，增强自觉性，主动去驾驭它，并利用它来为我们服务。具体说就是：

其一，当着正号年份，即可以比上年增加投资的年份开始的时候，不要一下子上得过猛而失去后劲。

其二，当着正号年份持续的时候，每年都应适当地留有余地，使投资高峰不要过于陡峭，以减小振幅，使正号年份持续时间延长，以扩展周期。

其三，当着负号年份，即比上年减少投资的低谷年份将要到来的时候，应及时地收缩，主动地使投资波下降。

其四，当处于低谷年份的时候，要有效地进行控制和调整，不要一下子降得过猛，既使低谷不过度下垂，又使调整期尽量缩短。

其五，推进经济体制改革和各项改革，提高经济计划、管理、预测、决策的科学水平，充分发挥各种手段和各种经济杠杆的作用，实现有效的宏观调节和控制。

（原载《经济研究》1986 年第 2 期）

# 对我国固定资产投资周期性的再探讨

## ——周期内各阶段的分析

认识和把握我国固定资产投资的规律性，对于搞好经济体制改革关系重大。在《我国固定资产投资周期性初探》（《经济研究》1986 年第 2 期）一文中，笔者从总体上初步探讨了我国固定资产投资的周期性及其主要特点和形成原因。本文拟取一个周期断面，对周期内的各阶段进行分析，以进一步认识这种周期性的一些具体特点及形成原因。这将有助于取得驾驭投资规模的主动权，从而促进经济体制改革的顺利发展。

## 一　周期的各个阶段

从我国历年固定资产投资总额（全民所有制范围）增长速度的正负变化来看，1953—1985 年 33 年里共经历了七个周期（见图 1[①]）。一般说来，每个周期包括四个阶段：（1）回升阶段，（2）高峰阶段，（3）持续增长阶段，（4）低谷阶段。具体来说，这七个周期又有以下四种情况。

第一种（见图 2a）：先是回升阶段；再是高峰阶段；随后是持续增长阶段，这时，投资虽还在增长，但增长速度已减缓；最后是低谷阶段。1963—1968 年、1977—1981 年的两个周期大体属于此种情况。

第二种（见图 2b）：这种情况的特点是，由低谷阶段直接进入高峰阶

---

① 各年增长速度是根据已公布的我国历年固定资产投资总额（全民所有制范围）的数据计算的，均按当年价格。这里所画的投资增长速度曲线与《我国固定资产投资周期性初探》一文中的曲线有两点不同：第一，补充了 1985 年的数据，取自《中华人民共和国国家统计局关于 1985 年国民经济和社会发展统计公报》，《人民日报》1986 年 3 月 1 日；第二，修正了 1984 年的数据，取自《中国统计年鉴》（1985），中国统计出版社 1985 年版，第 416 页。

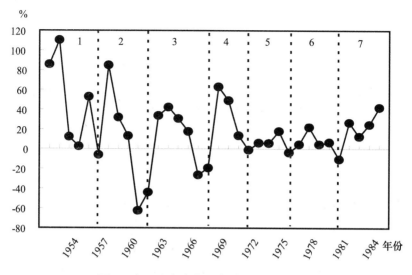

图 1　我国固定资产投资增长率波动曲线

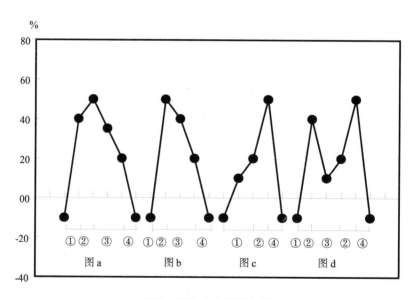

图 2　周期内各阶段例图

段，回升阶段与高峰阶段合一。1958—1962 年、1969—1972 年的两个周期大体属于该种情况。

　　第三种（见图 2c）：其特点是，回升阶段稍长，然后由高峰阶段直接进入低谷阶段，无峰后持续增长阶段。1973—1976 年的周期大体属于此类情况。

第四种（见图 2d）：其特点是，一个周期内出现了双峰。1953—1957 年、1982—1985 年（此周期尚未完成）的两个周期大体属于这种情况。

我们看到，各个周期绝无完全相同的情况，它们在不同的背景条件下，具有各自不同的特征。但是，我们可从各个不同的周期中，看出它们确有一些相似的面孔。为了以下分析的方便，我们着重取上述第一种情况进行剖析。弄清了这种情况，其他三种情况也会相应搞清。

### （一）回升阶段

在回升阶段，各种主要力量开始向上聚合。

从投资与生产相互间客观的交互作用来看。首先，投资开始增长；其次，投资增长带动生产增长；其三，这时，在低谷阶段所形成的闲置生产能力和积蓄的生产潜力，使投资对生产的扩张作用逐渐发挥出来，由原材料、机械设备等生产资料的订货到消费品的购买，各种需求连锁地旺盛起来，从而推动生产更快地发展；其四，由于生产的发展，在那些没有闲置生产能力或闲置生产能力不能有效地转化为现实生产能力的部门、地方和企业，又使生产对投资的促进作用逐渐发挥出来，即生产的增长引起投资的更大的增长。这种交互作用所形成的态势，也就是人们常说的"形势大好，而且越来越好"。

从各级决策者的主观行为特点来看。在这种日益好转的形势下，从宏观到微观，上上下下开始充满乐观情绪。宏观决策者感到，国民经济重大比例关系已经理顺，有力量扩大投资与生产，于是上项目、批工程变得较为容易和大胆。微观决策者感到，争项目、要投资的"黄金季节"已经到来，加之原有体制下的资金软约束，财务"大锅饭"，投资使用既无政治责任又无经济责任和法律责任等，形成"不争白不争，不要白不要"，"过了这个村，就没有这个店"的状况；此时，在低谷阶段被迫下马和暂时停建的一些工程，早已按捺不住，也一下子"春风吹又生"起来。这样，投资愈加膨胀。这也是造成前述投资周期的第二种情况（图 2b），即往往由低谷阶段直接上到高峰阶段，使回升阶段与高峰阶段合一的原因。

### （二）高峰阶段

在高峰阶段，各种主要力量向上达到顶端。

从投资与生产之间的交互作用来看。一者，在由回升阶段向高峰阶段推进的过程中，各种闲置生产能力和各种生产潜力充分利用和发挥出来，生产高速发展，并达到生产能力的上限。例如，在1953年、1956年、1958年、1964年、1969年、1975年、1978年、1982年和1985年这九个高峰年份中，重工业的增长速度（按可比价格）分别高达百分之36.9、39.7、78.8、21.0、43.9、16.8、15.6、9.9、17.9，除1982年外，其余八个年份也是重工业发展速度的高峰年。二者，随着各种闲置生产能力和各种生产潜力的充分利用和发挥，投资对生产的扩张作用相应地减缓下来；与此同时，生产对投资的促进作用把投资推向高峰，并超出了生产能力及相应的物资供应能力的上限。

从各级决策者的行为来看。向高峰阶段的推进是形势最好的时期，上上下下都欢欣鼓舞。宏观决策者这时最容易强调速度，而且速度在这时也确实能上得去，这就越发加强了突出速度的倾向。微观决策者这时也是大显身手和最易做出成绩的时刻，他们在生产上开足马力，并提出雄心勃勃的扩张计划，包括投资的扩张、生产的扩张以及职工福利的扩张等，一些计划外的项目乘机大量挤入。从宏观到微观的这些主观力量也推动着投资规模达到顶端。

### （三）持续增长阶段

在持续增长阶段，各种主要力量开始向下发挥作用。

从投资与生产之间的交互作用来看。首先，由于在高峰阶段投资已超过生产能力及相应的物资供应能力的上限，其增长速度遇到了客观的物质限制，开始减缓下来；其次，投资增长速度的减缓使投资对生产的扩张作用从反方面发挥出来，从某些主要原材料、机器设备等生产资料的需求下降开始，各种需求会连锁地收缩，生产的增长速度相应地减慢；再次，生产增长速度的减慢使生产对投资的促进作用也从反方向发挥出来，使投资更加下降。例如，在1959年、1960年两个持续增长年份中，投资增长速度由 1958 高峰年的 84.53% 降至 31.88% 和 13.19%；在 1965 年、1966 年两个持续增长年份中，投资增长速度由 1964 高峰年的 42.20% 降至 30.75% 和 17.47%；在 1970 年、1971 年两个持续增长年份中，投资增长速度由 1969 高峰年的 62.91% 降至 49.07% 和 13.37%；在 1979 年和 1983 年两个持续增长年份中，投资增长速度分别由 1978 年、1982 年两个高峰年的 21.96% 和 26.64% 降至 4.58% 和 12.62%。

　　从各级决策者的行为来看。此时虽速度减缓，但仍在增长，上上下下仍较为乐观。宏观决策者会继续强调速度，他们希望最好能保持甚至超过上一年阶段的高速度；如果不能保持和超过，哪怕还在增长，亦尚感欣慰。此时，宏观决策者也可能感到投资规模已经过大，需要作些压缩，但又怕影响生产增长速度及相应的财政收入，故而压缩的决心不会太大。微观决策者此时正在将其上一阶段的扩张计划付诸实施，他们已感到有点困难，但是仍会作出千方百计的努力。比如，他们继续顽强地去争投资、要贷款，或者挪用挤占流动资金和更新改造资金去搞扩建，或者"寅吃卯粮"，动用下一阶段所必不可少的储备；由于短缺逐步加剧，他们又会囤积一些非直接必需的物资，以备以物换物，等等。

### （四）低谷阶段

　　我们首先看一下在进入低谷阶段时的一些重大比例关系。在由回升阶段到高峰阶段再到持续增长阶段的过程中，为了保证投资和生产的快速发展，生产资料生产的增长速度会日益大于生活资料生产的增长速度，特别是在我国原有基础薄弱、产出效益较低、加之资源长期短缺的条件下，生产资料的生产会在能源、交通、原材料等各个短线方面挤压消费资料的生产，这就使两大部类的比例关系渐趋失调，表现为农、轻、重比重关系的失调；同时，在前三个阶段中，为保证投资增长的需要，积累率会连续保持较高的水平，逐渐引起积累与消费之间比例关系的失调；在生产能力及相应的物资供应能力达到上限之后，建设与生产之间互相争夺资源的矛盾也突出起来；这时，物资供应日趋紧张，更加剧了原有的短缺，投资需求越来越大于投资品的供给，并使整个社会总需求大于总供给，致使建设工期拖长，物价上升，财政拮据，整个社会经济生活紧张起来。这时客观上就要求进行相应的调整。

但如果在高峰后的持续增长阶段遇到了某些向上的力量的推动，如对国民经济重大比例关系及时进行了必要的调整，或由政策因素激发了生产潜力的进一步发挥等，那么，投资的增长速度也可能出现一个回升，这就是造成前述投资周期的第四种情况（见图 2d），即有时会出现双峰的原因。然而，当这些作用消失后，仍会按原趋势进入低谷阶段。如果在达到高峰阶段后经济的发展已无后劲，那么也会出现前述投资周期的第三种情况（见图 2c），即没有持续增长阶段，再由高峰直接进入低谷阶段。

在低谷阶段，各种主要力量向下运动到最低点。从投资与生产之间的交互作用来看。这时，在反方向上，投资对生产的扩张作用，特别是生产对投资的促进作用互相交织，生产的下降引起投资的更大的下降，使投资降至谷底，并超过生产的下降。如在 1957 年、1961 年、1962 年、1967 年、1968 年、1972 年、1976 年、1981 年这八个低谷年份中，投资的下降（按当年价格）分别为 -5.97%、-62.54%、-44.07%、-26.33%、-19.26%、-1.08%、-3.85%、-10.51%；重工业的增长速度（按可比价格）分别为 18.4%（但与上年的增长速度 39.7% 相比，低 21.3 个百分点）、-46.5%、-22.6%、-20.0%、-5.1%、7.0%（与上年的增长速度 21.4% 相比，低 14.4 个百分点）、0.5%（与上年的增长速度 16.8% 相比，低 16.3 个百分点）、-4.7%。

从各级决策者的行为来看。此时上上下下都感受到压力。宏观决策者因站在高层次上，能够看到全局，这时会比微观决策者清醒，从而作出压缩与调整的计划，并采取各种措施，如紧缩财政与信贷，加强紧缺物资的控制供应，等等。微观决策者则往往对这些紧缩计划和措施难以接受，他们原先的扩张计划有的已千方百计提前完成，有的则尚未完成，此时不甘心被砍掉。所以，在微观层次上，压缩会遇到阻力。但是迫于整个形势，最终还是压缩下来。

在低谷阶段，经过调整，各种比例关系不再恶化，并得到相应的改善，总需求与总供给的尖锐矛盾在低水平上得到缓和，于是投资又会逐渐回升。这就转入了回升阶段，开始新的一轮周期。

# 二  投资周期与经济改革

目前，我国正在进行全面的经济体制改革，改革能否消除投资的周期性呢？

从匈牙利和南斯拉夫的实际情况看，改革之后投资的周期性仍明显地存在着。从我们手头现有的资料看，匈牙利1966—1977年12年间社会主义经济成分投资额增长速度经历了三个周期，每个周期大体为3—4年（见表1）；南斯拉夫1959—1980年22年间总固定投资增长速度呈现出三个周期，每个周期大体为7—8年（见表1）。

表1  匈牙利和南斯拉夫的投资周期性

| 年 份 | 匈 牙 利 | | 南 斯 拉 夫 | |
| --- | --- | --- | --- | --- |
| | 社会主义经济成分投资额增长速度（%） | 周期持续时间 | 总固定投资增长速度（%） | 周期持续时间 |
| 1959 | | | + 14. 5 | |
| 1960 | | | + 19. 5 | |
| 1961 | | | + 11. 2 | |
| 1962 | | | + 6. 4 | 7 年 |
| 1963 | | | + 8. 6 | |
| 1964 | | | + 15. 0 | |
| 1965 | | | － 9. 1 | |
| 1966 | + 10 | | + 4. 1 | |
| 1967 | + 22 | 3 年 | + 3. 3 | |
| 1968 | 0 | | + 5. 6 | |
| 1969 | + 10 | | + 10. 7 | 7 年 |
| 1970 | + 17 | | + 17. 0 | |
| 1971 | + 11 | 4 年 | + 4. 6 | |
| 1972 | － 2 | | + 1. 8 | |
| 1973 | + 3 | | + 4. 2 | |
| 1974 | + 10 | 4 年 | + 9. 1 | 8 年 |
| 1975 | + 15 | | + 9. 7 | |
| 1976 | 0 | | + 8. 2 | |

续表

| 年　份 | 匈 牙 利 | | 南 斯 拉 夫 | |
|---|---|---|---|---|
| | 社会主义经济成分投资额增长速度（%） | 周期持续时间 | 总固定投资增长速度（%） | 周期持续时间 |
| 1977 | +13 | | +11.2 | |
| 1978 | | 4 年 | +11.1 | 8 年 |
| 1979 | | | +9.2 | |
| 1980 | | | -2.0 | |

　　从前面的分析我们看到，投资的周期运动与商品经济的发展有内在的联系。马克思曾指出，商品使用价值与价值的内部统一在流通中取得了发展的外部对立的运动形式（商品与货币的对立、实物供给与有支付能力的需求的对立、卖与买的对立等），"这些形式包含着危机的可能性"，"当内部不独立（因为互相补充）的过程的外部独立化达到一定程度时，统一就要强制地通过危机显示出来"①。这说明，由于商品经济的发展，商品使用价值的运动与价值的运动在时间、空间上相分离，也包括投资的使用价值形态（原材料、机器设备等）与其价值形态（资金）二者的运动在时间、空间上的分离，这就在客观上孕育着二者的不相协调，孕育着周期性"危机"的可能性。马克思也指出，这"仅仅是可能性。这种可能性要发展为现实，必须有整整一系列的关系，从简单商品流通的观点来看，这些关系还根本不存在"②。马克思所说的"整整一系列的关系"，当时主要是指资本主义的生产关系。现在看来，还应包括在社会化大生产条件下，投资与生产的规模很大，使投资与生产之间的交互作用，即投资对生产的扩张作用和生产对投资的促进作用显著地发挥出来，这也是使投资的周期运动由可能转化为现实的一种客观关系，这种客观关系在社会主义条件下也会发生作用；同时，在社会主义条件下，计划的不周与失误则会加剧周期波动的振幅。

　　社会主义国家的经济体制改革，是要进一步发展有计划的商品经济。

---

①　马克思：《资本论》第一卷，人民出版社 1975 年版，第 133 页。

②　同上。

这会给投资周期性带来两个方面的影响。一方面，通过改革，完善了经济管理体制，发挥了各种经济杠杆的调节作用，有助于提高经济计划、管理、预测、决策的科学水平，从而有益于控制和驾驭投资的周期性；另一方面，由于商品经济的发展，对企业的管理逐步由直接控制为主转变为间接控制为主，如宏观调控不好，则又会加剧投资的周期性。这是需要我们特别注意的。

我们还应注意的是，投资周期性的客观存在为经济体制改革中各项措施的出台提供了不同的环境条件。我们应审时度势，顺势而行。比如，在投资的回升阶段和高峰阶段，经济发展的形势较好，各方面的承受力较大，因此，应利用这种时机使那些需有较大财力、物力支持的重大改革措施出台；而在持续增长阶段和低谷阶段，则去巩固、消化、补充、改善。另一些不需有较大财力、物力支持的改革措施，可以在投资的持续增长阶段和低谷阶段进行，而在回升阶段和高峰阶段去展开发挥它们的作用。这样，有利于各项改革的顺利进行，使阻力较小和成效较大。

（原载《经济研究》1986 年第 6 期）

# 对我国固定资产投资周期性的探讨之三
## ——各周期的历史分析

　　继《我国固定资产投资周期性初探》[①] 和《对我国固定资产投资周期性的再探讨——周期内各阶段的分析》[②] 之后，本文拟对 1953—1985 年这 33 年中所经历的七个周期逐一进行分析。通过这种分析，一方面可以认识各个周期不同的背景条件和具体特点；另一方面可以从中找出一些共同规律，进一步把握固定资产投资的周期性。

## 一　第一个周期（1953—1957 年）

　　这个周期出现了双峰。1953 年为第一个高峰阶段，固定资产投资总额（全民所有制范围，全文同，不一一注出）由 1952 年的 43.56 亿元上升到 91.59 亿元，增长速度为 110.26%（按当年价格计算，全文同）；随后，1954 年、1955 年为持续增长阶段，固定资产投资总额继续上升，分别为 102.68 亿元和 105.24 亿元，增长速度减缓，分别为 12.11% 和 2.49%；1956 年为第二个高峰阶段，固定资产投资总额达 160.84 亿元，增长速度为 52.83%；1957 年为低谷阶段，固定资产投资总额下降为 151.23 亿元，增长速度为 -5.97%。该周期历时 5 年（见图 1）。

　　在这个周期内，投资增长速度之所以呈现双峰型波动，首先与第一个五年计划的工程项目建设有关。1953 年，我国开始了有计划的社会主义建设，苏联援建的 141 项工程陆续上马（1954 年又增加 15 项，共为 156

---

① 载《经济研究》1986 年第 2 期。
② 载《经济研究》1986 年第 6 期。

项）；到1956年，许多重点项目进入施工高峰。所以，在这两个年份里出现了两次投资高潮。

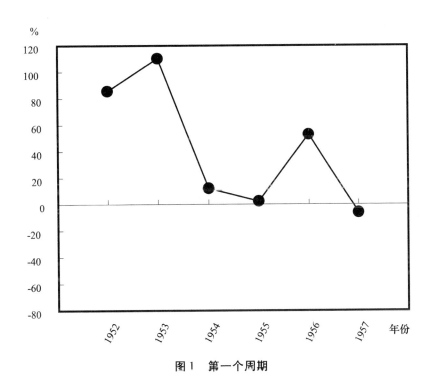

图1　第一个周期

其次，农业丰歉对投资波动有着直接影响。这种影响一般滞后一年，1952年农业增产，农业总产值增长15.2%，粮食产量增长14.1%，棉花产量增长26.5%，1953年投资大上；1953年、1954年自然灾害严重，农业歉收，加之这两年市镇人口猛增1086万人，粮食等消费品供应紧张，1954年、1955年投资增长速度逐年减缓；1955年农业丰收，农业总产值增长7.6%，粮食产量增长8.5%，棉花产量增长42.5%，1956年投资又大上；1956年农业灾情严重，粮食增长不多，棉花减产，而市镇人口一年内又猛增900万人，粮食等消费品供应再度紧张，1957年投资下降。

再次，工业生产与投资的交互作用对投资波动的影响。1953年增长110.26%，带动工业总产值增长30.3%，其中重工业增长36.9%，轻工业增长 26.7%（见表 1。投资的增长速度按当年价格计算，工业产值的增长速度按可比价格计算，两者不完全可比，但可以看出一些趋势，不影响所进行的分析。表 1 中农业总产值的增长速度也按可比价格计算。全文同）；但同时，由于投资增长过快，超出了当时工业生产增长能力的上限，使生产资料和轻工业消费品的供应趋于紧张，这就使随后的 1954 年、1955 年投资增长放慢下来，相应地，工业生产的增长也减缓下来；1954 年、1955 年工业生产增长速度虽有减缓，但超过了投资的增长速度，财政、物资均有结余，这就积蓄了物质力量，为 1956 年第二次投资高峰的出现奠定了物质基础；1956 年投资增长 52.83%，带动工业总产值增长 28.1%，其中重工业 39.7%，轻工业 19.7%；但同时，投资增长又超出了工业生产增长能力的上限，生产资料供应呈现严重的紧张状况，轻工市场的供不应求亦为加剧，当年财政收支出现 18.3 亿元赤字，信贷出现差额，过多地动用了历年结余，增发了钞票，这就使国民经济各个方面处于相当紧张的局面，导致 1957 年投资总规模的绝对下降；在 1957 年低谷阶段，投资为负增长，工业增长速度虽也比上年降低，但为正增长，这又为进入下一周期的回升阶段提供了物质条件。

表 1　　　　　　　　固定资产投资总额和工农业总产值增长速度

单位:%

| 年　份 | 固定资产投资总额增长速度 | 工业产值增长速度 | | | 农业总产值增长速度 |
|---|---|---|---|---|---|
| | | 总产值 | 重工业 | 轻工业 | |
| 1952 | 85.68 | | | | |
| 1953 | 110.26 | 30.3 | 36.9 | 26.7 | 3.1 |
| 1954 | 12.11 | 16.3 | 19.8 | 14.3 | 3.4 |
| 1955 | 2.49 | 5.6 | 14.5 | 0.0 | 7.6 |
| 1956 | 52.83 | 28.1 | 39.7 | 19.7 | 5.0 |
| 1957 | -5.97 | 11.5 | 18.4 | 5.7 | 3.6 |

还有，政治形势与计划决策对投资波动的影响。到 1952 年年底，经过新中国成立后三年多的努力，国民经济恢复工作已顺利完成，人民民主

专政得到巩固，全国呈现安定、统一的政治局面，抗美援朝的胜利又赢得了相对和平的国际环境，这种大好形势为 1953 年的投资高峰创造了良好的国内外环境条件；1955 年年底和 1956 年全国出现农业、手工业和资本主义工商业社会主义改造的高潮，这又有力地推动了 1956 年的第二次投资高峰。但同时，在顺利和胜利面前，我们有些不够谨慎，要求过高过急，1953 年想加快速度，多搞建设，动用了上年财政结余，带来了随后的困难；特别是 1956 年，基建项目不断追加，投资规模膨胀，造成局部的比例失调。决策上的急躁冒进倾向，加大了投资增长速度上下波动的振幅。总的来说，在第一个周期内，我们还缺乏经验，但问题能及时发现，果断解决，保证了第一个五年计划的胜利完成，各方面都取得了巨大的成就。

# 二　第二个周期（1958—1962 年）

这个周期投资增长速度上下波动的振幅最大。1958 年既是回升阶段，又是高峰阶段，固定资产投资总额由 1957 年的 151.23 亿元猛增到 279.06 亿元，一年内即增加了 127.83 亿元，增长速度为 84.53%；1959 年、1960 年为持续增长阶段，投资总额分别为 368.02 亿元和 416.58 亿元，增长速度分别为 31.88% 和 13.19%；随后，1961 年、1962 年跌入低谷阶段，投资总额分别下降为 156.06 亿元和 87.28 亿元，速度分别为 −62.54% 和 −44.07%。该周期亦历时五年（见图 2）。

在这个周期内，投资增长速度之所以上下波动的振幅最大，与 1958 年的高峰突起有关。

首先，在客观上，从投资本身的运动来说，1958 年是个回升阶段。在上一周期的低谷阶段（1957 年），经过努力，国民经济局部比例失调的状况已得到改善；同时，到 1957 年年底，苏联援建的 156 项重点工程有 135 项已施工建设，其中有 68 项已全部建成和部分建成投产，东欧等社会主义国家援建的 68 项工程有 64 项已施工建设，其中有 27 项已建成投产，另外，我国自己兴建的一些项目也已建成投产，这些现代化工业骨干的形成以及第一个五年计划的全面成就，为 1958 年开始的第二个五年计划创

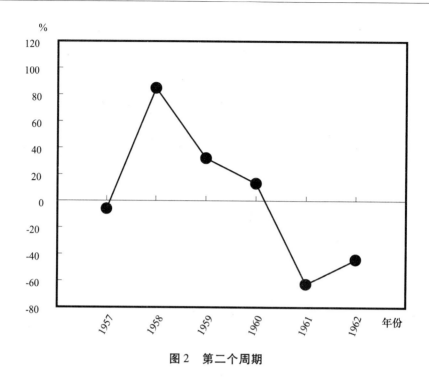

图 2　第二个周期

设了有力的物质、技术条件。客观上说，即使没有 1958 年的"大跃进"，该年也是一个投资的回升年，而且情况会很好。

　　然而，政治形势与计划决策推动了投资膨胀，人为地加剧了振幅。继 1957 年反右斗争扩大化之后，1958 年发动了"大跃进"和人民公社化运动，胜利面前滋长的骄傲自满情绪使急于求成、盲目冒进的"左"倾思想迅速膨胀并泛滥开来。这种局势推动了投资规模的剧烈膨胀。在宏观方面，计划投资几次追加；在微观方面，企业极力拼凑自筹资金，或挤占流动资金、或随意摊入成本、或挖吃结余。这就人为地把一个投资的回升扩展为脱离实际的奇峰骤起。而且，继 1958 年之后，1959 年、1960 年又"反右倾"和持续跃进。连续三年的大折腾，导致国民经济比例关系的全面失调，迫使 1961 年、1962 年跌入低谷阶段。

　　在这个周期内，工业生产与投资的交互作用以及农业对投资的影响也很明显。1958 年投资增长 84.53％，促进工业总产值增长 54.8％，其中重工业增长 78.8％，轻工业增长 33.7％；但同时，投资的猛增超出了生产能力的上限，使随后 1959 年、1960 年的投资增长放慢下来，工业生产的增长也顺势减缓；然而，1958—1960 年连续三年的超负荷增长，国民经济元气大损，加之农业生产从 1959 年起、轻工业生产从 1960 年起已呈负增长，引致 1961 年、1962 年投资总规模的绝对下降，工业生产也绝对降下来；工业生产的下降幅度小于投资的下降幅度，加之对国民经济各方面的比例关系进行了大幅度的调整，为进入下一周期的回升阶段提供了可能（见表 2）。

表2　　　　　　　**固定资产投资总额和工农业总产值增长速度**

单位:%

| 年 份 | 固定资产投资总额增长速度 | 工业产值增长速度 | | | 农业总产值增长速度 |
| --- | --- | --- | --- | --- | --- |
| | | 总产值 | 重工业 | 轻工业 | |
| 1957 | − 5. 97 | | | | |
| 1958 | 84. 53 | 54. 8 | 78. 8 | 33. 7 | 2. 4 |
| 1959 | 31. 88 | 36. 1 | 48. 1 | 22. 0 | − 13. 6 |
| 1960 | 13. 19 | 11. 2 | 25. 9 | − 9. 8 | − 12. 6 |
| 1961 | − 62. 54 | − 38. 2 | − 46. 5 | − 21. 6 | − 2. 4 |
| 1962 | − 44. 07 | − 16. 6 | − 22. 6 | − 8. 4 | 6. 2 |

# 三　第三个周期(1963—1968 年)

这个周期前半部带有恢复性质，发展比较正常；后半部遭受政治性大破坏，投资下跌。1963 年为回升阶段，固定资产投资总额回升到 116.66 亿元，比上年增长 33.66%；1964 年进入高峰阶段，投资总额为 165.89 亿元，增长 42.20%；1965 年、1966 年为持续增长阶段，投资总额分别为 216.90 亿元和 254.80 亿元，增长速度分别为 30.75% 和 17.47%；1967 年、1968 年为低谷阶段，投资总额分别降为 187.72 亿元和 151.57 亿元，速度分别为 − 26.33% 和 − 19.26%。该周期历时六年（见图 3）。

首先，从投资本身的运动看。在上一周期的两年低谷阶段，在"调整、巩固、充实、提高"八字方针指导下，投资规模贯彻了不但要退，而

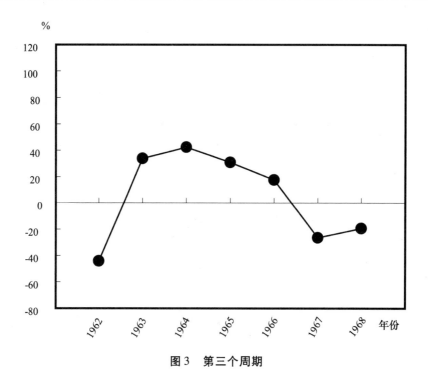

%

图3　第三个周期

且要退够的原则，退到农业和整个国民经济所能负担的水平。1963 年至
1965 年继续执行八字方针，投资的增长速度经过回升、高峰和持续增长三
个阶段，正常地向前运动着，整个国民经济出现了全面好转的局面。同
时，从 1958 年到 1965 年 8 年中，虽经曲折，我国已初步建成了一个有相
当生产规模和一定技术水平的工业体系，我们现今赖以进行现代化建设的
物质技术基础有很大一部分是在这个时期建设起来的。客观上说，从 1966
年起，整个国民经济可以进入一个新的发展时期，投资可以再现一个新的
高峰，即像第一个高峰那样出现双峰。

　　然而，政治形势打乱了正常的前进步伐，投资的增长非但没有出现新
的高峰，反而跌入低谷。1966 年 5 月、6 月起发动的"文化大革命"，至
1968 年，全国陷入"打倒一切"、"全面内战"的混乱政治局面，整个国
民经济不能正常运转，并急剧恶化，迫使投资规模绝对下降。如果说 1958
年是借客观之势，人为地加剧了高峰，那么 1967 年和 1968 年则是逆客观

之势,人为地跌进了低谷。

从本周期内工业生产与投资的交互作用以及农业对投资的影响也可以很明显地看出上述倾向。1963年投资回升,增长33.66%,带动工业总产值的回升,增长8.5%,其中重工业增长13.8%,轻工业增长2.3%;1964年投资增长出现一个高峰,速度为42.20%,进一步带动工业总产值增长19.6%,其中重工业增长21.0%,轻工业增长17.8%;1965年投资增长略有喘息,速度为30.75%,但工业总产值的增长速度继续上升,达26.4%,特别是轻工业增长47.7%,超过了重工业(10.2%)的增长,加之农业生产形势大好,连年较大幅度地增长,这就为进一步扩大投资、加快建设提供了良好的物质条件;顺此之势,1966年投资增长本应出现第二个高峰,但"文化大革命"的冲击,使该年投资和工业总产值的增长速度没有超过上年,并紧接着的是1967年和1968年连续两年的深谷,投资与工业生产连续下降,农业生产也遭到破坏(见表3)。

表3　　　　　　　　　固定资产投资总额和工农业总产值增长速度

单位:%

| 年　份 | 固定资产投资总额增长速度 | 工业产值增长速度 | | | 农业总产值增长速度 |
| --- | --- | --- | --- | --- | --- |
| | | 总产值 | 重工业 | 轻工业 | |
| 1962 | -44.07 | | | | |
| 1963 | 33.66 | 8.5 | 13.8 | 2.3 | 11.6 |
| 1964 | 42.20 | 19.6 | 21.0 | 17.8 | 13.5 |
| 1965 | 30.75 | 26.4 | 10.2 | 47.7 | 8.3 |
| 1966 | 17.47 | 20.9 | 27.5 | 14.5 | 8.6 |
| 1967 | -26.33 | -13.8 | -20.0 | -7.1 | 1.6 |
| 1968 | -19.26 | -5.0 | -5.1 | -4.9 | -2.5 |

# 四　第四个周期(1969—1972年)

这个周期固定资产投资增长速度回升后又一路下降。1969年为回升与高峰合一,投资总额为 246.92 亿元,比上年增长 62.91%;随后,1970 年、1971 年为持续增长阶段,投资总额分别为 368.08 亿元和 417.31 亿元,增长速度分别减缓为 49.07% 和 13.77%;1972 年为低谷阶段,投资总额降为 412.81 亿元,速度为 −1.08%。该周期历时四年 (见图 4)。

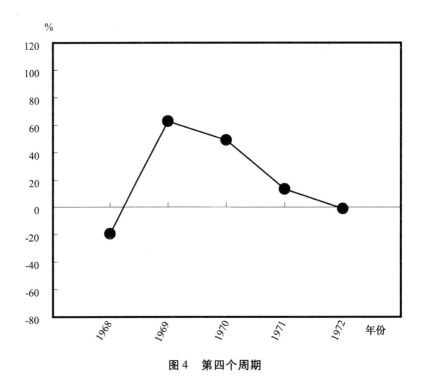

图 4    第四个周期

在这个周期内,工业生产和投资的交互作用,与政治形势和计划决策对投资的影响,仍紧密地交织在一起。在上一周期的两年低谷阶段,工业生产下降的幅度小于投资的下降幅度,1968 年工业下降已减缓,加之 1969 年国内政治局势开始趋于相对稳定,使该年进入回升阶段;由于 1968 年投资规模基数较小 (为 151.57 亿元,不及 1961 年的 156.06 亿元,只相当于 1957 年的 151.23 亿元的水平),所以,1969 年投资的回升相对较快,其增长速度 62.91% 成为这一周期的高峰;投资的回升与增长,带动了工业生产的回升与增长，这一年工业总产值增长 34.3%，其中重工业增长 43.9%，轻工业增长 25.2%；1970 年在"备战"的要求下，内地建设过快过急，林彪反革命集团又直接插手破坏，乱批条子，乱上项目，使投资的绝对规模迅速膨胀，一年内即增加了 121.16 亿元，成为继 1958 年之后年度投资规模的增长超过 100 亿元的第二个年份，1971 年投资规模持续扩大，导致了"三个突破"，即职工人数突破了 5000 万人，工资支出突破了 300 亿元，粮食销量突破了 800 亿斤；投资规模超过了工农业生产发展的承受能力，就投资的增长速度来说，1970 年、1971 年已逐年减慢，1972 年进入低谷阶段（见表 4）。

表4　　　　　　固定资产投资总额和工农业总产值增长速度

单位：%

| 年　份 | 固定资产投资总额增长速度 | 工业产值增长速度 | | | 农业总产值增长速度 |
|---|---|---|---|---|---|
| | | 总产值 | 重工业 | 轻工业 | |
| 1968 | −19.26 | | | | |
| 1969 | 62.91 | 34.3 | 43.9 | 25.2 | 1.1 |
| 1970 | 49.07 | 30.7 | 42.3 | 18.1 | 11.5 |
| 1971 | 13.37 | 14.9 | 21.4 | 6.5 | 3.1 |
| 1972 | −1.08 | 6.6 | 7.0 | 6.2 | −0.2 |

# 五　第五个周期(1973—1976 年)

这个周期回升阶段历时较长，而高峰后又无持续增长阶段。1973 年和 1974 年为回升阶段，固定资产投资总额分别为 438.12 亿元和 463.19 亿元，增长速度分别为 6.13% 和 5.72%；1975 年为高峰阶段，投资总额为 544.94 亿元，增长 17.65%；1976 年为低谷阶段，投资总额为 523.94 亿元，速度为 −3.85%。该周期历时四年（见图 5）。

在这个周期内，固定资产投资增长速度之所以回升历时较长，而峰后又无持续增长阶段，是与"文化大革命"的持续动荡有关。由于"文化大革命"的干扰，在上一周期的低谷阶段，"三个突破"的问题不但

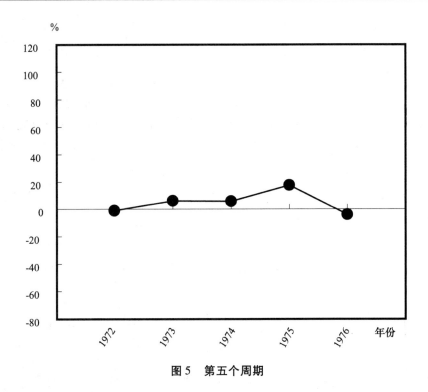

图 5　第五个周期

没有得到解决，反而继续有所发展，这就使 1973 年的回升软弱无力；"三个突破"的问题拖至 1973 年得到有效的控制，1974 年虽无力出现高峰，但投资本可以有一个较大增长，然而"四人帮"又大搞所谓"批林批孔"，使 1971 年 9 月粉碎林彪反革命集团之后继续维持的相对稳定的政治局面再次动荡起来，并陷入混乱，所以该年投资增长速度很慢，甚至还低于前一年，使这一周期出现了历时两年的回升阶段，其中，重工业还出现了负增长；1975 年邓小平同志主持党中央日常工作，开始全面整顿，混乱局面得以扭转，投资出现一个高峰，工业生产也迅速恢复和发展；顺此之势，1976 年可以持续增长，但随之而来的所谓"反击右倾翻案风"，把十年来在动荡中发展的国民经济直拖至崩溃的边缘，该年投资绝对下降，工农业生产增长速度也下降（见表 5）；1976 年 10 月粉碎"四人帮"，结束了"文化大革命"十年动乱，我国开始进入新的历史发展时期。

表 5　　　　　　　固定资产投资总额和工农业总产值增长速度

单位:%

| 年　份 | 固定资产投资总额增长速度 | 工业产值增长速度 | | | 农业总产值增长速度 |
|---|---|---|---|---|---|
| | | 总产值 | 重工业 | 轻工业 | |
| 1972 | − 1.08 | | | | |
| 1973 | 6.13 | 9.5 | 8.7 | 10.6 | 8.4 |
| 1974 | 5.72 | 0.3 | − 1.6 | 2.7 | 4.2 |
| 1975 | 17.65 | 15.1 | 16.8 | 13.0 | 4.6 |
| 1976 | − 3.85 | 1.3 | 0.5 | 2.4 | 2.5 |

# 六　第六个周期(1977—1981 年)

粉碎"四人帮"后,全国出现安定团结的政治局面,国民经济迅速恢复和发展,但仍潜伏着危险。1977 年为回升阶段,固定资产投资总额548.30 亿元,增长速度为 4.65%;1978 年为高峰阶段,投资总额 668.72亿元,增长 21.96%;1979 年、1980 年为持续增长阶段,投资总额分别为699.36 亿元和 745.90 亿元,速度分别为 4.58% 和 6.65%;1981 年为低谷阶段,投资总额降为 667.51 亿元,速度为 − 10.51%。该周期历时五年(见图 6)。

经济的发展之所以还潜伏着危险,与计划决策上长期存在的"左"倾思想的继续影响有关。在国民经济的迅速恢复和发展中,固定资产投资的增长经过 1977 年的回升,1978 年呈现高峰,工业总产值也连续以 14.3%和 13.5% 的速度增长。当时,整个国民经济刚刚从崩溃的边缘解脱出来,各方面的比例关系尚处于失调之中,本应在恢复和发展的同时大力进行调整;但由于对长期以来严重泛滥的"左"倾错误没能进行认真的清理,急于求成的高速度、高指标又冒了出来,1978 年这一年投资的绝对规模即增长 120.42 亿元,成为继 1958 年、1970 年之后年度投资总额的增长超过100 亿元的第三个年份;这一年积累率猛增到 36.5%,也是继 1959 年(积累率 43.8%)、1960 年(积累率 39.6%)之后积累率高达 35% 以上的第三个年份;十年动乱后处于柔弱状态的国民经济经受不住这猛烈的一

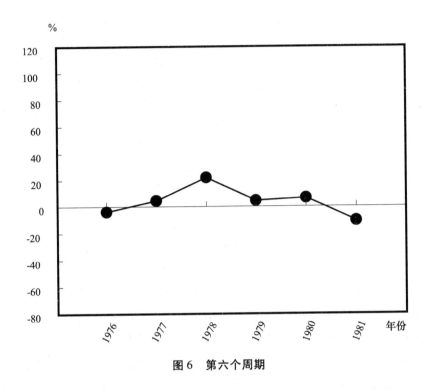

图 6　第六个周期

跃，越发加剧了已长期存在着的国民经济重大比例关系的失调。1978 年
12 月党的十一届三中全会是新中国成立以来我党历史上具有深远意义的
伟大转折，全党工作重点转移到社会主义现代化建设上来，随着党中央
正确提出了"调整、改革、整顿、提高"的八字方针。在 1979 年和
1980 年的持续增长阶段，由于对十年动乱和其后两年新的冒进所带来的
问题严重性及调整的必要性还认识不足，所以八字方针执行得不够得
力，国民经济仍潜伏着很大危险。这两年连续出现了新中国成立以来最
大的财政赤字（分别为 170.6 亿元和 127.5 亿元），货币投放过多，物
价上涨，国民经济比例严重失调的状况没有从根本上改变过来。于是，
1981 年开始进行进一步的大幅度调整，该年投资规模得到压缩，比上年
下降 10.51%，重工业产值也下降 4.7%（见表 6）。

表6　　　　　　　　固定资产投资总额和工农业总产值增长速度

单位:%

| 年 份 | 固定资产投资总额增长速度 | 工业产值增长速度 | | | 农业总产值增长速度 |
| --- | --- | --- | --- | --- | --- |
| | | 总产值 | 重工业 | 轻工业 | |
| 1976 | -3.85 | | | | |
| 1977 | 4.65 | 14.3 | 14.3 | 14.3 | 1.7 |
| 1978 | 21.96 | 13.5 | 15.6 | 10.8 | 9.0 |
| 1979 | 4.58 | 8.5 | 7.7 | 9.6 | 8.6 |
| 1980 | 6.65 | 8.7 | 1.4 | 18.4 | 3.9 |
| 1981 | -10.51 | 4.1 | -4.7 | 14.1 | 6.6 |

# 七　第七个周期(1982—1985 年,尚未完成)

这个周期至今历时四年,尚在进行。就这四年的情况看,各年固定资产投资的绝对规模都很大,年度之间投资总额的增长连续四年均在 100 亿元以上,为新中国成立以来所仅有(见表7);同时,该周期内固定资产投资增长速度呈双峰型波动。1982 年为回升阶段,并为本周期的第一个高峰,固定资产投资总额为 845.31 亿元,增长速度为 26.64%;1983 年、1984 年为持续增长阶段,投资总额分别为 951.96 亿元和 1185.18 亿元,速度分别为 12.62% 和 24.50%;1985 年为第二个高峰阶段(因估计 1986 年投资增长速度会下降,所以称 1985 年为本周期的第二个高峰),投资总额为 1652.00 亿元,增长速度为 39.39%(见图7)。

表7　　　　　　　年度之间投资总额增长 100 亿元以上的年份

| 序号 | 年 份 | 所在周期 | 固定资产投资总额(亿元) | 年度增长额(亿元) |
| --- | --- | --- | --- | --- |
| 1 | 1958 | 第二个周期 | 279.06 | 127.83 |
| 2 | 1970 | 第四个周期 | 368.08 | 121.16 |
| 3 | 1978 | 第六个周期 | 668.72 | 120.42 |
| 4 | 1982 | 第七个周期 | 845.31 | 177.80 |
| 5 | 1983 | 第七个周期 | 951.96 | 106.65 |
| 6 | 1984 | 第七个周期 | 1185.18 | 233.22 |
| 7 | 1985 | 第七个周期 | 1652.00 | 466.82 |

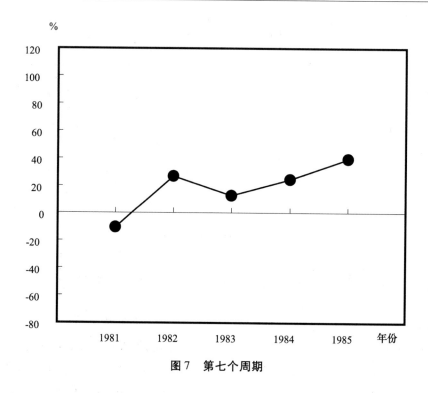

图 7    第七个周期

　　在这个周期内，固定资产投资之所以能够连续保持很大的规模，且其增长速度出现再次高峰，主要是因为：

　　一者，农业、轻工业和重工业的连续增长和比例协调地发展，为连续的较大规模的投资创造了深厚的物质基础。过去，由于农村政策上的"左"倾失误等原因，农业生产长期增长缓慢，且不稳定。近几年来，在农村开展的以实行家庭联产承包责任制为中心的一系列改革取得了显著成效，农业生产出现了少有的连续大幅度的增长，从 1982 年至 1985 年，农业总产值分别增长 11.1%、9.6%、17.1% 和 13.0%。与此同时，在对内搞活、对外开放政策的推动下，工业生产也蓬勃发展，连年增长，1982 年至 1985 年工业总产值分别增长 7.7%、10.5%、14.0% 和 18.0%（见表 8）。农业的发展促进了轻工业的发展，进而又促进了重工业的发展；工业发展又与投资增长互相促进。我国的经济实力有了显著的增强。

表8 固定资产投资总额和工农业总产值增长速度

单位:%

| 年 份 | 固定资产投资<br>总额增长速度 | 工业产值增长速度 | | | 农业总产值增长速度 |
| --- | --- | --- | --- | --- | --- |
| | | 总产值 | 重工业 | 轻工业 | |
| 1981 | -10.51 | | | | |
| 1982 | 26.64 | 7.7 | 9.8 | 5.7 | 11.1 |
| 1983 | 12.62 | 10.5 | 12.4 | 8.7 | 9.6 |
| 1984 | 24.50 | 14.0 | 14.2 | 13.9 | 17.1 |
| 1985 | 39.39 | 18.0 | 17.9 | 18.1 | 13.0 |

　　二者,积累与消费的比例关系比较协调,使两者互相促进,有利于投资的增长。在第五、第六个周期中,除低谷年份外,各年积累率连续高达31.5%—36.5%,而1982年至1984年积累率分别为28.8%、29.7%和31.2%;与此同时,城乡居民年平均消费水平逐年提高,从1953—1978年26年间,平均每年仅增长2.2%,而1982—1984年,在前几年已有较高增长的基础上,又分别增长5.3%、7.6%和10.9%。所以,这几年是在人民生活水平不断提高的情况下,保证和促进了建设的大规模发展。

　　三者,投资结构本身的变化。从资金来源看,在固定资产投资总额中,自筹及其他投资部分迅速上升,1983年其为413.61亿元,1984年上升到514.92亿元,一年内即增长101.31亿元,增长24.5%,国内贷款和利用外资部分也都增长得很快,1984年比1983年分别增长34.5%和60.3%;从资金用途看,在固定资产投资总额中,非生产性建设投资特别是住宅投资连续保持较大比重,1982—1984年非生产性建设投资所占比重分别为45.5%、41.7%和40.3%,住宅投资所占比重分别为25.1%、21.1%和18.1%;从资金在各部门的使用看,对能源工业和运输邮电业的投资都增长较快,1983年和1984年对能源工业投资分别增长26.3%和27.6%,对运输邮电业投资分别增长28.7%和37.1%,都超过了当年固定资产投资总额的增长速度。

　　在投资与整个国民经济发展的大好形势下,我们应该保持清醒的头脑,随时注意投资规模的失控问题和各方面比例关系的协调问题。目前,社会总需求超过社会总供给，社会购买力超过商品可供量，能源、交通、原材料等供应紧张，物价上涨幅度较大，这些问题均不可忽视。根据前六个周期的发展规律和本周期前四年的发展情况，1986年应该做一次喘息。

# 八　小　结

纵观以上对七个周期的分析，我们看到，每个周期都有其各自的特点，但也确有一些共同之处。这就是，形成我国固定资产投资周期性的影响因素可以归结为两大类：一类为内在的物质性因素；另一类为外在的非物质性因素。两类因素交织在一起，前者是基础，后者亦起着极大的作用。

内在的物质性因素主要有以下三个互相联系的方面：

1. 投资本身的原因。如一批重点工程项目的集中开工或集中达到施工高峰，投资结构的变化，等等。

2. 农业的影响。一者，通过粮食、蔬菜、肉类等主、副食品的供给状况影响投资；二者，通过粮食、棉花、各种经济作物等原材料的供给状况影响轻工业生产，进而通过消费品的供给、资金积累等影响投资；三者，通过劳动力的供给状况对投资发生影响。就我国的情况来说，农业这个国民经济的基础对投资的升降有着举足轻重的作用。农业的丰收，往往带来下一年的投资高峰或持续增长。

3. 工业的影响。最直接的是重工业的影响。因为重工业为投资提供机器设备、钢材和水泥等原材料以及能源动力等物质基础。重工业与投资直接交互影响，在正反两个方向都互相带动。投资与重工业两者增长速度的高峰和低谷往往一同出现。从各周期的情况看，投资、重工业、轻工业三者的增长速度有如下一些规律：其一，在高峰阶段，投资的增长速度快于重工业，重工业的增长速度又快于轻工业。33年来共有九个高峰年，其中八个属于此种情况（一个稍微特殊一点的是1985年，该年投资的增长速度快于重工业，而重工业的增长速度略低于轻工业）。这正是投资增长速度每出现一次高峰后就要下降的一个重要原因。因为投资的增长超过了重工业的承受能力，投资与重工业的增长超过了轻工业的承受能力。其二，在低谷阶段，情况恰好相反，轻工业的增长速度快于重工业，重工业的增长速度快于投资，或者轻工业下降幅度小于重工业，重工业下降幅度小于投资。33 年来共有八个低谷年，其中六个属于此种情况（两个稍微特殊一点的是 1957 年、1972 年，这两年轻工业增长速度慢于重工业，但重工业增长速度仍快于投资）。这正是投资增长速度每出现一次低谷后就会重新回升的一个重要原因。因为轻工业为重工业的发展，轻、重工业为投资的发展积蓄了物质力量。在回升阶段和持续增长阶段，投资、重工业与轻工业三者增长速度的快慢互有交叉，不很规则。

以上诸种物质性因素与投资的相互影响，还会通过农、轻、重，积累与消费，当年生产与长远建设，总供给与总需求等重大比例关系表现出来。这里值得注意的是，农、轻、重产业结构的调整以及国民经济其他重大比例关系的调整不能一劳永逸，而且也应该是一个周期性的过程。这是由前述投资、重工业与轻工业三者增长速度的相互关系在高峰阶段和低谷阶段具有不同的运动规律所决定的。所以，每隔几年就要进行一次调整与每隔几年出现一次高峰同样是正常的现象，只是不要人为地加剧振幅。有了这个认识，当客观进程需要调整的时候，我们就应自觉地、主动地、及时地进行调整，而不致把调整视为被动的、悲观的事情。该调整而不调整，则会导致更严重的后果。

外在的非物质性因素主要也有以下三个互相联系的方面：

1. 政治形势的影响。我国是以生产资料公有制和与之相应的国民经济计划管理占主导地位的国家；各级决策者与管理者大都是以任命为主的公职人员；市场机制与价格、利率、税收、工资等各种经济杠杆的作用不完善和不充分。这就使投资以及整个经济活动受政治形势的影响极大。政治形势可以在好、坏两个方面影响投资。就好的一面来说，在回升、高峰与持续增长阶段，可以促进投资的增长，在低谷阶段，可以保证有效地进行调整；反之，也会过度地加剧高峰，或过早、过深地跌入低谷。政治形势的影响还包括国际政治形势的影响。

2. 计划决策的影响。计划决策本身是一种主观行为，当它制订和执行得好，符合客观规律时，就可以防止投资的大上大下、大起大落，促进经济生活的正常运行；反之，当它制订或执行得不好，背离客观规律时，则会人为地加剧投资的振幅，造成经济生活的紊乱。在我国这种原有经济基础薄弱，物资供应长期短缺的计划经济国家，其特点往往是急于求成、盲目冒进的"左"倾决策思想易于占据主导地位，这样就经常吃"欲速则不达"之亏。值得注意的是，新中国成立三十多年来，我们在投资决策上积累了丰富的正、反两个方面的经验和教训，诸如：既要尽力而为，又要量力而行的原则；先安排好农业和消费品市场，再安排当年工业生产，然后安排基建投资的原则；既看当年，又瞻前顾后的原则；以短线平衡的原则；留有适当余地的原则；调整时要退够的原则，等等。这些原则应当牢牢记取和继续发扬光大。

3. 经济管理体制的影响。从上述可以看出，政治形势与计划决策对投资的影响之所以很大，是与经济管理体制分不开的。过于集中的僵化的管理体制，使投资与各种经济活动失去灵活性而缺乏生机；"大锅饭"的财务管理体制又使投资与各种经济活动失去责任性而缺乏效益。经济管理体制的改革，市场机制与各种经济杠杆逐步地充分发挥作用，有利于削弱政治形势对投资活动的不良干扰，有利于克服计划决策的失误，从而增进投资的合理性与责任性，提高投资的经济效益，使投资合乎规律地正常地运动。

（原载《数量经济技术经济研究》1986 年第 9 期）

# 投资周期波动对经济周期波动的影响

## ——对我国固定资产投资周期性探讨之四

　　固定资产投资的周期波动，是影响经济周期波动的一个直接的、物质性的主导力量。本文拟在笔者探讨我国投资周期性的前三篇文章[①]的基础上，进一步探讨投资周期波动对经济周期波动的影响。经济周期波动可以国民收入、社会总产值、工农业总产值等总量指标为代表。通过本文的分析，我们将看到，控制投资周期波动对保证整个国民经济长期稳定的发展的重要意义。

## 一　关于周期的划分标准

　　在讨论投资周期波动对经济周期波动的影响之前，我们先考察一下我国经济波动的情况。三十多年来，我国经济的波动是否具有一定的规则，或者说，是否具有一定的周期性？有同志认为，其波动极不规则，波动的长度有 2 年、3 年、4 年、6 年、7 年不等；[②] 有同志则认为，其波动较为规则，呈现出一定的周期性。[③] 而关于周期的平均长度，有同志认为约四年多；有同志则认为约八年。

　　为何会有这些不同的认识呢？这里涉及划分周期的标准，或周期的分

---

　　① 刘树成：《我国固定资产投资周期性初探》，《经济研究》1986 年第 2 期；《对我国固定资产投资周期性的再探讨——周期内各阶段的分析》，《经济研究》1986 年第 6 期；《对我国固定资产投资周期性的探讨之三——各周期的历史分析》，《数量经济技术经济研究》1986 年第 9 期。

　　② 卢建：《我国经济周期的特点、原因及发生机制分析》，《经济研究》1987 年第 4 期。

　　③ 林叶：《我国固定资产投资的周期性与经济发展的周期性》，《天津师范大学学报》1986 年第 6 期。

类问题。划分周期的标准不同，或分类不同，就会有不同的认识。

关于周期的划分标准，可有以下两种：

第一种，按周期对经济发展的影响程度及发生的时间长短分类。按此标准，周期有四种类型：

1. 小周期。平均长度约四年。由美国经济学家基钦（Joseph Kitchin）于 1923 年提出，常称"基钦周期"。这种周期包括了那种对经济发展的影响相对较小、时间较短的周期，故亦称"次要周期"。美国从 1807—1937 年 130 年中，共经历了 37 个小周期，其平均长度为 3. 51 年。

2. 大周期。平均长度约八年。由法国经济学家裘格拉（Clement Juglar）于 1860 年提出，常称"裘格拉周期"。该种周期对经济发展的影响较为重要，故亦称"主要周期"。一个裘格拉大周期，约含两个基钦小周期。美国从 1795—1937 年 142 年中，共经历了 17 个大周期，其平均长度为 8. 35 年。

3. 中长周期。平均长度约二十年。由美国经济学家库兹涅茨（Simon Kuznets）于 1930 年提出，常称"库兹涅茨周期"。这种周期一般发生在房屋建筑业等部门，亦称"建筑周期"。一个库兹涅茨周期，约含两三个裘格拉大周期。这种周期往往和两个大周期中的一个重合，对经济发展有较大的影响。

4. 长周期。平均长度约五十年。由苏联经济学家康德拉梯也夫（Nikolai Kondratieff）于 1925 年提出，常称"康德拉梯也夫周期"。该种周期发生的时间很长，故亦称"长期波动"或"久远波动"。一个康德拉梯也夫周期，约含六个裘格拉周期。

第二种：按经济波动的性质分类。按此标准，周期有两种类型：

1. 古典型。经济波动的低谷为绝对量的下降，即经济发展出现负增长。

2. 增长型。经济波动的低谷不是绝对量的下降，而是增长率的相对减缓。经济发展均在正增长中进行。

以上两种标准，无论哪种，对于周期的时间长度来说，都没有一个严格的限定。这是因为经济的波动不像自然界中季节的变化那样具有固定的规律。一般说来，经济的波动只具有相对的、程度较低的规律性。马克思在分析资本主义社会固定资本的寿命和经济危机的周期长度时，认为"大工业中最有决定意义的部门的这个生命周期现在平均为十年"①。他具体考察了英国棉纺织业从1815—1863年近50年间的波动，把它计为5个周期，平均长度近十年，而将每个周期中间的小波动不计为危机。②恩格斯在考察这一时期英国的经济危机时，把它分为两个阶段。第一个阶段，"自1815年至1847年，大约是五年一个周期"；第二个阶段，"自1847年至1867年，周期显然是十年一次"。③另外，恩格斯还将这一时期分为这样两个阶段：1825—1842年，1842—1868年。他写道："我把工业大危机的周期算成了五年。这个关于周期的长短的结论，显然是从1825年到1842年间的事变进程中得出来的。但是1842年到1868年的工业历史表明，这种周期实际上是十年，中间的危机只具有次要的性质。"④我们看到，恩格斯曾将周期分为次要周期和主要周期。关于周期的时间长度，正如马克思所说："这里的问题不在于确定的数字"⑤；而在于我们要通过这种分析，认识和把握经济波动的规律性。这种规律性虽然是相对的、程度较低的，然而是内在的。

## 二 我国经济的周期波动

按照以上两种划分周期的标准，我国经济的波动情况究竟怎样呢？先看国民收入年增长率（按可比价格）的波动。分以下三种情况考察：

第一种情况，将国民收入年增长率的每一个波动，不论其高低与长短，均做考察。从1953—1986年34年中，共有9次波动（参见图1和表1⑥第3列）。其中，有3次古典型波动，6次增长型波动。波动的时间长

---

① 马克思：《资本论》第二卷，人民出版社1975年版，第207页。

② 马克思：《资本论》第一卷，人民出版社1975年版，第498—499页。

③ 马克思：《资本论》第三卷，人民出版社1975年版，第554页，注（8）。

④ 恩格斯：《"英国工人阶级状况"1892年德文第二版序言》，《马克思恩格斯全集》第二十二卷，人民出版社1965年版，第373页。

⑤ 马克思：《资本论》第二卷，人民出版社1975年版，第207页。

⑥ 本文中各表的原始数据，1953—1985年，均取自《中国统计年鉴》(1986)，中国统计出版社1986年版；1986年，均取自《中华人民共和国国家统计局关于1986年国民经济和社会发展的统计公报》，《人民日报》1987年2月21日。

度为 2 年、3 年、4 年、5 年、6 年不等。显然，这种波动极不规则。

第二种情况，将长度为 2 年、3 年的两个相邻的微小波动合计为一个周期进行考察，即按小周期考察。34 年中，共有 7 个小周期（参见表 1 第 4 列）。其中，3 个属古典型，4 个属增长型。波动的长度为：4 个 5 年，2 个 4 年，1 个 6 年。平均长度 4.9 年。显然，这种波动较为规则。

表 1                                              国民收入年增长率的波动

| 年　份 | 增长率（％） | 类　型　及　长　度 | | |
|---|---|---|---|---|
| | | 所有波动 | 小周期 | 大周期 |
| 1953 | 14.0 | 2 年 | | |
| 1954 | 5.8 | （增长型） | 5 年 | |
| 1955 | 6.4 | | （增长型） | |
| 1956 | 14.1 | 3 年 | | |
| 1957 | 4.5 | （增长型） | | 10 年 |
| 1958 | 22.0 | | | （古典型） |
| 1959 | 8.2 | 5 年 | 5 年 | |
| 1960 | -1.4 | （古典型） | （古典型） | |
| 1961 | -29.7 | | | |
| 1962 | -6.5 | | | |
| 1963 | 10.7 | | | |
| 1964 | 16.5 | | | |
| 1965 | 17.0 | 6 年 | 6 年 | 6 年 |
| 1966 | 17.0 | （古典型） | （古典型） | （古典型） |
| 1967 | -7.2 | | | |
| 1968 | -6.5 | | | |
| 1969 | 19.3 | | | |
| 1970 | 23.3 | 4 年 | 4 年 | |
| 1971 | 7.0 | （增长型） | （增长型） | |
| 1972 | 2.9 | | | 8 年 |
| 1973 | 8.3 | 2 年 | | （古典型） |
| 1974 | 1.1 | （增长型） | 4 年 | |

| 年　份 | 增长率<br>（%） | 类 型 及 长 度 | | |
|---|---|---|---|---|
| | | 所有波动 | 小周期 | 大周期 |
| 1975 | 8.3 | 2 年 | （古典型） | |
| 1976 | -2.7 | （古典型） | | |
| 1977 | 7.8 | | | |
| 1978 | 12.3 | 5 年 | 5 年 | |
| 1979 | 7.0 | （增长型） | （增长型） | |
| 1980 | 6.4 | | | |
| 1981 | 4.9 | | | 10 年 |
| 1982 | 8.3 | | | （增长型） |
| 1983 | 9.8 | 5 年 | 5 年 | |
| 1984 | 13.5 | （增长型） | （增长型） | |
| 1985 | 12.3 | | | |
| 1986 | 7.4 | | | |

　　第三种情况，将 5 年以下的两个相邻的小周期合计为一个大周期进行考察。34 年中，共有 4 个大周期（参见表 1 第 5 列）。其中，前 3 个为古典型，后 1 个为增长型。波动的长度为 6 年、8 年、10 年。平均长度 8.5年。显然，这种波动的规则性强于上述第一种情况，而弱于第二种情况。

　　按第一种情况（所有波动）进行的考察，可以看到我国经济的每一个波动，从中可以细致地分析影响每一个波动的具体因素，对安排年度计划具有重要参考价值。按第二种情况（小周期）进行的考察，标明我国经济发展的若干中期阶段，有利于我们对经济发展进行中期分析，对安排五年计划以及安排具有中期影响的社会、经济等活动（如经济体制改革中各种不同措施的出台时机及其影响），具有重要的意义。按第三种情况（大周期）进行的考察，对安排国民经济较长远的发展计划（如 10 年）具有参考意义。这种大周期标明了我国经济发展的几个大的阶段，反映出我国重大的政治、经济等活动对经济发展的影响与后果。如第一个大周期（1953—1962 年），反映了我国从 1953 年开始进行有计划的、大规模的社会主义建设，到第一个五年计划的胜利完成，再到

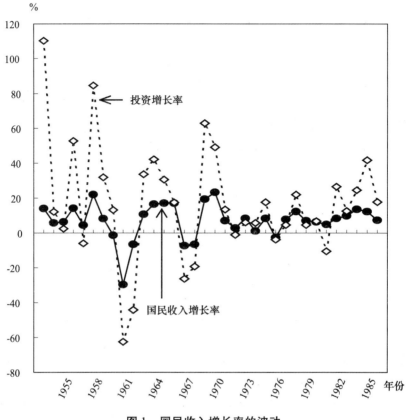

**图1    国民收入增长率的波动**

"大跃进"运动及其所带来的严重影响这一曲折历程；第二个大周期（1963—1968年），反映了"三年调整时期"所取得的成绩，及随后"文化大革命"的爆发所带来的破坏性后果；第三个大周期（1969—1976年），正值"文化大革命"的中后期，反映了这一阶段我国经济的曲折发展。以上三个大周期，均为古典型，每个周期均以国民收入绝对量的下降而结束；第四个大周期（1977—1986年）为增长型，即这10年中没有再出现国民收入的负增长，表明我国经济在党的十一届三中全会以后，进入了一个新的发展时期。

社会总产值年增长率（按可比价格）的波动列于表2。其情况与国民收入的波动大体相同。一点主要的区别是：在以1976年为低谷的波动中，国民收入为古典型，社会总产值为增长型。工农业总产值的波动与社会总产值相同。这里均不再详述。

表 2 社会总产值年增长率的波动

| 起止年份 | 类型及长度 | | |
|---|---|---|---|
| | 所有波动 | 小周期 | 大周期 |
| 1953—1955 | 3 年（增长型） | | |
| 1956—1957 | 2 年（增长型） | 5 年（增长型） | 10 年（古典型） |
| 1958—1962 | 5 年（古典型） | 5 年（古典型） | |
| 1963—1968 | 6 年（古典型） | 6 年（古典型） | 6 年（古典型） |
| 1969—1972 | 4 年（增长型） | 4 年（增长型） | |
| 1973—1974 | 2 年（增长型） | | 8 年（增长型） |
| 1975—1976 | 2 年（增长型） | 4 年（增长型） | |
| 1977—1981 | 5 年（增长型） | 5 年（增长型） | |
| 1982—1986 | 5 年（增长型） | 5 年（增长型） | 10 年（增长型） |

以上是以国民经济各总量指标的年增长率来考察的波动，这种计量方法为"环比法"。环比法的优点在于，它便于考察年度之间经济增长率的相对波动；然而，其缺点在于，不能显示出各经济指标绝对量水平围绕长期历史趋势的波动。为弥补这一不足，以下我们以"趋势百分比法"来考察国民收入的波动。

现以 Y 代表各年国民收入绝对量的实际值（按可比价格，以指数表示，1952 年为 100）；以 T 代表年份序号（以 1953 年为 1）。1953—1986 年，国民收入绝对量历史发展趋势的公式为（以最小二乘法估算参数，相关系数 r = 0.97）：

$$\log Y = 2.00402 + 0.02535T \tag{1}$$

（1）式可写为：

$$Y = 100.92994 \times (1 + 0.0601)^T \tag{2}$$

（2）式表明，1953—1986 年间，从长期发展趋势看，国民收入平均每年以 6.01% 的速度增长。按（1）式或（2）式，求出各年国民收入绝对量的历史趋势值（以 $\hat{Y}$ 代表），列于表3第3列，并绘于图2。然后求出各年国民收入绝对量的实际值（Y）与其历史趋势值（$\hat{Y}$）的百分比（以 y 为代表），计算公式为：

$$y = (\frac{Y}{\hat{Y}} - 1) \times 100\% \tag{3}$$

按（3）式计算的趋势百分比（y）列于表3第4列，并绘于图3。这一百分比表示各年国民收入绝对量的实际值对其历史趋势值的上下偏离程度。由表3和图2、图3我们不仅能够看到四个大周期的情况，而且能够纵观34年中，围绕着历史趋势线，国民收入绝对量水平的变动状况。1953—1960年，国民收入绝对量水平一直处于历史趋势线以上，表明其一直在增长；1961年进入低谷，1962年达到谷底，完成了第一个大周期。1963年开始由谷底回升，到1966年国民收入绝对量水平才回复到历史趋势线以上。我们看到，从1961—1965年，用了5年时间才消除了1958—1960年这3年"大跃进"的影响。随后"文化大革命"爆发，又使国民收入进入低谷，1968年为谷底，完成了第二个大周期。1969年由谷底回升，1970—1973年有一个微弱的增长；随后又进入谷底，1976年为谷底，完成了第三个大周期。我们看到从1967—1976年十年动乱期间，经济的增长一直很疲软。这一动乱，将国民经济引向崩溃的边缘，以致粉碎"四人帮"后，从1977年至1981年，又用了5年时间，到1982年才使国民收入绝对量水平回复到历史趋势线以上。我们还看到，在从1961年到1981年长达21年中，我国的经济一直处于不景气之中，这就是3年"大跃进"和十年动乱所带来的严重后果。1982—1986年，国民收入绝对量水平又一直处于历史趋势线之上。1985年、1986年的增长有些偏高，但发展的势头尚存。

表3　　　　　　　　　**国民收入绝对量围绕历史趋势的波动**

| 年　份 | 实际值 Y（指数） | 趋势值 $\hat{Y}$（指数） | 百分比 y（％） | 大周期（年数） |
|---|---|---|---|---|
| 1953 | 114.0 | 106.1 | 7.4 | |
| 1954 | 120.6 | 112.6 | 7.1 | |
| 1955 | 128.3 | 119.4 | 7.5 | |

| 年　份 | 实际值 Y（指数） | 趋势值 $\hat{Y}$（指数） | 百分比 y（％） | 大周期（年数） |
|---|---|---|---|---|
| 1956 | 146.4 | 126.6 | 15.6 | |
| 1957 | 153.0 | 134.3 | 13.9 | 10 |
| 1958 | 186.7 | 142.4 | 31.1 | |
| 1959 | 202.1 | 151.0 | 33.8 | |
| 1960 | 199.2 | 160.1 | 24.1 | |
| 1961 | 140.0 | 169.8 | − 17.6 | |
| 1962 | 130.9 | 180.1 | − 27.3 | |
| 1963 | 144.9 | 191.0 | − 24.1 | |
| 1964 | 168.8 | 202.5 | − 16.6 | |
| 1965 | 197.5 | 214.8 | − 8.1 | 6 |
| 1966 | 231.0 | 227.8 | 1.4 | |
| 1967 | 214.3 | 241.6 | − 11.3 | |
| 1968 | 200.4 | 256.2 | − 21.8 | |
| 1969 | 239.1 | 271.7 | − 12.0 | |
| 1970 | 294.7 | 288.1 | 2.3 | |
| 1971 | 315.3 | 305.5 | 3.2 | |
| 1972 | 324.5 | 324.0 | 0.2 | 8 |
| 1973 | 351.4 | 343.6 | 2.3 | |
| 1974 | 355.2 | 364.4 | − 2.5 | |
| 1975 | 384.7 | 386.5 | − 0.5 | |
| 1976 | 374.4 | 409.8 | − 8.6 | |
| 1977 | 403.6 | 434.6 | − 7.1 | |
| 1978 | 453.2 | 460.9 | − 1.7 | |
| 1979 | 484.9 | 488.8 | − 0.8 | |
| 1980 | 515.9 | 518.4 | − 0.5 | |
| 1981 | 541.2 | 549.7 | − 1.5 | 10 |
| 1982 | 586.1 | 583.0 | 0.5 | |
| 1983 | 643.5 | 618.3 | 4.1 | |
| 1984 | 730.4 | 655.7 | 11.4 | |
| 1985 | 820.2 | 695.3 | 18.0 | |
| 1986 | 880.9 | 737.4 | 19.5 | |

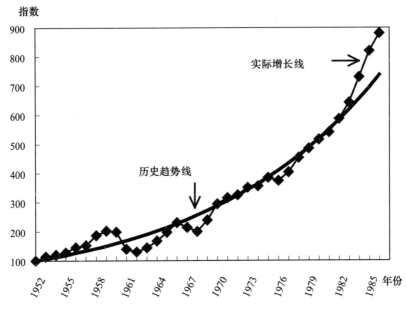

图 2　国民收入绝对量的实际增长线与历史趋势线

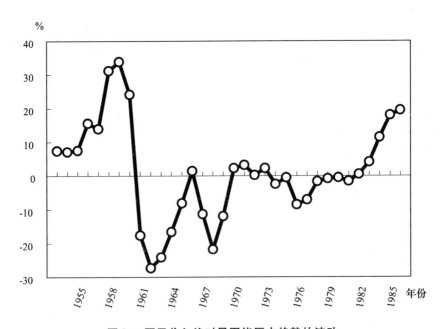

图 3　国民收入绝对量围绕历史趋势的波动

# 三　投资周期波动的影响

投资周期波动与经济周期波动，都作为一种直接的、物质性的因素，相互发生影响。政治形势、计划决策、经济管理体制等各种非物质性的因素，也同时影响着二者的周期波动。这些非物质性因素的影响，一方面直接作用于二者；另一方面又在很大程度上，通过前者作用于后者，通过后者作用于前者。就投资周期波动与经济周期波动二者所处的地位来说，前者是一种主导性力量，它从投资品的需求方面和生产能力的供给方面，带动和决定着经济的起伏；后者是一种制约性力量，它从物质条件上制约着投资波动的幅度和时间长度。从前面图1①我们看到二者的波动在时间上和方向上大体同步；在幅度上，前者大于后者。这里，我们着重考察投资周期波动对经济周期波动的影响。

## （一）当年投资对当年经济波动的影响

当年投资对当年经济波动的影响，主要是需求导向性的，但也含供给导向性。从需求导向说，当年投资所产生的直接需求与间接需求，其增减会带动经济的涨落。从供给导向说，当年投资总额包括三个部分：一部分用于当年开工、当年投产的小型项目；另一部分用于以前开工，而在当年完成和投产的项目；再一部分用于新开和未完工程。前两部分在当年会形成新增固定资产，其增减会影响经济的涨落。从三十多年来的情况看，每年新增固定资产的增减与投资总额的增减是同步波动的。

当年投资对当年经济波动的影响程度究竟如何呢？这可以通过计量分析加以说明。

1. 增长率波动方面。以 $Y'$ 代表国民收入年增长率（按可比价格）；$I'$ 代表全民所有制范围固定资产投资总额年增长率（按当年价格）。根据1953—1986 年数据，以最小二乘法（下同）计算二者的数量关系为：

$$Y' = 2.93 + 0.25 I' \tag{4}$$

---

① 图1中的投资曲线，为全民所有制范围固定资产投资总额年增长率（按当年价格）曲线。

r = 0.83

表明国民收入年增长率与投资年增长率的相关程度为 83%。由于其他因素的影响，国民收入每年增长 2.93%；在此基础上，投资每增减 1%，国民收入将增减 0.25%。

当年投资对当年经济波动的影响，表现在轻、重工业上，还不尽相同。以 $H'$ 代表重工业总产值年增长率（按可比价格）；$L'$ 代表轻工业总产值年增长率（按可比价格）；$I'$ 的意义同上。根据 1953—1986 年数据，计算得出：

$$H' = 6.63 + 0.56\,I' \tag{5}$$
$$r = 0.86$$
$$L' = 5.71 + 0.30\,I' \tag{6}$$
$$r = 0.75$$

我们看到，重工业和轻工业总产值年增长率，与投资年增长率的相关程度，分别为 86% 和 75%。由于其他因素的影响，重工业和轻工业总产值每年分别增长 6.63% 和 5.71%；在此基础上，投资每增减 1%，重工业和轻工业总产值将分别增减 0.56% 和 0.30%。之所以有这种区别，是因为投资品的需求主要由重工业来承担。

2. 绝对量波动方面。以 Y 代表国民收入（按当年价格）；I 代表全民所有制范围固定资产投资总额（按当年价格）。根据 1953—1986 年数据（单位：亿元），计算二者的数量关系为：

$$Y = 453.52 + 4.00\,I \tag{7}$$
$$r = 0.98$$

我们看到，国民收入绝对量与投资总额绝对量的相关程度为 98%。二者的相关程度之所以这样高，是因为其中包含了二者在长期趋势中的相关关系。若剔除了长期趋势，二者的相关程度便有所降低，这在以下将会看到。上式表明，由于其他因素的影响，国民收入每年增长 453.52 亿元；在此基础上，投资总额每增减 100 亿元，国民收入将增减 400 亿元。

3. 绝对量围绕历史趋势的波动方面。仍以 y 为代表国民收入绝对量的实际值（Y，按可比价格）与其历史趋势值（$\overline{Y}$）的百分比（见上述（3）式的计算）；以 i 代表全民所有制范围固定资产投资总额绝对量的实际值（I，按当年价格）与其历史趋势值（$I$）的百分比。根据 1953—1986 年数据，y 与 i 的数量关系为：

$$y = -1.03 + 0.28\, i \tag{8}$$

$$r = 0.88$$

其中，

$$i = (I - 1) \times 100\% \tag{9}$$

$$\log I = 1.95861 + 0.03293\, T \tag{10}$$

$$r = 0.90$$

（10）式或写为：

$$I = 90.90965 \times (1 + 0.0788)^T \tag{11}$$

由（8）式看到，国民收入绝对量的实际值对其历史趋势的百分比，与投资总额对其历史趋势值的百分比，二者相关程度为 88%。由于其他因素的影响，国民收入对其历史趋势的百分比每年下降 1.03%；在此基础上，投资总额对其历史趋势的百分比每增减 1%，国民收入对其历史趋势的百分比将增减 0.28%。

### （二）前期投资对当年经济波动的影响

前期投资通过时间滞后，在当年形成新增固定资产，对当年经济波动产生影响。这种影响为供给导向性。

现以 $Y$ 代表国民收入；$t$ 代表当年；$K_{t-1}$ 代表上年原有固定资产，$\dot{K}_t$ 代表原有固定资产在当年的报废量；$\alpha$ 代表原有固定资产的产出效果系数；$\Delta Kt$ 代表当年新增固定资产，$\beta$ 代表新增固定资产的产出效果系数。当年国民收入的生产为：

$$Y_t = \alpha_t \cdot (K_{t-1} - \dot{K}_t) + \beta_t \cdot \Delta Kt \tag{12}$$

（12）式中，当年新增固定资产（$\Delta Kt$）是由前期投资所形成。现以 $I_{t,\tau}$ 代表前期投资；$\xi_{t,\tau}$ 代表各前期投资在 t 年的交付使用率。当年新增固定资产为：

$$\Delta Kt = \sum_{\tau} \xi_{t,\tau} \cdot I_{t,\tau} \tag{13}$$

$$(\tau = 1, 2, \cdots, n)$$

将（13）式代入（12）式：

$$Y_t = \alpha_t \cdot (K_{t-1} - \dot{K}_t) + \beta_t \cdot (\sum_\tau \xi_{t,\tau} \cdot I_{t,\tau}) \tag{14}$$

由（14）式我们看到，前期投资通过三个方面影响当年经济的波动：
1. 通过前期的投资额（$I_{t,\tau}$）；2. 通过前期投资的交付使用率（$\xi_{t,\tau}$）；3.
通过前期投资所形成的新增固定资产的产出效果系数（$\beta_t$）。（14）式的
实际计算较为复杂，此处从略。

通过以上定性与定量的分析，表明投资周期波动是影响经济周期波动
的一个直接的主导因素。因此，控制投资的周期波动，防止投资大上大下
的颠簸起伏，是使国民经济长期稳定发展的一个重要条件。

（原载《数量经济技术经济研究》1987 年第 10 期）

# 中国工农业生产函数应用研究

## 一　生产函数在中国的应用概况

我们这里所讲的生产函数，主要是指以柯布—道格拉斯（Cobb-Doug-las）型为主的、采用经济计量方法建立的生产函数。生产函数在中国的应用情况，可以概括为以下三个特点：

第一，起步晚。与投入产出分析相比，生产函数在中国的研究与应用，起步较晚。投入产出分析在中国的研究与应用，最早是在 20 世纪 60 年代初期；[①] 而生产函数在中国的研究与应用，开始于 20 世纪 80 年代初期。[②] 后者比前者晚了 20 年。这主要是因为，投入产出分析与我国的经济理论、与经济计划工作中所采用的平衡法的关系，都较为直接。近几年来，随着中国社会主义现代化建设的开展和科学事业的发展，生产函数的研究与应用方才开始和发展起来。因此，生产函数在中国的研究与应用还很不成熟。

第二，发展快。目前，生产函数在中国的研究与应用虽然还不成熟，但发展很快。据不完全统计，从 1983 年 1 月到 1985 年 4 月，短短两年多

---

[①] 据我们了解，在中国公开发表的有关投入产出分析的文章，最早几篇出现于 1961 年和 1962 年。如乌家培《谈谈经济数学方法》，《人民日报》1961 年 8 月 1 日；李秉全《产品的生产与分配部门间平衡经济数学模型》，《科学通报》1962 年第 2 期；乌家培《关于部门联系平衡表的几个问题》，《中国经济问题》1962 年第 7—8 期；乌家培、张守一《关于部门间产品生产和分配平衡表》，《经济研究》1962 年第 8 期等。

[②] 据我们了解，在中国公开发表的有关生产函数的文章，最早出现于 1982 年，是提交该年 2 月在陕西省西安市举行的中国数量经济学会第一届年会的论文，后载入《数量经济理论、模型和预测》一书，能源出版社 1983 年版。

时间内，在中国公开发表的有关生产函数的文章已达六十余篇。这些文章可分为三类：第一类主要是从政治经济学角度对生产函数进行理论探讨；第二类主要是从经济计量学角度对生产函数进行方法探讨，如对三个以上投入要素的多因素生产函数的研究、对常替代弹性（CES）生产函数的研究、对固定资产的细化分解研究、对劳力的细化分解研究等，但由于缺乏必要的数据资料，一般来说，这些研究暂时还不能进入应用阶段；第三类主要是采用柯布—道格拉斯型生产函数进行应用研究，此类研究的文章最多。

第三，应用广。（1）就参加者来说，对生产函数的研究与应用，除了在有关的科研机构和大专院校进行之外，还在许多政府部门展开，如国家计划委员会、国家经济委员会、国家科学技术委员会、国家统计局、国家物价局、国务院技术经济研究中心，以及一些省、市、自治区的上述政府部门等。（2）就应用的具体内容来看，涉及这样几个方面：定量地分析影响经济增长的各种因素的作用及其相互关系；预测生产发展的规模及速度；把生产函数作为宏观经济模型的一个重要组成部分，用来研究生产资料的供求、劳动资源的供求、产品的供求等平衡状况及有关的国民经济重要比例关系，等等。（3）就应用的范围来讲，有单项产品和单个企业生产函数，有行业和部门生产函数，有省、市、自治区的地区生产函数，还有全国的总量生产函数等。

# 二　中国工业总量生产函数研究[①]

## （一）中国工业总量生产函数

1. 函数形式。

在公开发表的《中国统计年鉴》（1984）[②] 中，对于中国全部工业，缺乏完整的总量时序数据，主要是没有相应的资金方面的数据。而对于全

---

① 本文第二部分的计算工作由中国社会科学院数量经济与技术经济研究所副研究员龚飞鸿同志担任，在此深表谢意。

② 《中国统计年鉴》（1984），中国统计出版社 1984 年版。

民所有制独立核算工业企业，则总量时序数据比较完整。所以，我们这里
依据该年鉴数据，主要探讨中国全民所有制独立核算工业企业的总量生产
函数问题。同时，该年鉴中对于全民所有制独立核算工业企业，也只有关
于固定资产、流动资金和劳力的总额数据，而没有关于固定资产的构成、
劳力的构成等方面的进一步细化的数据。所以，不能采用更为复杂的生产
函数形式，这里的讨论以比较简单的柯布—道格拉斯型生产函数为主。

我们先选用生产函数：

$$Y = A K^{\alpha} L^{\beta} e^{\lambda t} u$$

其中，$Y$——全民所有制工业总产值指数，以 1952 年为 100，按可比
价格计算。因上述年鉴中没有全民所有制工业净产值指标，故以总产值指
标进行计算。$K$——全民所有制独立核算工业企业资金（亿元），按当年
价格计算，$K$ 分别取 $K_1$、$K_2$、$K_3$、$K_4$。$K_1$——固定资产原值与定额流动资
金总额；$K_2$——固定资产净值与定额流动资金总额；$K_3$——固定资产原
值；$K_4$——固定资产净值。$L$——全民所有制工业年底职工人数（万人）。
$t$——年度。$u$——误差项。函数具体写为：

$$Y = A K_1^{\alpha} L^{\beta} e^{\lambda t} u$$

$$Y = A K_2^{\alpha} L^{\beta} e^{\lambda t} u$$

$$Y = A K_3^{\alpha} L^{\beta} e^{\lambda t} u$$

$$Y = A K_4^{\alpha} L^{\beta} e^{\lambda t} u$$

2. 数据处理。

样本期为 1952—1982 年。图 1 画出了这 31 年间 $Y$、$K_4$、$L$ 的变化曲线
（图中均换算为指数指标表示）。$K_1$、$K_2$、$K_3$ 的变化曲线与 $K_4$ 大体一致，
不再画出。

从图 1 看到，1958—1962 年这 5 年间，$Y$、$K_4$、$L$ 均为异常数据。如
果除去这 5 年数据，把 1952—1957 年、1963—1982 年 $Y$、$K_4$、$L$ 的曲线分
别联结起来，即假定中间没有发生异常波动，这三条曲线还是比较理想、
比较符合时间发展趋势的（见图 2）。因此，我们在使用 1952—1982 年的
数据时，先用内插法把 1958—1962 年的数据修匀。

图 3 画出了 1952—1982 年间劳力 $L$ 与固定资产净值 $K_4$ 之间的替代曲
线。从图 3 看到，1958—1962 年的数据是异常的，有必要加以修匀。如果

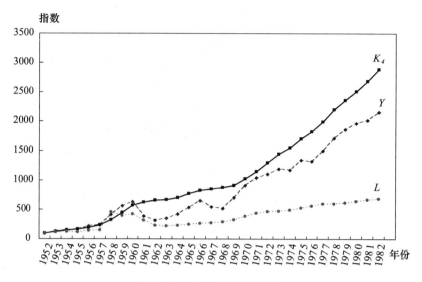

**图1　Y、$K_4$、L 的变化曲线**

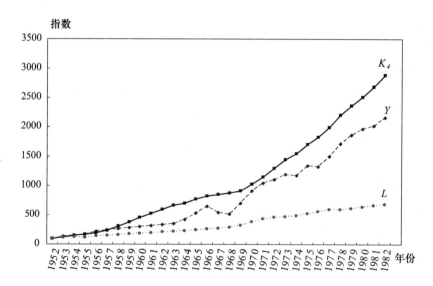

**图2　Y、$K_4$、L 的变化曲线（1958—1962 年修匀）**

把 1952—1957 年、1963—1982 年两个线段联结起来，即同样假定这中间没有发生异常波动，这条曲线可以较为正常地表明 L 与 $K_4$ 之间的关系。

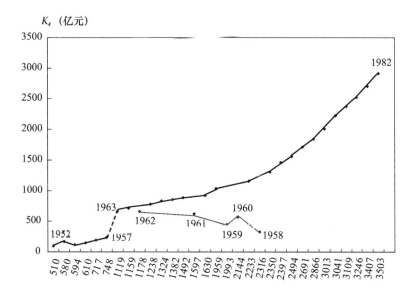

图 3　$L$ 与 $K_4$ 间的曲线

3. 参数估计。

利用修匀后的数据，采用最小二乘法（OLS）对上述生产函数进行估计[①]，结果如下（函数各参数下面括号内的数字均为该参数估计值的标准差，下同）：

$$\ln Y = -1.735 + 0.17\ln K_1 + 0.90\ln L + 0.020t \qquad (1)$$
$$\quad\quad (2.593)\quad (0.014)\quad\;\; (0.071)\quad (0.0004)$$

$$\ln Y = -1.493 + 0.14\ln K_2 + 0.89\ln L + 0.024t \qquad (2)$$
$$\quad\quad (2.571)\quad (0.011)\quad\;\; (0.073)\quad (0.0003)$$

$$\ln Y = -2.000 + 0.18\ln K_3 + 0.94\ln L + 0.017t \qquad (3)$$

---

　①　本文的参数估计均采用最小二乘法。汪同三曾发表一文《关于〈中国国民收入的生产、分配与最终使用计量模型〉的参数估计》，载《数量经济技术经济研究》1985 年第 1 期。在该文中，他分别采用最小二乘法（OLS）、二阶段最小二乘法（2SLS）、三阶段最小二乘法（3SLS）和有限信息极大似然法（LIML），对中国工业总量生产函数进行了估计。他指出，在他的计算中，解释变量之间的多重共线性对 OLS、2SLS、3SLS 法的估计值没有产生明显的影响，而对 LIML 法的估计值产生了十分严重的影响。鉴于此，本文在估计参数时，只采用了简便的 OLS 这一种方法。

$$(2.596)\quad(0.012)\quad(0.065)\quad(0.0004)$$

$$\ln Y = -1.710 + 0.15\ln K_4 + 0.93\ln L + 0.021t \tag{4}$$

$$(2.517)\quad(0.008)\quad(0.066)\quad(0.0003)$$

（1）式：$R^2 = 0.99$　　$SE = 0.097$　　$F = 1399.41$　　$DW = 0.95$

（2）式：$R^2 = 0.99$　　$SE = 0.097$　　$F = 1394.07$　　$DW = 0.95$

（3）式：$R^2 = 0.99$　　$SE = 0.096$　　$F = 1435.19$　　$DW = 0.95$

（4）式：$R^2 = 0.99$　　$SE = 0.096$　　$F = 1435.37$　　$DW = 0.96$

4. 结果分析。

（1）关于 $R^2$。

这一组四个生产函数各自的总相关系数 $R^2$ 均为 0.99，很高。说明由 $K$、$L$、$t$ 这三个因素作为解释变量所得到的生产函数回归曲线，对 $Y$ 的样本观测值的拟合优度很好。图 4 是 $Y = A K_4^{\alpha} L^{\beta} e^{\lambda t} u$ 的回归曲线与 $Y$ 的样本观测值曲线的拟合图①。

（2）关于参数估计值的标准差和 $F$ 值。

在这四个生产函数中，$K$、$L$、$t$ 这三个解释变量的参数估计值的标准差都很小。说明这些估计值在统计上是显著的。同时，这四个生产函数的 $F$ 值也都很大，表明了回归参数的总显著性。

（3）关于 $DW$ 值。

这四个生产函数的 $DW$ 值为 0.95—0.96，均偏低。表明随机项存在一定程度的序列相关。

（4）关于 $\alpha$ 和 $\beta$。

在这四个生产函数中，由于 $K$ 分别取 $K_1$、$K_2$、$K_3$、$K_4$，所以 $\alpha$ 和 $\beta$ 的值稍有不同，但相差幅度不大。$\alpha$ 为 0.14—0.18；$\beta$ 为 0.89—0.94；$\alpha + \beta$ 为 1.03—1.12，略大于 1。

从前面图 1 我们看到，在 1952—1982 年这 31 年间，总的来看，$Y$ 的增长低于 $K$ 的增长、高于 $L$ 的增长。这期间，它们的平均每年递增速度分别为：$Y$——10.79%；$K_1$——11.85%；$K_2$——11.78%；$K_3$——11.93%；$K_4$——11.87%；$L$——6.63%。这样，在 $Y$ 每增长 1% 中，$K$ 的投入量大

---

① 笔者新注：原文图 4 较复杂，现略去。

于 $L$ 的投入量，因此，产出的资金弹性 $\alpha$ 小于劳力弹性 $\beta$。在生产函数（1）—（4）中，$\beta$ 比 $\alpha$ 大 4—5 倍。

从图 4 我们看到，在 1952—1982 年间，劳力的资金装备程度（以人均固定资产原值 $K_3/L$ 为例）上升得很快，劳动生产率（$Y/L$）呈上升趋势，而资金产出率（以 $Y/K_3$ 为例）则呈下降趋势。这说明，资金的利用效果较低。31 年间，中国全民所有制独立核算工业企业的固定资产原值由 148.8 亿元增加到 4375 亿元，增加了 28.4 倍。这无疑为中国今后的经济增长，为实现社会主义现代化奠定了较为雄厚的物质技术基础。但是，今后我们必须把着眼点放在现有设备的挖潜、革新、改造上，充分提高现有设备的经济效益，而不能片面追求高投资。1982 年，我国国务院曾作出《关于对现有企业有重点、有步骤地进行技术改造的决定》，明确提出："长期以来，我们在生产建设中偏重于建设新企业，忽视已建成企业的技术改造。设备老化，技术陈旧，计量测试条件差，产品落后的状况相当严重。这对实现社会主义现代化事业极为不利。对现有企业有重点、有步骤地进行技术改造已成为发展我国国民经济的一项迫切任务。"[1]

（5）关于 $\lambda$。

在生产函数（1）—（4）中，$\lambda$ 为 0.017—0.024。$\lambda$ 是除投入要素 $K$ 和 $L$ 外的其他各种因素对产出的综合效益系数。这"其他各种因素"包括：科学技术的发展、经济政策的影响、管理水平的提高，等等。31 年间，综合产出效益每年增长 1.7%—2.4%，综合产出效益对总产值增长的贡献为 15.75%—22.24%。当前，世界上一些工业发达国家，综合产出效益对总产出增长的贡献已达 40%—50%。与这些国家相比，中国的差距还很大。因此，采取有力措施，不断提高综合产出效益，对实现社会主义现代化具有重要的意义。

### （二）对不同情况下 $\alpha$ 和 $\beta$ 的取值分析

在建立中国全民所有制独立核算工业企业柯布—道格拉斯型总量生产函数时，产出的资金弹性 $\alpha$ 和劳力弹性 $\beta$ 是两个重要的参数。为了考察不

---

[1]《中国经济年鉴》(1983)，经济管理杂志社 1983 年版，第Ⅷ—19 页。

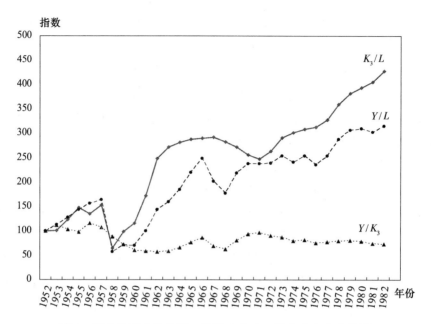

图 4  劳力的资金装备率、劳动生产率、资金产出率曲线图

同情况下 $\alpha$ 和 $\beta$ 的取值变化，我们又做了大量计算。

1. 取消 $e^{\lambda t}$ 项对 $\alpha$ 和 $\beta$ 的影响。

在前述生产函数 $Y = A\,K^{\alpha}L^{\beta}e^{\lambda t}u$ 中，解释变量 $K$、$L$、$t$ 之间有高度的相关。如果为了克服 $K$、$L$、$t$ 之间的多重共线性，而在生产函数中舍弃 $e^{\lambda t}$ 项，情况如何呢？

我们采用生产函数 $Y = A\,K^{\alpha}L^{\beta}u$，$K$ 分别取 $K_1$—$K_4$。估计的结果为：

$$\ln Y = -3.383 + 0.22\ln K_1 + 1.12\ln L \tag{5}$$
$$\quad\ (0.278)\ \ (0.012)\quad (0.031)$$

$$\ln Y = -3.495 + 0.19\ln K_2 + 1.17\ln L \tag{6}$$
$$\quad\ (0.271)\ \ (0.011)\quad (0.028)$$

$$\ln Y = -3.364 + 0.22\ln K_3 + 1.12\ln L \tag{7}$$
$$\quad\ (0.228)\ \ (0.009)\quad (0.024)$$

$$\ln Y = -3.493 + 0.19\ln K_4 + 1.18\ln L \tag{8}$$
$$\quad\ (2.517)\ \ (0.008)\quad (0.066)$$

（5）式：$R^2 = 0.989$    $SE = 0.097$    $F = 2681.22$    $DW = 0.91$

（6）式：$R^2 = 0.990$　　$SE = 0.099$　　$F = 2931.01$　　$DW = 0.90$

（7）式：$R^2 = 0.989$　　$SE = 0.096$　　$F = 2685.90$　　$DW = 0.92$

（8）式：$R^2 = 0.990$　　$SE = 0.097$　　$F = 2964.72$　　$DW = 0.91$

从这第二组生产函数看到，舍弃 $e^{\lambda t}$ 项后，$\alpha$ 和 $\beta$ 的值都有上升。$\alpha$ 由前面（1）—（4）式组成的第一组的 0.14—0.18 上升为 0.19—0.22；$\beta$ 由前面第一组的 0.89—0.94 上升为 1.12—1.18。这是因为，舍弃 $e^{\lambda t}$ 的结果，是把 $t$ 项的影响转移给 $K$ 和 $L$ 项的系数即由 $\alpha$ 和 $\beta$ 吸收了，这就使 $\alpha$ 和 $\beta$ 的含义不纯了。

同时，第二组生产函数的 $DW$ 值都有所下降，由第一组的 0.95—0.96 下降为 0.90—0.92。这是因为，时间 $t$ 是一个自相关变量，舍弃 $e^{\lambda t}$ 后，它的影响也转移到随机项中，从而加大了序列相关。

2. 函数形式不同对 $\alpha$ 和 $\beta$ 的影响。

现在采用 $Y/L = A\,(K/L)^{\alpha} e^{\lambda t} u$ 形式的生产函数进行估计。样本期仍为 1952—1982 年。$Y/L$ 直接取自《中国统计年鉴》（1984），采用绝对量指标，其中 1958—1963 年的样本值经过内插修匀。$K/L$ 分别取 $K_1/L$、$K_2/L$、$K_3/L$、$K_4/L$，其中，1958—1962 年仍为前面修匀后的样本。计算结果为：

$$\ln\,(Y/L) = 6.051 + 0.29\ln\,(K_1/L) + 0.018t \qquad (9)$$
$$(0.876)(0.012) \qquad\qquad (0.00002)$$

$$\ln\,(Y/L) = 6.358 + 0.26\ln\,(K_2/L) + 0.019t \qquad (10)$$
$$(0.654)(0.009) \qquad\qquad (0.00002)$$

$$\ln\,(Y/L) = 6.272 + 0.27\ln\,(K_3/L) + 0.019t \qquad (11)$$
$$(0.663)(0.010) \qquad\qquad (0.00002)$$

$$\ln\,(Y/L) = 6.619 + 0.24\ln\,(K_4/L) + 0.021t \qquad (12)$$
$$(0.436)(0.007) \qquad\qquad (0.00001)$$

（9）式：$R^2 = 0.91$　　$SE = 0.090$　　$F = 300.69$　　$DW = 1.11$

（10）式：$R^2 = 0.91$　　$SE = 0.090$　　$F = 302.75$　　$DW = 1.11$

（11）式：$R^2 = 0.91$　　$SE = 0.089$　　$F = 307.23$　　$DW = 1.09$

（12）式：$R^2 = 0.92$　　$SE = 0.088$　　$F = 314.28$　　$DW = 1.10$

从这第三组生产函数看到，与前面第一组生产函数相比，$\lambda$ 的估计值基本没变，原为 0.017—0.024，现为 0.018—0.021；而 $\alpha$ 的估计值由原来的 0.14—0.18 上升为 0.24—0.29。这表明，由于在第三组生产函数中施加了 $\alpha + \beta = 1$ 的限制，$\alpha$ 内在地受到 $L$ 的影响而上升。这时，$\alpha$ 的含义也不纯了。同时，在第三组生产函数中，$R^2$ 下降为 0.91—0.92，说明该组函数的拟合优度稍差。但在该组生产函数中，$DW$ 值有所上升，表明随机项的序列相关有所减弱。

我们再换用 $y = a + \alpha k + \beta l + u$ 形式的生产函数进行估计。$y$、$k$、$l$ 分别为 $Y$、$K$、$L$ 的年增长速度，仍按前述修匀样本计算。结果为：

$$y = 3.71 - 0.04k_1 + 1.02l \tag{13}$$
$$(22.836)\ (0.127)\ (0.114)$$

$$y = 4.03 - 0.07k_2 + 1.22l \tag{14}$$
$$(18.455)\ (0.101)\ (0.118)$$

$$y = 1.56 + 0.15k_3 + 1.18l \tag{15}$$
$$(22.007)\ (0.107)\ (0.110)$$

$$y = 2.05 + 0.12k_4 + 1.17l \tag{16}$$
$$(17.194)\ (0.078)\ \quad (0.112)$$

（13）式：$R^2 = 0.33$    $SE = 10.198$    $F = 13.53$    $DW = 1.60$

（14）式：$R^2 = 0.33$    $SE = 10.190$    $F = 13.60$    $DW = 1.60$

（15）式：$R^2 = 0.33$    $SE = 10.159$    $F = 13.85$    $DW = 1.61$

（16）式：$R^2 = 0.33$    $SE = 10.168$    $F = 13.78$    $DW = 1.61$

我们看到，采用第四组生产函数后，$R^2$ 显著下降，表明这种函数形式的拟合优度很差。相应的，函数总体的标准差 $SE$ 和参数估计值的标准差均显著上升。在生产函数（13）、（14）式中，$\alpha$ 变为负值。显然，用这种形式的生产函数来估计 $\alpha$ 和 $\beta$，是过于粗糙了。

3. 数据处理方法不同对 $\alpha$ 和 $\beta$ 的影响。

以上第一至四组生产函数均采用经过修匀的 1952—1982 年数据。现采用 1952—1982 年的原始样本，不加修匀，而对 1958—1960 年加虚变量，即在这三年中 $D = 1$，其他年 $D = 0$。先对原第一组生产函数 $Y = A K^\alpha L^\beta e^{\lambda t} u$ 重新进行估计，结果为：

$$\ln Y = 1.650 + 0.23\ln K_1 + 0.30\ln L + 0.054t + 0.365D \qquad (17)$$
$$(1.343) \quad (0.019) \quad (0.043) \quad (0.0002)(0.033)$$

$$\ln Y = 1.921 + 0.21\ln K_2 + 0.29\ln L + 0.058t + 0.370D \qquad (18)$$
$$(1.310) \quad (0.015) \quad (0.044) \quad (0.0002)(0.033)$$

$$\ln Y = 1.560 + 0.21\ln K_3 + 0.35\ln L + 0.054t + 0.347D \qquad (19)$$
$$(1.385) \quad (0.018) \quad (0.039) \quad (0.0002)(0.033)$$

$$\ln Y = 1.847 + 0.18\ln K_4 + 0.34\ln L + 0.059t + 0.349D \qquad (20)$$
$$(1.330) \quad (0.013) \quad (0.040) \quad (0.0002)(0.033)$$

（17）式：$R^2 = 0.986$　$SE = 0.118$　$F = 615.72$　$DW = 1.26$

（18）式：$R^2 = 0.985$　$SE = 0.117$　$F = 577.10$　$DW = 1.26$

（19）式：$R^2 = 0.985$　$SE = 0.118$　$F = 605.98$　$DW = 1.28$

（20）式：$R^2 = 0.985$　$SE = 0.118$　$F = 577.69$　$DW = 1.28$

从这第五组生产函数看到，与第一组生产函数相比，$\beta$ 的值由原来的 0.89—0.94 猛降为 0.29—0.35，而 $\alpha$ 的值由原来的 0.14—0.18 上升为 0.18—0.23，$\lambda$ 的值由原来的 0.017—0.024 上升为 0.054—0.059，常数项 $\ln A$ 由原来的负值变为正值。为什么会出现这种情况呢？我们从前面图 1 中可以看到，1958—1960 年间，$L$ 的增长很猛。1957 年，全民所有制工业年底职工人数为 748 万人，1958 年猛增到 2316 万人，增长了 2.1 倍。1959 年和 1960 年职工人数虽略有下降，但仍维持在 1993 万人和 2144 万人的高水平。这三年间，$L$ 的增长和水平远高于 $K$。柯布—道格拉斯型生产函数对样本数据的变化，反应很敏感，以致这三年间 $L$ 的猛烈增长，影响到对整个样本期间的估计，使 $\beta$ 大大下降，其下降部分转移给 $\alpha$、$\lambda$、$\ln A$ 吸收了。

我们同样采用 1952—1982 年的原始样本，对 1958—1960 年加虚变量 $D = 1$，重新估计第二组生产函数 $Y = AK^\alpha L^\beta u$，结果为：

$$\ln Y = -1.986 + 0.53\ln K_1 + 0.62\ln L - 0.016D \qquad (21)$$
$$(0.503) \quad (0.019) \quad (0.051) \quad (0.032)$$

$$\ln Y = -2.246 + 0.45\ln K_2 + 0.75\ln L - 0.141D \qquad (22)$$
$$(0.568) \quad (0.019) \quad (0.052) \quad (0.030)$$

$$\ln Y = -2.070 + 0.50\ln K_3 + 0.68\ln L - 0.027D \tag{23}$$
$$\qquad (0.467)\quad(0.016)\qquad(0.044)\quad(0.031)$$

$$\ln Y = -2.428 + 0.40\ln K_4 + 0.84\ln L - 0.182D \tag{24}$$
$$\qquad (0.517)\quad(0.016)\qquad(0.043)\quad(0.028)$$

（21）式：$R^2 = 0.977$    $SE = 0.141$    $F = 606.51$    $DW = 1.01$

（22）式：$R^2 = 0.975$    $SE = 0.149$    $F = 548.38$    $DW = 1.06$

（23）式：$R^2 = 0.977$    $SE = 0.141$    $F = 603.28$    $DW = 1.07$

（24）式：$R^2 = 0.974$    $SE = 0.151$    $F = 528.53$    $DW = 1.14$

这第六组生产函数与第二组相比，$\beta$ 由原来的 1.12—1.18 猛降为 0.62—0.84，而 $\alpha$ 由原来的 0.19—0.22 上升为 0.40—0.53。

现在，对数据作另一种处理。截去 1952—1962 年 11 个样本，只以 1963—1982 年 20 个样本进行估计。生产函数仍采用第一组形式：$Y = A K^{\alpha} L^{\beta} e^{\lambda t} u$。结果为：

$$\ln Y = -0.555 - 0.24\ln K_1 + 0.99\ln L + 0.050t \tag{25}$$
$$\qquad (24.473)\,(0.696)\qquad(0.113)\quad(0.004)$$

$$\ln Y = -0.687 - 0.27\ln K_2 + 1.03\ln L + 0.050t \tag{26}$$
$$\qquad (13.357)\,(0.506)\qquad(0.140)\quad(0.002)$$

$$\ln Y = -3.769 + 0.26\ln K_3 + 0.96\ln L + 0.008t \tag{27}$$
$$\qquad (23.613)\,(0.364)\qquad(0.081)\quad(0.003)$$

$$\ln Y = -3.211 + 0.21\ln K_4 + 0.94\ln L + 0.010t \tag{28}$$
$$\qquad (14.459)\,(0.240)\qquad(0.079)\quad(0.002)$$

（25）式：$R^2 = 0.975$    $SE = 0.099$    $F = 337.97$    $DW = 1.35$

（26）式：$R^2 = 0.976$    $SE = 0.099$    $F = 339.26$    $DW = 1.35$

（27）式：$R^2 = 0.977$    $SE = 0.099$    $F = 340.35$    $DW = 1.31$

（28）式：$R^2 = 0.976$    $SE = 0.099$    $F = 340.13$    $DW = 1.32$

从这第七组生产函数看到，由于样本数据由原来的 31 个缩减为 20 个，使 $\alpha$ 变为负值，并且该组生产函数 $\alpha$ 估计值的标准差大为增加。

综合以上对 7 组 28 个方程式的计算，对于实际建立柯布—道格拉斯型中国全民所有制独立核算工业企业总量生产函数，我们可以得到这样几点主要认识：

第一，以 $K$、$L$、$t$ 作为解释变量是比较适宜的。如果为了克服 $K$、$L$、$t$ 之间的多重共线性而舍弃 $t$ 项，综合产出效益的影响将转移给 $\alpha$ 和 $\beta$ 去吸收，这会使 $\alpha$ 和 $\beta$ 的含义变得不纯。

第二，在采用 $Y/L = A (K/L)^{\alpha} e^{\lambda t} u$ 形式的生产函数时，由于施加了 $\alpha + \beta = 1$ 的限制，$\alpha$ 内在地受到 $L$ 的影响，也会使 $\alpha$ 的含义不纯。而 $y = a + \alpha k + \beta l + u$ 形式的生产函数，不免失于简单、粗糙。

第三，由于样本数据的异常波动，给生产函数的估计带来了困难，但要妥善处理数据，并尽量采用大样本，要在多种计算的比较中慎重选择。

因时间所限，本文在误差项分析、$K$ 的分期分析等方面尚需进一步展开研究。

## 三　中国农业总量生产函数研究

### （一）中国农业发展简述

图 5 画出了 1952—1983 年中国农业净产值、农业劳动者年底人数、农作物总播种面积的变化曲线（图中均换算为指数指标表示）。从图 6 看到，这 32 年间，农业净产值曾几经波折，而 1978 年后增长较快，这主要是由于我国政府采取了新的农村政策的结果。从 1952—1977 年这 26 年间，农业净产值平均每年递增速度为 2.06%，1978—1983 年这 6 年间则为 6.83%。从农业劳力情况看，1952—1954 年和 1960—1977 年这 21 年中，其增长速度超过了农业净产值。在建立中国农业总量生产函数中，有时产出的劳力弹性系数会出现负值，这是不奇怪的，表明在很长时期内中国农业劳力存在着过剩现象。从 1952—1983 年，农作物总播种面积变化不大。

### （二）中国农业总量生产函数

对于中国农业总量生产函数，我们研究得还很不够，主要是有关的数据很不完整，特别是用于农业的生产资金较难确切地选定其范围。这里，我们引用中国农业科学院农业经济研究所朱希刚所建立的以农业总收入为

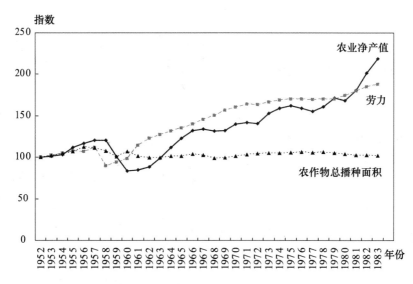

图5　农业净产值、劳力、农作物总播种面积变化曲线

因变量的柯布—道格拉斯型生产函数。[1] 估计结果为：

$$Y = 0.3252 e^{0.0105t} X_1^{0.2315} X_2^{0.1647}$$
$$(-10.64)\quad(2.71)\quad(8.89)\quad(7.93)$$

$$X_3^{0.5314} X_4^{0.3788} e^{0.0708x5} e^{-0.0172x6}$$
$$(29.18)\quad(9.06)\quad(2.48)\quad(-0.21)$$

$$R^2 = 0.993$$

样本：1972—1980 年 28 个省、市、自治区（缺西藏）农村人民公社的 250 组统计数据。

式中，各参数下面括号内的数字为该参数估计值的 $t$ 检验值。$Y$——农村人民公社农业总收入（亿元）。$X_1$——集体耕地面积（万亩）。$X_2$——农业劳动力数（万人）。$X_3$——生产费用（万元）。$X_4$——耕地虚变量，它是根据各地区的地理位置、土地质量、复种指数、产出水平等因素综合考虑后确定的，其值为 1.0—4.0。$X_5$——政策虚变量，1972—1978 年为0，1979 年为 0.5，1980 年为 1。$X_6$——天气变量，以各地区水旱灾成灾

---

① 朱希刚：《我国农业技术进步作用测定方法的研究和实践》，《农业技术经济》1984 年第 6 期。

面积占总播种面积的比例表示。

从这个生产函数中可以看到，农业总收入的劳力弹性系数为 0.1647，小于资金弹性系数 0.5314，这与工业中的情形正好相反。我们还看到，经济政策对农业的影响是很大的，经济政策对农业总收入的年增长率为 7.08%。而 $t$ 项所体现的农业综合效益则较低，其年增长率为 1.05%。今后，一方面继续贯彻执行正确的农村经济政策，另一方面大力推进农业科学技术进步，提高农业生产的经济效益，是加速中国农业发展的两个关键环节。

（原载《经济模型在国民经济管理中的作用》，经济科学出版社 1987 年版）

# 我国经济周期波动的几个基本问题

## 一　我国经济周期波动的历程及当前所处的位置

无论是把握宏观调控的方向和力度，还是选择重大改革项目的出台时机，首先要对有关年份的经济发展趋势进行预测与分析。对某一年份的经济发展趋势进行判断，不能静止地、孤立地就当年论当年，而需要将其放在国民经济周期波动的动态背景下加以考察。

### （一）我国经济周期波动的历程

从 1953 年起，我国开始大规模的经济建设。到 1994 年，42 年来共经历 9 次经济周期波动。当前正处于第 9 个周期中。如以国民收入、国内生产总值（GDP）、工业总产值等主要宏观经济指标的年增长率综合来考察，由每次增长率的回升开始，到增长率降落至低谷为止，作为一个周期，各周期的起止年份列于表 1。大体上平均每 5 年一个周期。

### （二）1994 年、1995 年所处的经济周期波动位置

我国国民经济 1991 年开始回升，进入当前所处第 9 个周期，该年 GDP 增长率回升到 8%；1992 年高速扩张，GDP 增长率进一步升到 13.2%；1993 年为高峰，GDP 增长率达到 13.4%；1994 年将是高峰过后的持续快速增长年。这一判断含有两层意思：其一，第 9 个周期的高峰已过，与 1993 年高峰相比，1994 年经济增长率开始回落；其二，经济增长率虽有所回落，但仍能保持一个较高的水平。据我们预测，1994 年 GDP 增长率为 11.5% 左右。第一季度为 12.7%，第二季度为 12% 左右，上半

年预计为 12.5%，下半年预计为 11% 左右。

表 1　　　　　　　　我国经济周期波动的基本情况

| 序号 | 起止年份 | 历时年数 | 波动性质 | 振幅 |
|---|---|---|---|---|
| 1 | 1953—1957 | 5 年 | 增长型 | 9.6 个百分点 |
| 2 | 1958—1962 | 5 年 | 古典型 | 51.7 个百分点 |
| 3 | 1963—1968 | 6 年 | 古典型 | 24.2 个百分点 |
| 4 | 1969—1972 | 4 年 | 增长型 | 20.4 个百分点 |
| 5 | 1973—1976 | 4 年 | 古典型 | 11.0 个百分点 |
| 6 | 1977—1981 | 5 年 | 增长型 | 7.4 个百分点 |
| 7 | 1982—1986 | 5 年 | 增长型 | 5.9 个百分点 |
| 8 | 1987—1990 | 4 年 | 增长型 | 7.6 个百分点 |
| 9 | 1991—1994（未完） | | | |

1995 年，从周期波动规律和物价形势出发，经济增长率预计将继续平稳回落。按照我们的模型计算，GDP 增长率预计将回落至 10% 左右。1994 年第一季度，全国零售物价上涨率达 20.1%，第二季度预计为 16%—18%，第三季度预计为 14%—16%，第四季度预计为 11%—13%，呈逐季回落趋势，全年预计为 13%—15%。在 1995 年，要将物价上涨率控制在 10% 以内，必须使经济增长率比 1994 年继续回落。按照这样的预测，若不出现重大的变动，1995 年将是第 9 个周期的低谷，1996 年起经济增长率将再次回升，进入第 10 个周期。

1994 年下半年至 1995 年，经济增长率在高水平上的平稳回落态势，形成了总供求相对宽松的环境，这就为大力推进微观的企业改革提供了良好的机遇。同时，1995—1996 年，物价增幅相对较低，可为生产要素价格改革提供良好机遇。

## 二　改革前后经济周期波动的比较分析

改革开放以来，我国的经济周期波动在一些方面发生了深刻的变化，而在另一些方面尚未发生根本性变化。

**（一）变化之处**

（1）在波动的性质方面，由过去以古典型波动为主转向以增长型波动为主。所谓古典型波动是指，在低谷期，国民收入、GDP、工业总产值等主要经济指标出现绝对量的下降，即负增长。所谓增长型波动是指，在低谷期，这些主要经济指标不出现绝对量的下降，而表现为增长率的减缓。这一变化表明我国经济的发展比过去具有更强的增长力和抗衰退力。（2）在波动振幅方面，由过去大起大落式的强幅剧烈波动，转向较为平缓的波动。以前，在波动最为剧烈的第 2 个周期内（1958—1962 年），国民收入年增长率的高峰与低谷之间的落差达 51.7 个百分点。而改革后经历的第 8 个周期内（1987—1990 年），这个落差仅为 7.6 个百分点（见表 1）。此变化表明我国经济发展比过去增强了平稳性。

发生上述变化的原因主要有两大类：

第一类，由改革所带来的经济体制和运行机制的结构性变化。（1）工业生产中所有制结构的变化。非国有工业企业的产值占全部工业总产值的比重逐步上升，到目前已超过 50% 以上，且产值增速一直较高。因此，在我国工业生产的增长与波动中，非国有工业企业已取代国有工业企业成为主要增长源和主导波。非国有企业受行政力量干预少，对市场供求变化反应灵敏，在经济波动的扩张期比国有企业具有活力，这有利于增强整个国民经济的增长力和抗衰退力。（2）农业生产中所有制结构和产业结构的变化。家庭联产承包制的实行和乡镇企业的发展，推动了我国农业的发展。改革前，从 1953—1978 年 26 年中，我国农业总产值有 7 个年份出现负增长。而改革以来，从 1979—1993 年连续 15 年农业总产值一直为正增长。这也保证了整个国民经济的平稳发展。（3）价格结构的变化。价格由市场调节的比例越来越大，使价格信号在经济周期波动中发挥了"冷""热"指示器的作用，有利于政府加强宏观调控，熨平经济波动。

第二类，政府宏观调控的改进。经济波动幅度的强弱，与政府的宏观调控紧密相关。过高的"大起"必然导致"大落"。过去，形成我国强幅剧烈波动的要害之处，就是盲目的"大起"。经过新中国成立以来几十年经济的上上下下波动，政府也在不断地吸取经验教训，从而有助于使经济的周期波动平滑化。

**（二）未变之处**

（1）瓶颈部门的硬制约。综观我国历次经济周期波动，除有关政治、体制、政策等影响因素外，就物质性因素而言，每一次经济高速扩张两三年或三四年后，都因遇到或是农业（农业中又特别是粮食），或是交通运输，或是能源、原材料等"瓶颈"硬制约，而不得不暂缓下来。这一情况尚未发生根本性变化，所以，周期波动的长度仍大体保持在 5 年左右。（2）体制方面的软制约。最突出的有两个方面的问题，一是缺乏责任机制、风险机制，导致盲目投资冲动，制约经济的平稳发展；二是国有企业缺乏竞争机制和淘汰机制。在经济周期波动的收缩期和低谷期，往往是产品更新换代、产业优化升级、企业优胜劣汰，从而推进技术进步的调整时机。而我国在此期间大体是维持现状，到了下一个扩张期，则又盲目一哄而起，使整个经济迅速实现量的扩张，而难以实现质的提高，从而制约了有效供给的改善。上述两个问题只有通过深化改革才能得到解决。

# 三　经济波动与物价波动的关系

其大体可从以下三方面考察。

**（一）三种观点**

经济增长是否必然带来物价上涨？目前在学术界流行三种观点：第一种是"否定论"，认为经济增长与物价上涨无关。持这种观点的人引用美国经济学家伍斯·江和杰·马歇尔对世界 56 个国家或地区的综合考察，指出其中只有 2 个国家（埃及、乌拉圭）二者有正相关关系，其余 54 个国家或地区则表现为二者无关，甚至表现为负相关关系。第二种是"肯定论"，认为经济的高速增长必然伴随物价上涨。持这种观点的人常以日本和韩国高速增长时期为例。第三种是"不确定论"，认为不能把二者归结为单一的相关关系或单一的不相关关系。两者之间可有高、中、低不同程度的各种组合。

### (二) 长、中、短期三种情况

根据我们对第二次世界大战后，一些发达国家和发展中国家的统计资料的考察，要弄清经济增长与物价上涨二者的关系，必须区分长期、中期、短期三种情况：

（1）就长期考察（比如20年以上），又分两种情况。第一种情况是就绝对水平考察。第二次世界大战后各主要国家GNP或GDP的绝对水平一直呈上升之势。而物价的绝对水平也一直呈上升之势，二者相关。这是因为随着经济的绝对水平的增长，需求拉动与成本推进的作用带动着物价绝对水平的上升。第二种情况是就经济的年增长率与物价上涨率在不同时期、不同情况下的各种不同组合，会随考察时间的延长而使两者之间的关系变得模糊不清，因此会表现出两者之间的不相关。上面提到的美国两位经济学家的考察，正是属于这种情况。

（2）就中期考察（比如10年至20年之间），以某个中期内经济的年平均增长率与物价的年平均上涨率二者的关系来考察，将经济增长率分为高、中、低三档，将物价上涨率亦分为高、中、低三档，那么，两者之间的确有9种不同的组合关系。比如，同样是经济的高增长，在联邦德国是与物价的低上涨相组合（1954—1960年，GNP年均增长率8.5%，消费价格年均上涨率1.6%）；而在日本则是与物价的中上涨相组合（1960—1970年，GNP年均增长率11.4%，消费价格年均上涨率5.6%）；在韩国又是与物价的高上涨相组合（1963—1973年，GDP年均增长率9.8%，消费价格年均上涨率13.8%）。又如，同样是经济的低增长，也会有与物价的低上涨、中上涨、高上涨的不同组合。这主要是因为各国工业化的发展阶段不同，财政与货币政策不同，以及产业结构不同等因素造成的。

（3）就短期考察（比如10年以内），也就是在经济周期波动的背景下来考察，一般说来，在市场经济条件下，经济波动亦伴随着物价波动。在经济波动的回升阶段，物价上涨缓慢；在经济波动的高峰前后，物价上涨较快；在经济波动的低谷阶段，物价涨幅亦随之回落。这是因为在短期波动中，经济波动与物价波动同受供求的总量平衡和结构平衡状况的影响。物价波动往往滞后于经济波动半年至一年左右。

### （三）我国的经济波动与物价波动

在 1985 年改革之前和改革初期，我国的经济波动与物价波动在大多数年份里，基本上呈反向关系。1953—1985 年 33 年中，就有 25 年二者或者呈绝对反向关系，或者呈相对反向关系。所谓绝对反向关系是指，二者在绝对水平上呈反向波动，即经济绝对水平上升，物价绝对水平下降；或经济绝对水平下降，物价绝对水平上升。所谓相对反向关系是指，二者在增长率的变动方向上呈反向波动，即经济增长率比上年提高，而物价上涨率比上年下降；或经济增长率比上年下降，而物价上涨率比上年提高。之所以如此，是因为在票证和定量配给情况下，需求面受到限制，物价主要随供给面而变化。这样，当经济上升时，供给面改善，物价或在绝对水平上或在增长率上表现出下降；当经济下降时，供给面紧张，商品严重短缺，物价则上升。

1986 年之后，随着物价的逐步放开，价格形成机制发生了重大变化，需求不再受票证和定量配给的限制，物价则转而主要随需求面而变化。当经济增长率提高时，随着需求的增长，物价增幅亦提高；当经济增长率下降时，随着需求增长的下降，物价增幅亦下降。1986—1993 年 8 年中，我国的经济波动与物价波动无论在绝对水平上，还是在增长率上，均呈同向变化。

当然，物价波动除受需求拉上影响外，还受价格改革、成本推动、预期心理、市场秩序不规范等多种因素的影响。1994 年第一季度物价涨幅提高，与工资成本推动、生产资料成本推动、预期涨价心理和市场秩序不规范等多种因素有关，所以需要综合治理。

（原载《中国社会科学院要报》1994 年 6 月第 58 期）

# 1996 年中国宏观经济预测与
# 企业生产经营对策

## 一  对 1996 年宏观经济发展的预测

### （一）对 1996 年预测的困难性

从 1990 年起，我们正式开展中国宏观经济预测工作，到现在已经 6 个年头了。在对 1991—1995 年 5 个年份的预测中，我们在对各年经济走势的变动方向的把握上是准确的。比如，对 1991 年的回升，1992 年的高速扩张，1993 年达到峰顶，1994 年和 1995 年的回落，这些预测都已证明是符合实际情况的。然而，在对 1996 年进行预测时，我们则感到有其特殊的困难性，这是因为 1996 年是具有特殊位置的一年。

其一，1996 年在我国经济周期波动中的特殊位置。我国经济的运行轨迹表明：从 1953 年开始进行大规模的社会主义经济建设起，到目前共经历了 9 次经济周期波动。其中，改革开放前有 5 次，改革开放后有 4 次。一般来讲，每一轮周期依次分为 4 种年份：①回升年，②扩张与高峰年，③收缩年或回落年，④低谷年（注意："低谷年"是与"高峰年"相对而言的。"低谷年"不等于低速增长，"高峰年"也不一定就是高速增长）。前两种年份合称扩张阶段，后两种年份合称收缩阶段或回落阶段。本轮经济周期——1953 年以来的第 9 个周期或改革开放以来的第 4 个周期，是从 1991 年开始的，到 1995 年年底，已历时 5 年。其中，1991 年为回升年，经济增长率（以国内生产总值——GDP 增长率来代表）由上一轮周期的低谷年——1990 年的 3.9% 回升到 8%；1992 年为扩张与高峰年，GDP 增长

率达到 13.6%；1993 年年中达到峰顶，开始向下转折，全年 GDP 增长率
微有下降，为 13.5%；1994 年为回落年，GDP 增长率平缓降落至 11.8%；
1995 年继续回落，GDP 增长率预计降落为 10% 左右。概括地说，在这 5
年中，前两年半为本轮周期经济增长率的扩张阶段，后两年半为经济增长
率的回落阶段。从我国 1953—1990 年共 38 年的前 8 次周期来看，每个周
期的平均长度为 4.75 年，说整数为 5 年。本轮周期已历时 5 年。本轮周
期何时为低谷年呢？是 1995 年还是 1996 年？也就是说，1996 年是新一轮
周期的开始呢，还是上一轮周期的延续？

其二，1996 年在宏观调控中的特殊位置。从 1993 年年中开始实行的
整顿经济秩序、治理通货膨胀的"适度从紧"的宏观调控政策，到 1995
年年底已历时两年半。目前，能源、交通、原材料等"瓶颈"制约已有所
缓解，一些生产资料已有积压。那么，1996 年应继续执行"适度从紧"
的政策呢，还是应该由"紧"转"松"？

其三，1996 年在五年计划中的特殊位置。从 1996 年起，我国将进入
"九五"计划时期。作为"九五"计划的第一年，是否应该"大干快
上"呢？

对以上三个方面问题的把握与判断不同，将直接影响到对 1996 年经
济走势的预测。

### (二) 对 1996 年经济走势的三种判断

目前，在对 1996 年经济趋势进行预测时，存在着三种不同的判断。

第一种判断。有人认为，1995 年我国经济增长率虽然将回落至 10%
左右，物价上涨率（以全国商品零售价格总指数的上涨率来代表）虽然将
回落到 15% 左右，但它们仍然都还处于很高的水平上。因此，1996 年宏
观调控在"从紧"这个方向上不会改变，但在力度上需要"更紧一些"。
这样，1996 年经济增长速度和物价上涨幅度都会比 1995 年有一个更为明
显的下降。

第二种判断。有人认为，经过两年多来的紧缩，能源、交通、原材料
等"瓶颈"制约已大为缓解，一些生产资料已有积压，再考虑到国有企业
目前所面临的种种困难，1995 年可以结束本轮周期，1996 年应使经济增

长率重新回升，开始新一轮经济周期。加之，1996 年又是"九五"计划的第一年，应该有新工程上马。为此，1996 年宏观调控应改变方向，由"紧"转"松"。

第三种判断。综合考虑以上两种情况，1996 年应继续把抑制通货膨胀作为宏观调控的首要目标，同时使经济增长率进一步平衡回落，既不要回落太猛，更不要强烈反弹。为此，宏观调控应继续采取"适度从紧"的政策，基本保持现有的方向和力度，同时把控制需求面与改善供给面有机地结合起来，特别注重结构性调整和提高经济增长的质量。如果 1996 年经济增长率能回落到 9% 左右，物价上涨率能回落到 10% 左右，那么 1996 年有可能成为本轮周期的低谷年（当然这是一个具有新特点的低谷年）。考虑到在经济周期波动中，物价上涨率的回落比经济增长率的回落有一个滞后期，如果 1996 年、1997 年两年不出台对物价上涨有较大刺激作用的调价措施，不遇到严重自然灾害等特殊情况，那么 1997 年物价上涨率有望进一步降至一位数，1997 年有可能进入下一轮经济周期。

笔者赞同第三种判断，具体理由分述如下。

### （三）对第三种判断的分析

（1）1996 年应继续巩固"软着陆"的已有成果，并争取"软着陆"的顺利实现。

实现"软着陆"的标准是什么？笔者认为：一者，经济增长率应降落至社会生产潜力，即社会综合的生产能力（物力、财力、人力）所能支撑的适度区间；二者，物价上涨率应降落至社会所能承受的适度水平。当然，在不同的具体经济背景下，上述"适度区间"和"适度水平"可以有不同的数量标准。从我国当前实际情况出发，经济增长率的适度区间可否把握在 9% 左右，物价上涨率的适度水平可否把握在 10% 以下的一位数内？

从 1993 年年中开始执行的"适度从紧"的"软着陆"政策，到现在正在取得明显成效。经济增长率和物价上涨率都已越过本轮周期的高峰，正在朝着宏观调控的预定目标平稳回落。我们应该看到，这个成绩的取得是来之不易的。而目前，"软着陆"还在"着"的过程中，尚未平缓着稳。也就是说，"软着陆"尚未到位。特别是，物价急速上涨的势头虽已遏制，但其基础仍很脆弱，通货膨胀的潜在压力依然很大。所以，"软着陆"的任务尚未完成。

这次"软着陆"，是改革开放以来的第二次"软着陆"。第一次是1986 年。当时，"软着陆"没有到位，而 1987 年、1988 年紧接着又高速增长，引发了 1988 年、1989 年的高物价上涨率及接踵而来的三年治理整顿。这一刚刚过去的经验教训，我们不能忘记。1988 年、1989 年，全国商品零售价格上涨率分别为 18.5% 和 17.8%，创 1952 年以来的历史最高水平。在那之前，物价上涨率的最高年份是 1961 年，为 16.2%。现在这一次"软着陆"，在其起点上，物价上涨率是 1993 年的 13.2% 和 1994 年的 21.7%，1994 年的物价上涨率又突破了历史最高纪录。因此，为了巩固两年多来"软着陆"的已有成果，进一步争取"软着陆"的实现，1996 年必须继续坚持以控制通货膨胀作为宏观调控的首要目标，继续坚持"适度从紧"的政策。

（2）本轮周期低谷年的特点及其政策含义。

具体地说，本轮周期在哪年哪季达到"谷底"，目前有不同的看法。有的认为，在 1995 年年底和 1996 年第一季度；有的认为，在 1996 年第二季度；有的认为，在 1996 年年底；还有的认为在 1997 年内；也有的认为，目前还难以作出明确的判断。在这里，笔者要说的是，当本轮周期不论何时达到"谷底"而进入下一轮周期时，宏观调控也不宜采取"全面放松"的政策。

以年度来说，本轮周期无论哪年成为低谷年，可以预计的是：这个低谷年将具有的新特点是"谷位较高"。所谓"谷位较高"是指：在低谷年，经济增长率仍保持在一个较高的水平上。比如说，我们预测 1996 年经济增长率将降落至 9.4%，该年成为低谷年。这个低谷年与以往各轮周期的低谷年相比，其谷位最高。之所以形成这种特点，一个重要的原因是：从 1993 年年中开始的"适度从紧"的宏观调控政策，在政策出台的时机上，比较及时；在收缩力度的把握上，比较适度；在年度之间的回落上，比较平衡。本轮周期的振幅，即高峰年与低谷年经济增长率的落差，同历次周期相比，也是最小的。改革开放以前的 5 轮周期中，除第 1 个周期的振幅略低于 10 个百分点之外，其余均大于 10 个百分点，称为"大起大落"；改革开放以后的 4 轮周期中，振幅均在 8 个百分点以下，而本轮周期振幅将只为 4 个百分点左右。

　　正是因为本轮周期低谷年的这种特点，为下一轮周期的回升、扩张和高峰所留下的上升余地也就很小了。如果在进入下一轮周期时采用"全面放松"的政策，那么很快就会导致经济过热。为了避免经济过热的再度发生，下一轮周期应保持一种新的态势，即"缓升缓降"的态势。由本轮周期低谷年的特点出发，其政策含义是：不论何时进入下一轮周期，都不宜再采取过去那种"全面放松"，以投资膨胀为先导，以消费膨胀继后，刺激总需求的传统扩张政策。这种传统扩张政策一再导致经济过热，又一再导致经济调整。总需求之所以很容易地被刺激起来，根源于旧体制所固有的投资冲动。现在正处于新旧体制过渡期，原有的投资冲动尚未克服，再加上新的消费冲动，更容易导致总需求的膨胀。因此，今后在进入下一轮经济周期时，我们应该对过去那种传统的扩张政策来一个重大改变。改变为：总体上适度控制与有重点地适度放松相结合，控制需求面与改善供给面相结合。"总体上适度控制"是指：鉴于目前新旧体制过渡期仍潜存着投资冲动与消费冲动，不论在经济周期波动的哪一个阶段，都要对总需求加以控制，而不能"全面放松"。控制的力度，可视不同情况而进行微调。"有重点地适度放松"是指：对于已列入"九五"计划的基础设施和农业、能源、交通、主要原材料等"瓶颈"产业方面的国家重点工程及技术改造项目，要保证资金到位；对于那些资产负债率较低、经营管理较好、产品适销对路、有还贷保证的工商企业所需要的流动资金，要予以支持。宏观调控不能单纯地在需求面的松与紧上做文章，也不能单纯地在供求总量上做文章，必须在控制总需求的同时，把重点放到改善供给面上来。"改善供给面"是指：政府通过金融政策、财政政策、价格政策、分配政策、对外经济贸易政策等宏观调控工具，促进产业结构的调整和升级，促进技术改造和技术进步，促进整个社会生产效率和经济效益的提高，促进产品质量的提高、品种的增加和有效供给的扩大，等等。

（3）要区分两种不同类型的产业结构调整和两种不同类型的"留有余地"。

产业结构的调整是改善供给面的一项重要内容。产业结构的调整，已讲了多年。之所以调整缓慢，原因很多。有体制问题、价格问题，也有认识问题和计划方法问题。就认识问题来说，对两种不同类型的产业结构调整经常存在着混淆。一种是适应性调整。这是指，在每个经济周期波动的收缩阶段，由于压缩了总需求，而使农业、能源、交通、主要原材料等"瓶颈"部门的制约有所缓解。这种适应性调整只具有暂时性的、短期性的意义。而一到下一轮经济周期的扩张阶段，这些部门就又会显现出"瓶颈"状态而使整个经济的高速增长难以为继。另一种是根本性调整。这是指，经过持续的努力，从根本上彻底改变这些部门所处的"瓶颈"状况。当前，经过两年多来经济增长率的回落而出现的能源、交通、主要原材料等"瓶颈"制约的有所缓解，只是一种适应性调整。而过去，每当适应性调整取得一定成效时，有人就认为产业结构调整差不多了，可以放松一下了，可以把力量用到"全面大上"了。殊不知，这种调整只是短期性的适应性调整。混淆两种不同类型的调整，无疑会延误产业结构的根本性调整。

就计划方法问题来说，国家在制订计划时需要留有余地。比如，计划的经济增长率为8%，而实际运行结果可能会达到9%或10%。但是，如果在制订各部门、各方面的计划时，特别是在制订农业、能源、交通、主要原材料等"瓶颈"部门的生产与发展计划时，都按照总计划规定的8%的经济增长率去安排、去配合、去适应，那么必然会使这些"瓶颈"部门永远满足不了实际经济运行的需要，永远改变不了其所处的"短线"位置。"留有余地"也有两种类型：一种是适当地把计划打得低点，也就是不要打得过满，留有可能超过的余地；另一种是适当地把计划打得高点，也就是打得宽裕一点，留有备用的余地。对于一些计划指标，如经济增长率计划、财政收支计划、货币与信贷收支计划等，应该采用第一种留有余地的方法；而对于"瓶颈"部门，则应该从实际需要考虑，采用第二种留有余地的方法。不能"一刀切"地均采用第一种方法。

（4）国有企业的困难不能靠"速度效应"来解决。

目前，国有企业存在着种种困难。比如，产品积压、资金紧张、效益下降、资产负债率高、缺乏活力，等等。这种局面是由多方面的、复杂的原因形成的。其根本的解决，只能靠深化改革。靠刺激速度来解决企业困难这条"速度效应"的老路是不能再走了。

一者，目前企业的一些困难，正是由于过去长期采用"速度效应"而造成的。有的企业不是靠深化改革、加强管理、技术进步来发展，而是习惯于在经济过热中生存，习惯于自己的产品处于"皇帝的女儿不愁嫁"的境地。面对新的市场竞争、市场波动的环境，则一筹莫展。目前企业的资金紧张，也与上一时期经济过热发展、货币和信贷过量发行、金融秩序混乱有着密切的关系。

二者，"速度效应"只有一时之效，而没有长久之效。在经济过热运行中，企业的日子可能会好过一些，但不久原有的问题又会复发，而且由于日积月累，可能会更加严重地复发。这样，"速度效应"只是一时掩盖了问题，不但不能解决问题，反而会贻误了从根本上解决企业困难的时机。

三者，对于那些假冒伪劣、质次价高的产品来说，"速度效应"只会为其大开方便之门，提供可乘之机。对于那些产销不对路的产品来说，"速度效应"只会使其越积越多。总之，"速度效应"是与深化国有企业改革、转变经济增长方式背道而驰的，应该抛弃。

（5）五年计划的第一年应有一个良好的开端。

每个五年计划的第一年是不是都要成为高速扩张年和大开大上新投资项目呢？笔者翻阅了一下统计资料，在以往的8个五年计划中，除"一五"、"二五"、"三五"外，后来的5个五年计划的第一年都没有成为高速扩张年，没有大开大上新项目。"四五"计划的第一年——1971年，正处于当时那个周期的收缩年，没有大上新项目；"五五"、"六五"、"七五"计划的第一年，即1976年、1981年、1986年，均处于当时所在周期的低谷年，也没有大上新项目；"八五"计划的第一年——1991年，处于本次周期的回升年，亦没有大上新项目。从改革开放以来所执行的3个五年计划来看，每个第一年，即1981年、1986年、1991年都处于治理整顿之中，都是为当时那个五年计划的顺利开展做准备。所以，"九五"计划的第一年，并没有必然的历史逻辑要大上快上。每个五年计划的第一年究竟应该以多高的速度增长，应该新开多少投资项目，都要从当时的具体条件出发，而不能简单地认为，凡是五年计划的第一年都要大上快上。从1996 年开始执行"九五"计划起，就应该切实贯彻中央所提出的实现我国经济增长方式由粗放型向集约型转变的重大战略决策，避免在过去经济周期波动中那种一哄而上、盲目建设、重复建设、迅速导致经济过热的现象再度出现。

## 二　企业的生产经营对策

经济的周期波动，就是"经济大气候"的变化。周期波动中的回升年份，好比是经济生活的"春季"；扩张与高峰年份，好比是经济生活的"夏季"；收缩或回落年份，好比是经济生活的"秋季"；低谷年份，好比是经济生活的"冬季"。

依据前面的分析，1996 年有可能成为本轮周期的低谷年份，也就是说，1996 年将是一个相对的"冬季"。但是 1996 年经济增长率还将保持在 9% 左右的较高水平上，宏观经济环境和市场环境整体说来并非十分紧缩，一些消费品市场还稳中有旺，可以说，这将是一个极其温暖的"冬季"。今后，在进入下一轮周期后，如果经济呈现出"缓升缓降"的态势，那么，也就是说，将会出现"夏季不热，冬季不冷"的新局面。面对这种情况，企业在生产经营中应该采取怎样的对策呢？根据国际上大型企业的经验，我们将有关对策归纳为以下 10 项。

### （一）改变生产经营方式，实现由"数量型"向"质量型"、"服务型"的转变

所谓"数量型"是指：单纯追求产品数量的扩张，而不重视产品质量的提高、品种的齐全、服务的完善。

20 世纪八九十年代以来，西方国家的企业面对疲软的市场和激烈的竞争，已纷纷从"数量型"经营的旧模式，转向"质量型"、"服务型"经

营的新模式。这是值得我们借鉴的。

美国哈利牌摩托车是世界著名摩托车。哈利—戴维森公司总部设在威斯康星州。80 年代初，由于竞争激烈，公司濒临倒闭境地。哈利公司重整旗鼓的办法是，一方面，改进摩托车质量；另一方面，扩大服务，创造出了"哈利摩托车族"；印发专门的"哈利"杂志、推出"哈利"摩托车专用服装、举办有啤酒又有乐队的"哈利"摩托车手联谊会、组织"哈利"摩托车大赛等。结果，哈利公司在国内外的销售额大增。

韩国企业家认为，企业的生存和发展取决于市场，市场的大小取决于顾客，而能否拥有顾客则取决于能否提供高质量的产品和一流的服务。企业向顾客提供及时的、优良的服务，成为竞争中取胜的重要一环。韩国企业不仅把"让顾客满意"作为基本准则，而且把"让顾客感动"作为新的、更高的标准。在夏日，有的企业免费向顾客发放驱暑的凉扇；在冬天，春风满面的服务员在开门之前，给早到的顾客捧上一杯热饮。购买大件物品，不但送到家，负责安装、调试，而且一旦出了毛病，一个电话即可在短时间里登门维修。

### （二）树立"春夏秋冬"的周期观，预做安排，以丰补歉

企业外部的宏观经济环境和市场环境既然是"春夏秋冬"四季变化着的，那么就要求企业家们树立周期观和超前意识。"秋冬"要为"春夏"做准备，"春夏"要为"秋冬"早安排。

1995 年 6 月，我们在德国访问了世界著名的西门子公司，他们的经验值得我们学习。西门子公司把其产品的销售分为两大类：一类是容易受经济周期波动影响的，另一类是不受经济周期波动影响的。前一类产品的品种占 65％，后一类占 35％。这表明，他们 2/3 的产品与经济周期波动密切相关。由此出发，他们与著名的慕尼黑经济研究所合作，建立了景气分析计量模型，随时跟踪经济形势的变化。当繁荣期来临时，他们利用旺销季节，努力促销，并提前安排新产品的研制；当衰退期来临时，他们加快技术进步步伐，促进生产效率的提高，包括厉行节约、降低成本、提高质量等，适时推出新研制的产品，打开新市场。西门子公司高级管理人员和中国部负责人热情而大方地向我们道出了他们的"绝招"：竞争就是时间

的竞争，在竞争中企业的行动就要快、快、再加快！

**（三）采用最新生产技术，以适应市场需求为中心，灵活制造产品，西方企业传统的生产方式是：以提高企业生产效率为中心，大批量、单品种、规范化地进行生产**

这种生产方式的主要代表特征是：大规模的生产流水线。当今，社会需求发生了很大变化，随着人们收入水平的提高，并随着现代科学技术的飞速发展，人们开始追求多样化、个性化。这样，传统的生产方式越来越受到冲击。20 世纪 90 年代以来，西方主要国家正经历着经济衰退期，世界市场疲软，这推动了旧有生产方式的变革。传统的"大批量、单品种、规范化生产"，已改变为"电子计算机自动化控制的柔性制造系统"。这种新的柔性制造系统是一种自动化的新型生产流水线。通过它，各种不同型号、不同规格、不同样式、不同颜色的产品，都可以在同一条生产线上同时制造出来。这种新的柔性制造系统，由日本丰田汽车公司首创。现在，美、英、德、韩等许多国家的企业都已将其引入。

美国蒂姆肯公司，以生产滚珠轴承闻名于世，已具有 96 年历史。在这次经济衰退的后期和经济复苏的早期阶段，即着手准备如何有效地对付和顺利度过下一次经济衰退。近几年来，该公司投资建立了两家采用高技术的轴承生产工厂。这两家新工厂最显著的特点是，可以根据客户的不同实际需要和不同订货种类，迅速调整生产，随时生产 26000 多种标准轴承中的任何一种。过去，生产上百个同种轴承，才可获利；现在，少数订货即可获利。由于转产灵活，可以做到随时订货、随时生产、随时出库销售，几乎没有库存，节省了大量流动资金，降低了成本。

**（四）重金聘用人才**

企业的竞争，归根结底，是人才的竞争，特别是高级人才的竞争。有了得力的人才，就等于抢占了竞争的制高点。在这次美国经济衰退中，为了渡过难关，打开新局面，一些著名的大企业连总经理也进行了更换，不惜用重金聘请有才干的新的总经理。

世界上最大的零售商业公司是美国的西尔斯—留巴克公司。这家"百年老号"，1952 年已跻身于美国资产超过 10 亿美元的 66 家大公司之列。然而，在强手如林、竞争无情的市场环境下，从 1983 年起，西尔斯公司出现滑坡趋势。到 1992 年年初，公司仍巨额亏损，面临困境。在此险情下，公司董事长爱德华·布伦南，以其慧眼，将正准备去伯格尼百货公司就任总经理的阿瑟·马丁内斯"挖"过来。以任期 3 年，3 年工资、奖金、股票总计报酬为 900 万美元的重金，聘请马丁内斯担任西尔斯公司总经理。马丁内斯上任后，不负董事长的重托，大刀阔斧地进行了一系列改革。仅几个月，西尔斯公司在连续近 10 年亏损滑坡后，起死回生，扭亏为盈，使该公司股票连连升值，重振了昔日雄风，保住了百年盛誉。美国《幸福》杂志所公布的 1993 年全球最大的 50 家零售商中，西尔斯公司资产已达 908 亿美元，居第 1 位；年利润总额 23 亿美元，居第 1 位；年销售总额 548 亿美元，居第 2 位。雇佣职工 40 余万人，商业网点遍布美国城乡，遍及西欧、北美和拉美。

### （五）大量裁减冗员，减少劳动时间

国外企业在经济扩张阶段，生产任务饱满，大量增员。到了经济收缩阶段，随着生产任务缩减，企业就要大量裁减人员，减少人工成本。这是西方企业对付经济衰退的一个老办法。在这次经济衰退中，美国企业的一个新特点是，不仅大量的蓝领工人被解雇，而且许多高、中级经理人员和白领工人也被迫进入解雇的行列。

日本企业对裁减人员的变通性做法是：①促使老年职工提前退休；②给"自愿退职者"以高额退职金；③免职培训，培训者奖金减半；④将总公司人员派往子公司工作，等等。

### （六）积极推进企业的组织与管理改革

（1）企业的兼并与分解。经过这次经济衰退，美国的一些大企业为了创造未来的竞争优势，掀起了一股企业间的兼并热潮。最引起世界瞩目的兼并事件是，美国迪斯尼公司买下了美国广播公司（ABC）。在兼并热的同时，一些大企业掀起了"分解"热潮。这是因为一些巨型大企业在竞争中饱受了机构庞大之苦。美国电报电话公司（ATT）原是垂直整合经营的

始祖之一，现在将企业集团一分为三，恢复独立作战局面，被称为企业经营观念的一大革命。世界著名的美国 IBM 公司，1993 年陷入经营困境，主要是遇到小型电脑公司的竞争。面对这种新的竞争形势，IBM 公司也采取了"分解"对策，将总公司分解成若干个"蓝色小巨人"。其战略指导思想是"以小对小"，调动各个"小巨人"的积极性和灵活性。公司总部对"小巨人"的管理和考核，仅限于少数几个重要指标：市场占有率、新产品开发方向、投资效益等。近两年来的实践表明，IBM 公司的经营活力正在增强，对市场的反应加快。

（2）基层组织的改革。过去，西方企业在组织上大多采取的是金字塔式的分层管理模式，或称"垂直体制"。在这种体制下，产品的开发、生产、销售和售后服务等各个环节是分割的，对市场变化的反应迟钝。现在，这种旧式的"垂直体制"正在向新的"横向体制"转变。在美国一些企业，把产品和开发、生产、销售和售后服务统一结合在"合作生产小组"中。在韩国的一些企业，称之为"专业经营队"。这种"合作生产小组"或"专业经营队"，一头对企业总经理负责，一头对市场消费者负责。这样，缩短了产品开发和生产的周期，缩短了生产和市场的距离。美国三大汽车公司之一的克莱斯勒汽车公司，从 1992 年起，对汽车技术开发项目实行了这种"横向体制"管理，专门小组中包括了市场调查、销售、环保、社会发展、国际经济政策研究，以及国际合作等方面的专业人员。由此，克莱斯勒汽车公司开发研制新车型的时间缩短了几乎一半，开发费用更是大大降低。

（3）员工参与决策与管理。美国韦尔顿公司是一家有影响的钢铁企业。20 世纪 80 年代后期以来，经营一直不景气。为了摆脱困境，从 1991 年起，该公司推行"雇员所有制"，让员工参与决策、参与管理，使公司生产成本大幅度降低，盈利增加。美国联合航空公司将公司股票的 53% 转让给全体员工，调动了员工的积极性和责任感，解决了公司筹资困难，使公司渡过了难关。

### （七）紧缩经费开支

紧缩经费，节约开支，是日本企业在经营环境恶化时作出的一种称作

"快速反应"的对策。包括：①企业领导率先削减自己的工资或奖金；②大幅度缩减交际费、出差费、会议费；③节约用水、用电，节约用纸（办公纸），等等。丰田汽车公司印发了一本册子给职工，名叫《节约经费支出事例选编》，告诉职工怎样厉行节约。

### （八）从与本业密切相关的领域出发，大搞多边开发

日本松下家电生产公司，在总产品中，非家电产品所占的比率，由1978 年的 19% 上升到 1988 年的 55%。非家电产品占了一半以上。目前，松下公司正在向 7 个新领域拓展：音像、半导体、工厂自动化、办公室自动化、轿车的微电子化、住宅空调、综合空调等。在全球 1993 年 500 家大工业公司中，按销售额排名第 45 位的新日本制铁公司，计划 1995 年的产值中，钢铁产值占一半，其余产品的产值占一半。其余产品包括 5 个新领域：生活开发、社会开发、微电子、情报通讯系统工程技术、新型材料等。

### （九）收缩经营战线

日本一些企业，在经济扩张期，纷纷插足与本业毫不相关的"旁业"，如饲料公司也投资兴建度假村。在经济形势紧缩后，许多企业断然从这些"旁业"撤出，抽回资金，以避免更大的损失，而将财力、人力、物力重点用到具有优势的"本业"上，力保固有领地。

### （十）强化市场销售

（1）广告——商战中的"号手"。在市场经济下，广告是企业开拓市场、占领市场、促进销售的重要竞争手段。人们称广告为商战中的"号手"。战后五六十年代，是美国广告业发展的黄金时代。到 80 年代中期以后，美国全年广告费总额超过了 1000 亿美元。1989 年，广告费占国民生产总值的比重，美国为 2.4%，日本为 1.3%，中国为 0.14%。

（2）利用各种方式，大张旗鼓地进行新产品的宣传。1980 年，日本索尼公司研制出了新产品——Walkman，即随身携带的小型播放机。现在，Walkman 已在世界各国广为流行，而在它刚刚研制出来的时候，人

们还不了解它。为打入美国市场，索尼公司决定不采取直接刊登广告这一老办法，而是去求助美国一家公共关系公司——格尔泽有限公司。这家公司对 Walkman 采取了大规模宣传活动。一则，在全美国的一流杂志和报纸上，广泛发表介绍文章，说明其新的特殊功能。当时，正值圣诞前夕，所以特别说明，Walkman 是圣诞节的最佳馈赠礼品。二则，在各大商店临街的玻璃橱窗内的人体模特身上，均佩戴上 Walkman。三则，在高级俱乐部里，举办无声迪斯科大赛。舞场内不放音乐，而让每个参赛者各自佩戴上 Walkman，按照各自播放的音乐旋律起舞。这是很新鲜、很有刺激性的活动。四则，当时，纽约地铁大罢工，工人们和许多市民都集聚在纽约繁华的街头。让这些集聚街头的人也佩戴上 Walkman。电视台每天不断地播放地铁罢工的消息，这样，在电视镜头上，观众看到，纽约街头人人佩戴着 Walkman。五则，美国著名滑稽演员约翰尼·卡森在电视网的晚间黄金节目中，也手拿着 Walkman 进行表演。这样大张旗鼓地宣传了一番之后，没多久，50 万个 Walkman 卖了出去，一举打开了美国市场。

（3）优惠销售。在强化市场销售中，美国企业向顾客实行了各种优惠办法。一种传统的优惠办法是，利用重大的节日、纪念日，实行大减价。这时，各报的广告栏内，纷纷刊登大减价的消息。在波士顿游乐城，有家菲林服装店，采取了一种新的优惠办法：按服装出产日期的先后，自动降价销售。比如，今天是 9 月 1 日，商店挂出的价目牌上写着：8 月 1 日前出产的服装降价 25%，7 月 1 日前出产的服装降价 50%。这有力地加快了商品的流转和销售。还有一种新办法，实行退款优惠。由销售商店发出"退款优惠券"，凭券可购买指定的商品，如牙膏、香皂等；然后，购买者将凭据寄给厂家，厂家便退款给顾客。这种办法对生产者、销售者、购买者都有好处。生产者可利用销售与退款之间的时间差，加快生产，减少企业对银行借款的负债和利息支出；商店则可利用优惠券，吸引来更多的顾客，提高商店的知名度；购买者买了商品后又可退款，何乐而不为。而实际上，有些顾客嫌麻烦，并不去退款，这样厂家就更赚了。

（4）延长销售时间。在全球 1993 年 500 家大工业公司中，按销售额排名第 12 位的日本日产汽车公司，在这次经济衰退中，决定所有零售店周六、周日照常工作，总公司派专人前往监督检查。

（原载《学习与实践》1996 年第 2 期）

# 论中国的菲利普斯曲线

经济增长率与物价上涨率、失业率与物价上涨率的关系，是各国政府在实施宏观调控中所必须把握的两大重要经济关系，这涉及菲利普斯曲线问题。本文旨在探讨：（1）基本的菲利普斯曲线关系在中国是否存在（对此，我国学术界有人持否定观点）。（2）菲利普斯曲线在中国发生了怎样的变形。（3）菲利普斯曲线的存在及其变形有何重要政策含义。

## 一　三种菲利普斯曲线及其变形

为了清晰地阐明问题，首先必须弄清楚什么是菲利普斯曲线，以及它会发生怎样的变形。

### （一）表明三对经济变量关系的三种菲利普斯曲线

菲利普斯曲线有三种表达方式，表明三对经济变量的关系。

第一种菲利普斯曲线表明的是失业率与货币工资变化率之间的关系，可称之为"失业—工资"菲利普斯曲线。这是由当时在英国从事研究的新西兰经济学家 A. 菲利普斯本人于 1958 年最早提出的。其表现形式是：在以失业率为横轴、货币工资变化率为纵轴的坐标图上，由右下方向左上方倾斜的、具有负斜率的一条曲线（见图 1 中实线）。它表明：失业率与货币工资变化率二者呈反向的对应变动关系，即负相关关系。当失业率上升时，货币工资变化率则下降；当失业率下降时，货币工资变化率则上升。在一轮短期的、典型的经济周期波动中，在经济波动的上升期，失业率下降，货币工资变化率上升；在经济波动的回落期，失业率上升，货币工资变化率下降。于是，这条曲线表现为一条先由右下方向左上方移动，然后再由左上方向右下方移动的曲线环（见图 1 中虚线环）。这条曲线环呈现为略向左上方倾斜、位势较低且较为扁平的形状。"向左上方倾斜"，说明失业率与货币工资变化率为反向变动关系；"位势较低"，说明货币工资变化率处于较低水平；"略"向左上方倾斜和"较为扁平"，说明货币工资变化率的变动幅度不大。

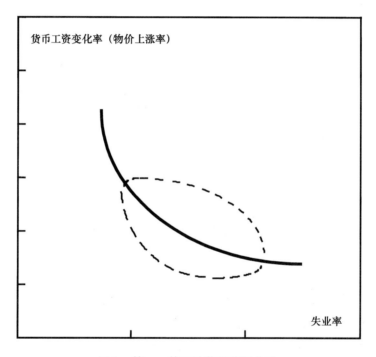

货币工资变化率（物价上涨率）

失业率

图 1　第一、第二种菲利普斯曲线

　　第二种菲利普斯曲线表明的是失业率与物价上涨率之间的关系，可称之为"失业—物价"菲利普斯曲线。这是由美国经济学家萨缪尔森和索洛于 1960 年提出的。萨缪尔森和索洛以物价上涨率代替了原菲利普斯曲线中的货币工资变化率。这一代替是通过一个假定实现的。这个假定是：产品价格的形成遵循"平均劳动成本固定加值法"，即每单位产品的价格是由平均劳动成本加上一个固定比例的其他成本和利润形成的。这就是说，物价的变动只与货币工资的变动有关。这种菲利普斯曲线的表现形式与上

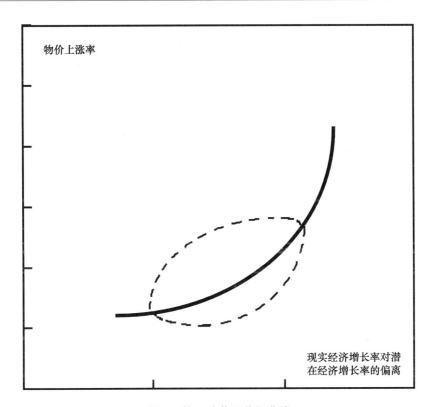

物价上涨率

现实经济增长率对潜
在经济增长率的偏离

图 2　第三种菲利普斯曲线

述第一种菲利普斯曲线相同，只不过纵轴改为物价上涨率（见图 1）。这
条曲线表明：失业率与物价上涨率二者亦呈反向的对应变动关系。在一轮
短期的、典型的经济周期波动中，在经济波动的上升期，失业率下降，物
价上涨率上升；在经济波动的回落期，失业率上升，物价上涨率下降。因
此，这条曲线同样表现为图 1 中的曲线环。

　　第三种菲利普斯曲线表明的是经济增长率与物价上涨率之间的关系，
可称之为"产出—物价"菲利普斯曲线。这是后来许多经济学家所惯常使
用的。这种菲利普斯曲线以经济增长率代替了第二种菲利普斯曲线中的失
业率。这一代替是通过"奥肯定律"实现的。美国经济学家奥肯于 1962
年提出，失业率与经济增长率具有反向的对应变动关系。这样，经济增长
率与物价上涨率之间便呈现出同向的对应变动关系。在这一关系的研究

中，经常不是直接采用经济增长率指标，而是采用"现实经济增长率对潜
在经济增长率的偏离"，或是采用"现实产出水平对潜在产出水平的偏
离"。这一"偏离"，表明一定时期内社会总供求的缺口和物价上涨的压
力。现实经济增长率表明一定时期内由社会总需求所决定的产出增长情
况，而潜在经济增长率则表明一定时期内，在一定技术水平下，社会的人
力、物力、财力等资源所能提供的总供给的状况。潜在经济增长率有两种
含义：一种是指正常的潜在经济增长率，即在各种资源正常地充分利用时
所能实现的经济增长率；另一种是指最大的潜在经济增长率，即在各种资
源最大限度地充分利用时所能实现的经济增长率。我们这里采用的是第一
种含义。这种菲利普斯曲线的表现形式是：在以现实经济增长率对潜在经
济增长率的偏离为横轴、物价上涨率为纵轴的坐标图上，从左下方向右上
方倾斜的、具有正斜率的一条曲线（见图 2 中实线）。这条曲线的走向与
第一、第二种菲利普斯曲线正好相反。这条曲线表明：现实经济增长率对
潜在经济增长率的偏离与物价上涨率二者呈同向的对应变动关系，即正相
关关系。当现实经济增长率对潜在经济增长率的偏离上升时，物价上涨率
亦上升；当现实经济增长率对潜在经济增长率的偏离下降时，物价上涨率
亦下降。在一轮短期的、典型的经济周期波动中，在经济波动的上升期，
随着需求的扩张，现实经济增长率对潜在经济增长率的偏离上升，物价上
涨率随之上升；在经济波动的回落期，随着需求的收缩，现实经济增长率
对潜在经济增长率的偏离下降，物价上涨率随之下降。这样，这条曲线表
现为一条先由左下方向右上方移动，然后再由右上方向左下方移动的曲线
环（见图 2 中虚线环）。这条曲线环呈现为略向右上方倾斜、位势较低、
且较为扁平的形状。"向右上方倾斜"，说明现实经济增长率对潜在经济增
长率的偏离与物价上涨率为同向变动关系；"位势较低"，说明物价上涨率
处于较低水平；"略"向右上方倾斜和"较为扁平"，说明物价上涨率的
变动幅度不大。

　　以上三种形状的菲利普斯曲线，反映了美国、英国等西方一些国家在
五六十年代的情况。它们分别表明了失业率与货币工资变化率之间的反向
对应关系、失业率与物价上涨率之间的反向对应关系、经济增长率与物价
上涨率之间的同向对应关系。我们将这三种形状的菲利普斯曲线称为基本

的菲利普斯曲线，将它们分别表明的两个反向和一个同向的对应变动关系称为基本的菲利普斯曲线关系。

**（二）菲利普斯曲线的变形**

在现实经济生活中，基本的菲利普斯曲线经常会因为受到种种因素的影响而发生变形。以"产出—物价"菲利普斯曲线为例来说，可有两类变形。

第一类变形：基本的菲利普斯曲线关系不变，即现实经济增长率对潜在经济增长率的偏离与物价上涨率二者仍保持着基本的同向变动关系，但曲线环的位势发生了移动，或曲线环的形状发生了局部性变化。比如，整个曲线环的位势上移（图3中，曲线环A是基本的菲利普斯曲线，它上移到B）。这表明，在现实经济增长率对潜在经济增长率的偏离与原来处于同一水平时，整个物价上涨的水平提高了。曲线环B是在基本的菲利普斯曲线关系上加进了通货膨胀预期因素。曲线环B被称为附加通胀预期的菲利普斯曲线。这是由货币主义学派的M. 弗里德曼、E. 费尔普斯于20世纪60年代后期对短期菲利普斯曲线所提出的修正。在以现实产出水平对潜在产出水平的偏离比例为横轴、物价上涨率为纵轴的坐标图上，美国1971—1976年、1976—1983年的两个曲线环移向左上方（类似于图3中的曲线环C，图中居中的垂直虚线在这里则代表潜在产出水平），这是表明"滞胀"下的菲利普斯曲线。一方面，它位于潜在产出水平的左侧，说明现实产出水平低于潜在产出水平而处于"滞"的状态；另一方面，它的位势很高，说明物价处于"胀"的状态。货币主义学派用附加通胀预期的菲利普斯曲线说明了在美国等西方国家，在70—80年代基本菲利普斯曲线所发生的这一变形，解释了"滞胀"现象。再如，曲线环的形状发生了局部性变化，像图3中曲线环B向上凸起为陡峭型的曲线环D。这是因为对物价上涨又有新的有关冲击因素加入进来，我们将它称为陡峭型菲利普斯曲线。在下文分析中国的菲利普斯曲线的变形时，将会遇到这种形状的曲线环。

第二类变形：曲线环的形状发生了根本性变化，现实经济增长率对潜在经济增长率的偏离与物价上涨率二者呈同向变动这一基本的菲利普斯曲

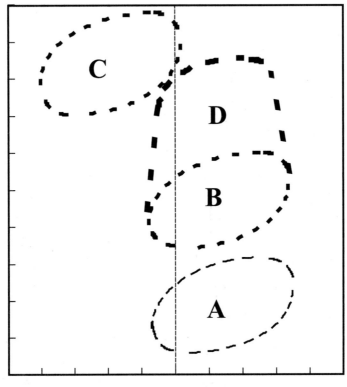

**图 3    "产出—物价"菲利普斯曲线的第一类变形**

线关系不再存在。一种情况是，图 4 中基本的菲利普斯曲线 A 掉转了方向，变成了向左上方倾斜的曲线环 E。这表明，现实经济增长率对潜在经济增长率的偏离与物价上涨率二者不再是同向变动关系，而呈反向变动关系。当现实经济增长率对潜在经济增长率的偏离上升时，物价上涨率却下降；当现实经济增长率对潜在经济增长率的偏离下降时，物价上涨率却上升。一般说来，这是因为有关供给因素的影响而形成的。我们将它称为与菲利普斯曲线方向相反的"产出—物价"曲线。在下文分析中国的菲利普斯曲线的变形时，亦会遇到这种形状的曲线环。另一种情况是，货币主义学派提出，长期菲利普斯曲线将变形为一条位于潜在经济增长率的垂直线（见图 4 中垂直虚线 F）。它表明，在长期中，现实经济增长率趋向于潜在经济增长率，而与物价的变动无关。理性预期学派则提出，即使在短期，

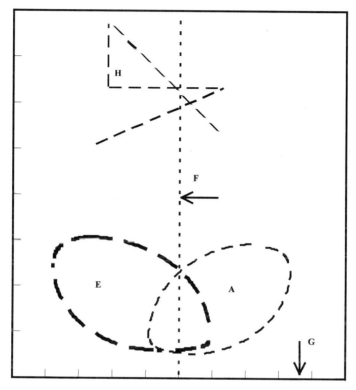

**图 4　"产出—物价"菲利普斯曲线的第二类变形**

在一般均衡和理性预期的假设下，现实物价上涨率等于全社会平均的通货膨胀预期，现实经济增长率等于潜在经济增长率，因此，物价变动与经济增长率无关。这样，短期菲利普斯曲线也表现为一条位于潜在经济增长率的垂直线。当然，理性预期学派的假设条件太严格，与现实经济生活不太吻合。再有一种情况是，当政府对物价实行冻结政策时，虽然现实经济增长率对潜在经济增长率的偏离会不断移动，但物价却不动，或基本上不动。这时，菲利普斯曲线将变形为一条与横轴即物价上涨率零度线相重合的水平线（见图 4 中水平横轴 G）。我们将它称为水平的"产出—物价"曲线。在下文分析中国的菲利普斯曲线的变形时，我们也会看到近乎水平状的曲线环。还有一种情况是，在经济周期波动中，有时在各年度间，经济增长率的变动与物价上涨率的变动受到许多不规则的随机因素的影响，从而使菲利普斯曲线变形为极不规则的形状（见图4中曲线H）。这时，现实经济增长率对潜在经济增长率的偏离与物价上涨率二者的变动关系既有同向的，也有反向的，还可能是无关的，很不规则。

## 二 中国的"产出—物价"曲线

关于中国的情况，本文将着重探讨"产出—物价"菲利普斯曲线和"失业—物价"菲利普斯曲线。就我国经济周期波动中"产出—物价"曲线来说，有过五种代表性的形状：改革前的两种和改革后的三种（关于我国经济周期波动本身的情况，参见刘树成，1996a）。

### （一）状态描述

改革前第一种形状：与菲利普斯曲线方向相反的"产出—物价"曲线。

在我国原有的计划经济体制下，"产出—物价"曲线曾出现过的一种具有代表性的形状，是从1957年经济增长率的波谷出发，1958—1962年这一轮经济周期中的曲线（见图5）。图5中（以下图6亦同），横轴为现实经济增长率对潜在经济增长率的偏离。现实经济增长率以不变价国民收入增长率表示。整个计划经济体制下的潜在经济增长率，我们取1953—1977年不变价国民收入年平均递增率5.7%。纵轴为物价上涨率，以商品零售价格表示。图5的曲线从1957年出发，到1958年先向右下方移动；然后，在1959年、1960年、1961年，向左上方远远飞出；到1962年又折向右下方。这条曲线与基本的"产出—物价"菲利普斯曲线的方向完全相反。它表明：现实经济增长率对潜在经济增长率的偏离与物价上涨率二者呈现出反向变动关系。当现实经济增长率对潜在经济增长率的偏离上升时（1957—1958年线段和1961—1962年线段），物价上涨率却下降；当现实经济增长率对潜在经济增长率的偏离下降时（1958—1961年线段），物价上涨率却上升。

改革前第二种形状：水平的"产出—物价"曲线。

在我国原有的计划经济体制下，"产出—物价"曲线还曾出现过另一

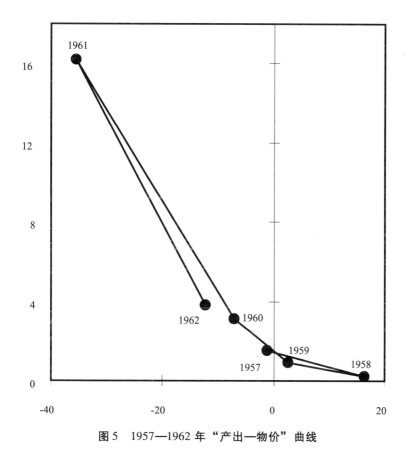

图 5　1957—1962 年 "产出—物价" 曲线

种具有代表性的形状，那就是从 1968 年经济增长率的波谷出发，1969—1972 年和 1973—1976 年这两轮经济周期中的曲线（见图 6）。这期间，尽管现实经济增长率对潜在经济增长率的偏离在剧烈地左右移动，而物价上涨率却变动极小，只是围绕水平横轴（物价上涨率的零度线）上下各 1 个百分点微弱地变动。

　　改革后第一种形状：基本的菲利普斯曲线。

　　改革开放以后，随着我国计划经济体制向社会主义市场经济体制的过渡，经济增长率与物价上涨率之间的关系呈现出基本的菲利普斯曲线那种同向变动的特征。图 7 是从 1981 年经济增长率的波谷出发，1982—1986 年这一轮经济周期中的曲线。图 7 中（以下图 8、图 9 亦同），横轴仍为现

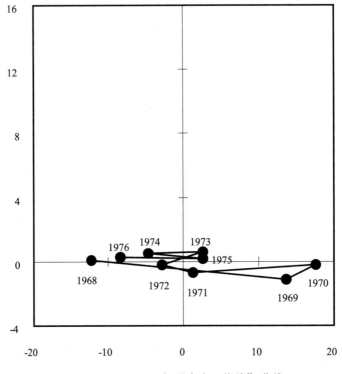

图6 1968—1976年"产出—物价"曲线

实经济增长率对潜在经济增长率的偏离。现实经济增长率以不变价 GDP 增长率表示。潜在经济增长率的取值，1981—1990 年，为这一期间不变价 GDP 年平均递增率 9.1%；1991—1996 年，为 1981—1996 年间不变价 GDP 年平均递增率 10%。纵轴仍为商品零售价格上涨率。图 7 的曲线从 1981 年出发，到 1984 年，现实经济增长率对潜在经济增长率的偏离由左至右逐步上升，物价上涨率先有微弱的下降后亦随之上升；从 1984 年到 1986 年，现实经济增长率对潜在经济增长率的偏离由右往左逐步下降，物价上涨率先有一个滞后的上升（1984—1985 年线段），而后亦下降。整个看，这一曲线环略向右上方倾斜、位势较低且较为扁平，大体表现为基本菲利普斯曲线的形状。

改革后第二种形状：左上位陡峭型菲利普斯曲线。

图 8 是从 1986 年经济增长率的波谷出发，1987—1990 年这一轮经济

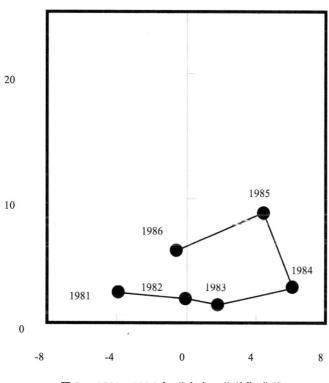

**图7    1981—1986 年"产出—物价"曲线**

周期中的曲线。与上一轮周期相比，这一曲线环发生了向左上方的位移，且十分陡峭。从 1986 年出发到 1987 年，现实经济增长率对潜在经济增长率的偏离上升，物价上涨率亦上升；从 1987 年到 1990 年，现实经济增长率对潜在经济增长率的偏离由右往左下降，物价上涨率先有一个滞后的、陡峭的上升（1987—1988 年线段），随后先是缓慢、再是陡峭地下降（1989—1990 年线段）。这一曲线环的向上移动，说明物价上涨率的位势提高了；向左移动，说明现实经济增长率对潜在经济增长率的偏离下降得较大。

改革后第三种形状：右上位陡峭型菲利普斯曲线。

图 9 是从 1990 年经济增长率的波谷出发，1991—1996 年这一轮经济周期中的曲线。与上一轮周期相比，这一曲线环又向右上方移动了，

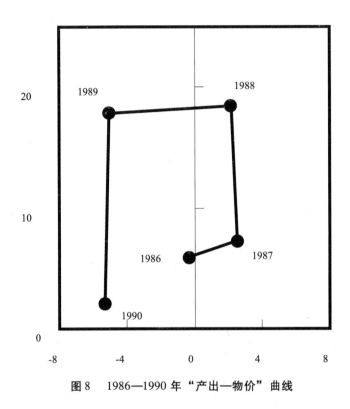

**图 8    1986—1990 年 "产出—物价" 曲线**

且仍为陡峭。从 1990 年出发到 1992 年，现实经济增长率对潜在经济增长率的偏离由左至右逐步上升，物价上涨率随之缓慢上升；从 1992 年到 1996 年，现实经济增长率对潜在经济增长率的偏离由右往左逐步下降，物价上涨率先有一个滞后的、陡峭的上升（1992—1994 年线段），而后陡峭下降（1994—1996 年线段）。这一曲线环的向上移动，说明物价上涨率的位势又提高了；向右移动，说明这一轮周期处于较高的经济增长状态。

（二）原因分析

在我国改革开放以前，"产出—物价" 曲线之所以呈现出与基本的菲利普斯曲线完全不同的形状，或者说，基本的菲利普斯曲线关系不存在，是与原有的计划经济体制紧密相关的。在原有体制下，出现了两种具有代

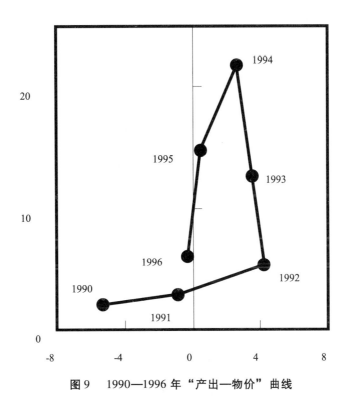

**图9　1990—1996 年"产出—物价"曲线**

表性的情况：一种情况是，物资短缺，政府对许多商品实行了票证、定额等计划形式的限量需求，但物价尚未被冻结。由于需求面被限"死"，物价只有随供给面而变化。在经济增长率上升、产品供给有所改善的时候，物价上涨率便随之下降；反之，在经济增长率下降、产品供给恶化、物资短缺程度更为加剧的时候，物价上涨率就随之大幅度上扬。这就形成了图5 中与菲利普斯曲线方向相反的"产出—物价"曲线。另一种情况是，在物价被基本冻结时，经济增长率的剧烈波动不反映在物价的变动上，这就形成了图6 中水平的"产出—物价"曲线。

　　在我国改革开放之后，总的来说，经济增长率与物价上涨率之间的关系呈现出基本菲利普斯曲线所表明的同向变动关系。这是因为在向社会主义市场经济体制过渡中，市场机制开始发挥作用。经济增长率与物价上涨率两者之间的同向变动，反映了市场经济条件下物价随市场供求变化而变动的基本特征。但是，在这一基本特征之上，菲利普斯曲线又发生了陡峭型变形。特别是在 1987—1990 年、1991—1996 年这两轮经济周期中，当现实经济增长率偏离潜在经济增长率而上升到波峰并开始回落时，也就是当"产出—物价"曲线向右移动达到顶端而开始转折时，物价上涨率却滞后一年或两年达到波峰，且十分陡峭。为什么物价上涨率的波峰滞后于现实经济增长率的波峰？为什么物价上涨率的波峰又如此陡峭？总起来说，这是对物价上涨的各种因素共同作用的综合结果。这些因素主要有：

其一，现实经济增长率对潜在经济增长率的偏离。

从现实经济增长率对潜在经济增长率偏离的上升，到商品零售价格的上涨，这中间有着内在传导过程。这一传导过程是通过两种机制实现的。第一种机制：在需求的强扩张下（表现为货币的扩张、投资需求和消费需求的扩张），现实经济增长率超越其潜在经济增长率而上升，在能源、交通运输、主要原材料等"瓶颈"制约逐步加强的情况下，首先带动生产资料价格的上升。现实经济增长率领先达到波峰，然后回落。其一开始的回落，幅度较小。这时，生产资料价格上涨率滞后达到波峰，并通过物质成本推动，传导到生活资料（消费资料）价格上。生活资料价格上涨率波峰的出现又滞后于生产资料价格上涨率的波峰。而商品零售价格上涨率的波峰则与生活资料价格上涨率的波峰同时出现。这一传导过程，在 1991—1996 年间表现得十分明显而典型。图 10 中共有 4 个波峰。峰 1 是现实经济增长率（GDP 增长率）的波峰，领先出现于 1992 年；峰 2 是生产资料工业品出厂价格上涨率的波峰，滞后于 1993 年出现；峰 3 是生活资料工业品出厂价格上涨率的波峰，再滞后于 1994 年出现；峰 4 是商品零售价格上涨率的波峰，与峰 3 同时出现。第二种机制：现实经济增长率的上升带动职工工资的上升。现实经济增长率领先达到波峰，职工工资滞后达到波峰。职工工资的上升具有双重作用：一方面，对生产企业来说，使其产品的劳动成本提高；另一方面，对劳动者来说，是其收入的提高，并引致消费需求的增加。因此，职工工资的上升，一方面通过劳动成本推动，另一方面通过消费需求拉动，传导到商品零售价格上。商品零售价格上涨率的波峰则与职工工资增长率的波峰同时出现。图 11 表明了 1981—1996 年间的这一传导过程。图中，现实经济增长率共有 A、B、C 三次波峰（1984 年、1987 年、1992 年），分别对应着职工工资总额增长率的三次滞后波峰 A′、B′、C′（1985 年、1988 年、1994 年）。这表明，在我国，对物价上涨的需求拉动与成本推动是交织在一起的。

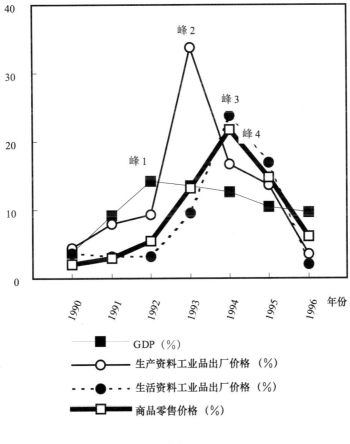

**图 10**

为将现实经济增长率对潜在经济增长率的偏离与物价上涨率之间的滞后关系作出定量分析，现以 1982—1986 年、1987—1990 年、1991—1996 年这三轮经济周期为样本区间，得出回归模型（1）：

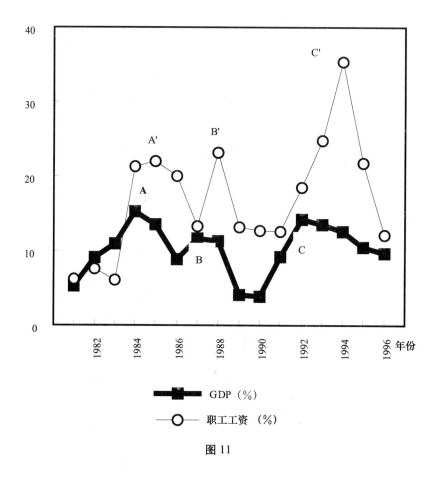

图 11

$$p_t = 7.587 + 1.196\,(y_{t-1} - y^*) \tag{1}$$
$$\quad\;\; (1.537) \quad (0.461)$$
$$\quad\;\; (4.938) \quad (2.594)$$

$R^2 = 0.34$（校正值：$0.29$），$F = 6.726$，$se_y = 5.706$，$df = 13$

样本区间：1982—1996 年

模型中，下标 $t$ 代表年份；$p_t$ 为 $t$ 年商品零售价格上涨率；$y_{t-1}$ 为 $t-1$ 年现实经济增长率；$y^*$ 为潜在经济增长率；$(y_{t-1} - y^*)$ 为 $t-1$ 年现实经济增长率对潜在经济增长率的偏离；各项参数估计值下面括号内的数据，上行为其标准差，下行为其 $t$ 统计量的估计值；$R^2$ 为判定系数，其括号内的数据为考虑自由度后 $R^2$ 的校正值；$F$ 为 $F$ 统计量的估计值；$se_y$ 为物价上涨率估计值的标准差；$df$ 为自由度。

该模型的各种统计检验均具有显著性。一者，模型的拟合优度——判定系数 $R^2$ 为 0.341，据此，相关系数 $r$ 为 0.584。在置信概率 95%、自由度（2，13）时，查表得相关系数的临界值（$r^*$）为 0.514。$r > r^*$，说明该模型具有使用意义。二者，（$y_{t-1} - y^*$）项和截矩项的参数估计值，根据 $t$ 检验，分别在 97.5% 和 99.5% 的置信概率上具有有效性。三者，根据 $F$ 检验，该模型的回归总显著性的置信概率为 95%。

该模型通过了统计检验，表明现实经济增长率对潜在经济增长率的偏离与物价上涨率二者存在着滞后的正相关关系。$t-1$ 年现实经济增长率对潜在经济增长率的偏离每上升 1 个百分点，$t$ 年物价则上涨 1.196 个百分点。该模型说明，在我国，基本的"产出—物价"菲利普斯曲线关系的存在。但是，由于判定系数 $R^2$ 还较低，该模型对于物价上涨率的实际值与其平均值的总变差的解释能力只有 34%，同时，物价上涨率估计值的标准差（5.706 个百分点）还较大，这表明在基本的"产出—物价"菲利普斯曲线关系之上，还有其他因素对物价上涨起着重要作用。

其二，物价上涨本身的滞后惯性。

上年物价上涨对下年物价上涨具有内在的滞后影响，这可以有两种解释。第一种解释是，通货膨胀预期因素的作用。在现实经济增长率对潜在经济增长率的偏离连续上升，导致物价上涨率连续上升的情况下，生产者和消费者将会产生普遍的通胀预期。通胀预期对推动物价上涨有着重要作用。1988 年、1994 年的物价上涨率高峰，均对应着它们前期的连续数年的物价上涨。第二种解释是，价格翘尾因素的作用。若上年新涨价因素很高，则下年翘尾因素亦高（参见刘树成、周方、赵京兴，1996b、c）。由此，以 $t-1$ 年商品零售价格上涨率（$p_{t-1}$）作为一个新的解释变量，代表物价上涨本身的滞后惯性，加进模型（1）中，得到模型（2）：

$$p_t = 3.948 + 1.139(y_{t-1} - y^*) + 0.436 p_{t-1} \qquad (2)$$
$$(2.084)(0.402) \qquad (0.191)$$
$$(1.895)(2.832) \qquad (2.277)$$

$R^2 = 0.54$（校正值：0.46），$F = 7.038$，$se_y = 4.963$，$df = 12$
样本区间：1982—1996 年

模型（2）更好地通过了各种统计检验。根据该模型，在两个解释变量的作用下，$t-1$ 年现实经济增长率对潜在经济增长率的偏离每上升 1 个百分点，$t$ 年物价则上涨 1.139 个百分点；$t-1$ 年物价每上涨 1 个百分点，$t$ 年物价则上涨 0.436 个百分点。然而，该模型的判定系数 $R^2$ 仍偏低，物价上涨率估计值的标准差亦偏大，说明仍有其他重要因素在对物价上涨起着作用。

其三，有关改革措施的出台。

上面两个因素解释了物价上涨为什么会滞后于经济增长。那么，为什么这一滞后又如此强烈？这是因为在物价上涨率的波峰年份，还有很强的外在冲击因素作用进来。其中，最重要的外在冲击因素是价格改革措施和对物价上涨有影响的其他改革措施的出台，这可以称为有关价格改革等政策因素。定量分析政策因素的作用，一种常用的方法就是在回归模型中加进虚拟变量。为此，以 $D_t^1$ 代表对物价上涨有影响的有关价格改革等政策因素。设在物价上涨率极高的两个波峰年份 1988 年、1994 年，$D_t^1$ 为 1，其他年份则为 0。考虑到在一些年份，政府为抑制通货膨胀，除采取了控制需求、适当降低经济增长率的措施外，还采取了其他各种有关的政策措施，使物价上涨率明显下降，为此，以 $D_t^2$ 代表对物价上涨起到抑制作用的有关政策因素。设在物价上涨率明显下降的 1990 年、1996 年，$D_t^2$ 为 1，其他年份则为 0。这样，得到模型（3）：

$$p_t = 3.056 + 0.583\,(y_{t-1} - y^*) + 0.559\,p_{t-1} + 9.563\,D_t^1 - 6.758\,D_t^2 \quad (3)$$
$$(1.185)(0.261) \qquad\qquad (0.128) \qquad (2.221) \qquad (2.736)$$
$$(2.578)(2.237) \qquad\qquad (4.365) \qquad (4.305) \qquad (2.470)$$

$R^2 = 0.88$（校正值：0.83），$F = 18.065$，$se_y = 2.794$，$df = 10$

样本区间：1982—1996 年

模型（3）也更好地满足了各种统计检验。根据该模型，在物价上涨率的波峰年份 1988 年、1994 年，有关价格改革等政策因素一项（$D_t^1$），使物价上涨 9.563 个百分点，其作用强度很大。在物价上涨率得到有效抑制的 1990 年、1996 年，有关抑制通货膨胀政策一项（$D_t^2$），其符号为负，使物价下降 -6.758 个百分点，其作用强度亦很大。

在我国，有关价格改革措施的出台对物价上涨起着直接的重要作用。

而我国价格改革措施又主要体现在农副产品收购价格的提高上。农副产品收购价格的涨落，可以在很大程度上反映出价格改革政策因素的作用。为此，以当年农副产品收购价格上涨率（以 $a_t$ 表示）为解释变量，代替模型（3）中的政策虚拟变量（$D_t^1$ 和 $D_t^2$），再作出模型（4）：

$$p_t = 2.064 + 0.258\,(y_{t-1} - y^*) + 0.195\,p_{t-1} + 0.470\,a_t \qquad (4)$$
$$(1.188)\,(0.273) \qquad\qquad (0.114) \qquad (0.087)$$
$$(1.737)\,(0.945) \qquad\qquad (1.711) \qquad (5.402)$$

$R^2 = 0.88$（校正值：0.84），$F = 25.561$，$se_y = 2.707$，$df = 11$

样本区间：1982—1996 年

模型（4）的拟合优度——判定系数 $R^2$ 为 0.88，与模型（3）相同，说明这两个模型的解释能力是相同的。这表明，对物价涨落产生重要影响的价格改革政策因素的作用，主要是通过农副产品收购价格的涨落来传导的。计算得知，农副产品收购价格上涨率与商品零售价格上涨率二者的相关系数高达 0.914。根据 $t$ 检验，模型（4）中，农副产品收购价格上涨率一项（$a_t$）的参数估计值，其置信概率很高，为 99.5%，但截矩项和 $p_{t-1}$ 项参数估计值的置信概率降为 90%，而（$y_{t-1} - y^*$）一项的参数估计值不能通过统计显著性检验。这是因为，农副产品收购价格上涨率与上年现实经济增长率对潜在经济增长率的偏离存在着线性相关关系（二者的相关系数为 0.578），农副产品收购价格上涨率与上年物价上涨本身的滞后惯性亦存在着线性相关关系（二者的相关系数为 0.356）。不过，这正说明，农副产品收购价格的提高，虽然是一种价格改革的政策行为，但它也是前期经济增长所产生的需求拉动与前期商品零售价格特别是农业生产资料价格上涨所产生的成本推动的内在结果。从经济计量模型角度说，为表达有关价格改革等政策因素的作用，还是使用模型（3）较好。

其四，粮食丰歉。

在我国，农业生产的状况，特别是粮食的丰歉，对物价上涨亦起着重要作用。物价上涨率的波峰年，均对应着粮食的减产年。物价涨落与粮食丰歉呈现出负相关关系。为此，在模型（3）的基础上，再加进粮食产量增长率这一新的解释变量（以 $g_t$ 表示），得出模型（5）：

$$p_t = 3.774 + 0.463 (y_{t-1} - y^*) + 0.596 p_{t-1} + 8.185 D_t^1 - 6.365 D_t^2 - 0.273 g_t$$
$$(5)$$

$$(1.228)(0.261) \qquad (0.124) \quad (2.310) \quad (2.609) \quad (0.188)$$

$$(3.074)(1.778) \qquad (4.802) \quad (3.543) \quad (2.439) \quad (1.455)$$

$$R^2 = 0.90 \ (校正值：0.85)，F = 16.488，se_y = 2.650，df = 9$$

样本区间：1982—1996 年

模型（5）的拟合优度——判定系数 $R^2$ 上升到 0.90，该模型对物价上涨率的实际值与其平均值的总变差的解释能力提高到 90%。根据 $t$ 检验，各项参数估计值的置信概率，$p_{t-1}$ 和 $D_t^1$ 两项为 99.5%，截矩项为 99%，$D_t^2$ 项为 97.5%，粮食产量增长率一项（$g_t$）为 90%。这表明，粮食产量对物价上涨的直接影响并不十分强。粮食产量增长率与物价上涨率二者的相关系数为 -0.487。在置信概率 95%、自由度（2，13）时，查表得相关系数的临界值（$r^*$）为 0.514，$r < r^*$，说明粮食产量增长率与物价上涨率虽存在一定的负相关，但相关较弱。实践表明，在我国目前情况下，对物价上涨起到推动作用的粮食因素，主要不在于粮食总量的起落，而在于粮食的品种结构与地区产量差异，但这在该模型中不易反映出来。

其五，利润推动等乱涨价因素。

在我国目前体制转轨期，市场秩序还不规范。一些部门、行业、企业，利用特殊权力、垄断地位等，乱涨价，乱收费，乱搭车。这种利润推动下的乱涨价，一般说来，需要以经济快速扩张下的需求拉动为其实现的基础。从经济计量模型角度讲，不易再添加一个独立的解释变量。这一因素的作用可以通过模型的随机残差项表现出来。

现利用模型（5），对物价上涨率的两个波峰年份（1988 年、1994 年）和两个明显下降年份（1990 年、1996 年）进行综合的定量分析。

在物价上涨率的波峰年份 1988 年，物价上涨率的实际值为 18.5%，由该模型得出的估计值为 18.1%，二者极为接近，仅差 0.4 个百分点。根据该模型的计算得出：一者，1987 年现实经济增长率对潜在经济增长率的偏离一项（$y_{t-1} - y^*$），推动 1988 年物价上涨 1.2 个百分点，占整个物价上涨率（估计值，下同）的 6%。二者，1987 年物价上涨本身的滞后惯性一项（$p_{t-1}$），推动 1988 年的物价上涨 4.4 个百分点，占整个物价上涨率的 24%。三者，1988 年有关价格改革等政策因素一项（$D_t^1$），使物价上涨 8.2 个百分点，占整个物价上涨率的 45%。四者，粮食产量增长率一项（$g_t$），由于 1988 年粮食减产，使物价上涨 0.6 个百分点，占整个物价上涨率的 3%。

　　在物价上涨率的波峰年份 1994 年，物价上涨率的实际值为 21.7%，由该模型得出的估计值为 22.1%，二者亦极为接近，仅差 0.4 个百分点。根据该模型的计算得出：一者，1993 年现实经济增长率对潜在经济增长率的偏离一项，推动 1994 年物价上涨 1.6 个百分点，占整个物价上涨率的 7%。二者，1993 年物价上涨本身的滞后惯性一项，推动 1994 年的物价上涨 7.9 个百分点，占整个物价上涨率的 36%。三者，1994 年有关价格改革等政策因素一项，使物价上涨 8.2 个百分点，占整个物价上涨率的 37%。四者，粮食产量增长率一项（$g_t$），由于 1994 年粮食减产，使物价上涨 0.7 个百分点，占整个物价上涨率的 3%。

　　定量分析表明，在我国物价上涨率的波峰年份，对物价上涨起到直接的、第一位推动作用的，是有关价格改革等政策因素；起到第二位推动作用的，是上年物价上涨本身的滞后惯性；而这个滞后惯性又是由于前几年的需求强扩张、现实经济增长率对潜在经济增长率偏离的连续上升所引起的。这些因素共同构成了基本的"产出—物价"菲利普斯曲线在我国经济周期波动的波峰转折点发生陡峭型变形的重要原因。

　　在物价上涨率得到有效抑制的 1990 年，物价上涨率的实际值为 2.1%，由该模型得出的估计值为 3.1%，相差 1 个百分点。根据该模型的计算得出：一者，1989 年现实经济增长率对潜在经济增长率的偏离一项，使 1990 年物价下降 -2.3 个百分点。二者，1989 年物价上涨本身的滞后惯性很强，该项则使 1990 年物价上升 10.6 个百分点。三者，1990 年有关抑制通货膨胀政策一项，使物价下降 -6.4 个百分点。四者，粮食产量增长率一项，由于 1990 年粮食丰产，可使物价下降 -2.6 个百分点。该模型表明，在 1990 年，上年物价上涨本身的滞后惯性加上模型的截矩项，共产生物价上涨压力 14.4 个百分点，而有关抑制通货膨胀政策的作用则抵消了这个物价上涨压力的 44%，现实经济增长率对潜在经济增长率偏离的下降抵消了这个物价上涨压力的 16%，粮食丰产抵消了这个物价上涨压力的 18%。

在物价上涨率得到有效抑制的 1996 年，物价上涨率的实际值为 6.1%，由该模型得出的估计值为 5.1%，亦相差 1 个百分点。根据该模型的计算得出：一者，1995 年现实经济增长率对潜在经济增长率的偏离一项，使 1996 年物价上升 0.2 个百分点。二者，1995 年物价上涨本身的滞后惯性亦很强，该项则使 1996 年物价上升 8.8 个百分点。三者，1996 年有关抑制通货膨胀政策一项，则使物价下降 -6.4 个百分点。四者，粮食丰产使物价下降 -1.4 个百分点。该模型表明，在 1996 年，使物价上涨的合力（包括上年现实经济增长率对潜在经济增长率的偏离一项、上年物价上涨本身的滞后惯性一项，再加上截矩项）共 12.8 个百分点，而有关抑制通货膨胀政策的作用则抵消了这个物价上涨合力的 50%，粮食丰产抵消了这个物价上涨合力的 11%。

定量分析表明，在我国经济周期波动的波谷年份，有关抑制通货膨胀的政策起到了重要作用；同时，在现实经济增长率对潜在经济增长率的偏离已连续回落的情况下，需求扩张受到抑制，能源、交通运输、主要原材料等瓶颈制约缓解，也减轻了物价上涨的压力。这些因素共同作用的结果，使物价上涨率明显下降。这也解释了基本的"产出—物价"菲利普斯曲线在我国经济周期波动的波谷年份为什么又会发生陡峭型下降的原因。

基本的"产出—物价"菲利普斯曲线的陡峭型变形，反映出我国作为一个发展中国家，特别是作为一个正在进行经济体制改革、向社会主义市场经济过渡中的国家所具有的特点。

### （三）政策含义

就改革开放以后我国经济增长率与物价上涨率之间的变动关系来说，通过上述分析，我们得出如下认识：在我国目前条件下，在经济周期波动中，不是简单地存在与不存在菲利普斯曲线的问题，而是既要看到其存在，又要看到其陡峭型变形的特点。从宏观调控角度讲，"看到其存在"，就要求我们在经济波动的上升期，适度控制总需求、适度控制经济增长率，以防止通货膨胀的加剧；在经济波动的回落期，为了治理通货膨胀，就需要适度压缩总需求、适度降低经济增长率。"看到其陡峭型变形的特点"，就要求我们在适度调控总需求和经济增长率的同时，针对引起物价上涨的各种不同因素，采取相应的不同措施，实行综合防止与治理的对策。

承认菲利普斯曲线的存在，把握经济增长率与物价上涨率二者在经济周期波动中一定的对应变动关系，并不等于肯定凯恩斯主义者把这一客观存在的对应变动关系偷换成主观随意的政策替代关系，用主动推行通货膨胀去换取一时的经济增长。凯恩斯主义者的通货膨胀刺激政策，实际上是对菲利普斯曲线的误用。同时，简单地否定菲利普斯曲线的存在，笼统地说经济增长率与物价上涨率二者无关，也是有害的。因为这会造成一个漏洞：既然二者无关，那么就可以任意提高经济增长率，而不必去顾及通货膨胀。实际上，国内外有些研究者在使用有关数据得出经济增长率与物价上涨率二者无关的结论时，他们忽略了一点，即他们所使用的数据，表明的是经济增长率与物价上涨率二者的长期关系，或表明的是在一个中期内将二者各自平均计算后的关系，而不是表明二者在短期的经济周期波动中的关系（参见 Woos, Jung and Peyton, J. Marshall, 1986；韩文秀, 1996）。

实现低通胀下的经济快速增长，是各国政府的愿望。这里的关键在于：经济的快速增长不能连续地、过度地超越其潜在增长能力。就我国目前的情况而言，为了实现低通胀下的经济快速增长，一方面是从需求面出发，要十分注重控制经济增长的峰位，防止连续而过度地"越线"，即由潜在经济增长能力所决定的适度增长线（参见刘国光、刘树成, 1997）；另一方面是从供给面出发，提高潜在经济增长能力，从根本上解决农业、能源、交通运输、主要原材料等瓶颈制约；再一重要方面，就是积极推进两个根本性转变——经济体制转变和经济增长方式转变，积极促进科技进步，不单纯追求过高的经济增长速度，而讲求增长的质量与效益，讲求可持续的发展。

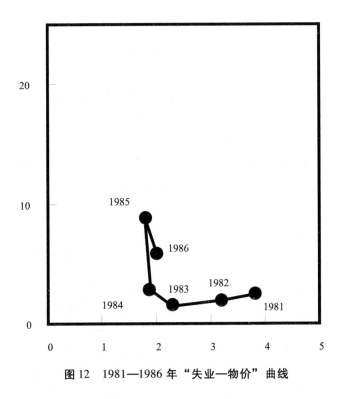

**图 12  1981—1986 年"失业—物价"曲线**

# 三  中国的"失业—物价"曲线

现在来考察我国经济周期波动中的"失业—物价"曲线。因缺乏改革开放之前有关失业的数据，故主要考察改革开放以来的情况。

### （一）状态描述

图 12、图 13、图 14 分别给出了三轮经济周期波动中的"失业—物价"曲线。图中，横轴为城镇登记失业率。该指标目前还不能完全反映我国的失业情况，在这里，我们主要是把握其变动的大体趋势。纵轴仍为物价上涨率。图 12 是从 1981 年经济增长率的波谷出发、1982—1986 年这一轮经济周期中的曲线。图 13 是从 1986 年经济增长率的波谷出发、1987—1990 年这一轮经济周期中的曲线。图 14 是从 1990 年经济增长率的波谷出

发、1991—1996 年这一轮经济周期中的曲线。从这三个图可以看出，在后
两轮经济周期中，"失业—物价"菲利普斯曲线亦呈现出陡峭型变形，甚
至比图 8、图 9 变形的"产出—物价"菲利普斯曲线更为陡峭和直立。

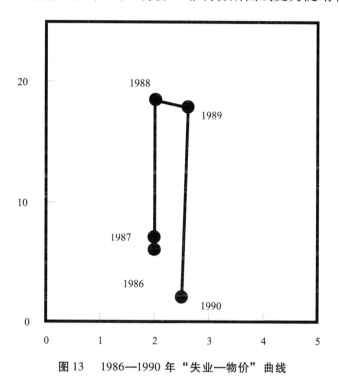

图 13    1986—1990 年"失业—物价"曲线

由图 13 看到，在反映经济增长率从波谷上升并处在高位的 1986—
1988 年线段，物价上涨率在上升，失业率本应处于下降趋势，即这一线段
本应向左上方倾斜，以表明失业率与物价上涨率二者的反向变动关系。但
在这里，失业率却丝毫未变，使这一线段在 2% 失业率水平上呈直线状态。
这说明，在我国经济波动的上升期，城镇失业率并不下降，而是保持不
变，它与经济增长率、物价上涨率的变动均无关。1988 年之后，经济增长
率下降，物价上涨率随之下降，失业率呈上升趋势，曲线向右移动。这表
明，在我国经济波动的回落期，城镇失业率上升，这才呈现出它与经济增
长率、物价上涨率的反向变动关系。

图 14 亦表现出上述特点。在反映经济增长率从波谷上升并处在高位

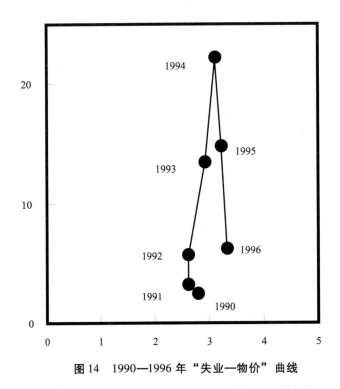

图 14　1990—1996 年"失业—物价"曲线

的 1990—1994 年线段，物价上涨率在上升，失业率本应处于下降趋势，但在 1991 年、1992 年，失业率却丝毫未变，同处于 2.3% 的失业率水平上，而从 1993 年起，失业率却一路上升至 1996 年的 3%，使曲线上的各点向右移动。

#### （二）原因分析

为什么在我国经济波动的上升期，城镇失业率并不下降？这是因为：

其一，劳动力供给因素。在我国，当经济波动进入上升期后，同样会引起对劳动力需求的增加。这一增加，本应使城镇失业率下降。但是，从劳动力的供给方面来看，由于有大量农村剩余劳动力涌入城镇，使城镇自身的就业受到严重影响。同时，我国目前正值劳动年龄人口增长的高峰期，劳动力的供给超过了需求。

其二，劳动力需求因素。从劳动力的需求方面来说，在经济增长中，虽然对劳动力的需求在增加，从业人员不断增长，但从业人员的增长率却呈现出明显的下降趋势。这与科技进步有关。20世纪80年代以来，我国工业化向纵深发展。随着工业化进程和科技进步，生产技术装备水平与有机构成不断提高，因此，同量产出所吸纳的劳动力会减少。80年代上半期，我国从业人员每年递增3.3%；而90年代上半期，仅递增1.2%。80年代上半期，经济增长率每上升1个百分点，可带动从业人员增长0.3个百分点；而90年代上半期，则只能带动0.1个百分点。经济增长引起从业人员增长的弹性下降了67%。

其三，国有企业改革与结构调整因素。国有企业改革的深化与产业结构、行业结构的调整，使企业的冗员减少，多余的职工下岗。

"失业—物价"菲利普斯曲线在我国的陡峭型变形，反映出我国作为一个发展中国家，特别是作为一个正在进行经济体制改革以及作为一个人口大国所具有的特点。

### （三）政策含义

以上分析表明，20世纪80年代中期以来，在我国经济波动的上升期，尽管经济增长率、物价上涨率在上升，但城镇失业率却不下降，而在经济波动的回落期，在经济增长率、物价上涨率回落的同时，城镇失业率上升。这就使我国城镇失业问题日益严重起来。当前，随着我国经济运行"软着陆"的成功，经济回落到适度增长区间，物价上涨率显著下降，失业问题更加突出。单靠刺激总需求、刺激经济增长的办法来解决城镇失业问题，效果是不会显著的，而且，有使物价上涨强烈反弹的危险。国际上一些经济学家早已指明：政府的货币政策应付通常的通货膨胀可能有所帮助，应付失业则收效甚小，而应付大规模的失业则根本不能奏效（Sherman, Howard J., 1976）。解决我国城镇失业问题，也应像近几年来治理通货膨胀一样，针对引起失业问题的各种不同因素，相应地采取不同措施，实行综合治理的对策。当然，解决失业问题比起解决通货膨胀问题，难度要更大，所需要的时间也更长。

**参考文献**

（1）国家统计局：《中国统计年鉴》1992—1996 年各期；《中国统计摘要》1997 年。

（2）韩文秀：《经济增长与通货膨胀之间关系研究》，《管理世界》1996 年第 6 期。

（3）刘国光、刘树成：《论"软着陆"》，《人民日报》1997 年 1 月 7 日。

（4）刘树成：《中国经济的周期波动》，中国经济出版社 1989 年版。

（5）刘树成：《中国经济周期波动的新阶段》，上海远东出版社 1996 年版。

（6）刘树成、周方、赵京兴：《析年环比价格指数中的翘尾因素》，《经济研究》1996 年第 4 期。

（7）刘树成、周方、赵京兴：《物价上涨率中翘尾因素的计算与分析》，《数量经济技术经济研究》1996 年第 6 期。

（8）［美］谢尔曼：《停滞膨胀》，厉以平、厉放译，商务印书馆 1984 年版。

（9）［美］Woos，Jung and Peyton，J. Marshall：《通货膨胀与经济增长的因果关系》，《成本与价格资料》1988 年第 17 期。

（10）左大培：《围绕着通货膨胀的"替换"作用的经济学论争》，《经济研究》1996 年第 2 期。

（原载《管理世界》1997 年第 6 期）

# 启动经济要有新思路

## 一　目前启动经济中的问题

从 1998 年年初开始，中央采取了扩大内需（主要是投资），启动经济，确保 8% 增长目标的种种措施。但是，从启动的路径看，预计效果不一定理想。主要问题是：

1. "点"启动的局限性（"点"指行业）。

目前的启动，主要靠投资；投资的启动又主要集中在公共基础设施、城镇居民住宅等几个行业"点"上。

首先，以城镇居民住宅建设来分析。从一般产业关联意义上讲，发展城镇居民住宅可以带动建材等五十多个相关产业的发展，由此可以带动整个经济的增长。但是，从我国目前的实际情况出发，住宅业难以担当这种"以点带面"的重任。因为要实现住宅商品化，改革原有的福利分房制度只是为其提供了必要条件，但远不是充分条件。实现住宅商品化的充分条件是居民收入水平的充分提高，在一定的较高的收入水平上，使居民在不影响其一般正常消费支出的情况下，能够有钱买得起房。然而，在我国居民现有工资结构和工资水平下，是难以支撑住宅商品化、难以支撑住宅业作为支柱产业的。如果居民是在大幅度压缩一般正常消费支出、大幅度挤压原有购买力（储蓄）的情况下来购房的话（有的干部买房时，把自己多年来的储蓄都拿出来还远远不够，尚需子女和亲朋提取他们的储蓄来支援），那么，必然导致一般消费需求的萎缩，进一步加剧一般消费市场（包括一般消费品和消费服务）的疲弱状况。居民消费是整个社会生产与投资的起点和终点。消费市场的疲弱状况如果持续下去的话，社会生产与投资失去了其起点和终点，整个经济的增长失去了足够的消费市场空间，只靠住宅业怎能带动起整个经济的增长？另外，如果全国上下、各地都向着同一个新的经济增长"点"进军的话，不是会形成一窝蜂式的集中消费的浪潮吗？住宅业是一种特殊的行业，住宅是一种特殊的消费品，在需求过旺的情况下，会拱起"泡沫"，而在"泡沫"破裂后，又会导致高价位的供过于求。

再以公共基础设施来分析。一者，从全国整体上看，基础设施建设还远远不足。但从一些局部地区看，前几年已建起来的一些公路、铁路、机场等基础设施，尚未发挥出应有的作用。一些地方，公路修起来了，但路上跑的货车很少；铁路修起来了，但沿路周围的经济发展尚难跟进；机场修起来了，但乘客寥寥无几。已建的基础设施效益不高，影响到新的基础设施上马的积极性。二者，新的基础设施建设上马迟缓，靠其中投资的40%左右转化为消费，难以启动现在处于疲弱状态的整个消费市场。三者，从公共基础设施这个行业"点"上来启动，主要是政府行为，在上述情况下，结果会出现"政府一头热，市场一头冷"的局面，即中央政府热心于基础建设，而市场响应（包括基础设施使用的市场和消费市场）偏冷。

2. 投资"单轮"启动的局限性。

从内需说，经济启动要靠"双轮"：投资与消费。但从我国目前情况出发，消费的启动有困难。其一，传统的涨工资的办法已行不通。现在，在有大量职工下岗、干部下岗的情况下，难以给留岗的人员涨工资。其二，靠投资的一部分转化为消费，鉴于前述对基础设施建设和居民住宅建设的分析，也难以在短期内见效。其三，消费信贷目前在我国尚难以推行。在居民现有收入水平下，谁能借得起消费信贷？银行敢给谁发放消费信贷？如果消费信贷是面向前几年已获得了高收入的少数人，那么，不是会进一步扩大收入分配的差距与"不公"吗？其四，没有农民收入的进一步提高，广大农村市场也难以开拓。总之，如果消费启动不起来，只靠投资这一单轮，是难以启动整个经济的。

3. 与过去历次启动相比，这次启动的大环境发生了四大变化。

一是市场大环境。"买方市场"的形成，一方面对于告别我国长期存在的短缺现象具有积极的意义。但另一方面也应看到，现在这种"买方市场"是在我国人均 GDP 尚未超过 1000 美元，仍属世界上低收入国家的情况下出现的；是在居民现期收入的增长和预期收入的增长呈下降状态的情况下出现的；是在居民现有收入水平和消费水平上一般消费品市场趋于阶段性饱和的情况下出现的；是在前期高速增长中盲目投资、重复建设，以及供给结构的变化不适应需求结构变化的情况下出现的。所以，这种"买方市场"又对一般消费品的需求、生产和投资，以致对整个经济增长起了一定的制约作用。

二是体制大环境。我国经济增长的体制环境已经发生了一些深刻的、重大的变化。这主要表现在两个方面：第一个方面，微观基础的变化。企业转变经营机制，逐步成为独立的决策主体，其生产与投资决策已由市场导向和受到市场制约。第二个方面，金融体制的变化。商业银行转变经营机制，其贷款决策也已由市场导向和受到市场制约。这两个方面的变化，对于抑制旧体制下的"投资饥渴"和盲目扩张冲动具有积极的作用。但是，企业和商业银行如何适应市场经济的新环境，如何在树立了防范风险意识的同时，培育起顶着"风险"上的企业家精神和银行家精神，培育起积极的创新意识和建立起相应的激励机制，尚需一个过程。

三是就业大环境。当前，我国面临着从来没有过的巨大的就业压力。既要大面积地解决就业问题和农村劳动力转移问题，又要防止经济的过热增长，这是一个大矛盾。

四是国际大环境。在这次启动中，外需是指望不大，主要是指望国内了。

综上所述，这次启动，不能像过去那样指望在一年内完成，也不能像现在这样靠"点"启动和靠投资"单轮"启动，而需要转换大思路和采取大动作。

## 二　启动经济的新思路

总思路是：将寻找新的经济增长"点"，改为寻找新的经济增长"区"，以"区"带"面"，寓"点"于"区"（"点"指行业，"面"指全国，"区"指区域）。比如，以长江流域作为新的经济增长区，集中加大长江流域整治与开发的力度，以此促进新的经济增长点的形成，带动我国经济跨世纪的增长。这样做的理由是：

1. 20世纪80年代初期至90年代初期，我国经济的高速增长不是以"点"带"面"，而是以"区"带"面"、寓"点"于"区"。

改革开放以来，我国经济的高速增长，就是以东部沿海的四个经济特区（深圳、珠海、汕头、厦门），五个省份（广东、福建、江苏、浙江、山东），后来又陆续加进海南、上海所带动的。邓小平同志在南方谈话时就明确说过："回过头看，我的一个大失误就是搞四个特区时没有加上上海。要不然，现在长江三角洲，整个长江流域，乃至全国改革开放的局面，都会不一样。"邓小平同志当时就预想到，在开发了沿海特区、沿海省份和上海之后，由沿海向内地推移的具体途径：以上海为龙头，向整个长江流域推进，带动全国。现在，我们在启动经济时，正是实施邓小平同志这一战略设想的大好时机。我国地域辽阔，借助江河领域，使经济增长由东向西推移，使东中西部发展相连接，这是东亚一些国家所没有的自然大优势。在我国80年代初期至90年代初期的高速增长中，政府并没有人为地去号召或"引导"全国居民购买彩电、冰箱、洗衣机等家用电器，而家用电器这个行业"点"，却随着东部沿海地带的发展和全国居民收入水平的提高，自然而然地成了新的经济增长点。

2. 以长江流域作为新的经济增长区来启动全国经济，可以有机地做到几个"相结合"。

（1）短期启动与长期发展相结合。长江流域的整治与开发，是浩大、复杂的系统工程，在已有的开发方案和已有的建设基础上，以三年作为启动，先从沿江的公共基础设施建设、沿江中小城镇建设、江道与两岸的整治（以欧洲莱茵河、多瑙河为榜样）开始，有选择地、先易后难地分段实施。这样，在当前既起到以此来启动全国经济的作用，又与推动我国经济跨世纪（10年左右）的增长相衔接。

（2）投资启动与消费启动相结合。在第一批沿江整治与开发地区的中小城镇（不是大城市），率先实行工资结构的改革，使年工资收入与购买住房、小轿车形成一个合理的比例，并同时实行住房与小轿车的消费信贷，以此带动住宅业与汽车业的发展。这在全国大面积做不到，而可从长江流域开发中的局部地区先做起，既可立即见效，又起到试点作用。

（3）大面积解决就业问题与经济启动相结合。采用市场机制，吸引下岗干部和下岗职工流向长江流域，参加长江流域的整治与开发，这样可以大规模地解决就业问题。

（4）"点"启动与"区"启动相结合。以长江流域作为新的经济增长区，所带动的范围与力度，远远超过前述仅由住宅业和公共基础设施等几个"点"所能带动的范围与力度。

（5）政府主导作用与市场机制作用相结合。在长江流域的整治与开发区内，率先进行各种经济体制的改革，完全实行新体制，既有利于发挥政府的主导作用，又有利于发挥市场机制的作用。

（6）国资与民资、内资与外资相结合。大规模的投资资金，可采取多种形式，从政府、民间、国外筹集，并借此推动我国资本市场的发育与发展。

（7）一般技术与高新技术相结合。长江流域的开发，既有利于推进我国高新技术的发展，又有利于推进一般技术由东向西的梯度转移。

（8）建设与环保相结合。将长江流域建成我国美丽的大型旅游区。

（原载《中国社会科学院要报》1998 年 7 月第 62 期）

# 深化分配体制改革　直接启动消费

## 一　我国当前的经济运行态势

我国经济增长率的下滑，从 1993 年下半年算起，到 1998 年，已连续下滑了 6 个年头。从去年下半年到今年 1 月、2 月，这种下滑趋势已开始有所扭转，但进入 3 月、4 月后，特别是 4 月，又出现了新情况。我国工业生产、固定资产投资、社会消费品零售总额、引进外资等项国民经济重要指标的增幅下降，而物价、外贸出口等项指标的降幅增大，居民储蓄存款的增幅猛升，银行存大于贷的差额激增。如果这种态势继续下去，那么，刚刚开始的经济回升的好势头就有可能被中断。经济下滑的趋势不彻底扭转，下滑的时间越长，许多问题的解决就越困难。因此，该到进一步采取有效措施的时候了。

## 二　首当其冲的重要措施

阻止经济增长率的继续下滑，应采取综合的、多方面的措施。但我认为，最重要的是，应把深化分配体制改革，提高居民收入，降低居民支出预期，直接启动消费，放到龙头性措施的位置上来。总思路还是以改革促发展，促稳定。也就是通过深化分配体制等方面的改革，来直接启动消费，以促进经济发展，促进社会的稳定。

## 三　积极的财政政策的重点应转向直接启动消费

从 1998 年年初所采取的积极的财政政策，其重点是放在基础设施投资方面。在加工工业生产能力过剩，商品普遍供过于求，缺乏有商业效益的投资项目的情况下，从基础设施建设入手，可以避免重复建设。以基础设施投资为重点的积极的财政政策，对于抵御东亚金融危机的冲击和随后蔓延的国际金融动荡的影响，阻止我国经济增长率可能出现的大幅下滑，起到了重要作用，有力地支撑了 1998 年的经济增长。但是，对于推动经济增长具有终极意义的最终消费来说，投资启动只是间接启动。如果最终消费带动不起来，整个市场打不开，社会投资就难以跟进，中央财政投资也只能是孤军作战，难以持久。

## 四　我国当前最终消费的现状

我们看两个重要经济指标：其一，最终消费率（即最终消费占国内生产总值的比率）。这是国民经济能否顺畅运行的一个最基本、最重要的比率。无论是从我国国家统计局不变价的资料来看，还是从世界银行的资料来看，近几年来，我国最终消费率已下降到新中国成立以来的历史最低水平，与世界各国相比，也属于很低的水平。与此相对应，我国的资本形成率（国内总投资率）却一直居高不下，与世界各国相比，也属于很高的水平。如果我们现在把投资率再往上推，消费率再往下降，那么，不仅现在，而且到 21 世纪初，我国经济下滑的趋势不仅不能扭转，而且会越来越严重。其二，居民收入增长率。先看农村，20 年来，农村居民家庭人均纯收入年均增长 7.9%，但 1985 年以后的 14 年中，除 1996 年外，其余 13 年每年的收入增幅均低于这一平均值，大致徘徊在 4%。如此低的农民收入增幅，怎能有效地启动起农村市场？怎能支撑起长期的经济增长？再看城镇，20 年来，城镇居民家庭人均可支配收入年均增长 6.1%，而近 4 年来也仅为 4% 左右。如此低的城镇居民收入增幅，还要扣除买房、子女教育、医疗、退休、下岗、失业等现期支出和预期支出的需要，怎能有效地启动起城镇市场和支撑起长期的经济增长？城镇居民收入的降低，也直接影响到农产品和乡镇企业产品的销售，从而影响到农民收入的提高。居民收入增幅下降，最终消费需求不旺，是使财政投资对整个国民经济的乘数带动效应缩小和乘数效应持续时间缩短的主要原因。

## 五    怎样直接启动消费

直接启动消费不是简单地发票子，而是要把提高居民收入、降低居民支出预期与深化分配体制改革结合起来，把短期的需求启动与中长期的体制和制度建设结合起来，把刺激需求面与改善供给面结合起来。具体地说，提高城镇居民收入主要包括三个层次：一是低收入者层次。要普遍提高低收入者的收入，包括下岗、离退休、最低生活标准线以下的人员等，更好地解决社会保障与社会稳定问题。二是公职人员层次。要大幅度提高公务员和科教文卫等事业单位人员的工资水平。我国公职人员的工资水平太低了。随着社会主义市场经济的发展，原有体制内人员的实物性、福利性、统配性的分配内容，已越来越转向货币化、商业化、市场化。而原有体制下的工资结构尚没有得到根本改变，工资制度的改革严重滞后。现在，只小幅提高工资，不仅不能适应社会主义市场经济发展的需要，而且，对于启动消费来说，也起不到什么作用。因此，该到了大幅提高原有体制内人员工资水平的时候了。应使工资结构、工资形成机制与社会主义市场经济的发展相适应。三是国有企业层次。与效益挂钩，适当放开国有企业的工资，尽快形成与社会主义市场经济相适应的企业家和企业员工的激励机制。城镇居民收入的提高，搞活了城镇市场，也有利于提高农民的收入。对于农民收入的提高来说，一方面是增收，另一方面是减负。减轻农民的各种负担，减少各种摊派和乱收费，就能直接提高农民的可支配收入。今后，一切改革措施都不能损害城乡广大人民群众的既得利益，减少大众对有关改革的支出预期。

## 六    直接启动消费有利于将刺激需求面与
## 　　 改善供给面结合起来

首先，社会保障问题一解决，国企的减员问题就好解决了。国企减员增效，可加快国企脱困的步伐，有利于搞活企业，改善供给面。其次，经济的回升与增长，要有微观基础；产业结构、产品结构的调整和升级，要落在企业头上。建立了企业家和企业员工的激励机制，企业才能真正搞活，否则，企业没有内在动力。再次，直接启动消费，搞活了市场，搞活了整个国民经济，为社会投资创造了空间，有利于经济形成良性循环，增加新的就业岗位，增加财政收入。

## 七　直接启动消费应注意的问题

即使有了一项非常好的政策措施，但在执行中还有很多细节需要注意，还会有一些新问题冒出来。不要把好"经"念歪了。特别是提高居民收入，千万不要成了乱发钱，而应将其与体制和制度的建设相结合。至于通货膨胀问题，目前，由于现实经济增长率低于潜在经济增长率，有一个通货紧缩的负缺口，这正为深化分配体制改革提供了一个良好的时机。所以，只要直接启动消费的力度得当，不会引发严重的通货膨胀。但是，随着时间的推移，当经济回升起来之后，特别是当经济波动向波峰推进时，则要适时预防严重通货膨胀的产生。

（原载《中国社会科学院要报》1999 年 6 月第 52 期）

# 论中国经济增长与波动的新态势

## 一　改革前后中国经济波动的比较

经济的周期波动，既不是从人类社会一开始就有的现象，也不是商品经济所特有的范畴，亦不是资本主义经济所独具的特征。正如马克思指出，它是"现代工业特有的生活过程"。"现代工业这种独特的生活过程，我们在人类过去的任何时代都是看不到的，即使在资本主义生产的幼年时期也不可能出现。"①就一般商品经济来说，卖与买的时空对立，即供与求的时空脱节，只是包含了经济周期性地发生危机或波动的可能性，"这种可能性要发展为现实，必须有整整一系列的关系，从简单商品流通的观点来看，这些关系还根本不存在"②。在经济周期波动由可能性变为现实性的"整整一系列的关系"中，具有物质性和本源性的关系，就是现代机器大工业逐步成为社会生产的主导力量。现代机器大工业的特点在于，它使生产规模具有巨大的、突然跳跃式的膨胀力和收缩力。而这种膨胀力和收缩力在农业、牧业及工场手工业为主的社会中是不具有的。因为农业、牧业和工场手工业，其生产规模的扩张和技术的进步比较缓慢。特别是农牧业，其生产过程的周期较长，并且在很大程度上受自然条件的影响，不可能像机器大工业的生产那样能够在较短的时间内大规模地、突然跳跃式地膨胀和收缩。在机器大工业生产的基础上，产生了现代的经济周期波动。当然，经济体制、经济总量规模、生产力发展水平和产业结构等一系列经

---

① 马克思：《资本论》第一卷，人民出版社 1975 年版，第 694 页。
② 同上书，第 133 页。

济体系的内在因素，以及政府的宏观调控政策、重大的科技进步、国际经济动荡、严重自然灾害等一系列外在的冲击因素，都会给经济周期波动带来影响，使每一轮波动或不同时期的波动具有不同的特点。正如美国著名经济学家萨缪尔森所说的那样："没有两个经济周期是完全一样的。但它们有许多相似之处。虽然不是一模一样的孪生兄弟，但可以看得出它们属于同一家族。"①

新中国在 20 世纪 50 年代初期完成了国民经济恢复之后，从 1953 年起开始大规模的经济建设，进入工业化历程，由此也开始了马克思所说的"现代工业特有的生活过程"——社会生产的扩张与收缩、一起一伏的相互交替运动。中国经济的波动，以 GDP 增长率为代表，从 1953—1998 年的 46 年中，按照"谷—谷"法划分，共经历了如下 9 轮波动（见图 1 和表 1）：第 1 轮波动：1953—1957 年，历时 5 年；第 2 轮波动：1958—1962 年，历时 5 年；第 3 轮波动：1963—1968 年，历时 6 年；第 4 轮波动：1969—1972 年，历时 4 年；第 5 轮波动：1973—1976 年，历时 4 年；第 6 轮波动：1977—1981 年，历时 5 年；第 7 轮波动：1981—1986 年，历时 5 年；第 8 轮波动：1987—1990 年，历时 4 年；第 9 轮波动：1991—1998 年，历时 8 年（其中，在第 1 轮和第 5 轮波动中，包含有两个较小的波动；因 1999 年尚未过完，本文的考察均截至 1998 年）。

以上第 1—8 轮波动，平均每轮波动的时期长度为 4.75 年，而第 9 轮波动为 8 年，这一问题我们暂且存而不论。现在，先让我们以 1978 年为界（见图 2），考察一下改革前后中国经济波动所呈现出的不同特点。这主要表现在以下四个方面：

1. 峰位。这是指每轮波动内波峰年份的经济增长率。它表明每轮波动的高度，亦即每轮波动中经济扩张的强度。但如果峰位过高，扩张过强，往往会导致其后的波谷过深；而如果峰位过低，扩张微弱，则表明经济增长乏力。每轮波动内的峰位均以适度为好。改革前共有 5 轮半波动，其平

① ［美］保罗·A. 萨缪尔森、威廉·D. 诺德豪斯：《经济学》，中国发展出版社 1992 年版，第 313 页。

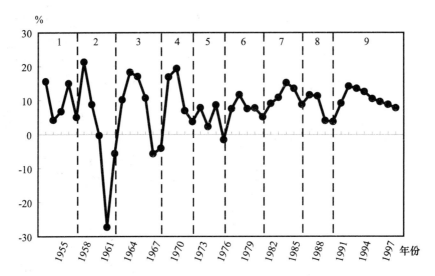

**图1　中国经济增长率的 9 轮波动（1953—1998 年）**

资料来源：历年《中国统计年鉴》。

表1

### 中国经济的增长与波动

| 波动序号 | 年　份 | GDP 增长率（%） | 波动序号 | 年　份 | GDP 增长率（%） |
|---|---|---|---|---|---|
| | 1953 | 15.6 | | 1977 | 7.6 |
| | 1954 | 4.2 | | 1978 | 11.7 |
| 1 | 1955 | 6.8 | 6 | 1979 | 7.6 |
| | 1956 | 15.0 | | 1980 | 7.8 |
| | 1957 | 5.1 | | 1981 | 5.2 |
| | 1958 | 21.3 | | 1982 | 9.1 |
| | 1959 | 8.8 | | 1983 | 10.9 |
| 2 | 1960 | − 0.3 | 7 | 1984 | 15.2 |
| | 1961 | − 27.3 | | 1985 | 13.5 |
| | 1962 | − 5.6 | | 1986 | 8.8 |
| | 1963 | 10.2 | | 1987 | 11.6 |
| | 1964 | 18.3 | 8 | 1988 | 11.3 |
| 3 | 1965 | 17.0 | | 1989 | 4.1 |
| | 1966 | 10.7 | | 1990 | 3.8 |

续表

| 波动序号 | 年　份 | GDP 增长率（%） | 波动序号 | 年　份 | GDP 增长率（%） |
|---|---|---|---|---|---|
| | 1967 | － 5.7 | | 1991 | 9.2 |
| | 1968 | － 4.1 | | 1992 | 14.2 |
| | 1969 | 16.9 | | 1993 | 13.5 |
| 4 | 1970 | 19.4 | | 1994 | 12.6 |
| | 1971 | 7.0 | 9 | 1995 | 10.5 |
| | 1972 | 3.8 | | 1996 | 9.6 |
| | 1973 | 7.9 | | 1997 | 8.8 |
| 5 | 1974 | 2.3 | | 1998 | 7.8 |
| | 1975 | 8.7 | | | |
| | 1976 | － 1.6 | | | |

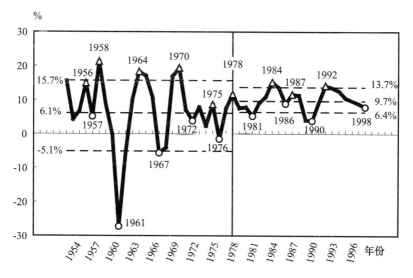

图2　中国经济增长率波动曲线（1953—1998 年）

均峰位即各波峰年份（1956 年、1958 年、1964 年、1970 年、1975 年、1978 年）经济增长率的平均值为 15.7%（见图 2 中最上方的水平虚线）；改革后共有 3 轮半波动，其平均峰位（1984 年、1987 年、1992 年）为13.7%，比改革前下降了 2 个百分点。这说明，改革后中国经济的增长在一定程度上减少了盲目扩张性。

2. 谷位。这是指每轮波动内波谷年份的经济增长率。它表明每轮波动的深度，亦即每轮波动中经济收缩的力度。谷位的状况也称作波动的性质。波动的性质有两类：如果谷位为负，即波谷年份的经济增长率为负值，GDP 出现绝对量的下降，称作古典型波动；如果谷位为正，即波谷年份的经济增长率为正值，则称为增长型波动。改革前的波动以古典型为主，改革后均转变为增长型。改革前的平均谷位，即各波谷年份（1957年、1961 年、1967 年、1972 年、1976 年）经济增长率的平均值为 -5.1%（见图 2 中最下方的水平虚线）；改革后的平均谷位（1981 年、1986 年、1990 年、1998 年）为 6.4%，比改革前上升了 11.5 个百分点。改革前后相比较，谷位的上升极为显著。这说明，改革后中国经济的增长增强了抗衰退力。

3. 平均位势。这是指每轮波动内各年度平均的经济增长率。它表明每轮波动总和的经济增长水平。改革前 1953—1978 年，GDP 年均增长率为 6.1%（见图 2 中位于中间的水平虚线）；改革后 1979—1998 年为 9.7%，比改革前上升了 3.6 个百分点。这说明，改革后中国经济的总体增长水平有了很大的提高。

4. 波幅。这是指每轮波动内经济增长率上下波动的幅度。它表明每轮波动中高低起伏的剧烈程度。波幅可分为上升期波幅与下落期波幅。上升期波幅是指前一轮波谷与本轮波峰之间的离差；下落期波幅是指本轮波峰与本轮波谷之间的离差。改革前的上升期波幅平均为 19.3 个百分点，改革后为 7.7 个百分点，减少了 11.6 个百分点；改革前的下落期波幅平均为 21.7 个百分点，改革后为 6.8 个百分点，减少了 14.9 个百分点。改革前后相比较，波幅的减小极为明显。这说明，改革后中国经济的增长增强了稳定性。

## 二　第 9 轮波动：三大转换的交叠重合

现在我们回过头来看第 9 轮波动。其波动的时间长度为 8 年，比前 8轮的波动期均长，在经济增长率的下落期由过去的平均 2.5 年，延长至 6

年。在这一轮波动中，1991—1992 年为上升期，1993—1998 年为下落期。其中，1993—1996 年，中国经济的运行成功地实现了"软着陆"①。随后，中国经济的增长与波动又呈现出了新的特点，这就是：其一，在亚洲金融危机和国际金融动荡的世界大背景下，中国经济仍保持了较快的增长，既没有出现亚洲一些国家和地区那样严重的负增长，也没有重蹈我国历次波动中经常出现的"大起大落"的覆辙；其二，经济增长率虽处于较高的位势（7% 以上），但已出现了连续几年的下滑。

那么，为什么"软着陆"之后经济增长率继续下滑，或者说，为什么"软着陆"之后经济增长率的启动和回升难度加大？这是因为近几年来我国经济的运行出现了一系列的新情况和新问题。除了东亚金融危机、国际金融动荡以及世界范围内的经济结构调整等国际因素的影响以外，就国内因素来看，归纳起来，可以这样说，我国经济运行正处于体制转轨的深化期、长时间高速增长后的调整期、由全面短缺到阶段性买方市场的转变期这三者交叠重合的时期，或者说是体制背景转换、增长态势转换、市场环境转换这三大转换交叠重合的时期。

### （一）体制转轨的深化期

经济的波动在向上转折时与向下转折时，即启动时和刹车时具有不对称的特点。在原有的计划经济体制下和体制转轨初期，是"启动容易刹车难"；而在经济体制改革有了实质性的深化，市场机制的作用日益增强的情况下，则是"刹车容易启动难"。

为什么在原有的计划经济体制下和体制转轨初期"启动容易刹车难"？这主要是因为资金约束软化。经济体制改革之前和改革之初，投资为"财政主导型"，并且财政资金的使用是无偿的。20 世纪 80 年代中期，经过初步改革，国有企业实行了固定资产投资的"拨改贷"和流动资金的"全额信贷"，投资转为"金融主导型"。但银行资金名义上是有偿使用的，而实际上则是"借钱可以不还"，即银行担当了"二财政"或"准财政"的角色，投资由过去的"吃财政的大锅饭"转向"吃银行的大锅

---

① 参见刘国光、刘树成《论"软着陆"》，《人民日报》1997 年 1 月 7 日，第 9 版。

饭"。这样，每当经济需要启动时，只要一注入资金，一放松银根，各地区、各部门、各国有企业都会争先恐后地去争夺资金，经济一启就动。而当需要刹车时，各地区、各部门、各国有企业都不愿意立即罢手，唯恐先刹车者吃亏。整个经济的高速扩张，直到难以为继时才不得不急刹车。这就是说，在原有体制下，资金的闸门易开不易关。从新中国成立以来历次的启动看，每次启动伊始，经济增长率在年度之间的上升跳跃非常大。1954—1992 年，经济增长率的上升年份共 17 年（见表 1）。在这 17 年中，经济增长率年度之间的上升跳跃在 3 个百分点以下的年份，即微幅上升的年份，只有 4 年，占全部经济增长率上升年份的 24%；而经济增长率年度之间的上升跳跃在 3 个百分点及其以上的年份，多达 13 年，占 76%，其中，经济增长率年度之间的上升跳跃在 5 个百分点及其以上的年份，即强幅上升的年份，就有 9 年，占全部经济增长率上升年份的 53%。这就形成了原有体制下的投资饥渴、盲目扩张冲动和经济波动的大起大落。

为什么在市场机制的作用日益增强的情况下"刹车容易启动难"？美国著名的研究经济波动问题的学者哈伯勒曾指明了市场经济下的这种不对称特点。他说："通过银行方面的限制信用，总是可以使扩张由此停顿、收缩过程由此开始的。但是单单凭了使信用代价低廉和供额充裕的办法，却不一定能使收缩迅速遏止。……由此可见，在高潮转折点与低潮转折点之间，存在着某种参差情况，对向上转折进行解释时所采取的方式，跟对向下转折时所采取的，应有所不同。"①在市场机制起作用的情况下，之所以"刹车容易启动难"，主要是因为资金约束硬化，一是借钱必须要还，二是投资必须考虑赢利。当经济波动处于波谷阶段时，投资前景不被看好，不论是银行放贷还是企业借款，都必然要谨慎行事。而当经济扩张需要刹车时，企业和银行都唯恐刹车不及而吃亏。这就是说，在市场机制下，资金的闸门易关不易开。

就中国目前的情况来说，在"软着陆"的过程中和"软着陆"之后，

---

① ［美］哈伯勒：《繁荣与萧条——对周期运动的理论分析》，朱应庚等译，商务印书馆 1988 年版，第 406 页。

特别是受东亚金融危机的警示，我国金融领域的市场化改革加速深化，由此，使资金约束由软变硬。资金约束的硬化，一方面，消除了长期以来投资饥渴和盲目扩张冲动的体制基础，对于抑制经济波动的大起大落具有深远的、积极的意义；另一方面，也存在着一下子还不适应的情况。这包括三个方面的不适应：（1）企业的不适应。一是企业吃惯了"财政的大锅饭"和"银行的大锅饭"，一时还不适应"借钱必须要还"的硬约束；二是国有企业的历史债务包袱很沉重，一时还不能轻装上阵；三是企业还没有建立起与经济效益、风险责任相对应的激励机制，企业作为独立的投资主体尚未成熟。加之经济增长率的连续下滑和通货紧缩，使投资缺乏赢利的好前景，使企业出现"惜借"的倾向。（2）银行的不适应。一是银行当惯了不负盈亏的"出纳"，尚未形成积极主动地去追寻和判断哪些投资项目能赢利的能力；二是银行亦有沉重的不良债权的包袱；三是银行也还没有建立起与经济效益、风险责任相对应的激励机制，银行作为商业性的经营主体也尚未成熟，加之投资的前景不被看好，使银行出现"惜贷"的倾向。（3）资本市场正在发育的过程中，远未成熟，因而直接融资渠道还很狭窄。

综合以上分析，本来在市场机制起作用的情况下就存在着"刹车容易启动难"的不对称特点，加之我国的资金约束刚刚开始硬化，这次"软着陆"之后的启动是我国在市场化改革特别是金融领域改革有了实质性的深化，但整个市场机制尚未成熟的背景下的第一次启动，各方面都需要一个适应与完善的过程，这就更加大了启动的难度。由此，我们所得到的政策启示是：在我国目前的体制条件下，单靠降低利率和放松银根的手段，或由财政力撑整个的启动，都是难以奏效的。要使经济稳健地回升，必须通过进一步深化国有企业改革和金融体制改革，促进社会主义市场经济所需要的微观主体的成熟。其中，特别是要激活社会与民间的投资积极性，激活中小企业的投资积极性。

**（二）长时间高速增长后的调整期**

中国 GDP 的年均增长速度，改革前的 1953—1978 年 26 年里，为 6.1%；改革后，1979—1990 年的 12 年中，高达 9%；1991 年到"软着

陆"成功之前的 1995 年，即"八五"时期，更高达 12%；1979—1998 年
这 20 年中，为 9.7%。改革开放以来，伴随着我国经济长时间的高速增
长，必然会逐渐累积下来某些经济结构的失衡，其中，最值得重视的是社
会总产品最终使用结构的失衡，即积累与消费的比例关系的失衡。

　　社会总产品的最终使用结构，主要是指在国内生产总值中资本形成与
最终消费各自所占的比重，即资本形成率与最终消费率的比例关系。这一
比例关系是社会再生产能否顺畅运行的最基本、最综合的比例关系，是比
其他的结构问题（如供给面的产业结构、产品结构，需求面的消费结构、
投资结构等）层次更高或更具基础性的结构问题。[①]在投资效益为一定的情
况下，长期而高速的经济增长，必然依托着高的资本形成率，相对应的就
是低的最终消费率。如果资本形成率过高，而最终消费率过低，则会引起
社会总产品最终使用结构的失衡，造成消费市场相对狭小，从而使投资失
去目标，整个社会再生产不能正常运行。

　　图 3 给出了我国按 1952 年不变价计算的 1952—1996 年最终消费率、
资本形成率、净出口和误差率三条曲线。从中我们看到，最终消费率从
1981—1996 年呈现出下降趋势，在 1981 年为 61.2%，1996 年下降为
51.4%，下降了 9.8 个百分点。需要说明的是，在长时间的高速增长
中，最终消费的绝对额是在不断扩大的，而我们这里所说的是最终消费
在 GDP 中所占的相对份额的缩小。与此相对应的是，1981—1996 年，
资本形成率平均高达 41%，特别是 1993 年、1994 年、1995 年，更分别
高达 42%、43%、45%。图 4 和图 5 给出了根据世界银行资料所绘出的
1962—1996 年中国、韩国、泰国、日本的总消费率（含统计误差率）、
国内总投资率曲线。与我们的周边国家相比，韩国和泰国的总消费率也
是长期呈下降的趋势，而它们的总投资率也长期呈上升的趋势。这表
明，中国和韩国、泰国一样，同属于"高投资率、低消费率"的增长模
式。但是韩国的总消费率在 1988 年降到 61% 之后，逐渐有了一个上升
趋势；泰国的总消费率在 1991 年下降到 64% 之后，也保持了一个平稳

---

　　① 参见王洛林、刘树成、刘溶沧《进一步启动经济应着眼于提高最终消费率》，《经济参考报》
1999 年 3 月 10 日；《论如何进一步启动经济》，《财贸经济》1999 年第 4 期。

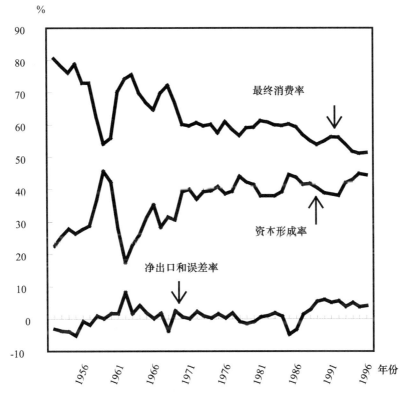

**图 3　中国最终消费率、资本形成率、净出口率曲线**

资料来源：按 1952 年不变价的计算，使用了最终消费指数和资本形成总额指数。这两个指数源于中国国家统计局国民经济核算司编《中国国内生产总值核算历史资料》，东北财经大学出版社 1997 年版。

的态势；而我国的总消费率却一直下降到 1996 年的 56%。这在世界各国已属极低的总消费率了。根据世界银行所列出的有关国家的资料，1996 年，总消费率最低的是新加坡（49.5%），中国略高于新加坡，而低于马来西亚（58.1%）、泰国（64.7%）、韩国（65.8%）、印度尼西亚（66.8%）。日本曾在 1965—1970 年呈现出"高投资率、低消费率"的增长态势，这期间，日本的国内总投资率由 31.88% 上升到 39.02%，总消费率由 66.72% 下降到 59.7%。但随后其国内总投资率呈下降趋势，总消费率呈上升趋势。

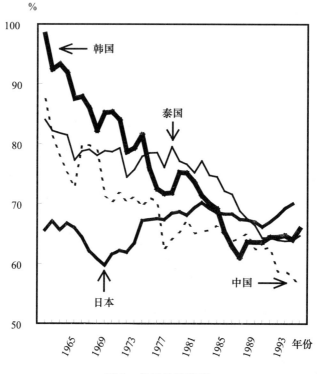

**图4　各国总消费率**

资料来源：中国经济信息网。

　　为了恢复社会总产品最终使用的正常比例关系，就需要有一个调整过程。在调整过程中，经济增长速度会暂时降低一些，但会为今后的稳健增长打下良好的基础。在这个调整过程中，要求提高投资效益，控制和降低资本形成率（注意：不是降低投资绝对额），提高最终消费率，以打开国内消费市场，为投资的复活创造空间。由此，我们可得到的政策启示是：为了提高最终消费率，一方面，从收入角度入手，提高城镇中低收入者的收入和农民的可支配收入；另一方面，从支出角度入手，尽快建立有利于降低居民支出预期的社会保障体系，以激活现有的储蓄。

**（三）由全面短缺到阶段性买方市场的转变期**

　　改革开放以来我国经济长时间的高速增长，也必然使综合国力大为增

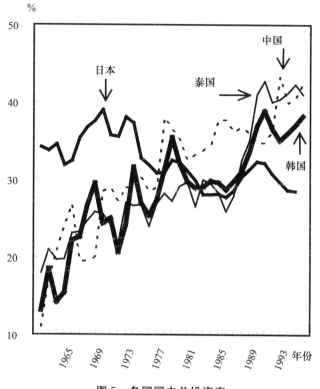

图5　各国国内总投资率

资料来源：中国经济信息网。

强。我国基本改变了过去长期存在的商品短缺状况，出现了阶段性、结构性、区域性的供大于求的买方市场局面，这是一项具有根本性、历史性意义的重大转变。

　　所谓"阶段性"的供大于求是指，一方面，我国人均 GDP 尚处于 800 美元左右的世界低收入国家水平，这时的供大于求还只是低收入阶段上的买方市场；另一方面，当前的供大于求是在居民现有和预期收入水平以及现有和预期支出水平上，仅在一般的"吃、穿、用"消费达到阶段性饱和的情况下出现的；再一方面，当前的供大于求是在经济波动处于波谷阶段时出现的。

　　所谓"结构性"的供大于求是指，一方面，当前的供大于求是在过去高速增长过程中盲目投资、重复建设因而一部分生产能力过剩而形成的；另一方面，在"吃、穿、用"本身由低档次向高档次的升级中，在由"吃、穿、用"低层次向"住、行"高层次的升级中，在由商品性消费向服务性消费的升级中，以及在由一般性产品向高质量、多品种、高科技含量和高附加值产品的升级中，供给结构的变化还不适应需求结构的变化，不适应市场激烈竞争的需要，还远远未达到全面的供大于求的状况。

所谓"区域性"的供大于求是指，适合于在城镇使用的一般性消费品虽然出现了饱和现象，但适合于在农村使用的一般性消费品还由于农民收入的限制以及供给方面、服务方面的诸多原因尚没有被满足。

阶段性买方市场的形成，给经济的启动带来了相当的难度，一方面经济增长速度不会再像过去严重短缺条件下那样高，而另一方面经济增长方式则要求由数量型扩张转向质量型、效益型提高。由此，我们得到的政策启示是：要想在供给面有所突破，就必须依靠技术进步与知识创新，推进产业结构、产品结构的调整和升级。同时，在居民收入水平不断上升但尚未达到一个更高、更富裕水平的阶段，大力发展第三产业是既可推进经济增长，又可解决社会就业问题的重要途径。

# 三　中国经济未来增长与波动的态势

如上所述，近年来，我国经济运行的国内外环境已经发生了一系列深刻的、重大的变化。但与此同时，我们不应忘记，还有一些长期性的重要因素尚未发生变化，或尚未发生根本性的变化。这主要是：（1）基本发展因素。目前，我国人均 GDP 水平仍很低，仍属于世界低收入国家，我国经济的发展仍处于工业化和现代化的进程之中。（2）城乡二元结构与就业因素。到目前，我国的工业化进程推进得较快，而城市化进程则推进得较慢，大量劳动力还附着在农村，城乡二元结构的矛盾很突出。大量农村劳动力需要转移和城镇下岗职工的增多，给经济增长既带来了压力，又带来了动力。（3）地域因素。我国地域辽阔，有着巨大的、潜在的国内市场，产业结构的梯度推移有着广阔的空间。以上这些因素，是促使中国经济在 21 世纪初叶仍能保持一个较快增长的因素。我们必须坚持邓小平所提出的

"发展才是硬道理"的根本指导思想①，以改革促发展，在发展中进行调整，靠发展来解决前进中的各种困难。

在发展的总前提下，未来几年内，我国经济增长率的波动有可能出现一种微波化的新态势，即"缓起缓落"、"长起短落"。在 1953—1990 年的前 8 次波动中，波动的轨迹总起来说还表现为"大起大落"和"短起短落"。"大起大落"是指在波动的空间幅度方面，峰位很高，谷位很低，改革之后的 1981 年、1990 年的两次波谷，其谷位仍然偏低（分别为 5.2% 和 3.8%）；"短起短落"是指在波动的时间长度方面，上升期很短，下落期亦很短。而在 1991—1998 年的第 9 轮波动中，波动轨迹有新变化。一是由过去的"大起大落"变为"大起缓落"，峰位仍很高，但谷位已上升；二是由过去的"短起短落"变为"短起长落"，上升期很短，下落期延长。总结我国自己的历史经验教训和借鉴各国的经验教训，在跨世纪的未来几年中，我国经济的增长与波动应努力实现一个新的良好轨迹：一是由过去的"大起大落"和"大起缓落"转变为"缓起缓落"，使过去那种峰谷反差鲜明、年度间起伏很大的波动，变形为峰谷模糊、年度间起伏较小的波动；二是由过去的"短起短落"和"短起长落"转变为"长起短落"，使景气上升期延长，下落期缩短。

我们注意到，20 世纪 80 年代以来，美国的经济波动出现了微波化的新趋势。第二次世界大战后，在美国经济波动的历程中，已出现过三次较长的景气繁荣期。第一次是 1961 年 2 月—1969 年 12 月，历时 106 个月（8.8 年）；第二次是 1982 年 11 月—1990 年 7 月，历时 92 个月（7.7 年）；第三次是 1991 年 4 月—1999 年 10 月，已历时 103 个月（8.6 年），目前仍保持着一定的增长态势。特别是后两次景气繁荣期，中间只相隔了很短的几个月，连续起来看，这两次景气繁荣期从 1982 年 11 月—1999 年 10 月，共延续了 17 年。根据美国学者史蒂文·韦伯（Steven Weber）的分析②，美国经济的微波化主要得益于当代经济的 6 个因素的变化：一是生产的全球化。它使供求之间的联系跨越了国界，而在全球范围内连通起

---

① 《邓小平文选》第三卷，人民出版社 1993 年版，第 377 页。

② Steven Weber, "The End of the Business Cycle?", "*Foreign Affairs*", July / August, 1997.

来。二是金融的全球化。它使资本跨国流动，使资金来源更加多样化。三是就业性质的变化。在就业的产业分布上，由制造业向服务业转移；在就业方式上，由终身性就业向时段性就业转变。从而，减缓了就业的波动。四是政府政策的变化，即更有力地推行了市场自由化的政策。五是世界新兴市场的迅速发展。亚洲等新兴市场国家经济的迅速发展，产生了巨大的需求，提供了广阔的市场。六是信息技术的迅猛创新，大大加快了信息传输的速度，提高了信息的质量，使企业的经营决策更加科学化；特别是先进的信息技术系统使企业建立起严密的供给链，将产品的供给和市场需求更加紧密地衔接起来，大大减少了供求在时空上的脱节，减少了库存变化对整个生产的冲击。

当然，经济波动的微波化并不等于经济运行将会进入无波动状态。当美国经济在 20 世纪 60 年代处于第二次世界大战后的第一次长期景气繁荣时，曾经流行过一本书，名叫《经济周期过时了吗?》，作者的观点是肯定的。然而，接踵而来的便是 1970 年、1974—1975 年、1980 年、1982 年的四次经济衰退。在 20 世纪 90 年代的这次长期景气繁荣中，史蒂文·韦伯又以《经济周期结束了吗?》为题撰写文章，然而，他的回答并不是说经济的周期波动已不复存在，而是说将趋向微波化。这一结论是可信的，而且未来中国的经济波动也将印证这一点。

（原载《中国社会科学》2000 年第 1 期，创刊二十周年纪念专号）

# 美国"新经济"

## ——菲利普斯曲线的变形及其启示

通货膨胀率、失业率、经济增长率，是各国政府实施宏观调控的三个重要监测指标。表明通货膨胀率与失业率（或经济增长率）之间变动关系的曲线，就是菲利普斯曲线。半个世纪以来，通货膨胀率与失业率（或经济增长率）之间的变动关系，成为各国政府宏观调控的重要内容；而菲利普斯曲线及其变形问题，成为宏观经济学探讨与争论的核心问题之一。20世纪90年代以来，美国经济出现了二战后的第三次持续增长趋势，一些美国经济学家称之为进入了"新经济"时代。在"新经济"下，出现了低通胀与低失业（或高增长）并存的局面，也就是菲利普斯曲线发生了新的变形。这一变形，向传统的宏观经济理论提出了新的挑战。由此，又引起了学术界的广泛关注和热烈讨论。这一情况，也给中国经济的宏观调控带来了一些有益的启示。

现在，我们来研究一下20世纪60年代以来美国菲利普斯曲线的演变过程。

1961年2月至1969年12月，是美国二战后的第一次长期繁荣，历时106个月。这一时期，美国的菲利普斯曲线呈现出经济扩张期内标准的或典型的形式。传统的凯恩斯主义借此提出了通货膨胀率与失业率之间存在着负相关关系，即失业率下降与通货膨胀率上升，或通货膨胀率下降与失业率上升的替换关系。图1绘出了1961—1969年美国的菲利普斯曲线。[①]图1中，纵轴为通货膨胀率，横轴为失业率。图中各圆点为各年份通货膨

---

① 图1—图3资料来源：通货膨胀率以城市消费价格上涨率代表，美国" Economic Report of President"，1999，第395页；失业率，美国" Economic Report of President"，1999，第376页。

胀率与失业率的位置。将 1961—1969 年的各圆点连接起来，就是一条经济扩张期典型的菲利普斯曲线，我们同时用带箭头的直线 A 来示意。从图1 看到，这一时期，随着美国经济的持续增长，失业率从 1961 年的 6.7%下降到 1969 年的 3.5%，而通货膨胀率却从 1% 上升到 5.5%，也就是低失业与高通胀并存。这一时期，是凯恩斯主义的鼎盛时期，美国政府在宏观调控中采取的是凯恩斯主义的扩大总需求政策，包括扩张性的财政政策与扩张性的货币政策。采取这一政策的结果，一方面是维持了经济的较长时间的增长，失业率下降；另一方面却带来了通货膨胀率的上升。

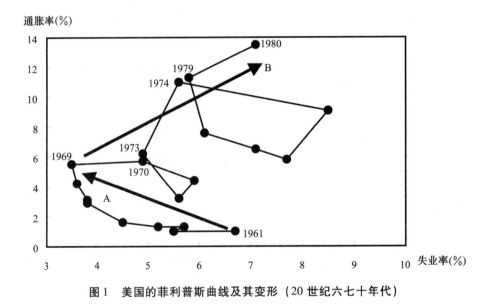

图1　美国的菲利普斯曲线及其变形（20 世纪六七十年代）

从 20 世纪 70 年代初开始，由于 60 年代长期扩大总需求而形成了全社会的通货膨胀预期，并加之 1973—1975 年和 1978—1981 年两次石油危机的供给冲击，菲利普斯曲线发生了变形，由 60 年代的低失业与高通胀的组合，变形为 70 年代的高通胀与高失业的组合，即由原来的低失业与高通胀的替换关系，变形为高通胀与高失业并存，即"滞胀"并存的恶性关系。由此，使凯恩斯主义受到极大的挑战，并随后退出了主导地位。从图1 看到，1969—1980 年，通货膨胀率由 5.5% 上升到 13.5%，而失业率也从 3.5% 上升到 7.1%。图 1 中，我们用带箭头的直线 B 来表示菲利普斯曲线的这种恶性变形。

80 年代初，为抑制不断攀升的通货膨胀，美联储采取了严厉的紧缩性货币政策，由此使通货膨胀率下降，而失业率上升，菲利普斯曲线在向下的方向上回复到负相关的替换关系。但这次不是低失业与高通胀的替换关系，而是低通胀与高失业的替换关系。从图 2 看到，1980—1983 年，通货膨胀率由 13.5% 下降到 3.2%，而失业率却从 7.1% 上升到 9.6%。图 2 中，我们用带箭头的直线 C 来表示经济收缩期内标准的菲利普斯曲线。1984—1989 年，菲利普斯曲线在向上的方向上回复到原有的替换关系，即直线 A 的标准形式。图 2 显示，通货膨胀率由 1983 年的 3.2% 上升到 1989 年的 4.8%，而失业率则由 9.6% 下降到 5.3%。在 80 年代中，从 1982 年 11 月到 1990 年 7 月，是美国二战后的第二次长期繁荣，历时 92 个月。这一时期，美国政府主要采取的宏观调控政策，是供给学派以减税和放松政府管制来刺激民间投资及民间消费为特征的扩张性财政政策，与先是紧中有松、后是松中有紧的货币政策的相结合。

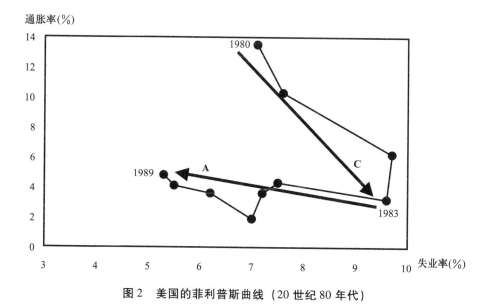

图 2　美国的菲利普斯曲线（20 世纪 80 年代）

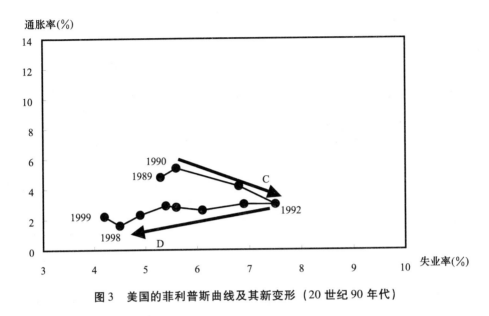

**图3    美国的菲利普斯曲线及其新变形（20世纪90年代）**

　　90年代初，为抑制重新抬头的通货膨胀，美联储再次采取紧缩性货币政策，菲利普斯曲线再次表现为标准的直线C的替换关系，即通货膨胀率下降与失业率上升相组合。图3显示，从1990年到1992年，通货膨胀率由5.4%下降到3%，而失业率由5.6%上升到7.5%。从1993年开始，克林顿政府采取的是以削减财政赤字为特征的紧缩性财政政策与可调节的货币政策相结合的宏观调控政策。一方面，削减财政赤字可减少政府从市场上的融资，从而保证了市场上的货币供应量，这有利于降低利率，刺激民间投资和民间消费，保持经济的增长；另一方面，美联储又密切监控物价的动态，以利率为杠杆，防止通货膨胀的上升。加之80年代的供给学派政策有利于促进高科技的迅速发展，经济全球化进程的加快和1997年发生的亚洲金融危机又降低了世界商品价格，在这些种种条件的综合作用下，美国出现了低通胀与低失业并存的新局面，即菲利普斯曲线发生了新的良性变形。从1992—1998年，通货膨胀率由3%进一步下降到1.6%的低水平，失业率亦由7.5%下降到4.5%的低水平，打破了"低失业与高通胀相组合"、"高通胀与高失业相组合"及"低通胀与高失业相组合"的历史纪录，实现了所谓"没有通货膨胀的经济增长"。图3中，用带箭

头的直线 D 来表示这种良性变形的菲利普斯曲线。在 90 年代中,从 1991
年 4 月到 2000 年 2 月,是美国二战后的第三次长期繁荣,历时 107 个月,
成为美国自 1854 年有专门的周期波动记录以来,最长的一次经济扩张。

当前,美国经济的这种增长态势还能持续多久,国际学术界存在着不
同的看法。但不管怎样,美国经济的这次长时间增长可以给我国经济的宏
观调控带来一些重要启示。其中,值得提及的两点是:一者,要将扩大需
求面与改善供给面(特别是促进高科技的发展)相结合;二者,"适度的
低通胀"只是采取严格的"控制通胀政策"的结果,而不是采取"适度
通胀政策"的结果。当经济增长进入上升期后,具有内在的通胀之势。为
了保证经济的持续增长,必须采取"控制通胀政策",而不能采取"适度
通胀政策"。若采取"适度通胀政策",就会给经济扩张期内在的通胀之
势火上浇油,得到的结果将是更加严重的通货膨胀。这里的因果关系必须
弄清。正如美联储主席格林斯潘所指出的,保持经济繁荣的最主要因素是
稳定的低通胀率,而美联储的重要任务是控制通货膨胀。

(原载《新经济》2000 年第 3—4 期)

# 2003—2004 年中国经济走势分析

## 一 2003 年中国经济增长的特点

2003 年，中国经济增长有两个标志性的特点：一个是从经济总量和人均量看；另一个是从经济增长率看。

### （一）从经济总量和人均量看

我国国内生产总值（GDP）从 1978 年的 3600 亿元，经过 20 世纪 80 年代改革开放初期七年的努力，到 1985 年达到 1 万亿元的水平；又经过五年努力，到 1990 年达到 2 万亿元；20 世纪 90 年代中期以后每年不断提高，达到 3 万亿元、4 万亿元、5 万亿元、……直到 2002 年达到 10 万亿元的水平；2003 年，又达到了 11 万亿元的规模（见图 1）。据国际货币基金组织（IMF）最新公布的统计数据，2003 年我国经济总量（GDP）居世界第 7 位。居前十位的国家分别是美国、日本、德国、英国、法国、意大利、中国、加拿大、西班牙和墨西哥。

从我国人均 GDP 看，20 世纪 80 年代初一直到 1987 年，始终停留在 300 美元以下（见图 2）。1984 年，我国人均 GDP 是 297 美元（按当年汇率计算）。在这一年，邓小平同志两次讲话提出："现在中国还很穷，国民生产总值人均只有三百美元。我们的目标是，到本世纪末人均达到八百美元。八百美元对经济发达国家来说不算什么，但对中国来说，这是雄心壮志。"（1984 年 5 月 29 日，《邓小平文选》第三卷，第 57 页）

"我们提出四个现代化的最低目标，是到本世纪末达到小康水平。这是 1979 年 12 月日本前首相大平正芳来访时我同他首次谈到的。所谓小

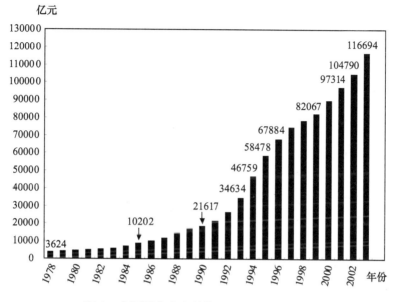

图 1    中国国内生产总值（1978—2003 年）

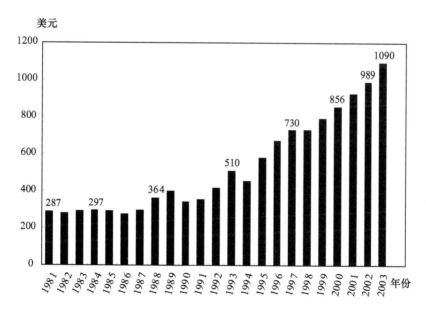

图 2    中国人均国内生产总值（1981—2003 年）

康，从国民生产总值来说，就是年人均达到八百美元。"（1984 年 6 月 30 日，《邓小平文选》第三卷，第 64 页）

经过改革开放二十余年的努力，到 2000 年，我国人均 GDP 达到了 856 美元（按当年汇率计算），实现了邓小平同志改革开放之初的伟大战略构想。到 2003 年，我国人均 GDP 又突破了 1000 美元，达到 1090 美元（按当年汇率计算），跨上了一个重要台阶。

世界银行在每年发布的《世界发展报告》中，把各个国家和地区分成低收入、中等收入、高收入三类，中等收入又分成下中等、上中等。按世界银行的汇率计算方法，1988 年，人均国民生产总值（GNP）在 545 美元以下的，为低收入国家。当年，我国人均 GNP 为 330 美元，属于低收入国家。1999 年，人均 GNP 在 756 美元以上的为下中等收入国家。当年，我国人均 GNP 为 780 美元，开始进入下中等收入国家的行列；在当年世界 206 个国家和地区中，我国排名第 140 位。虽然我国人均收入水平与过去相比有了显著的提高，但是在整个世界行列里还是较落后的，我们未来的发展路道路程还很长。

人均 GDP 超过 1000 美元是一个重要的台阶，标志着一个国家的经济发展进入了一个非常重要的时期。主要从两方面看：一方面，这可能是一个发展的黄金时期。消费结构升级，产业结构随之升级，工业化和城镇化进程加快。有可能在一个较长的时期内使国民经济继续快速增长。但另一方面，也可能是一个经济、社会矛盾凸显的时期。随着经济总量的不断扩大，消耗的资源也随之增加，资源约束的矛盾将更加突出；社会结构也会发生深刻的变化，特别是随着收入分配差距的拉大，各种利益集团之间的摩擦就可能加剧。因此，在一个国家人均 GDP 达到 1000 美元这个台阶之后，可能会出现两种发展前景：一种是，抓住机遇，使经济平稳较快地发展并逐步走向现代化；另一种是，如果处理不好上述矛盾，经济就可能在一段时间内停滞不前，甚至导致社会的动荡，很多拉美国家就是这样。

综上所述，2003 年我国经济增长的第一个特点，就是人均 GDP 超过 1000 美元。它显示出两个含义：一是表明中国经济增长的一个长期趋势，即我国经济仍可保持一个较长时期的快速增长。改革开放以来，我国经济保持了 9% 的增长。从现在到 2020 年，甚至更长的时间，还可以保持一个较快增长的发展趋势。至于经济增长速度以多快为宜，可以进一步探索。党的十六大提出的到 2020 年要全面建设更高水平的小康社会，国内生产总值比 2000 年翻两番经济要求每年保持 7.2% 的目标增长速度。我们的发展空间还很大。二是要特别注重经济社会的全面协调发展，防止出现经济越发展社会矛盾反而越突出的局面。2003 年 10 月党的十六届三中全会适时提出了科学发展观。

### （二）从经济增长率看

2003 年，我国经济增长率（GDP 增长率）达 9.1%。回顾 20 世纪 90 年代以来的情况，1990 年，经济增长率正好处于一个低谷期，为 3.8%（见图 3）；经过 20 世纪 80 年代改革开放初期十余年的快速增长，我国经济处于一个调整期。1991 年经济增长率回升到 9.2%，进入了新一轮经济周期的上升阶段。在这种态势下，1992 年年初，邓小平同志的南方谈话，为我国改革开放和现代化建设事业打开了一个新的局面。但由于当时我国改革开放才十来年，原有的计划经济体制还没有根本转型，原有体制下的投资饥渴、急于求成、层层片面追求高速度等弊端还没有克服。在这种情况下，经济增长很快冲出 10%，达到 14.2% 的高峰，煤电油运和重要原材料的供给全线紧张，金融秩序混乱，明显出现了经济过热。1993 年上半年，过热态势继续延续。1993 年年中，中央当机立断，果断地采取了适度从紧的"软着陆"调控措施，出台了整顿金融秩序、控制固定资产投资规模等 16 条措施。经过四年的努力，到 1996 年，经济增长率和物价上涨率均回落到 10% 以内。经济增长率从 1993 年的 13.5%，经过 1994 年的 12.6%、1995 年的 10.5%，回落到 1996 年的 9.6%，平均每年以一个百分点的幅度回落。随着经济增长率的回落，商品零售价格上涨率也从 1994 年的 21.7% 高峰，回落到 1996 年的 6.1%。"软着陆"取得成功。

一般来说，"软着陆"的调整成功之后，经济就应该稳定在一定的水平上，或者再逐步回升。但是，1997 年、1998 年、1999 年连续 3 年又继续下滑。这样，共连续下滑了 7 年。7 年当中，前 4 年是"软着陆"的主动调整，后 3 年是应对亚洲金融危机的冲击和国内有效需求的不足。自 1929—1933 年世界大危机和第二次世界大战以来，国际上还没有遇到过像

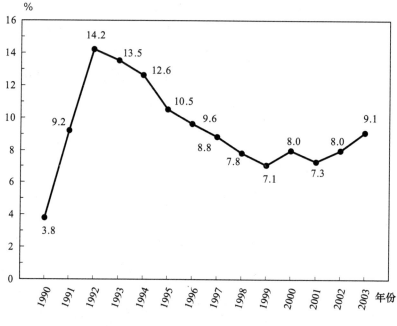

图3 中国国内生产总值增长率（1990—2003 年）

亚洲金融危机这么严重的金融危机。国际金融投机商首先以泰国为突破口，一夜之间就把泰国十几年来高速增长的成果破坏了。从亚洲"四小虎"，到"四小龙"，到日本，自 20 世纪 50 年代中期以来陆续进入经济高速增长的东亚地区"群雁"全都被打了下来。对付这样严重金融危机的办法，就是暂时紧缩信贷、紧缩银根。我国已经进行了四年的"软着陆"经济调整，加上人民币不可完全兑换这道防火墙，因此所受的冲击相对小一些，但毕竟周边国家均受到了很大的冲击。再加上香港刚刚回归祖国，要保持住香港的繁荣，顶住金融危机的冲击，形势十分严峻。在这种情况下，我们不可能用放松信贷的方法来使已成功实现"软着陆"的经济重新起飞。与此同时，随着改革的不断深化，在居民消费和支出中，原先属于福利化的部分，正在走向市场化。教育要高收费了，住房也要花钱去买了，下岗失业的要为自己准备一些失业金，养老也都逐步市场化了。因此，大家要去储蓄，为子女教育，为下岗后的生活，为买房子，为养老而去储蓄。这就造成了国内有效需求的不足。为了应对亚洲金融危机的冲击和国内有效需求的不足，1998 年中央开始实行积极的财政政策和稳健的货币政策。经过几年的努力，到 2000 年经济从 7.1% 的低谷开始回升至 8%。但 2001 年又受美国经济调整（包括"9·11"事件的冲击）和世界主要发达国家同步陷入经济低增长或衰退的影响，我国经济增长率又降到 7.3%。2002 年又回到 8%。从 1997—2002 年，我国经济增长率保持在一个"七上八下"的相对平稳的位势上，这是来之不易的。与同期世界主要国家及周边国家和地区相比，我国经济增长的态势显示出"一枝独秀"的情景。在这里，"一枝独秀"仅用于说明经济波动态势的比较。2003 年，我国经济增长率达 9.1%，出现了新的上升趋势。2003 年 11 月召开的中央经济工作会议指出："目前，我国经济发展正处于经济周期的上升阶段。"

综上所述，2003 年我国经济增长的第二个特点，就是经济增长率达到 9.1%。这有两方面含义：一方面，显示出中短期的周期波动趋势，即结束了自 1993 年下半年开始实施"软着陆"政策以来，至 1999 年连续 7 年平均每年下滑 1 个百分点，以及自 1997 年亚洲金融危机以来，至 2002 年连续 6 年"七上八下"的高位低谷的局面，进入了新一轮经济周期的上升阶段。另一方面，9.1% 的增长率也显示出我国经济发展正处在一个重要关口，即宏观调控出现三种可能性。第一种，如果宏观调控太松，我国经济就会像 20 世纪 90 年代初那样，很快冲过 10%，经济就会过热，经济过热又要进行大的调整。第二种，如果宏观调控太紧，经济又有可能回缩到 8% 以下。第三种，如果宏观调控得当，适时适度，就能够使经济周期的上升阶段得以延长，使经济既平稳又较快地持续发展。

2004 年第一季度，我国经济增长率达到 9.8%。这是在 2003 年第三、第四季度经济增长率分别达到 9.6% 和 9.9% 的基础上，宏观经济继续保持在高位运行。一方面，我国经济增长的位势由 1998—2002 年间的 7%—8% 上升到 9%，这是来之不易的良好态势，表明我国经济运行进入了新一轮经济周期的上升阶段，国民经济形势总体上看好。但另一方面，百分之九点几的经济增长率，已经贴近 10% 的上限警戒线。从我国改革开放以来的实践经验看，特别是从我国目前煤电油运和重要原材料的资源供给看，潜在经济增长率约为 9%，适度经济增长区间为 8%—10%。低于 8%，经济生活比较紧张，失业问题不好解决；高于10%，瓶颈制约严重，宏观调控难度大。也就是说，经济增长率的上限警戒线大体可以把握在10%。如果经济增长率冲出10%，就有可能从局部过热走向总体过热，并导致大起大落。从2003年第三季度到2004年第一季度，我国经济运行已处于由局部过热到总体过热的边缘上，特别是部分行业过热，投资需求过旺，信贷投放过快。对此，党中央、国务院及时果断地采取了一系列宏观调控措施。2004年第二季度，经济增长率仍将会较高，这与2003年第二季度抗击"非典"时经济增长率基数较低（6.7%）有关。2004年第三、第四季度，经济增长率会有所降温；全年看，如果宏观调控得好，经济增长率将会略低于上年，但仍会保持8%以上的良好发展势头。

关于中国经济是否过热的争论，在2004年3月"两会"期间，就可归纳出10种不同的观点。在这里，我们不做评论，只做一种纪实，供大家参考。第一种，认为目前中国经济存在过热问题，而且是总量过热。这是吴敬琏教授的观点。第二种，认为中国经济总体向好，但出现过热倾向和苗头。这是张卓元教授的观点。第三种，认为是局部投资过热，需防止日后造成通货紧缩。这是林毅夫教授的观点。前三种观点中都带"热"字，但程度不同。第四种，提出三个"不要轻言"，即不要轻言经济过热、不要轻言房地产泡沫、不要轻言人民币升值。这是萧灼基教授的观点。第五种，认为当前中国经济怕冷不怕热，稍微热一点没有问题，但冷一点就会出麻烦。这是厉以宁教授的观点。第六种，认为中国经济运行有冷（消费）有热（投资）。这是赵龙同志的观点。第七种，认为当前中国经济不是过热问题，而是宏观经济偏冷特征并没有明显改变，最终消费没有激活。这是贺铿教授的观点。第六、第七两种观点中都带"冷"字。第八种，是国家发改委主任马凯同志在"两会"期间回答记者问题时提出的看法，认为不能简单地说经济过热或不过热，当前我国经济的实际运行情况，要比用过热或不过热概括，复杂得多。第九、第十种观点是一个延伸。2003年讨论过热或不过热问题时，还没有涉及通货膨胀，因为当时是通货紧缩。2004年讨论过热或不过热时就引申到通货膨胀问题了。第九种，认为当前通货膨胀的趋势已经很明显。这是央行行长周小川同志提出的看法。第十种，认为中国经济没有出现通货膨胀的基础。这是姚景元教授的观点。

## 二　如何把握当前的经济走势

为了正确地把握当前的经济走势，我们应该注意"四个不可混淆"：

一是不可混淆长期趋势与中短期周期波动趋势。我国人均 GDP 跨上 1000 美元的台阶，工业化和城镇化进程加快，消费结构升级，重化工业发展加快，这表明我国经济在未来（比如 20 年）有可能较快增长的长期趋势。而 2003 年经济增长率达到 9.1%，表明的是一种中短期周期波动趋势。在分析经济走势时，有同志只作长期趋势分析，而不作中短期的周期波动趋势分析。我们认为，对长期增长趋势的分析不能代替对中短期周期波动趋势的分析。长期增长趋势是在中短期周期波动中实现的（如五年左右的短期波动或十年左右的中期波动）。在长期增长趋势的实现中，不排除其间可能出现大的波动。不能认为长期的平稳较快增长是自然而然地实现的，不需要宏观调控。而是要通过不断地加强和改善宏观调控，通过中短期周期波动中的平稳较快增长，来实现长期的平稳较快增长。

二是不可混淆当前时点与未来时点。在当前时点考察时，居民消费价格尚未过高地上涨。但对当前时点的判断不等于、更不能代替对未来时点的判断。通货膨胀有一个传递过程。如果没有必要的宏观调控，这个传导就非常快；如果有了适时适度的宏观调控，从源头上控住，即从固定资产投资规模和相应的信贷规模上控住，最终，居民消费价格总水平才不致严重上涨。若等通货膨胀已经十分明显了之后再来进行宏观调控，那就晚了。对通货膨胀一定要作动态分析，而不能只停留在眼前的静态分析上，要未雨绸缪。

三是不可混淆投机需求与正常需求。市场经济国家的实践表明，在经济周期波动中，某些行业会出现如下情况：由初始的恢复性增长演变为过热增长；过热增长由其高需求、高价格所推动；高价格带来巨额的高利润；巨额的高利润刺激了投机需求；投机需求进一步抬高了物价。一些地方已出现钢材、铁矿石、房地产等的投机需求。投机需求是一种虚假需求，其带动的物价上涨是价格泡沫。不能把这种投机需求误认为是市场的正常需求。

四是不可混淆宏观调控与宏观经济学。有同志提出，"所谓'过热'，是一个宏观经济的总量概念（即社会总需求过度增长，超过了总供给能力），不能使用'局部过热'的说法"。不错，在宏观经济学中，所谓"过热"的确是一个总量概念，但宏观调控不等于宏观经济学。宏观调控是个实践问题，是多学科综合运用的问题，既包括总量问题，也包括结构问题，如产业结构、行业结构、企业结构、地区结构、物价变动结构，等等。所谓"过热"问题，不仅是宏观经济学问题，更是经济周期理论问题。在经济周期理论研究中，不仅研究总需求、总供给的总量问题，而且也注重研究生产结构失调的结构问题，研究某一行业、某一部门、某类工业过度投资和过度扩张（即所谓"局部过热"）引起"局部衰退"，进而引起总需求减退和经济的普遍收缩问题。所以，"局部过热"概念是经济周期理论中的概念，是可以使用的。

## 三　正确认识新一轮经济周期的背景特点

要想正确把握当前宏观经济的走势，还必须正确认识新一轮经济周期的背景特点，要注意"四个变与未变"：

一是体制基础变了，但经济周期波动的基本机理未变，仍然需要防止经济过热和大起大落。在我国原有的计划经济体制下曾多次出现因经济过热而导致大起大落的现象（见图4）。"文化大革命"前，有3次大起，1958年、1964年和1970年，经济增长率分别高达21.3%、18.3%和19.4%，即接近或超过了20%。"文化大革命"后，有4次大起，1978年、1984年、1987年和1992年，经济增长率分别达11.7%、15.2%、11.6%和14.2%，均超过了10%。

现在我国社会主义市场经济体制已初步建立，新一轮经济周期是我国社会主义市场经济体制下的第一个周期。在市场经济条件下还会不会发生经济过热，市场经济下的过热还会不会导致经济的大起大落，或说在市场经济下还有没有必要防止经济过热，是必然要提出的问题。实际上，经济

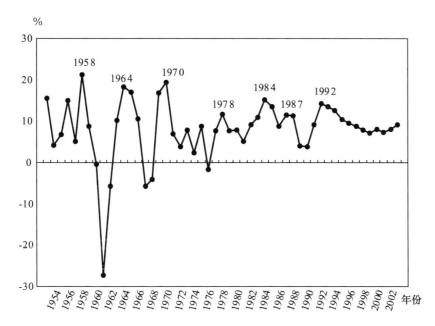

图 4　中国国内生产总值增长率的波动（1953—2003 年）

过热、经济周期波动，以及大起导致大落，本来就是市场经济下和工业化过程中发生的现象。1825 年英国发生了第一次全面性经济危机，从此开始了市场经济下的经济周期波动历程。20 世纪前 40 年内美国就发生过四次波峰与波谷之间落差在 19.8—21.5 个百分点的大起大落（见图 5）。第二次世界大战以后，美国政府用财政政策、货币政策进行宏观调控，加之产业结构的升级，使经济波动的波幅缩小。

　　无论是市场经济还是计划经济，经济运行有起必有落的基本机理是一样的，所不同的是，由于经济体制的不同，在经济周期波动的具体形成机制（如启动机制、制约机制）和具体表现形式（如波幅）等方面具有不同的特点。历史上大起大落的经验教训有两类：一类是我国原有计划经济体制下大起大落的经验教训，另一类是西方市场经济体制下大起大落的经验教训。我国社会主义市场经济体制刚刚初步建立，经济运行当中既带有转型之前原有计划经济体制下的一些特点，如地方政府的盲目扩张冲动，同时又带有市场经济体制下的一些特点，如企业所有制的多元化，企业行为的市场化等。因此，两类大起大落的经验教训都是值得我们认真汲取

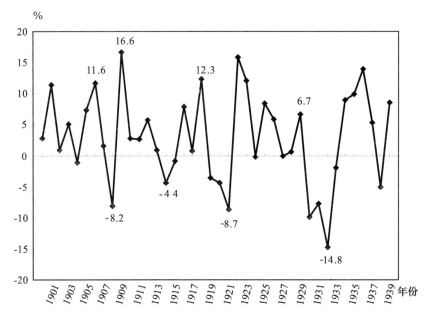

图5　美国国民生产总值增长率的波动（1900—1939年）

的。特别是大起，越是大起，经济结构的比例失调越严重，在调整时就越
会导致大落。

　　中外经济周期的历史表明，大起大落的核心是固定资产投资波动的剧
烈性。大起，往往首先是从投资的大起开始。1999年是我国投资增长的最
低点，全社会固定资产投资增长率仅为5.1%。2000年以后速度不断加
快，今年第一季度升到43%，其中某些行业出现局部过热。2003年全年
固定资产投资增长26.7%，煤炭业投资增长52.3%，纺织业投资增长
80.4%，汽车业投资增长87.2%，电解铝投资增长92.9%，钢铁业投资
增长96.6%，水泥投资增长121.9%。随着宏观调控效果的逐步显现，估
计4月增速可能有所减缓。目前，投资增长过快，再建规模过大，某些行
业与地区盲目投资和低水平重复建设的问题相当严重，以及由此带来煤电
油运和重要原材料供求紧张的状况进一步加剧，货币信贷增长再度加快，
这是需要引起高度重视的。

　　二是消费结构变了，但需求面的消费制约仍然会存在。经过改革开放二
十多年的发展，进入21世纪后，我国工业化、城市化进程加快，以住宅、

汽车为代表的消费结构的升级是推动我国经济在今后一段长时间内增长的重要动因。这个长期趋势没有问题。但是，从中短期看，目前我国人均 GDP 刚刚跨上 1000 美元的台阶，总体购买力还比较低，消费结构的这一升级刚刚开始，还需要有一个分阶段实现的长过程。我国现在正值工业化和城市化进程加快的时期，客观上说，正是经济波动幅度加大的时期。要使经济平稳且较快发展，就更要加强和完善宏观调控措施，而不能认为工业化和城市化进程加快就可以使经济自然而然地、一帆风顺地快速和平稳地增长。

三是供求关系变了，但供给面的瓶颈制约仍然会存在。虽然前几年总供给大于总需求，但是一旦经济过热，煤电油运和重要原材料还会出现瓶颈制约。特别是前几年大家忽视了的一个瓶颈，那就是粮食。在经济快速增长中，违法违规占用耕地现象比较突出，粮食减产较多。1999 年以来，我国粮食作物播种面积连年减少，到 2003 年，已从 1998 年的 17 亿亩降为 14.9 亿亩，是新中国成立以来的最低点。与此同时，2003 年粮食总产量由 1998 年的最高点 10246 亿斤降为 8600 亿斤，是 20 世纪 90 年代以来的最低点。所以，在这次宏观调控中，特别强调严格土地管理，深入开展土地市场治理整顿。

四是物价态势变了，但经济增长过快仍然会导致通货膨胀。有观点认为，连续多年的通货紧缩尚未结束，经济加快增长不会引发新的通货膨胀，因而不必担心经济过热。我们认为，在市场经济下，就经济周期波动中经济增长与物价变动的一般规律来讲，经济增长与物价变动两者之间具有同向变化关系。随着经济增长率的上升，物价总水平亦上升；随着经济增长率的下降，物价总水平亦下降（或是物价总水平上涨率的下降，或是物价总水平的绝对下降）。两者之间的变化往往略有一个时滞。当经济周期进入上升阶段后，如果经济增长速度加快，仍会遵循经济增长与物价变动两者之间的一般变化规律，相应地引起物价总水平的上涨。由经济增长率的上升到物价总水平的上升，有一个传递过程，包括由初级产品价格、中间产品价格到最终产品价格的传递过程，由出厂价格、批发价格到零售价格的传递过程，由农产品到食品的传递过程。这一传递过程是否将引起物价总水平的全面上扬或严重上扬，要看其源头，主要是看投资规模及相应的信贷规模的进一步扩张力度。局部过热，会引起局部的、结构性的物价上涨，而若发展到全局过热，仍会引起全面的通货膨胀，甚或严重的通货膨胀，这是典型的经济周期规律的表现。2004 年，如果宏观调控得好，全年居民消费价格总水平有望控制在 3% 左右。注意，这里的前提是适时适度地进行宏观调控。如果不进行宏观调控，听任市场价格任意上涨，那么，物价总水平的严重滞后上升就将难以控制。

# 四    宏观对策

在 2004 年《政府工作报告》中，宏观调控作为九项任务的第一项任务，提出了"加强和改善宏观调控，保持经济平稳较快发展"的要求。宏观调控的基本着眼点是："把各方面加快发展的积极性保护好，引导好，发挥好，实现经济平稳较快发展，防止经济出现大起大落。"要适时适度地进行宏观调控，同时要"有控有扩"。"有控有扩"包括四个层次的含义：

一是从投资与消费这两大国内需求的总结构来看，要有控有扩。对局部过热的那些投资需求，要调控；而对消费需求，仍然需要扩大。

二是从投资内部结构看，要有控有扩。对局部过热行业的投资，对高消耗高污染的投资，对各地的形象工程、高档住宅，圈地造镇等投资，要调控；而对于农业、能吸纳就业的第三产业，以及各种社会事业的投资，仍然需要扩大。

三是从消费内部结构看，要有控有扩。对铺张浪费、贪污腐化、公款吃喝、公款旅游这一类消费，要严加控制；而对于农民、城镇中低收入者的收入和消费，仍然需要扩大。

四是从地区结构看，要有控有扩。要考虑地区发展的不平衡性，有局部过热的地方要调控；而对西部、对东北地区等老工业基地，还是要扩大投资。

继续实施积极的财政政策，在使用方向上做些调整。在总量上，长期建设国债已经由前几年的 1500 亿元降到 2004 年的 1100 亿元。重要的是，2004 年国债投向目标发生了变化，从过去几年主要防止经济下滑、拉动经济增长，转向集中用于促进经济结构的调整和经济社会的全面协调发展上。在货币政策方面，要充分发挥货币政策的作用，适当控制货币信贷规模，优化信贷结构，既要支持经济增长，又要防止通货膨胀和防范金融风险。

# 五　微观对策

在市场经济体制下，企业是市场的主体，盈亏都要自担。因此，企业自身也必须建立起自己的应对市场波动风险的安全防范机制。初步归纳，可有四种类型：

一是以丰补歉。市场形势好的时候赚下的钱，别都一下子花掉，要留有余地，采用各种形式和方法预存一下，以备市场形势突然变化时的需要。

二是发展创新产品。包括厉行节约，降低消耗，降低成本，提高生产率，发展高质量、多品种的创新产品，以便在激烈的市场竞争中和市场形势发生变化时立于不败之地。德国西门子公司经久不衰，原因是把各种产品分为两大类：一类是与经济波动密切相关的产品，另一类是与经济波动无关的产品。后一种产品，其收益稳定，但不高。前一种产品，在经济周期上升阶段时收益特别高，而在下降阶段时就可能出现亏损。因此，要推进技术进步，不断研制和发展创新产品，一旦市场波动，马上推出新产品，把旧产品替代下来，使赢利水平不断提高。

三是多元化经营。如德国奔驰公司，其在汽车业的投资只占其总资本的1/4，投资其他产业占3/4（其他三种产业各占1/4），以防止汽车业的波动引起公司总收益的大幅波动。

四是上下"一条龙"经营。据报道，中国钢铁业巨头之一的宝钢集团，在一般投资商热血沸腾地涌入钢铁业、抢占钢铁投资地盘的时候，却没有利用自己的实力去搅动这股已经很烫的投资热，而是做了一些钢铁业本身之外的投资，如上游的铁矿石开采和煤炭开采，下游的新型汽车用板设计等，在上下游初步形成了一个安全的产业链。这比盲目地在本行业内投资抢地盘重要得多。钢铁业在"虚火退去"之后，将进入新一轮调整。谁赢得安全的产业链，谁就能赢得市场，就能巩固竞争力，否则就可能面临淘汰出局的结果。

（原载《北京金融》2004 年第 6 期）

# 我国五次宏观调控比较分析

　　改革开放以来，我国政府根据经济运行态势和体制环境的不同，共进行了五次紧缩型的宏观调控（见图1），时间段分别是：①1979—1981年；②1985—1986年；③1989—1990年；④1993年下半年至1996年；⑤2003年下半年至2004年（此前，1998—2002年为扩张型的宏观调控）。与前四次紧缩性宏观调控相比，第五次紧缩性宏观调控在各方面都具有新的特点。正确认识当前宏观调控的新特点及其新思路、新机制，对于我们全面贯彻中央一系列决策具有重要意义。

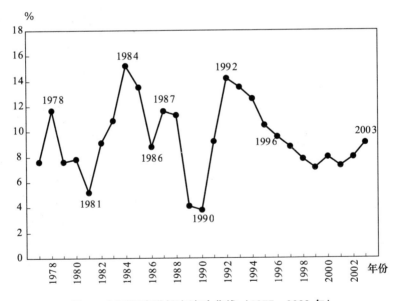

图1　中国经济增长率波动曲线（1977—2003年）

# 一  调控时所针对的经济运行态势不同

在前四次宏观调控中，首先，当时针对的都是经济波动中已经出现的超过11%的"大起"高峰。1978年经济增长率达11.7%，1984年达15.2%，1987年、1988年达11.6%、11.3%，1992年达14.2%。其次，当时针对的都是经济的全面过热或总量过热。第一次的经济过热，起初表现为投资过热和国民经济重大比例关系严重失调，随后财政用于消费的支出大幅增加，形成大量财政赤字，导致国民收入超分配。第二次至第四次经济过热，都是投资需求和消费需求的双膨胀，社会总需求超过总供给。再次，前四次宏观调控都要治理严重的通货膨胀。1980年全国商品零售价格上涨率达6%（这是改革开放以来物价上涨的第一个高峰，也是1962年之后到当时的最大涨幅），1985年达8.8%（这是改革开放以来物价上涨的第二个高峰），1988年达18.5%（这是改革开放以来物价上涨的第三个高峰），1993年达13.2%和1994年达21.7%（这是改革开放以来物价上涨的第四个高峰，也是新中国成立以来物价上涨的最高峰）。改革开放以来物价上涨的四个高峰，一个比一个高（见图2）。总之，前四次的经济"大起"，每次都是到难以为继时，才不得不进行的被动调整。

第五次宏观调控针对的不是经济增长率已经超过11%的"大起"（2003年经济增长率为9.1%），而是为了防止经济出现"大起"，防止"大起"导致"大落"；针对的不是已经出现的全面过热或总量过热，不是投资和消费需求双膨胀，而是部分行业投资的局部过热；针对的不是已经出现的严重通货膨胀，而是物价上升的压力开始显现。总之，第五次宏观调控对于过热的部分行业来说，是及时的调控；而对于整个经济运行的全局来说，则是见势快、动手早、未雨绸缪、防患于未然的主动调整。

# 二  调控时的经济体制基础不同

前四次宏观调控都发生在原有的计划经济体制逐步转型，但尚未"基本转型"的过程中，而第五次宏观调控则是在我国社会主义市场经济体制

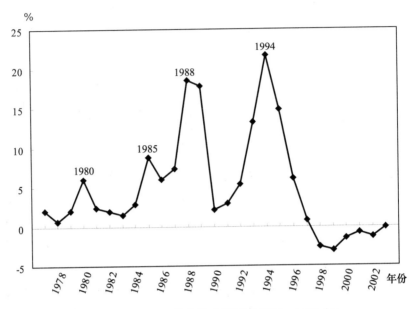

**图 2  中国商品零售价格上涨率（1977—2003 年）**

初步建立之后的第一次紧缩型宏观调控。在这次宏观调控中，利益主体的多元化充分表现出来，并折射到学术界和新闻媒体，形成了各种声音的多元化。这无疑给宏观调控增加了很大的难度。事实上，在改革开放以来的五次宏观调控中，每次调控都需要统一认识，而每次统一认识都很不容易。特别是第五次宏观调控，统一认识的难度更大。

第一次宏观调控针对的是 1978 年的经济过热。在同年 12 月召开的具有伟大历史意义的党的十一届三中全会上，提出全党工作重心转移到社会主义现代化建设上来。并提出，国民经济中一些重大的比例失调状况还没有完全改变过来，基本建设必须积极地而又量力地循序进行，不可一拥而上。转年，1979 年 3 月，李先念、陈云同志就财经工作写信给党中央，明确提出，现在国民经济比例失调的情况相当严重，要有两三年的调整时期。同月，中央政治局会议决定，用三年时间进行国民经济调整。1979 年 4 月，召开专门讨论经济问题的中央工作会议，正式提出用三年时间对整个国民经济进行调整，实行新八字方针，即调整、改革、整顿、提高（1961 年时提出的八字方针是：调整、巩固、充实、提高）。然而，在

1979 年、1980 年两年中，从中央到地方对调整的认识并不统一，贯彻执行不力。基建总规模没有退下来，地方和企业财权扩大后盲目上项目，财政大量赤字，货币发行过多。为此，1980 年 12 月，党中央再次召开工作会议，邓小平同志尖锐地指出："一九七八年十二月党的十一届三中全会以后，陈云同志负责财经工作，提出了调整方针，去年四月中央工作会议对此作出了决定。但因全党认识很不一致，也很不深刻，所以执行得很不得力。直到现在，这种情况才有了变化。"①这次中央工作会议决定，在经过 1979 年和 1980 年两年调整之后，1981 年对国民经济进行进一步的大调整。至此，改革开放以来的第一次国民经济调整才得以有效地进行。

第二次宏观调控针对的是 1984 年的经济过热。同年 11 月，国务院发出通知，要求各地各部门严格控制财政支出，控制信贷投放。转年，1985 年 3 月，《政府工作报告》提出，加强和完善宏观经济的有效控制和管理，坚决防止盲目追求和攀比增长速度的现象。但这一年过热局面没有控制住，许多地方和单位仍在盲目上项目、铺摊子。为此，1986 年 3 月通过的"七五"计划，分为前两年和后三年两个阶段。前两年进行调整，着重解决固定资产投资规模过大、消费基金增长过猛的问题。然而，在 1986 年第一季度工业生产增长速度回落之后，许多人认为经济增长出现滑坡，强烈要求放松银根，刺激经济增长；加之 1986 年是"七五"计划的第一年，各地加快发展的积极性很高。在各种压力下，1986 年所进行的宏观调控没有到位，潜伏着进一步引发新的过热的可能性。

第三次宏观调控针对的是 1987—1988 年的经济过热。当时，国家预算内的基本建设投资得到一定控制，但预算外投资规模的膨胀远远没有控制住，而且愈演愈烈。1988 年 9 月党的十三届三中全会正式提出，把明后两年改革和建设的重点突出地放到治理经济环境和整顿经济秩序上来。但 1989 年不少地方和部门对治理整顿的必要性缺乏认识，使宏观调控的很多措施没有得到有效贯彻。1989 年 11 月党的十三届五中全会通过《中共中央关于进一步治理整顿和深化改革的决定》，进一步提出用三年或者更长

---

① 邓小平：《贯彻调整方针，保证安定团结》，《邓小平文选》第二卷，人民出版社 1994 年版，第 354 页。

的时间基本完成治理整顿任务。至此，改革开放以来的第三次国民经济调整才得以有效地进行。

第四次宏观调控针对的是 1992 年到 1993 年上半年的经济过热。1993年 6 月，发布了《中共中央、国务院关于当前经济情况和加强宏观调控的意见》，采取 16 条措施，正式开始了以整顿金融秩序为重点、治理通货膨胀为首要任务的宏观调控。在调控过程中，学术界围绕宏观调控是以治理通货膨胀为首要任务，还是以继续加快增长、扩大就业为先，曾一度展开争论。有同志也曾提出这样的观点：两位数以上的通货膨胀不可怕，两位数以上的经济增长才过瘾。同时，一些地方和企业要求放松银根的呼声也不断。但宏观调控排除了种种干扰，经过三年多的努力，到 1996 年成功地实现了"软着陆"，为抵御随后爆发的亚洲金融危机打下了良好的基础。

第五次宏观调控，一因针对的不是全面过热和已经严重的通货膨胀，而是见势快、动手早、防患于未然的调控；二因市场经济下利益主体多元化，中央政府与各级地方政府、宏观调控部门与其他部门、中央银行与商业银行及证券公司、过热行业与非过热行业、上游产业与下游产业、国有企业与民营企业、大型企业与中小型企业、沿海与内地以及高中低收入者之间，形成了复杂的利益格局，各有不同的利益和声音；所以，在经济形势的判断上和怎样进行宏观调控上，经济界展开了一场二十多年来最为激烈的争论。有人称"这是一场规模空前的博弈"。看来，在市场经济下进行宏观调控特别是见势快、动手早的调控，出现激烈的争论，今后也难以避免。

## 三　调控时所采取的主要方式和手段不同

1. 关于调控的实施方式。在第一次到第三次宏观调控时，在最初作出调整国民经济决定的头一两年内，在实施上存在着犹豫不决、贯彻不力的问题；随后，才进行坚决的大规模的调整。在第四次宏观调控时，吸取了前三次的教训，在作出治理整顿的决定后，在实施上表现出雷厉风行的特点。第五次宏观调控因是见势快、动手早的调控，所以采取的方式是渐进式的，由冷静观察、温和预警到逐步加大力度，注意准确地把握调控的时机、节奏和力度，对看准了的问题采取果断有力的措施。

2. 关于调控的紧缩面。在第一次宏观调控中的最后一年（1981年），以及第三次宏观调控中的最后一年（1990年），都是对投资和消费实行力度较大的全面紧缩，使经济增长率较大幅度地迅速回落（1981年经济增长率回落到5.2%，1990年回落到3.8%）。1993年6月开始的第四次宏观调控，亦是对投资和消费实行全面紧缩，但为"适度从紧"，货币政策和财政政策均为"适度从紧"，使经济增长率从两位数的高峰平稳地、逐步地回落到10%以内的适度增长区间。第五次宏观调控不是全面紧缩，而是适时适度，区别对待，不"急刹车"，不"一刀切"。货币政策由前几年的"稳健"逐步转向"适度从紧"，财政政策由前几年的"积极"逐步转向"中性"。注意做到"四个既要、又要"：既要严格控制部分行业过度投资盲目发展，又要切实加强和支持经济发展中薄弱环节；既要坚决控制投资需求膨胀，又要努力扩大消费需求；既要着力解决当前的突出问题，又要着眼长远发展；既要从宏观上把该管的管住管好，又要充分发挥市场机制的作用。总之，这次宏观调控不是使经济增长率从两位数的高峰大幅度地回落和"着陆"，总体上看，经济还在适度增长区间内（8%—10%）运行，既不是"硬着陆"，也不是"软着陆"，而是通过适当的控速降温，使经济在适度增长区间内既平稳又较快地可持续发展，努力延长经济周期的上升阶段。

3. 关于调控的手段。一般来讲，经济调节有三大类型：完全市场调节型、完全政府调节型、市场调节加政府调节型。就政府调节即政府的宏观调控来讲，一般有三大手段：经济手段、法律手段、行政手段。经济手段，是指政府运用各种经济杠杆（如价格、利率、税率、汇率等），通过市场机制，间接地对市场主体的经济活动进行调控。法律手段，是指政府运用各种有关的法律法规和国家有关的政策规定，通过法制力量，对市场主体的经济活动进行调控。行政手段，是指政府运用行政机构的权力，通过强制性指令，直接对企业或个人的经济活动进行调控。第一次至第三次宏观调控，主要采用的是行政手段。如行政性财政政策，强制控制财政支出（削减投资支出和控制消费支出）；行政性货币政策，强制控制信贷投放；对经营不善、长期亏损的国有企业，停止财政补贴，停止银行贷款；

对落后的小企业进行整顿和关停并转等。第四次宏观调控时，已改变过去单纯依靠行政手段的做法，开始注重运用经济手段和法律手段。如开始运用利率、存款准备金率、公开市场业务等市场性货币政策进行调控。第五次宏观调控，从一开始就注重采用经济手段和法律手段，同时也辅之以必要的行政手段。目前我国社会主义市场经济体制刚刚初步建立，经济运行中既带有转型之前原有计划经济体制下的一些特点（如一些地方政府的盲目扩张冲动、一些企业投资实际上只负盈不负亏的软预算约束等），又带有市场经济体制下的一些特点（如企业所有制的多元化、企业行为的市场化等），还带有不成熟市场经济的一些特点（如企业行为的非法制化、非理性化等）。在这种情况下，在宏观调控中综合运用经济手段、法律手段和行政手段，对症施策，确保宏观调控取得预期效果，是必然的选择。无疑，随着社会主义市场经济体制的不断完善，随着市场经济本身的不断成熟，以及随着法制建设的推进，宏观调控将会更多地采用经济手段和法律手段。

## 四　调控时对外经济联系程度不同

在前四次宏观调控时，国际上均不太关注。而第五次宏观调控，引起了国际上的广泛关注。这是因为随着改革开放的深入发展，我国的对外经济联系已日益扩大。2003 年与 1992 年相比，我国进口规模由不到 1000 亿美元（806 亿美元），扩大到 4000 多亿美元（4128 亿美元），增加了 4 倍；外商在我国的实际直接投资额由 100 亿美元左右（110 亿美元），扩大到 500 多亿美元（535 亿美元），也增加了 4 倍；我国的国家外汇储备由不到 200 亿美元（194 亿美元），扩大到 4000 亿美元左右（4033 亿美元），增加了 19 倍。2003 年，我国成为世界第三大进口国。从总量看，我国的进口额只占世界总额的 3.4%；但从增量看，我国的进口增量约占全球进口增量的 1/3 以上。海外有关机构、投资者和新闻媒体，对中国经济是否过热，怎样进行宏观调控，特别是这次宏观调控的效果将会如何，也引起了广泛的争论。就这次宏观调控的效果将会如何来说，海外的争论可分为两大派：乐观派和悲观派。乐观派认为，这次采取降温措施要比十年前经济过热时早得多，结果会使当前的经济增长持续更长的时间，为延长经济周期提供了重要基础。悲观派则主要是担心，如果宏观调控造成经济的急刷减速，形成"硬着陆"，将会对世界经济特别是周边国家和地区产生冲击。《亚洲华尔街日报》指出："乐观者还是多于悲观者。"

（原载《经济学动态》2004 年第 9 期）

# 论中国宏观经济调控

## 一  为什么要进行这次宏观调控

从1998—2001年，中国经济在抵御亚洲金融危机和美国等世界主要国家同步进入经济衰退的影响，以及克服国内需求不足的情况下，国内生产总值保持了7.1%—8%的增长。在此基础上，2002年国内生产总值增长率回升到8.3%，2003年和2004年又分别上升到9.3%和9.5%。从2002年开始进入了新一轮经济周期。

在2003年11月召开的中央经济工作会议上，首次使用了经济周期这一概念来分析和判断我国的经济走势，指出："当前，我国经济发展正处于经济周期的上升阶段。"使用了经济周期这一概念，使我们一下子就可看出我国当前经济运行所处的波动态势以及它的来龙去脉。

从季度来看，2003年第一季度我国经济增长开始明显加速，一下子猛升到9.9%；第二季度遭遇"非典"，经过努力，经济增长率保住了6.7%；第三、第四季度至2004年第一季度，经济增长率连续处在9.6%、9.9%和9.8%这样一个高位。2003年4月初，在一次重要的经济学家座谈会上，不同经济学家对经济运行是否过热，以及是否需要进行紧缩性宏观调控，就持有不同看法。有的认为全局过热了，有的说局部过热了，有的说形势很好。当时提出，要冷静观察，紧密跟踪。到2003年第三季度后，煤电油运的供给和调度已很紧张了，又得到粮食较大幅度减产的信息。投资的高增长与粮食的较大幅度减产结合在一起，预示着价格上涨的压力很大。

在此情况下，究竟应该如何看待经济在9%以上的高位运行呢？这里有双重含义：一方面，我国经济增长的位势由前几年的7%—8%上升到9%，这表明我国经济运行已经处于新一轮经济周期的上升阶段。这一轮上升阶段的经济推动力是以住房和汽车为代表的消费结构的升级，反映出我国工业化、城市化、市场化、国际化的程度不断提高。但另一方面，贴近10%的经济增长率也使经济运行中出现了一些值得重视的不稳定、不健康的因素。将这些因素按逻辑排列可归纳为经济增长加速中出现了五个"过"：（1）部分行业投资的急速上升致使整个固定资产投资增长过猛；（2）由此导致煤电油运供求关系过紧；（3）投资猛增又带动货币信贷投放过多；（4）在经济快速增长中耕地大量减少、粮食产量下降幅度过大；（5）以上原因又导致食品和生产资料价格上涨过快。对于这些问题，如果不及时采取措施加以解决，任其发展下去，局部性问题就可能演变成全局性问题；部分行业的过热就可能演变成整个经济的大起大落；部分产品的价格上涨就可能演变成严重的通货膨胀。

历史的经验教训一再告诉我们，在经济周期的上升阶段必须十分注意控制经济增长率的过快上升，防止经济增长率过高的大起以及大起之后的大落。经济增长率高低的把握问题，是一个两难问题：若经济增长率太低，在我国目前条件下，比如说低于8%，那么失业问题就不好解决，企业经营困难，财政收入减少，各项社会事业也难以得到发展；若经济增长率过高，在我国目前条件下，比如说高于10%，那么能源、重要原材料、交通运输等资源供给的瓶颈制约就会非常严重，经济运行会绷得很紧，产业结构失衡，引发通货膨胀，经济快速增长难以为继。

我们从改革开放以来的历史经验来看一下上述的分析（见图1）。在1976年10月粉碎"四人帮"之后，中国经济迅速增长上来，至1978年经济增长率达到11.7%。在1978年12月召开的党的十一届三中全会上，提出把全党工作重心由以阶级斗争为纲转向以经济建设为中心，提出改革开放，同时也提出要解决国民经济中一些重大的比例失调问题，提出基本建设必须积极地而又量力地循序进行，不可一拥而上。随后就进行了改革开放以来的、20世纪80年代初的第一次紧缩性宏观调控，对整个国民经济进行调整。这次调整使经济增长率由1978年的11.7%回落至1981年的5.2%，这就是改革开放以来的第一个周期。之后，1984年经济增长率又

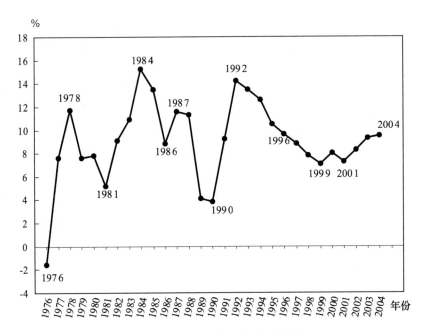

**图1　中国 GDP 增长率波动曲线**

冲出了10%，达到15.2%，这样高的增长使得煤电油运和重要原材料等各方面供给支撑不了，从而又进行了第二次调整。到1986年，经济增长率回调至8.8%。这是改革开放以来的第二个周期。1987年经济增长率又冲到11.6%，随后又进行了调整，直至1990年经济增长率回落到3.8%，这样形成了改革开放以来的第三个周期。1991年经济增长率回升至9.2%，进入了新一轮经济周期的上升阶段。在这种态势下，1992年年初，邓小平同志南方视察，发表了重要讲话，为我国改革开放和现代化建设事业打开了一个新局面。但由于当时我国改革开放才十来年，原有的计划经济体制还没有根本转型，原有体制下的投资饥渴、急于求成、层层片面追求高速度等弊端还没有克服。在这种情况下，经济增长很快冲到14.2%的高峰。随后，至1996年，经济运行在宏观调控中成功地实现了"软着陆"，经济增长率平均每年以一个百分点平稳下落。之后，在抵御亚洲金融危机和美国等世界主要国家同步进入经济衰退的影响，以及克服国内需求不足的情况下，一直到2001年，经济增长率保持了7.1%—8%的增长，形成了改革开放以来的第四个周期。2002 年、2003 年、2004 年又进入了一个新的周期的上升过程，这就是进入了改革开放以来的第五个周期。

由此我们看到，这样一个良好态势的得来是极其不容易的。其中有两点：一是从 1993 年以来连续 9 年经济增长率处于上一周期的下降阶段，现在好不容易又回升起来，因此一定要珍惜；二是从改革开放以来的起起落落看，这一次又进入一个新的上升阶段，因此一定要小心、慎重，不要使经济增长率一下子又冲上 10% 而导致大起大落。我们要努力延长这个上升阶段，不要让它短短一两年就结束。在这种历史的大背景下，党中央、国务院以科学发展观为指导，从 2003 年下半年开始，特别是 2004 年上半年，积极果断地采取了一系列宏观调控措施。

由于此次新一轮经济周期是我国社会主义市场经济体制初步建立后的第一个周期，同时此次宏观调控也是我国社会主义市场经济体制初步建立后的第一次控速降温的宏观调控，所以 2003 年至 2004 年引起了学术界对于中国经济是否过热的广泛争论，也是不足为奇的。归纳一下学术界的争论，大体上有以下 10 种代表性观点：（1）认为出现了总量过热；（2）认为出现了总量过热倾向、过热趋势或过热苗头；（3）局部过热，宏观调控应结构性的有扩有控；（4）总体上不过热，不要轻言经济过热；（5）中国经济怕冷不怕热，稍微热一点没有太大问题；（6）认为是正常的"热"：如果有市场有需要，不管多热都不能称其为"过热"；（7）认为不可能发生经济过热：通过市场价格机制，供求会自动达到均衡；（8）不是过热，而是偏冷：最终消费还没有激活；（9）有冷有热：冷的是消费，热的是投资；（10）不能简单地说经济过热或不过热，当前我国经济的实际运行情况要比用过热或不过热来概括，更复杂得多。

对经济形势不同判断的背后，隐含着对是否需要进行这次宏观调控和怎样进行宏观调控的不同看法。但是其中值得重视的是，若用 19 世纪以萨伊（法国经济学家）为代表的古老的"市场经济供求自动均衡论"，或以 20 世纪 70 年代以来现代市场经济发达国家中的"市场经济供求自动均衡假定"，来解释和解决我国当前社会主义市场经济体制刚刚初步建立后的宏观经济问题，显然是不符合我国国情的。

历史上大起大落的经验教训实际上有两类：一类就是我国原有计划经

济体制下和体制转轨过程中大起大落的经验教训；另一类就是西方市场经济体制下大起大落的经验教训。特别是第二次世界大战之前，没有政府的宏观调控，那时的市场经济是一个剧烈波动的经济。以美国为例，在20世纪头40年内，就发生过八次波幅很大的经济波动，最严重的就是1929—1933年的大危机、大萧条（见图2）。正是在这次大危机之后，西方市场经济才开始有了政府的宏观调控。

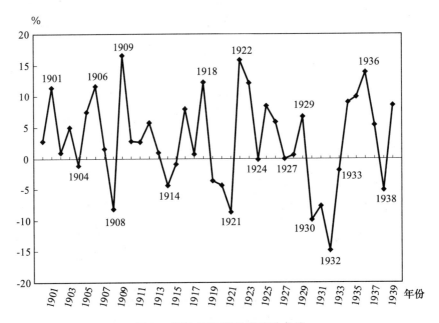

图2　美国 GNP 增长率波动曲线

1901年，美国经济高速增长，1904年进入一个低谷，－1.2%的经济增长率；1906年又上升到一个高峰，到1908年又下降至－8.2%；1909年经济增长率再次高起，1914年又降到－4.4%；随后，第一次世界大战期间，1918年，美国经济一直向上起，1921年又下落到－8.7%；1922年，经济增长率又上来，1924年下降至－0.2%，1925年再起，1927年又下降至－0.1%；直到1929年，美国经济达到一个大繁荣时期；1929年10月股市崩溃，开始大危机，1932年跌入－14.8%，经济负增长由1930年一直延续至1933年；1936年又上升到一个新的高峰，1938年下落至

-5.1%。

在美国 20 世纪 20 年代，也就是 1929—1933 年大危机之前，美国经济是什么状态呢？房地产建筑业与汽车制造业是 20 年代美国经济繁荣的两大支柱。但随后，房地产建筑业和汽车制造业的衰落成为 1929—1933 年大萧条的前奏曲。这种情况对我国现在是很有启发的。就 20 年代美国房地产建筑业来说，一战期间民用建筑被大大削减，战后对新建住房的需求之大，几乎达到怎么扩建也满足不了的地步，到处都在盖房。城市与乡村的新建住宅在 1921 年时为 44.9 万幢，到 1925 年达 93.7 万幢，飙升了一倍，同时引起狂热的房地产投机活动。就 20 年代的美国汽车制造业来说，在 1923 年美国第 30 任总统柯立芝上台时曾宣称，要让美国每户家庭的锅里都有一只鸡，每家的车库里都有两辆汽车。这是总统给美国人民的许诺。私用小轿车 1921 年时年产 146.8 万辆，1929 年年产 445.5 万辆，增加了两倍；商用车 1921 年时年产 14.8 万辆，1929 年达年产 88.2 万辆，增加了五倍。从私人小轿车的拥有量看，在 1920 年时，总拥有量为 813 万辆，平均每 13 个人拥有一辆；到 1929 年，总拥有量为 2312 万辆，平均每 5.3 人拥有一辆。20 世纪 20 年代是美国消费信贷大发展的时期。消费信贷为住宅与汽车的发展提供了强大的支撑力。但是预支的社会购买力产生了巨额的私人负债。随着消费者债务负担的不断增加，对住宅与汽车的购买开始下降。住宅建筑在 1925 年和 1926 年达到登峰造极的地步之后，开始下降。汽车工业也在 1927 年之后急剧衰落。房地产建筑业和汽车制造业的衰落成为 1929—1933 年大萧条的前奏曲。当以汽车和住房为核心的实体经济增长开始下落的时候，虚拟经济（股市）却在迅速上升。股市在 1929 年 10 月达到最高峰之后，高台跳水，迅猛下落。由股市的崩溃引发了整个经济进入了大萧条。

正是鉴于市场自发调节的缺陷，1992 年 10 月召开的党的十四大确立我国经济体制改革目标的时候，以及随后 1993 年 11 月党的十四届三中全会作出《中共中央关于建立社会主义市场经济体制若干问题的决定》中都明确提出，我们建立社会主义市场经济体制，就是要使市场在国家宏观调控下对资源配置起基础性作用。此后，党的十五大、十六大又多次重申了这一目标。所以，市场机制与宏观调控都是社会主义市场经济体制的有机组成部分，二者是相辅相成，缺一不可的。只有把二者结合起来，才能既发挥市场经济的活力，又保持经济的平稳运行。宏观调控贯穿于市场经济的全过程，而不是一朝一夕的事情。但在经济周期的不同阶段，根据经济形势的不断变化，宏观调控会有不同的政策取向、操作步骤、松紧力度和实施重点。目前我国社会主义市场经济体制刚刚初步建立，经济运行中既带有转型之前原有计划经济体制下的一些特点，比如一些地方政府的盲目扩张冲动，一些企业的投资实际上仍然是只负盈不负亏的软预算约束；同时又带有市场经济体制下的一些特点，比如企业所有制的多元化，企业行为的市场化；还带有不成熟市场经济的一些特点，比如企业行为的非法制化、非理性化，等等。因此，更需要不断加强和改善宏观调控。

## 二  怎样进行的宏观调控

从 20 世纪 70—80 年代以来，也就是凯恩斯主义失灵之后，西方的宏观调控在理论上不断地发展，从而使资本主义市场经济也在不断地自我调整。那么，我们中国的宏观调控也有很多值得总结的内容。2003 年下半年到 2004 年我们出台的一系列宏观调控措施是如何操作的呢？让我们看一下时间表：

2003 年：

7 月 18 日，国务院办公厅发出《关于暂停审批各类开发区的紧急通知》。

7 月 30 日，国务院办公厅发出《关于清理整顿各类开发区加强建设用地管理的通知》。

8 月 23 日，中国人民银行宣布从 9 月 21 日起提高存款准备金率 1 个百分点。

11 月 3 日，国务院发出《关于加大工作力度进一步治理整顿土地市场秩序的紧急通知》。

12 月 23 日，国务院办公厅发出《转发国家发改委等部门关于制止钢铁电解铝水泥行业盲目投资若干意见的通知》。

2004 年：

2 月 8 日，中国银监会发出《关于开展部分行业贷款情况专项检查的通知》。

3 月 24 日，中国人民银行宣布从 4 月 25 日起实行差别存款准备金率制度和再贷款浮息制度。

4 月 11 日，中国人民银行宣布从 4 月 25 日起上调存款准备金率 0.5 个百分点。

4 月 26 日，国务院发出《关于调整部分行业固定资产投资项目资本金比例的通知》。

4 月 27 日，国务院办公厅发出《关于清理固定资产投资项目的通知》。清理的重点是：钢铁、电解铝、水泥、党政机关办公楼和培训中心、城市快速轨道交通、高尔夫球场、会展中心、物流园区、大型购物中心等项目，以及 2004 年以来新开工的所有项目。农林水利（含农村"六小"工程）、生态建设、教育（不含大学城）、卫生、科学（不含科技园区）项目不在清理范围内。

4 月 28 日，查处江苏铁本钢铁有限公司违规建设钢铁项目。

4 月 29 日，国务院办公厅发出《关于深入开展土地市场治理整顿严格土地管理的紧急通知》。决定暂停半年审批农用地转非农建设用地。

4 月 30 日，国家发改委、中国人民银行、中国银监会联合颁布《关于进一步加强产业政策和信贷政策协调配合，控制信贷风险有关问题的通知》和《当前部分行业制止低水平重复建设目录》。

7 月 19 日，国务院印发《关于投资体制改革的决定》。

10 月 21 日，国务院印发《关于深化改革严格土地管理的决定》。

10 月 28 日，中国人民银行决定从 10 月 29 日起上调金融机构存贷款基准利率。

我们看到，2004 年 4 月集中出台了一些措施，这也是宏观调控主战役的时间。

从以上时间表可以看出，这次宏观调控的主要特点是：

其一，在时机上，是一次见势快、动手早，具有预见性的主动调控。因此，其结果既不是"硬着陆"，也不是"软着陆"，而是通过一定的控速降温，使经济在适度增长区间内继续保持既平稳又较快的健康运行。

其二，在切入点上，严把土地、信贷两个闸门，确保粮食增产的耕地基础，抑制部分过热行业的盲目投资。

其三，在节奏上，是渐进式的，由未雨绸缪、冷静观察，到温和预警、适度微调，再到适时加大力度，对看准了的问题采取果断有力的措施。

其四，在实施原则上，不是全面紧缩，而是区别对待，有保有压，不"急刹车"，不"一刀切"。

其五，在手段上，综合运用了经济手段、法律手段和必要的行政手段。

# 三　取得了什么成效

这次宏观调控取得了明显成效，可以概括为"三个避免、两个保持"：一是避免了局部问题酿成全局问题，二是避免了经济上的大起大落，三是避免了物价过度上涨；保持了经济平稳较快增长，保持了社会和谐稳定。

就这次宏观调控保持了经济平稳较快增长的势头来看，一方面，既没有使经济增长率冲出 10% 而形成全局过热的局面；另一方面，也没有使经济增长率显著下降而形成"硬着陆"的局面。从而，避免了一次可能发生的大起大落，延长了经济周期的上升阶段。

在此次宏观调控中，反映比较强烈的是民营企业。有人认为，宏观调控是针对民营企业的。实际上，宏观调控是针对整个经济运行中的问题，而不论企业的所有制。比如，在美国，美联储的宏观调控对象是市场经济中的所有民营企业。对于我国的这次宏观调控，浙江民营企业"正泰集团"的老总南存辉说得好："在 20 世纪 80 年代中后期全国经济膨胀的大背景下，温州电器业一些企业利欲熏心，以次充好，导致大面积的假冒伪劣现象。后来，纷纷倒闭。而'正泰'却因质量过硬，脱颖而出。这次宏观调控调出了民营企业的好状态。"可见，这次宏观调控促进了民营企业的健康发展。

从价格看宏观调控的效果。1988 年时，随经济的高增长，居民消费价格上升到 18.8%。在 20 世纪 90 年代初经济过热的过程中，居民消费价格从 1991 年的 3.4%，上升至 1992 年的 6.4%，1993 年的 14.7%，1994 年的 24.1%，为新中国成立以来物价上涨的最高峰。随后，在经济运行的"软着陆"中，居民消费价格回落至 1997 年的 2.8%。受亚洲金融危机和国内需求不足的影响，1998—2002 年，物价处于轻度通货紧缩中。2003年、2004 年，我国摆脱了通货紧缩的阴影，物价开始略有微升，居民消费价格上涨率分别为 1.2% 和 3.9%。2004 年居民消费价格上涨 3.9%，而没有上涨得更高，是宏观调控的结果。如果没有及时的宏观调控，物价肯定会上涨得更高。

从粮食来看宏观调控的效果。2004 年粮食生产出现重要转机。全年粮食总产量达到 9389 亿斤，年增产 775 亿斤。从年度增量来看，这是新中国成立以来最高的。这次宏观调控严把了两个闸门，一个是土地，一个是信贷。为什么以土地作为这次宏观调控的一个重要手段呢？我国粮食播种面积从 1990 年的 17.02 亿亩，随 90 年代初经济高速增长，降至 1994 年的 16.28 亿亩，1998 年又恢复到 17.07 亿亩。随后这几年粮食播种面积迅速下降，到 2003 年下降至 14.9 亿亩。2004 年在宏观调控中，粮食播种面积又恢复到 15.2 亿亩。粮食产量在 1990 年是 8925 亿斤，1998 年达到历史最高水平 10246 亿斤，1999 年也还在 10000 亿斤以上，随后粮食产量也随粮食播种面积的大幅度减少而下降到 2003 年的 8614 亿斤，引起粮食供求的紧张。2004 年经多方努力，粮食产量达到 9389 亿斤，这是很不容易的成绩了。

# 四　还存在什么问题

近期要高度重视的四大问题可概括为"两个防止，两个维护"：（1）保持经济平稳较快发展，防止出现大的波动；（2）保持物价基本稳定，防止严重通货膨胀；（3）做好关系群众利益的工作，维护社会稳定；（4）密切关注国际金融和油价波动，维护我国经济安全。

从长期和深层次看，也可概括为四个问题：（1）收入差距与地区差距的问题；（2）就业压力仍然很大；（3）结构调整与经济增长方式转变很不容易；（4）制约经济平稳较快增长、导致经济出现大起大落的体制性、机制性障碍还远远没有消除。

# 五　今后怎样做

1. 宏观调控目标。2005 年，宏观调控的四大目标为：（1）国内生产总值增长 8% 左右；（2）城镇新增就业 900 万人，城镇登记失业率控制在 4.6%；（3）居民消费价格总水平涨幅控制在 4%；（4）国际收支基本保持平衡。

2. 宏观调控政策取向。"双稳健"：（1）由亚洲金融危机后实行的扩张性的、积极的财政政策，转换为松紧适度的、稳健的财政政策。这一政策的主要标志是实行"双减"：适当减少财政赤字、适当减少长期建设国债发行规模。今年安排中央财政赤字 3000 亿元，比上年预算减少 198 亿元；今年发行长期建设国债 800 亿元，比上年减少 300 亿元；同时增加中央预算内经常性建设投资 100 亿元。（2）继续实行稳健的货币政策。合理调控货币信贷总量，既要支持经济发展，又要防止通货膨胀和防范金融风险。

3. 宏观调控重点。控制固定资产投资规模，防止固定资产投资反弹，继续把好土地审批与信贷投放这两个闸门。

4. 宏观调控原则。更好地贯彻区别对待、有保有压的原则。

5. 宏观调控手段。更加注重发挥市场机制的作用，更加注重运用经济手段和法律手段。

6. 宏观调控与加强"三农"。加快减免农业税步伐，今年在全国大范围、大幅度减免农业税，明年在全国全部免征农业税。原定五年取消农业税的目标，三年就可实现。今年减免农业税的已有 27 个省、市、自治区。明年剩下的四个地区为：河北、山东、云南、广西。农村税费改革是农村经济社会领域的一场深刻变革。全部免征农业税，取消农民各种不合理的负担，将彻底改变两千多年来农民种田缴纳"皇粮国税"的历史。

7. 宏观调控与结构调整。在宏观调控中，要推进产业结构的优化升级，坚持走新型工业化道路。依靠科技进步，围绕提高自主创新能力，推动结构调整。加快开发对经济增长有重大带动作用的高新技术，以及能够推动传统产业升级的共性技术、关键技术和配套技术。抓紧制定若干重大领域关键技术创新的目标和措施，务求尽快取得新突破。

有关资料表明，由于我国目前自主创新能力不足，我国的企业和产业正面临新技术和知识产权的严峻挑战。（1）在高新技术产业中，外国公司拥有的知识产权现在占了绝对的优势。据统计，在通信、半导体、生物、医药和计算机行业，外国公司获得授权的专利数占到60%—90%以上。（2）一些加工制造能力较大的行业，因为缺乏自主知识产权而导致缺乏竞争力。比如，我国的DVD生产能力是世界第一，但是却无自己的核心技术，因此DVD的出口受外国企业知识产权的制约被征收较高的专利费，廉价劳动力的优势被削弱。（3）技术装备的对外依存度较高，越是高技术设备越依靠进口。2001年我国进口装备制造业产品约为1100亿美元，占我们全国外贸进口总额的48%左右。其中，集成电路芯片制造装备的95%，轿车制造装备、数控机床、纺织机械和胶印设备的70%是依赖进口。所以，我们要通过自主创新，加引进、消化、吸收，在若干重大关键领域，在技术方面要有所突破，以此来推进结构调整。

8. 宏观调控与构建和谐社会。在宏观调控中，要促进和谐社会的建设。和谐社会有六点基本特征：民主法制、公平正义、诚信友爱、充满活力、安定有序、人与自然和谐相处。

9. 宏观调控的体制基础。通过深化改革，不断消除制约经济平稳较快增长、导致经济出现大起大落的体制性、机制性障碍。这里主要包括三个方面：（1）首先，要加快政府自身改革，推进政府职能转变。要牢固树立科学发展观和正确的政绩观，防止盲目攀比和片面追求经济增长速度，注重提高经济增长的质量和效益。坚决把政府不该管的事交给企业、社会组织和中介机构，而政府应该管的事一定要管好。特别是政府不能包办企业投资决策，不能代替企业招商引资，不能直接干预企业生产经营活动。建立政府投资和国有企业投资责任制与责任追究制，从根本上改变盲目投资和投资决策失误而无人负责的状况。从而，使各级政府不要成为推动经济过热的根源。（2）通过深化改革建立政策规则，加强法制建设，使宏观调控规范化、制度化、法制化。在什么情况下转换宏观调控的方向，在什么情况下加大宏观调控的力度，在什么情况下采取什么相应的调控措施，以及在规范市场准入和强化市场监管等方面，都应该建立和健全明确的政策规则，以增加宏观调控的透明度，使社会各方面都能有一个正确的预期，从而产生较好的调控效果。（3）深化国有企业改革和使民营企业健康发展，使政府运用经济手段和法律手段所进行的宏观调控具有较好的微观基础。只有不断提高微观主体的市场运作水平、法律意识和对宏观调控的反应能力，政府才能更多地运用经济手段和法律手段来改善宏观调控。

（原载《经济与管理研究》2005 年第 4 期）

# 论又好又快发展

2006 年 11 月 30 日，中央经济工作会议召开前夕，中共中央政治局召开会议，分析当前经济形势和研究明年经济工作。这次会议首次引人注目地提出：努力实现国民经济又好又快发展。①

2006 年 12 月初召开的中央经济工作会议，在强调提出努力实现国民经济又好又快发展时，进一步指出：又好又快发展是全面落实科学发展观的本质要求。②

2007 年 3 月 5 日十届全国人大五次会议上的《政府工作报告》，全面贯彻落实科学发展观，再次强调：实现经济又好又快发展。

"又好又快"这一提法，与新中国成立以来，在半个多世纪中，我们曾经使用过的、人们耳熟能详的"多快好省"和"又快又好"的提法相比，"好"字首次排在了"快"字之前。"好"与"快"，两字顺序的对调变化，看似简单，却绝非易事。这是一个具有历史意义的重大变化。这一变化，深刻记录了我们在社会主义现代化建设征程上，风风雨雨、坎坎坷坷的探索历程；充分反映了半个多世纪来，特别是改革开放以来中国经济发展所取得的举世瞩目的伟大成就；鲜明体现了科学发展观的本质要求和经济发展理念的大变化。

## 一　多快好省：新中国初期的艰辛探索

"多快好省"，这是 1958 年我们党提出的社会主义建设总路线的简明

---

① 参见《人民日报》2006 年 12 月 1 日第 1 版相关报道。
② 参见《人民日报》2006 年 12 月 8 日第 1 版相关报道。

代表性概括。这一总路线的酝酿、形成和实践的过程，反映了新中国成立后，在当时特殊的国际和国内背景条件下，即外有帝国主义的军事威胁和经济封锁，内为旧社会遗留下来的"一穷二白"的贫困面貌的条件下，为了找到适合中国国情的社会主义建设道路，我们所进行的早期的艰辛探索。

新中国成立后，经过三年的国民经济恢复，从 1953 年起，开始了大规模的工业化建设和对农业、手工业、资本主义工商业的社会主义改造。到 1955 年 10 月，在推进农业合作化高潮中，毛泽东在党的七届六中全会上提出，要"使合作社办得又快又多又好"（毛泽东，1977，第 206 页）。这是"多快好省"这个提法的最早雏形。

紧接着，1956 年《人民日报》发表了题为《为全面地提早完成和超额完成五年计划而奋斗》的元旦社论，首次完整地提出"又多、又快、又好、又省"的原则，并把这一原则由指导农业合作化运动推广到作为指导各项工作的普遍原则。该社论对"多快好省"给出了一个具体解释："必须又多又快，才能赶上国家和人民的需要；必须要好，要保证质量，反对不合规格的粗制滥造；必须要省，要用较少的钱办较多的事，以便用可以积累起来的财力来办好一切应该办而且可以办的事情。"这篇社论虽然也指出"又多、又快、又好、又省，这四条要求是互相结合而不可分的"，但其所要强调的基调是争取实现更高的发展速度。在这篇元旦社论的影响下，1956 年，在党的实际工作中产生了一种急躁冒进、急于求成的倾向。为了解决这一不良倾向，在党内工作中开展了"反冒进"。但是，到 1957 年 10 月，毛泽东对这一"反冒进"进行了严厉的批评，认为"反冒进"扫掉了"多快好省"，要重新恢复这一口号（毛泽东，1977，第 474 页）。随后，1957 年 12 月 12 日，《人民日报》发表了题为《必须坚持多快好省的建设方针》的社论，重申了这个口号。

进入 1958 年，《人民日报》发表了题为《乘风破浪》的元旦社论，再次重申"多快好省"方针，并又提出"鼓足干劲，力争上游"的口号。在 1958 年 3 月举行的中共中央工作会议即成都会议上，毛泽东提出，"在多快好省、鼓足干劲、力争上游的总路线下，波浪式地前进"（毛泽东，1999，第 372 页）。这就逐步形成了社会主义建设总路线，并有了一个初步的表述。1958 年 5 月，中共八大二次会议根据毛泽东的倡议，正式提出了"鼓足干劲、力争上游、多快好省地建设社会主义"的总路线。

1958 年 6 月 21 日，《人民日报》发表了题为《力争高速度》的社论，对这一总路线进行了详细的阐释，指出："快，这是多快好省的中心环节"，"速度是总路线的灵魂"。社论提出我们的伟大目标是："在基本上完成了社会主义革命以后，我国人民最迫切的要求，就是把我国的全部国民经济都转移到现代化大生产的轨道上去，迅速而彻底地摆脱历史遗留给我们的贫困和落后，使我国成为一个经济、文化高度发展的社会主义强国。"社论强调："用最高的速度在尽可能短的时间内达到这个伟大目标，才能最终地巩固我们的社会主义制度。从国内看是这样，从国际看更是这样。"

于是，原本互相结合而不可分的"多快好省"，逐渐变成了以"快"为中心、以高速度为灵魂的总路线，在实践中导致了以"全民大炼钢铁"、"超英赶美"等为主要内容，以高指标、瞎指挥、浮夸风为重要特征的"大跃进"运动。

在"大跃进"中，"超英赶美"时间表的变化最能突出地反映当时"快"与"高速度"的影响和作用。在十五年内赶上和超过英国，这是1957 年 11 月首次提出的。到 1958 年 1 月，这一提法校正为"在十五年或者更多一点的时间内赶上和超过英国"。但是，两个月后，1958 年 3 月，在成都会议上，这一提法却改为"十年或稍多一点时间赶上英国，二十年或稍多一点时间赶上美国"。这样，赶超英国的时间由"十五年或者更多一点"，变为"十年或稍多一点"。一个月后，1958 年 4 月，提法又改为"十年可以赶上英国，再有十年可以赶上美国"。又一个月后，1958 年 5月，内部掌握的口径是：七年赶英、十五年赶美。再一个月后，1958 年 6月 16 日，提法改为：五年超英、十年赶美。一天后，1958 年 6 月 17 日，最后的提法是"两年超过英国"。就在短短的几个月内，超英的时间由"十五年或者更多一点"变为十年、七年、五年，最后仅仅为两年；赶美的时间由"二十年或稍多一点"变为十五年、十年（逄先知、金冲及主编，2003，第 761—824 页）。

1958 年，以"快"为中心的"大跃进"，使 GDP 增长率一下子冲高到 21.3% 的高峰（见图 1 中的第二个周期）。超高速的经济过热增长，伤害了整个经济发展的机体，打乱了经济正常运行的秩序，造成国民经济重大比例的严重失调，立即遇到供给面的三大瓶颈制约：（1）生产资料供给紧张，包括煤、电、油、运（交通运输）、材（钢铁等原材料）的供给紧张；（2）工业消费品供给紧张；（3）加之自然灾害严重，粮食供给紧张。由此引起全面短缺，高速增长难以为继。之后，1960 年、1961 年和 1962 年三年，经济增长率大幅下落，均为负增长。其中，1961 年经济增长率的降幅最大，为 -27.3%。这样，从 1958 年经济增长率的最高峰（21.3%）到 1961 年经济增长率的最深谷（-27.3%）之间的峰谷落差近 50 个百分点（48.6 个百分点），这是新中国成立后十个经济周期中波动幅度最大的一个周期，是一个典型的"大起大落"。

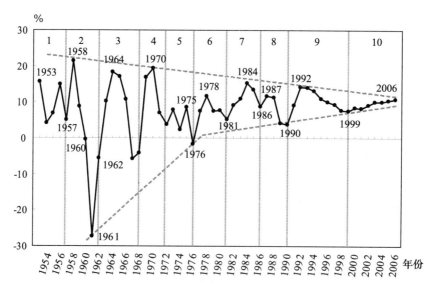

图 1    中国经济增长率波动曲线（1953—2006 年）

在 1981 年 6 月党的十一届六中全会通过的《关于建国以来党的若干历史问题的决议》中，对"多快好省"的总路线作了如下分析（中共中央文献研究室，1982a，第 754 页）：1958 年，党的八大二次会议通过的社会主义建设总路线及其基本点，其正确的一面是反映了广大人民群众迫切要求改变我国经济文化落后状况的普遍愿望，其缺点是忽视了客观的经济规律。在这次会议前后，全党同志和全国各族人民在生产建设中发挥了高度的社会主义积极性和创造精神，并取得了一定的成果。但是，由于对社会主义建设经验不足，对经济发展规律和中国经济基本情况认识不足，急于求成，夸大了主观意志和主观努力的作用，没有经过认真的调查研究和试点，就在总路线提出后轻率地发动了"大跃进"运动和人民公社化运动，使得以高指标、瞎指挥、浮夸风和"共产风"为主要标志的"左"倾错误严重地泛滥开来。

这样，"多快好省"作为一个带有 20 世纪 50 年代"大跃进"时代印记的词汇，一般不再使用了。新中国成立之后到 1976 年，我们的社会主义建设虽然经历过严重挫折，但总的来看，仍然取得了很大的成就，基本建立了独立的、比较完整的工业体系和国民经济体系，从根本上解决了工业化过程中"从无到有"的问题（中国近现代史纲要编写组，2007）。特别是毛泽东著名的《论十大关系》（1956 年 4 月）、《关于正确处理人民内部矛盾的问题》（1957 年 2 月）等著作，是中国社会主义现代化建设初期探索中所取得的重要而宝贵的理论成果。

## 二　又快又好：举世瞩目的大发展

1978 年 12 月，党的十一届三中全会拨乱反正，结束了"以阶级斗争为纲"的历史，全党工作中心转移到社会主义现代化建设上来。由此，开启了中国改革开放和社会主义现代化建设新的历史时期。党的十一届三中全会指出："为了迎接社会主义现代化建设的伟大任务，会议回顾了建国以来经济建设的经验教训。""实践证明，保持必要的社会政治安定，按照客观经济规律办事，我们的国民经济就高速度地、稳定地向前发展，反之，国民经济就发展缓慢甚至停滞倒退。"当时沿用了"高速度"一词，但开始强调"稳定"发展，提出"基本建设必须积极地而又量力地循序进行"（中共中央文献研究室，1982b，第 5—6 页）。

在 20 世纪 80 年代的探索中，"速度"与"效益"逐步联系起来。1981 年年底，在五届全国人大四次会议上的《政府工作报告》中，首次提出"经济效益"问题，并把它作为经济建设的方针，指出："真正从我国实际情况出发，走出一条速度比较实在、经济效益比较好、人民可以得到更多实惠的新路子。"1982年9月，党的十二大首次把"提高经济效益"放入经济建设总的奋斗目标中，提出："从一九八一年到本世纪末的二十年，我国经济建设总的奋斗目标是，在不断提高经济效益的前提下，力争使全国工农业的年总产值翻两番。"1987年10月，党的十三大进一步将"效益"放到经济发展战略中，提出："必须坚定不移地贯彻执行注重效益、提高质量、协调发展、稳定增长的战略。这个战略的基本要求是，努力提高产品质量，讲求产品适销对路，降低物质消耗和劳动消耗，实现生产要素合理配置，提高资金使用效益和资源利用效率，归根到底，就是要从粗放经营为主逐步转上集约经营为主的轨道。"

1992年年初，邓小平在南方谈话中强调提出："现在，周边一些国家和地区经济发展比我们快，如果我们不发展或发展得太慢，老百姓一比较就有问题了。""我们国内条件具备，国际环境有利，再加上发挥社会主义制度能够集中力量办大事的优势，在今后的现代化建设长过程中，出现若干个发展速度比较快、效益比较好的阶段，是必要的，也是能够办到的。"（邓小平，1993，第375—377页）

"发展速度比较快、效益比较好"，这就首次提出了"又快又好"发展的问题。随后，1992年10月，党的十四大在确立社会主义市场经济体制的改革目标的同时，提出"走出一条既有较高速度又有较好效益的国民经济发展路子"。

邓小平南方谈话和党的十四大，为中国改革开放和社会主义现代化建设打开了一个新局面。但是，由于当时改革开放才十来年，原有的计划经济体制还没有根本转型，原有体制下的投资饥渴、片面追求速度的弊端还没有克服。在这种情况下，经济增长很快冲到14.2%的高峰（见图1中第九个周期），出现经济过热现象。针对此，1993年1月29日，《人民日报》发表评论员文章，题为《促进经济又快又好地发展》，提醒我们："在大好形势下，我们也应该保持清醒的头脑，认真对待、积极解决高速发展中存在的问题，扎扎实实地进行工作，防止发生经济过热现象，力求国民经济在新的一年里又快又好地发展。"在治理经济过热中，党中央一再强调："更好地把解放思想与实事求是结合起来，进一步把党的十四大确定的路线方针政策和目标任务贯彻好、落实好，确保经济建设又快又好地发展。""充分调动、保护、发挥群众的积极性，促进经济又快又好地发展。"（江泽民，2006，第295、366页）

在"又快又好"思想指导下，1993年下半年至1996年，国民经济运行成功地实现了"软着陆"，既大幅度地降低了物价涨幅，又保持了经济的适度快速增长（刘国光、刘树成，1997）。

1997年9月，党的十五大重申"发展速度比较快、效益比较好"的提法，进一步提出："走出一条速度较快、效益较好、整体素质不断提高的经济协调发展的路子。"这时，进一步加进了"整体素质不断提高"的要求。

2002年11月，党的十六大提出，要在21世纪头20年，全面建设惠及十几亿人口的更高水平的小康社会，在优化结构和提高效益的基础上，国内生产总值到2020年力争比2000年翻两番。并提出走新型工业化道路，即"走出一条科技含量高、经济效益好、资源消耗低、环境污染少、人力资源优势得到充分发挥的新型工业化路子"。这时，在加速工业化和全面建设小康社会中，保护资源和环境的问题更加突出出来。

到2003年10月，党的十六届三中全会在更高的层次上，更丰富的内涵上，形成和提出了科学发展观，指出："坚持以人为本，树立全面、协调、可持续的发展观，促进经济社会和人的全面发展。"

2005年10月，党的十六届五中全会通过了《中共中央关于制定国民经济和社会发展第十一个五年规划的建议》，该建议在提出"避免经济大起大落，实现又快又好发展"时，强调指出："发展既要有较快的增长速度，更要注重提高增长的质量和效益。"这里，将"提高增长的质量和效益"放到了"更要注重"的位置上，也就是说，又好又快，"好"字在前，已呼之欲出。

改革开放以来，中国经济发展取得了举世瞩目的伟大成就，实现了邓小平高瞻远瞩所预计的：在现代化建设长过程中，出现若干个"发展速度比较快、效益比较好"的阶段，是必要的，也是能够办到的。

# 三    又好又快发展的基础条件

现在，为什么提出又好又快发展呢？一方面是因为我们有了又好又快发展的基础条件，另一方面是因为进一步解决经济发展中现有突出矛盾和问题的迫切需要。这就是说，又好又快发展既有现实的可能性，又有迫切的必要性。

改革开放以来，中国经济生活发生了巨大变化。这些变化成为我们走向又好又快发展这一新的历史起点的基础条件。这一基础条件可概括为六大历史性变化：（1）经济体制，由高度集中的计划经济体制转变为社会主义市场经济体制；（2）供求关系，由长期短缺转变为一定程度的相对过剩；（3）经济运行，由大起大落转变为快速平稳；（4）经济总量，由改革开放之初的世界第十位上升到第四位；（5）外贸总额，由改革开放之初的世界第二十七位上升到第三位；（6）人民生活，由解决温饱到实现小康，并向全面小康迈进，人均 GDP 由改革开放之初的不到 300 美元上升到近 2000 美元。这六大历史性变化为又好又快发展提供了重要的体制性基础条件、必要的市场供求格局、良好的经济运行环境、坚实的物质基础、有利的国际经济条件和新的发展动力。

关于经济体制和供求关系。新时期最鲜明的特点是改革开放。在改革开放中，中国社会主义市场经济体制初步建立，并进入不断完善的新阶段。我们建立的社会主义市场经济体制，就是使市场在国家宏观调控下对资源配置起基础性作用。市场机制的引入，为社会主义制度下经济的发展增添了生机和活力；不断加强和改善宏观调控，有利于克服市场自发调节的缺陷，保持经济的健康发展。在改革开放和社会主义市场经济体制的推动下，中国市场供求格局已经发生了历史性的根本变化。新中国成立以来长期存在的短缺状况基本改变，买方市场初步形成，并开始出现一定程度的相对过剩。在原有的高度集中的计划经济体制下存在着强烈的投资饥渴和扩张冲动，在长期短缺经济下商品供给严重不足，这就难以实现又好又快发展。社会主义市场经济体制的建立和不断完善，商品短缺状况的基本改变，为又好又快发展提供了重要的体制性基础条件和必要的市场供求格局。如果没有改革开放，没有市场机制的引入和宏观调控的加强，没有市场供求格局的这一历史性变化，中国经济发展是难以走上又好又快的轨道的。

关于经济运行。前面的图1显示，新中国成立以来到现在，经济增长率共经历了十个上下起伏的周期波动。其中，从1953年至1976年"文化大革命"结束，共经历了五个周期。在这五个周期中，曾有三次"大起大落"。每次"大起"，经济增长率的峰位都在20%左右。1958年为21.3%，1964年为18.3%，1970年为19.4%。每个周期内，经济增长率的最高点与最低点的峰谷落差，在第二个周期内最大，高达48.6个百分点；最小的峰谷落差也在9.9个百分点（见表1）。1976年"文化大革命"结束后和1978年改革开放以来，又经历了五个周期。其中，在已有的四个周期中，经济增长率的高峰都在11%以上至15%。1978年为11.7%，1984年为15.2%，1987年为11.6%，1992年为14.2%。就这已有的四个周期看，峰谷落差均已降至6个或7个百分点左右，但仍然有些偏大。1999年是第九轮经济周期的谷底年份，经济增长率为7.6%。2000年、2001年经济增长率分别回升到8.4%和8.3%，从而进入新一轮经济周期；

表1 各周期内经济增长率的峰谷落差

| 周期序号 | 起止年份 | 峰谷落差（百分点） |
|---|---|---|
| 1 | 1953—1957 | 9.9 |
| 2 | 1958—1962 | 48.6 |
| 3 | 1963—1968 | 24.0 |
| 4 | 1969—1972 | 15.6 |
| 5 | 1973—1976 | 10.3 |
| 6 | 1977—1981 | 6.5 |
| 7 | 1982—1986 | 6.4 |
| 8 | 1987—1990 | 7.8 |
| 9 | 1991—1999 | 6.6 |
| 10 | 2000—2006 | （正在进行） |

2002—2006 年，经济增长率分别为 9.1%、10%、10.1%、10.4% 和 10.7%。这就显示出近几年来中国经济增长的一个突出特点，即从 2000—2006 年，中国经济已连续 7 年在 8%—10% 左右的适度增长区间内半稳较快地运行，其中，2003—2006 年，连续 4 年在 10% 或略高的位势上平稳较快地运行。从前面的图 1 看到，中国经济增长出现的这一高位平稳运行的新轨迹，在新中国成立以来的经济发展史上还是从未有过的。

表 2　　　　　　　　　　　中国经济连续 4 年及以上高增长的情况

| 年份 | GDP 增长率（%） | 物价上涨率（%） |
|---|---|---|
| 1963 | 10.2 | - 5.9 |
| 1964 | 18.3 | - 3.7 |
| 1965 | 17.0 | - 2.7 |
| 1966 | 10.7 | - 0.3 |
| 1992 | 14.2 | 6.4 |
| 1993 | 14.0 | 14.7 |
| 1994 | 13.1 | 24.1 |
| 1995 | 10.9 | 14.8 |
| 1996 | 10.0 | 6.1 |
| 2003 | 10.0 | 1.2 |
| 2004 | 10.1 | 3.9 |
| 2005 | 10.4 | 1.8 |
| 2006 | 10.7 | 1.5 |

　　在新中国半个多世纪的经济发展史上，经济增长率连续 4 年在 10% 以上的情况共有三次（见图 1 和表 2）。第一次是 1963—1966 年，当时的经济增长率分别为 10.2%、18.3%、17% 和 10.7%。显然，这四年的经济增长虽然很高，但很不平稳，呈现出陡峭的尖峰型。第二次是 1992—1996 年，共五年，当时的经济增长率分别为 14.2%、14%、13.1%、10.9% 和 10%。显然，这五年的经济增长率在逐年回落，处于经济波动的下行区，呈现出下坡型。第三次即 2003—2006 年，既较快又平稳，呈现出高位平

稳型。同时，这三次经济增长率连续几年高增长时所对应的物价态势也不相同。第一次，1963—1966 年，商品零售价格上涨率都是负数，分别为－5.9%、－3.7%、－2.7% 和－0.3%。当时实行的是物价管制和低物价政策。第二次，1992—1996 年，居民消费价格上涨率分别为 6.4%、14.7%、24.1%、14.8% 和 6.1%。这就是说，在该时期内，曾对应着高达 14%—24% 的严重通货膨胀。第三次，2003—2006 年，居民消费价格上涨率分别为 1.2%、3.9%、1.8% 和 1.5%。这表明，在该时期内，物价处于低位平稳的良好状态。

从图 1 中国经济增长率波动曲线的总体趋势看，改革开放以来中国经济的增长与波动呈现出这样一种新态势：峰位理性地降低、谷位显著地上升、波幅趋于缩小，也就是呈现出经济周期波动微波化、稳定化趋势（刘树成主编，2006）。在经济运行经常处于"大起大落"的情况下，是难以实现又好又快发展的。现在，经济快速平稳的增长态势为又好又快发展创造了良好的经济运行环境。

关于经济总量和外贸总额。改革开放以来，中国 GDP 总量不断上升（见图 2）。1978 年改革开放之初，GDP 总量为 3624 亿元人民币。经过八年努力，到 1986 年，上升到 1 万亿元的水平；这八年中，平均每年增加 800 多亿元。又经过五年努力，到 1991 年，上升到 2 万亿元的水平；这五年中，平均每年增加 2200 多亿元。从 1992—2006 年的 15 年间，中国 GDP 总量平均每年增加 11000 多亿元。到 2006 年，GDP 总量突破 20 万亿元（209407 亿元）。扣除价格因素，2006 年 GDP 总量是 1978 年的 13.3 倍，在长达 28 年中，GDP 年均增长 9.7%。中国经济总量在世界上的排位，由 1978 年的第十位上升到 2000 年的第六位，排在美、日、德、英、法之后；2000—2004 年，均稳定在第六位；2005 年上升到第四位，超过了英国和法国；2006 年预计仍为第四位；2007 年有望超过德国，上升到第三位。与此同时，1978 年改革开放之初，中国进出口贸易总额仅为 206 亿美元，2006 年上升到 17607 亿美元（见图 3）。中国进出口贸易总额在世界上的排位：1978 年为第二十七位，1990 年上升到第十六位，2000 年为第八位，2001 年为第六位（前五位是美、德、日、法、英），2002 年为第五位，2003 年为第四位，2004 年超过日本，成为世界第三大贸易国。

亿元

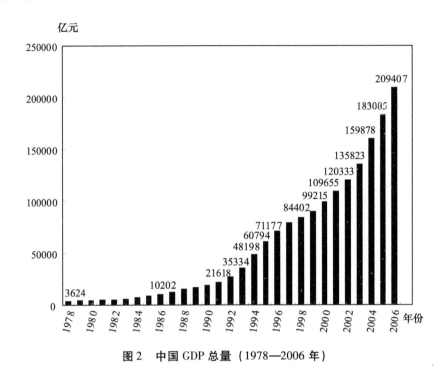

**图2 中国 GDP 总量（1978—2006 年）**

中国综合国力和国际竞争力的大提高，为又好又快发展奠定了坚实的物质基础和有利的国际条件。

关于人均 GDP 水平。改革开放初期，1981—1987 年，中国人均 GDP 始终停留在 300 美元以下；1988—1994 年，上升到 300—400 美元的水平；20 世纪 90 年代中期以后，每年不断提高，1998 年突破 800 美元，2001 年突破 1000 美元，2006 年又上升到近 2000 美元。人均收入水平的提高，推动着消费结构升级，使消费结构由吃穿用向住行升级，由一般吃穿用向高级吃穿用升级。这就为又好又快发展注入了新的动力。

以上分析说明，我们已具备了支撑经济又好又快发展的诸多有利条件。

## 四　又好又快发展的迫切必要性

中国经济的快速增长举世瞩目，但也积累了不少值得我们高度重视的

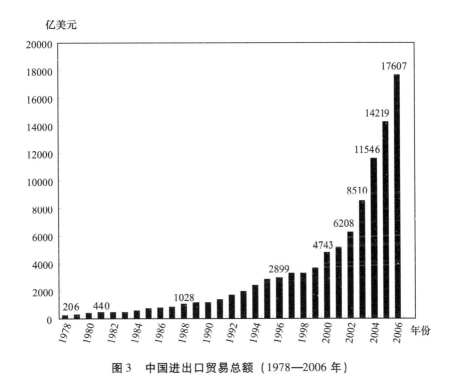

亿美元

图3　中国进出口贸易总额（1978—2006 年）

矛盾和问题。这些矛盾和问题如果不能很好地解决，经济的快速增长将难
以为继。这就要求我们在经济发展中不仅要在"快"字上做文章，而且更
要在"好"字上狠下工夫。当前，中国经济发展中需要进一步解决的突出
矛盾和问题有以下四个方面：

（1）经济增长的不稳定因素仍然存在。改革开放以来，特别是近几年
来，中国经济增长的稳定性不断增强，但影响经济平稳较快发展的一些因
素仍然存在，集中表现在固定资产投资总规模依然偏大，经常出现投资增
长过快、过热倾向。虽然在每次宏观调控中，投资增幅会受到一定抑制，
但导致投资过快增长的体制性问题尚未根本解决，一些地区投资扩张冲动
仍然强烈，投资反弹并引发经济较大波动的风险依然存在。加之近几年
中，还有一些相关的重要推动性因素，如 2007 年各级党政领导换届，
2008 年中国举办奥运会，2009 年庆祝新中国成立 60 周年等，都有可能推
动投资和经济增长趋向过热。与此同时，我们也要看到，连续多年的固定

资产投资的快速扩张，使部分行业产能过剩，这也有可能影响到未来投资增速的较大幅度回落。如果经济出现大的起伏波动，将损害整个经济发展的机体，将对经济和社会发展的全局产生重大影响。如何在经济快速增长中防止"大起大落"，保持经济运行的良好平稳性，仍然是不可忽视的大问题。

（2）粗放的经济增长方式尚未根本改变。改革开放以来，中国经济增长虽然很快，但"四高一多"（高投入、高能耗、高物耗、高污染、多占地）的粗放经济增长方式尚未根本改变，经济增长所付出的代价很大。特别是目前中国正处在工业化、城市化加快发展时期，这是能源和各种资源消费强度较高、污染排放较重的时期，经济发展和资源环境的矛盾越来越突出。靠大量消耗资源和牺牲环境来维持经济快速增长的路子，再也不能走下去了。"十一五"规划提出了五年内单位国内生产总值能耗降低20%和主要污染物排放总量降低10%的目标，并作为约束性指标。2006年，全国各地区和各部门加大了工作力度，取得了积极进展，使单位国内生产总值能耗由前三年的上升转为下降（下降1.2%），主要污染物排放总量增幅减缓（化学需氧量、二氧化硫排放量由上年分别增长5.6%和13.1%，减为增长1.2%和1.8%）。但是，全国没有实现年初确定的单位国内生产总值能耗降低4%左右、主要污染物排放总量减少2%的目标。"十一五"规划提出上述两个约束性指标，是一件十分严肃的事情，不能改变，必须千方百计地完成，坚定不移地实现。

在各种资源中，土地是一种具有特殊意义的资源，它涉及农业特别是粮食问题。粮食问题，即中国13亿人口的吃饭问题，始终是中国经济和社会发展中一个不容忽视的大问题。在中国工业化、城市化加快的过程中，耕地在不断减少。截至2005年10月31日，中国大陆耕地面积为18.31亿亩，人均耕地面积1.4亩，仅为世界人均耕地面积平均水平的40%。根据最新统计，截至2006年10月31日，中国大陆耕地面积降至18.27亿亩，人均耕地面积1.39亩。中国的一个重要国情是人多地少。而且，在耕地面积中，有效灌溉面积只占46%，而优质耕地（指水资源充沛、热量充足的耕地）仅占耕地面积的1/3，且主要分布在经济发展快、建设占地多的东南部地区。根据"十一五"规划，到2010年年末，全国耕地保有量为 18 亿亩。这是一条直接关系到 13 亿中国人吃饭问题的底线。所以，在中国近年来的宏观调控中，特别强调严格控制土地的使用问题，其根源就在于粮食问题或吃饭问题。节约集约用地，不仅关系当前经济社会发展，更关系国家长远利益和民族生存根基。在土地问题上，绝不能犯不可改正的历史性错误，遗祸子孙后代。

转变经济增长方式，走新型工业化道路，缓解能源资源和环境压力，都必须克服技术瓶颈的制约，都迫切要求加快推进科技进步和提高自主创新能力。我们的自主创新能力总体上不强，有的领域与发达国家的差距还在扩大，我们仍将长期面对发达国家在经济科技等方面占优势的压力。国际科技进步和中国现代化建设都要求我们加紧建设创新型国家。

（3）经济的结构性矛盾比较突出。在近年来经济的快速增长中，也积累了不少结构性矛盾，比较突出的是：投资消费关系不协调，投资规模过大，消费需求相对不足，特别是广大农民和城镇低收入者的收入水平低，消费能力不强；第一、第二、第三产业比例不协调，工业特别是重工业比重较大，服务业比重偏低，而农业基础薄弱的状况尚没有改变，粮食稳定增产和农民持续增收的难度加大；城乡之间、地区之间的发展不协调；外贸顺差较大，国际收支不平衡的矛盾突出出来。随着中国对外开放的不断扩大，特别是在经济全球化趋势深入发展和国际产业转移不断加快的情况下，国际收支状况对国内经济稳定发展的影响越来越大。

（4）经济增长中存在着不和谐性。改革开放以来，中国社会结构深刻变动，利益格局深刻调整。总体上看，中国人民群众的收入水平和生活水平不断提高，但尚有不少低收入群众的生活比较困难，不同社会成员之间收入差距扩大。同时，社会事业发展滞后，教育、卫生、住房、就业、社会保障等一些涉及人民群众切身利益的问题还没有得到很好解决，群众反映比较强烈。如何在经济增长的同时，加快构建社会主义和谐社会，加快发展各项社会事业，让全体人民共享发展的成果，是摆在我们面前的重大课题。实现社会和谐，必须坚持以经济建设为中心，大力发展社会生产力，为社会和谐创造必要的物质基础。然而，经济发展和社会财富总量增加并不能自然而然地实现社会和谐。如果只顾经济增长而忽视社会发展，忽视人的发展，那么就会加重经济与社会发展不平衡的矛盾，最终经济发展也难以顺利进行。

以上分析表明，在一定意义上相对来说，快速增长已不是难点，而如何让经济发展得更"好"，如何进一步解决中国经济发展中的上述种种矛盾和问题，才是我们面临的最大问题。

# 五 怎样实现又好又快发展

又好又快发展就是要在经济发展中着力解决以上四个方面的矛盾和问题，把"好"放到优先的位置上。着力解决以上四个方面的矛盾和问题，也就构成了"好"的四个方面的内涵，或者说构成了怎样实现又好又快发展的四个重要方面，即不断提高经济增长态势的稳定性，不断提高经济增长方式的可持续性，不断提高经济增长结构的协调性，不断提高经济增长效益的和谐性。这四个方面就是我们常说的不断提高经济增长的质量和效益。[①]

（1）不断提高经济增长态势的稳定性。这就是要在充分发挥市场机制在资源配置中的基础性作用的同时，不断加强和改善宏观调控。宏观调控不是一朝一夕的事情，而是贯穿于社会主义市场经济发展的全过程。但根据经济形势的不断发展和变化，针对经济运行中出现的新情况、新问题，宏观调控会有不同的政策取向、操作步骤、松紧力度和实施重点。当前，我们要继续实施稳健的财政政策和货币政策，保持宏观经济政策的连续性和稳定性，并不断完善这些政策措施。在宏观调控中，要继续坚持有保有压、不搞"一刀切"的原则，要更多地运用经济手段和法律手段来引导和规范经济行为，要正确处理中央和地方的关系，充分发挥中央和地方两个积极性。

（2）不断提高经济增长方式的可持续性。这就是要推动和加快经济增长方式的转变。当前，要把节能降耗、保护环境和节约集约用地作为转变经济增长方式的突破口和重要抓手。我们要本着对国家、对民族、对子孙

---

① 关于"好"的内涵，即经济增长质量和效益的内涵，理论界曾进行过探讨和综述（梁亚民，2002）。

后代高度负责的精神，增强忧患意识和危机感，在全社会大力提倡节约、环保、文明的生产方式和消费模式，加快建设资源节约型和环境友好型社会。同时，我们要加快建设创新型国家，加快建立以企业为主体、市场为导向、产学研相结合的技术创新体系，完善自主创新激励机制，落实鼓励和支持自主创新的财税政策、金融政策和政府采购制度。

（3）不断提高经济增长结构的协调性。这就是要处理好国民经济中的重大比例关系，不断调整和优化经济结构。投资和消费的关系是保证经济正常运行的一个基本的重大的比例关系。当前，要调整好投资与消费的关系。坚持扩大内需的方针，重点是扩大消费需求。要采取多种措施，努力增加城乡居民收入特别是中低收入者的收入。完善消费政策，努力培育各种新型消费热点，鼓励和扩大居民消费。同时，继续严把土地和信贷两个闸门，控制固定资产投资和信贷规模，保持固定资产投资的适度增长。在调整和优化产业结构中，首先要加快发展现代农业，扎扎实实地推进社会主义新农村建设。要大力发展服务业，特别要发展物流、金融、信息、咨询、旅游、社区服务等现代服务业。要加快发展高新技术产业，振兴装备制造业，广泛应用先进技术来改造和提升传统产业。在地区发展方面，坚持统筹兼顾、合理规划、发挥优势、落实政策，促进区域协调发展。在对外开放方面，要转变外贸增长方式，优化进出口结构，努力缓解外贸顺差过大的局面；注重提高引进外资质量和优化结构，更多地引进先进技术、管理经验和高素质人才。

（4）不断提高经济增长效益的和谐性。经济增长效益包括经济效益和社会效益。经济效益主要包括产品质量、资金使用效益、资源利用效率，等等。社会效益更为广泛，包括促进社会事业发展，以人为本，改善民生，让全体人民共享经济增长的成果。现在，我们不仅要注重提高经济效益，而且更要注重提高社会效益，也就是说，要使经济增长有助于实现社会和谐。这就是要在经济发展中坚持以人为本，维护社会公平、正义，更加重视教育、卫生、文化等各项社会事业的发展，妥善处理经济增长和收入分配的关系，不断完善社会保障和收入分配制度，坚持积极的就业政策，注重为农村和城镇低收入者提供更好的基本公共服务，积极改善民生，解决人民群众最关心、最直接、最现实的利益问题。这其中，也要妥善处理满足群众需要和政府财力可能的关系，既要尽力而为，正确发挥各级政府的公共服务职能，推动公共资源配置更多向群众直接受益的方面倾斜；又要量力而行，防止把期望值抬得过高，脱离实际的可能。要在经济发展中形成全体人民各尽其能、各得其所而又和谐相处的局面。

为了做好以上四个方面的工作，实现经济又好又快发展，还必须坚定不移地推进各项改革。要坚持社会主义市场经济改革方向，适应经济社会发展要求，积极推进经济体制、政治体制、文化体制、社会体制改革，加快构筑落实科学发展观、构建社会主义和谐社会、实现经济又好又快发展的体制保障。

"又好又快"是一个有机统一的整体，"好"字放在首位，绝不是不要"快"，而是要好中求快，使"快"更能持久。为什么还要好中求"快"呢？前面我们提到，改革开放以来我国经济生活发生了六大历史性变化。这些变化的确很重要，但我们不能忘记，还有一个重大的、基本的国情没有改变，那就是我国还处于并将长期处于社会主义初级阶段。初级阶段就是不发达的阶段。目前，我国经济总规模虽然已经较大，位居世界第四位，但人均收入水平仍很低。据国际货币基金组织的最新数据，2005年我国人均 GDP 仅为 1716 美元，在世界排名第 108 位，仍属下中等收入国家，仅相当于美国的 1/25，日本的 1/20，世界平均水平的 1/4，大体上与萨摩亚、乌克兰、刚果和摩洛哥等相当。为了继续提高我国人民的收入水平和生活水平，为了在工业化、城市化加快发展中缓解就业压力，为了逐步缩小城乡差距和地区差距，为了增加国家财力以加快各项社会事业的发展和提供更多的公共服务，都需要我们继续保持一定的较快的经济增长速度。

总之，"又好又快"就是要认真贯彻落实科学发展观，加快构建社会主义和谐社会，把工作重心放到全面提高经济增长的质量和效益上来，防止片面追求和盲目攀比增长速度，使我们继续朝着全面建设小康社会的宏伟目标迈进。

### 参考文献

邓小平：《邓小平文选》第三卷，人民出版社 1993 年版。

江泽民：《江泽民文选》第一卷，人民出版社 2006 年版。

梁亚民：《经济增长质量问题研究综述》，《兰州商学院学报》2002 年 4 月总 18 卷第 2 期。

刘国光、刘树成：《论"软着陆"》，《人民日报》1997 年 1 月 7 日，第 9 版。

刘树成：《经济周期与宏观调控》，社会科学文献出版社 2005 年版。

刘树成主编：《中国经济周期研究报告》，社会科学文献出版社 2006 年版。

毛泽东：《毛泽东选集》第五卷，人民出版社 1977 年版。

毛泽东：《毛泽东文集》第七卷，人民出版社 1999 年版。

逢先知、金冲及主编：《毛泽东传（1949—1976）上》，中央文献出版社 2003 年版。

中共中央文献研究室：《三中全会以来重要文献选编·下》，人民出版社 1982 年版。

中共中央文献研究室：《三中全会以来重要文献选编·上》，人民出版社 1982 年版。

中国近现代史纲要编写组：《中国近现代史纲要》，高等教育出版社 2007 年版。

（原载《经济研究》2007 年第 6 期）

# 2008—2009 年国内外经济走势分析

## 一　2008 年我国经济形势的特点

考察当前经济走势，这个"当前"包括两个部分：一部分是 2008 年经济形势的延伸，因为经济运行具有一定的惯性。另一部分是 2009 年经济走势的逐步展开。我们先考察 2008 年我国经济形势的特点。

2008 年在我国经济发展进程中，是很不寻常、很不平凡的一年。这一年，国内外经济环境发生了重大变化。我们对 2008 年我国经济形势归纳为以下四个特点：

### （一）国际国内四重调整的叠加

2008 年，我国经济形势最突出的特点是，我们面临着国际国内四重调整的叠加，即国内经济长期快速增长后的调整与国内经济周期性调整相叠加，又与美国次贷危机导致的美国经济周期性衰退和调整相叠加，与美国次贷危机迅猛演变为国际金融危机而带来的世界范围大调整相叠加。

改革开放 30 年来，我国经济取得了年均 9.8% 的长期快速增长。但与此同时也积累了不少问题，特别是长期形成的粗放型经济增长方式和结构性矛盾尚未根本改变。粗放型经济增长方式主要表现为"三高五低"：高能耗、高物耗、高污染；低劳动成本、低资源成本、低环境成本、低技术含量、低价格竞争。这种粗放型增长方式的外延扩展，就是在国际上的低成本竞争，使经济增长的外向依存度很高。经济的结构性矛盾主要表现在：第一、第二、第三产业结构不协调，内需与外需不均衡，投资与消费比例不合理，城乡和区域发展不平衡等。这种增长方式和经济结构受到能源、矿产资源、土地、水和生态环境的严重制约，受到各种成本上升的影响，受到国内消费需求狭窄的限制，并极易受到国际上经济、金融等风险的冲击。

对经济发展中这些长期积累问题的调整与我国本轮经济周期连续多年上升后的周期性调整交织在一起。2000 年，我国经济增长率（GDP 增长率）越过上一轮周期（1953 年以来的第 9 轮周期）的谷底，即越过 1999 年的 7.6% 而回升到 8.4%，开始进入新一轮（第 10 轮）周期。从 2000—2007 年，经济增长率分别为 8.4%、8.3%、9.1%、10%、10.1%、

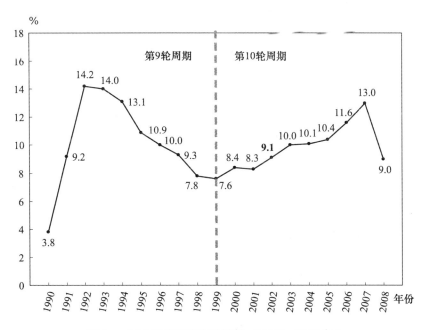

**图1　中国经济增长率的波动（1990—2008 年）**

10.4%、11.6% 和 13%，连续 8 年处于 8% 以上至 13% 的上升通道内（见图 1）。在我国以往的经济周期中，经济增长率的上升阶段一般只有短短的一两年，而本轮经济周期的上升阶段已持续了 8 年，这在新中国成立以来的经济发展史上还是从未有过的。但在本轮经济周期连续多年上升中，也出现了经济增长偏快、物价上涨压力加大等问题，亟须调整。2008 年，

经济增长率回落到 9%；各季度分别为 10.6%、10.1%、9.0% 和 6.8%。

以上长期性问题的调整和周期性问题的调整，都要求适当降低经济增长速度。而在此时，2007 年夏，美国次贷危机使美国经济进入了周期性的衰退和调整（1949 年以来的第 11 个衰退）。2008 年 9 月，美国次贷危机又迅速演变为严峻的、百年难遇的国际金融危机，世界经济进入大调整，增长明显减速，使我国外需急剧下降。按照国际货币基金组织 2009 年 1 月 28 日发布的最新数据和预测，2008 年和 2009 年，中国、美国、世界的经济增长率均呈下降趋势（见表 1 和图 2）。中国经济从 2007 年的 13%，下降到 2008 年的 9.0%，2009 年预计下降到 6.7%。美国经济从 2007 年的 2%，下降到 2008 年的 1.1% 和 2009 年预计的 -1.6%。据美国商务部 2009 年 1 月底最新报告，2008 年第四季度美国 GDP 按年率计算为 -3.8%，这是 1982 年第一季度之后，27 年来的最大降幅。世界经济从 2007 年的 5.2%，下降到 2008 年的 3.4% 和 2009 年预计的 0.5%。国际货币基金组织的报告称："2009 年的世界经济增长预计将下降至 0.5%，这将是第二次世界大战以来的最低增长率。"日本经济从 2007 年的 2.4%，下降到 2008 年的 -0.3% 和 2009 年预计的 -2.6%。欧元区经济从 2007 年的 2.6%，下降到 2008 年的 1.0% 和 2009 年预计的 -2.0%。金砖四国中，印度经济从 2007 年的 9.3%，下降到 2008 年的 7.3% 和 2009 年预计的 5.1%。俄罗斯经济从 2007 年的 8.1%，下降到 2008 年的 6.2% 和 2009 年预计的 -0.7%。巴西经济从 2007 年的 5.7%，略上升到 2008 年的 5.8%，2009 年预计降为 1.8%。

表 1 　　　　　　世界经济和有关国家经济增长率（1998—2010 年）

单位:%

| 年份 | 中国 | 世界 | 美国 | 日本 | 欧元区 | 印度 | 俄罗斯 | 巴西 |
|------|------|------|------|------|--------|------|--------|------|
| 1998 | 7.8 | 2.5 | 4.2 | -2.0 | 2.8 | 6.0 | -5.3 | 0.1 |
| 1999 | 7.6 | 3.5 | 4.5 | -0.1 | 3.0 | 6.9 | 6.4 | 0.3 |
| 2000 | 8.4 | 4.7 | 3.7 | 2.9 | 3.8 | 5.4 | 10.0 | 4.3 |
| 2001 | 8.3 | 2.2 | 0.8 | 0.2 | 1.9 | 3.9 | 5.1 | 1.3 |
| 2002 | 9.1 | 2.8 | 1.6 | 0.3 | 0.9 | 4.6 | 4.7 | 2.7 |

续表

| 年份 | 中国 | 世界 | 美国 | 日本 | 欧元区 | 印度 | 俄罗斯 | 巴西 |
|------|------|------|------|------|--------|------|--------|------|
| 2003 | 10.0 | 3.6 | 2.5 | 1.4 | 0.8 | 6.9 | 7.3 | 1.1 |
| 2004 | 10.1 | 4.9 | 3.6 | 2.7 | 2.1 | 7.9 | 7.2 | 5.7 |
| 2005 | 10.4 | 4.5 | 3.1 | 1.9 | 1.6 | 9.1 | 6.4 | 3.2 |
| 2006 | 11.6 | 5.1 | 2.8 | 2.2 | 2.8 | 9.7 | 6.7 | 3.8 |
| 2007 | 13.0 | 5.2 | 2.0 | 2.4 | 2.6 | 9.3 | 8.1 | 5.7 |
| 2008 | 9.0 | 3.4 | 1.1 | -0.3 | 1.0 | 7.3 | 6.2 | 5.8 |
| 2009 | 6.7 | 0.5 | -1.6 | -2.6 | -2.0 | 5.1 | -0.7 | 1.8 |
| 2010 | 8.0 | 3.0 | 1.6 | 0.6 | 0.2 | 6.5 | 1.3 | 3.5 |

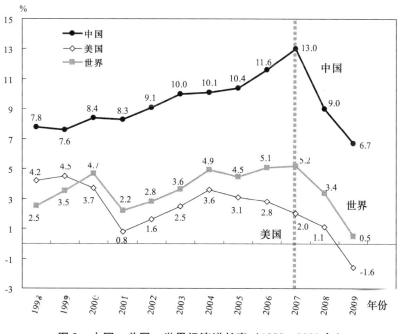

图 2 中国、美国、世界经济增长率（1998—2009 年）

国际国内多重调整的叠加效应，产生出两方面的巨大压力。一方面，加大了我国经济发展方式转变和结构调整的压力，要求经济增长由主要依靠投资、出口拉动，向依靠消费、投资、出口协调拉动转变；由主要依靠第二产业带动，向依靠第一、第二、第三产业协同带动转变；由主要依靠增加物质资源消耗、低成本扩张，向主要依靠科技进步，建设创新型国家和资源节约型、环境友好型社会转变。另一方面，更加大了我国经济下行的压力。这场国际金融危机是1929—1933年大萧条之后世界上最严重的危机。特别是目前这场危机尚未见底，其对金融领域与实体经济的影响都还在继续蔓延和加深。

**（二）经济增长呈现"前高后低"态势**

2008年内，一些经济指标从各月累计同比增速看，下降较为平缓，但从当月同比增速看，则降幅很大，呈现出"前高后低"态势。

（1）全国规模以上工业增加值

2008年，从1—12月的累计同比增速看，全国规模以上工业增加值下降较为平缓（见图3），由最高点1—3月的16.4%，下降到1—12月的12.9%，仅下降了3.5个百分点。而从当月同比增速看，由6月的16%迅速下降到11月的5.4%，下降了10.6个百分点，犹如"高台跳水"。从历史资料的对比看，如果除去各年受季节影响较大的1月、2月数据，那么这是工业增加值当月同比增速自1991年12月曾降低到5%之后，17年来的最低增幅，甚至低于受亚洲金融危机冲击时的1998年和1999年各月的增长水平。不过，12月同比增速为5.7%，比11月略加快0.3个百分点。初步看，增速陡降趋势有所遏制。

（2）出口增长率

2008年，从各月累计同比增速看，出口下降较为平缓，由最高点1—5月的22.9%，下降到1—12月的17.2%，仅下降了5.7个百分点（见图4）。而从当月同比增速看，由7月的26.9%，下降到10月的19.2%，又急速下降到11月的 -2.2%。从7月到11月，下降了29.1个百分点，更是"高台跳水"。12月，又降到 -2.8%。从历史资料的对比看，11月的 -2.2%是出口当月同比增速自2001年6月曾降低到 -0.5%之后，7年来首次出现负增长。

（3）进口增长率

2008年，从各月累计同比增速看，进口下降相对来说较为平缓，由最

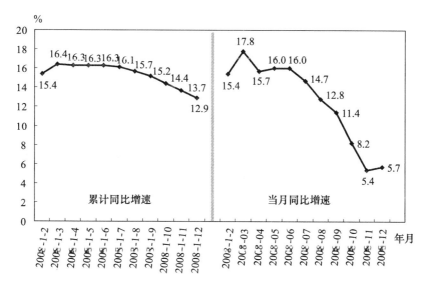

图 3  全国规模以上工业增加值增速

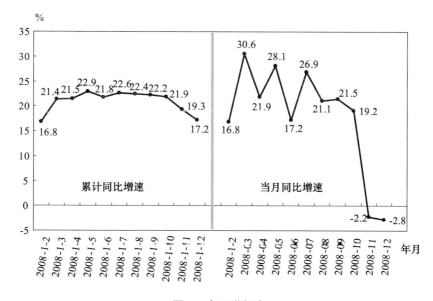

图 4  出口增长率

高点 1—7 月的 31.1%，下降到 1—12 月的 18.5%，下降了 12.6 个百分点（见图 5）。而从当月同比增速看，由 5 月的 40.0%，下降到 10 月的

15.6%，又急速下降到11月的 -17.9%。从5月到11月，下降了57.9个百分点，下降得十分陡峭。12月，又降到 -21.3%。

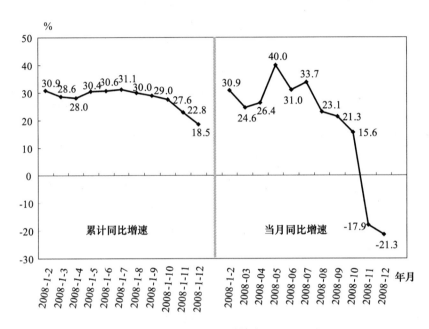

图5　进口增长率

### （三）各地区经济增速不平衡

2008年，各地区经济增速的升降波动很不平衡，东部沿海地区增速回落较早且降幅较大。以2001—2008年各地区规模以上工业增加值的增速来考察（以下简称"工业增速"）。图6给出了全国工业增速的波动曲线。总的来看，这一增速在2001—2007年基本处于上升期（见图6中的趋势线）。其中，2003—2007年连续保持了16%—18%的较高增长。2007年是增速的峰值，达18.5%。2008年增速降为12.9%，从峰值下降了5.6个百分点。

从各地区工业增速的波动情况看，可以分为以下四种类型：

类型1：拱圆形波动。一些地区，本轮周期的上升期在两三年前已结束，近两三年来已处于回落期，大体呈现出一种拱圆形波动。在这种波形下，从前几年增速的峰值到2008年，回落的幅度比较大。在全国31个

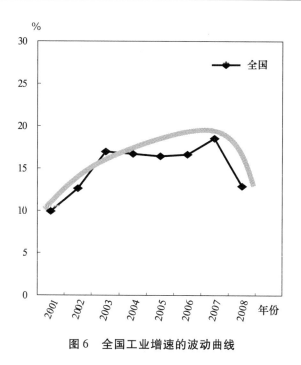

图 6　全国工业增速的波动曲线

省、自治区、直辖市（不含港澳台地区）中，呈现这种波形的地区共 12 个。主要是东部沿海的 7 个地区：浙江（见图 7）、江苏（见图 8）、广东（见图 9）、山东（见图 10）、北京、上海、河北，以及西部的 5 个地区：贵州、西藏、甘肃、宁夏、内蒙古。

浙江工业增速的峰值出现在 2003 年，从 2004 年起，增速已开始下降。从 2003 年峰值为 23.7%，到 2008 年为 10.1%，增速回落很大，达 13.6 个百分点。而且，2008 年增速甚至低于 2001 年（12.5%）。2001—2006 年，浙江工业增速均高于全国；而 2007 年、2008 年则低于全国。

江苏工业增速的峰值出现在 2004 年，从 2005 年起，增速已开始下降。2004 年峰值为 23.4%，2008 年为 14.2%，增速回落 9.2 个百分点。

广东工业增速的峰值亦出现在 2004 年，2005 年至现在，处于回落期。2004 年峰值为 22.4%，2008 年为 12.8%，增速回落 9.6 个百分点。

山东工业增速的峰值出现在 2005 年，从 2006 年起，增速开始下降。2005 年峰值为 28.4%，2008 年为 13.8%，增速回落 14.6 个百分点。

类型2：双峰形波动（开始回落）。一些地区，2001 年以来包含两个小周期，呈现出双峰形波动，其中第 1 个小周期已过，在第 2 个小周期内，近一两年增速上升，而 2008 年开始回落。在这种波形下，在第 2 个小周期内，除海南和山西外，其他 10 个地区由峰值到 2008 年的回落幅度相对较小。呈现这种波形的地区共 12 个。主要是中部的 5 个地区：湖北（见图 11）、湖南（见图 12）、安徽、山西、江西，以及福建（见图 13）、海南、四川、云南、重庆（见图 14）、辽宁、吉林。

以湖北为例，工业增速分别在 2004 年、2007 年出现两个峰值。2007 年峰值为 23.6%，2008 年为 21.6%，增速仅回落 2 个百分点。

类型3：弯月形波动。一些地区，本轮周期在 2001—2007 年基本上一直处于上升期，2008 年开始回落，呈现出一种弯月形波动。在这种波形下，从 2007 年峰值到 2008 年的回落幅度亦相对较小。呈现这种波形的地区有 3 个：广西（见图 15）、河南（见图 16）、黑龙江。

以广西为例，工业增速在 2001—2007 年由 8.6% 上升到 26.5%，2008 年降为 22.6%，回落 3.9 个百分点。

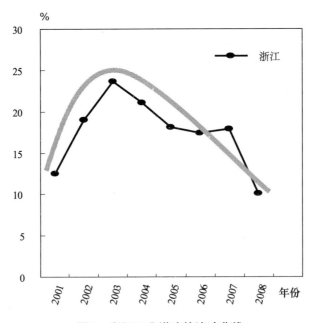

图 7    浙江工业增速的波动曲线

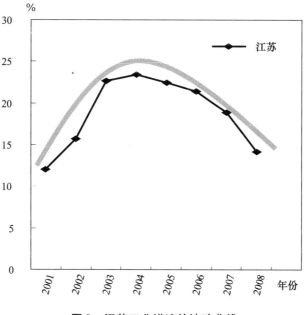

图 8　江苏工业增速的波动曲线

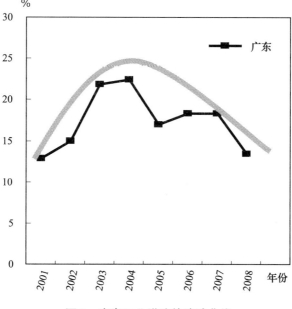

图 9　广东工业增速的波动曲线

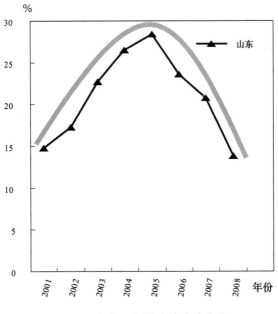

**图 10   山东工业增速的波动曲线**

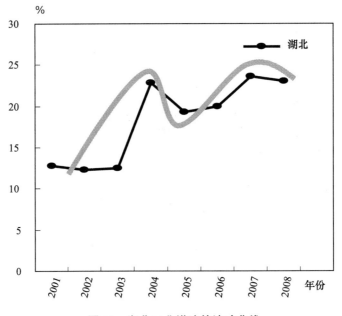

**图 11   湖北工业增速的波动曲线**

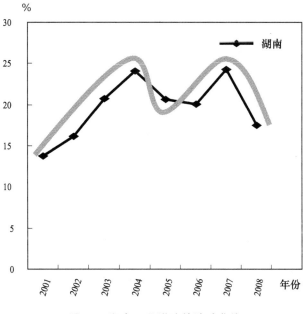

图 12　湖南工业增速的波动曲线

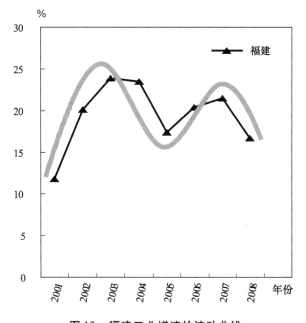

图 13　福建工业增速的波动曲线

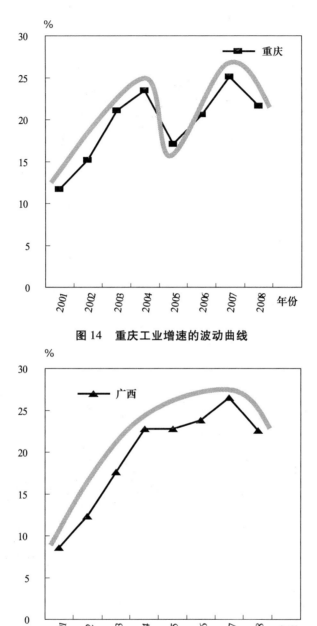

图 14 重庆工业增速的波动曲线

图 15 广西工业增速的波动曲线

类型 4：双峰形波动（仍在上升）。一些地区，亦包含两个小周期，呈现出双峰形波动，其中第 1 个小周期已过，但在第 2 个小周期内，2008 年增速没有回落，而是上升。呈现这种波形的地区有 4 个：陕西（见图17）、青海（见图18）、新疆（见图19）、天津（见图20）。

以陕西为例，在第 2 个小周期内，规模以上工业增加值增速的低谷为 2006 年 18.4%，到 2008 年为 21%，上升了 2.6 个百分点。

由以上分析可以得出两点：一方面，近几年来，各地区经济增速的升降波动很不平衡，特别是东部沿海一些地区，在国际金融危机爆发和冲击之前，已处于增速回落的调整过程中。另一方面，我们也看到，由于各地区增速不平衡，有起有落，调整亦有先有后，也使整个宏观经济增速在当前及今后一段时间的调整中，不至于回落过大，而仍可保持一定的平稳增长。

### （四）物价增幅回落较快

1. 居民消费价格月同比上涨率

2008 年内，物价增幅回落较快，这为实施扩张性宏观调控政策提供了空间。本轮居民消费价格上涨之势是从 2007 年 6 月上涨到 4.4% 开始的（见图21），随后，8 月至 12 月连续 5 个月处在 6.2%—6.9% 的较高位势上。进入 2008 年后，2 月至 4 月，又上升到 8% 以上的高位，这是居民消费价格月同比上涨率自 1996 年 5 月曾处于 8.9% 之后，将近 12 年来的最高涨幅。这时，抑制物价上涨成为宏观调控的突出问题。5 月之后，涨幅逐月回落，至 12 月当月降为 1.2%，2008 年全年为 5.9%。2009 年 1 月，涨幅又回落到 1%。

2. 工业品出厂价格月同比上涨率

从 2007 年 8 月的 2.6%，上涨到 2008 年 8 月的 10.1%，工业品出厂价格一路上升（见图22）。2008 年 9 月涨幅开始下降；到 12 月，降为 −1.1%，工业品出厂价格出现绝对水平的下降。2009 年 1 月，继续降为 −3.3%。

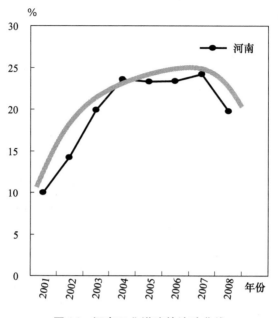

图16 河南工业增速的波动曲线

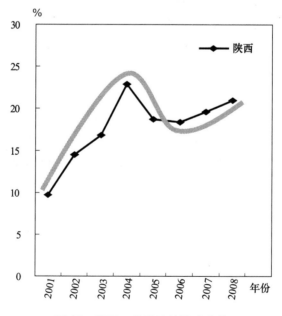

图17 陕西工业增速的波动曲线

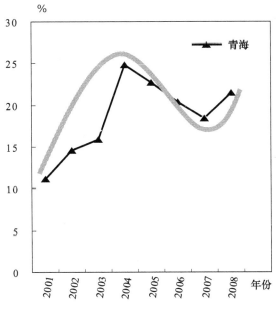

图 18　青海工业增速的波动曲线

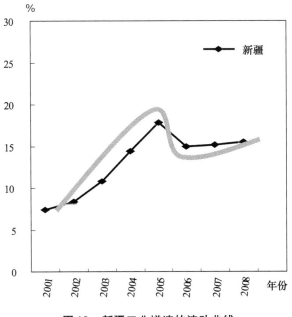

图 19　新疆工业增速的波动曲线

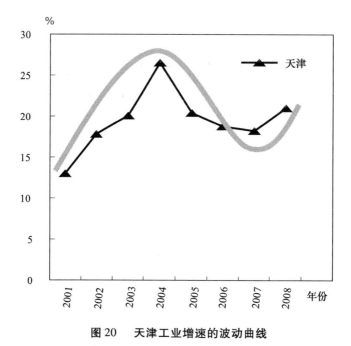

**图20  天津工业增速的波动曲线**

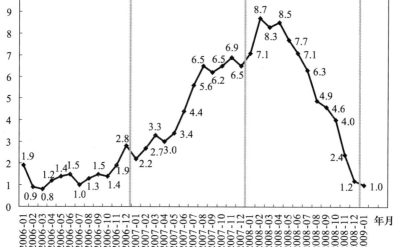

**图21  居民消费价格月同比上涨率（2006年1月—2009年1月）**

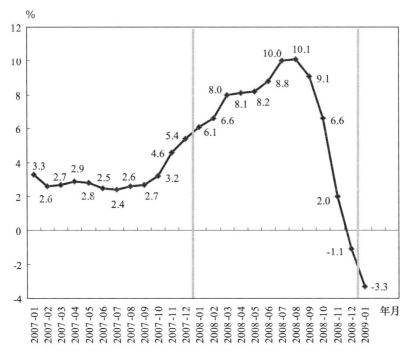

图 22　工业品出厂价格月同比上涨率（2007 年 1 月—2009 年 1 月）

## 二　2009 年国内外经济走势分析

### （一）国际经济走势的不确定性

2009 年，国际经济走势仍然具有很大的不确定性。美国次贷危机和国际金融危机对世界经济增长的影响何时见底，看法仍然并不一致。归纳各种不同的预测和分析①，国际经济走势有以下六种可能性：

第一种，V 形波动（见底）。世界经济短期剧烈下降后，各国救助计划取得成效，2009 年即可触底，2010 年年初可能会复苏。

第二种，U 形波动（宽底）。世界经济剧烈下降后，不会马上见底复苏，而是拖出一个很宽的底部，比如将处于三至五年的低迷期，之后复

---

① 朱利亚·芬奇：《接下来可能发生什么？》，原载英国《卫报》2008 年 10 月 18 日，中文载《参考消息》2008 年 10 月 20 日；特刊《第二波金融危机将袭击全球?》，《参考消息》2009 年 2 月 5 日。

苏。因为银行为规避风险，仍不愿意放贷，尽管利率降低，但银行并没有把更低的利率转给借贷方；同时，各国政府再拿不出更加有效的刺激政策。

第三种，W形波动（双底）。世界经济将连续两次触底，即连续经历两次衰退。第一次衰退后刚刚出现复苏，接着又会陷入第二次衰退。这是因为，有可能遇到石油减产冲击，或农业新旱情冲击；同时，在首次复苏时若出现通货膨胀，加息政策将使借贷者苦于还债而丧失信心，房产收回率和公司破产数量将会再次攀升。

第四种，尚难言底（无底）。刚刚进入2009年，国际上已在普遍谈论：危机还在继续，第二波金融海啸即将袭来，短期内难以言底。一方面，自2008年9月15日美国雷曼兄弟破产，第一波金融海啸席卷全球之后，2009年新年以来，欧美金融巨头的亏损和国际金融市场的动荡再次愈演愈烈；另一方面，国际金融危机已经对实体经济产生重大影响，反过来，实体经济的衰退又传导给金融业，银行的风险不断加大，将给第二波金融危机起到推波助澜的作用。为了严防金融危机升级，美欧等一些国家最近掀起第二波的政府救助高潮。

第五种，L形波动（长底）。世界经济下降后，中短期内难以复苏，将拖出一个很长的底部，比如十年。正像日本银行业危机过后所看到的那样，通货膨胀转为长期的通货紧缩，企业破产率创新高，失业人数上升，银行和保险公司倒闭，股票指数大幅下跌而难以恢复元气。

第六种，大萧条。比如，中东地区的战争导致世界油价涨至最高水平，迫使各国央行为抵御通货膨胀而纷纷加息，致使大国大多陷于严重的经济萧条。一些国家的银行系统将会崩溃，民众无法存取现金。失业率超过20世纪30年代的水平。世界总产量长期处于不断的下降状态。出现大规模社会动荡和政治动荡。2008年12月以来，国际金融危机的蔓延和深化导致欧洲各国掀起社会抗议的浪潮。2009年1月29日，法国爆发了金融危机以来第一次大规模罢工活动。

目前来看，占主导的是第一种看法，即世界经济走势将呈V型波动，2009年见底，2010年复苏。比如根据国际货币基金组织2009年1月28日最新预测，全球经济预计在2010年将逐步复苏。世界经济增长率将由

2009 年低谷的 0.5% 回升到 2010 年的 3%。同期，中国经济将由 6.7% 回升到 8%；美国经济将由 −1.6% 回升到 1.6%；日本经济将由 −2.6% 回升到 0.6%；欧元区经济将由 −2% 回升到 0.2%；印度经济将由 5.1% 回升到 6.5%；俄罗斯经济将由 −0.7% 回升到 1.3%；巴西经济将由 1.8% 回升到 3.5%；发达经济体将由 −2% 回升到 1.1%；新兴和发展中经济体将由 3.3% 回升到 5%。然而，国际货币基金组织强调指出：全球经济预计在 2010 年将逐步复苏，但是前景非常不确定。世界银行 2008 年 12 月 9 日发布的报告，也预计世界经济会在 2010 年复苏。

### （二）国内经济走势的不确定性

受国际经济走势不确定性的影响，2009 年中国经济走势也仍然具有很大的不确定性。这反映在国内外各种有关机构和学者对中国 2009 年经济增长率的预测上，出现许多种不同的预测结果，归纳起来可有以下 7 种（见表 2）。

表 2　　　　　　　　　　　2009 年中国 GDP 增长率预测

| 序号 | 状态 | GDP 增长率 | 预测者 |
| --- | --- | --- | --- |
| 1 | 低 1 | 5% | 苏格兰皇家银行 |
| 2 | 低 2 | 6.7% | 国际货币基金组织 |
| 3 | 低 3 | 7%—7.5% | 德意志银行、世界银行 |
| 4 | 中 1 | 8%—8.4% | 恒生银行、联合国开发计划署 |
| 5 | 中 2 | 8.5% | 中银香港 |
| 6 | 高 1 | 9% 略高 | 中国部分机构和学者 |
| 7 | 高 2 | 10% 左右 | 中国某些机构和学者 |

低预测有三组：低 1 组预测为 5%，如苏格兰皇家银行发布；低 2 组预测为 6.7%，如国际货币基金组织发布；低 3 组预测为 7%—7.5%，如德意志银行、世界银行等发布。

中预测有两组：中 1 组预测为 8%—8.4%，如恒生银行、联合国开发计划署发布；中 2 组预测为 8.5%，如中银香港发布。

高预测有两组：高 1 组预测为 9% 略高，如国内有的机构和学者发布；高 2 组预测为 10% 左右，如国内有的机构和学者发布，认为中国经济增长从 2009 年第一季度开始就会回升，到第四季度可能会达到很高，全年可能会达到 10% 左右，而到 2010 年第一季度，经济可能会出现过热。①

需要说明的是，国际货币基金组织对 2009 年世界经济和各国经济的预测曾进行了五次，其中对 2009 年中国经济增长率的五次预测为：

第一次，2008 年 4 月，预测为 9.5%；

第二次，2008 年 7 月，预测为 9.8%，比上次提高了 0.3 个百分点；

第三次，2008 年 10 月，预测为 9.3%，比上次降低了 0.5 个百分点；

第四次，2008 年 11 月，预测为 8.5%，比上次又降低了 0.8 个百分点；

第五次，2009 年 1 月，预测为 6.7%，比上次又降低了 1.8 个百分点。

这进一步表明，2009 年中国经济走势的不确定性的确很大。在国际货币基金组织 1 月 28 日发布 6.7% 的最新预测后，其总裁卡恩在 2 月 2 日回答新华社记者提问时表示，考虑到中国仍有许多刺激经济增长的空间，其 8% 的增长目标具有挑战性，但是是可能实现的。他强调，中国经济过去的表现总是超出人们的预期。

还需要说明的是，联合国开发计划署于 2009 年 1 月发布的《2009 年世界经济形势与展望》报告，设计了三套预测方案。对于 2009 年中国经济增长率，按其第一套基准方案，为 8.4%；按其第二套乐观方案，可达 8.9%；按其第三套悲观方案，则为 7%。

### （三）国内经济增长有望呈现"前低后高"态势

从 2009 年内各季度 GDP 增速看，一些专家学者分析指出，有望呈现 V 型反弹。2009 年第一季度，有可能继续下滑探底。从第二季度起，将出现趋稳和回升势头。2008 年第四季度国家出台的一系列扩大内需的调控措施的效果，将会逐渐显现出来。同时，到第二季度末，许多企业有可能消化掉累积的存货。2009 年上半年，GDP 增长率预计可为 7%—7.5% 左右；

---

① 王红茹：《经济观察：2009 GDP 增长猜想》，《中国经济周刊》2009 年 1 月 5 日。

下半年，有可能高于 8%，在世界各大经济体中有望率先摆脱经济下滑趋势，实现最早复苏。全年"保八"是有希望的。

也有专家学者提出不同预测，认为中国经济波动可能出现两次探底的 W 型复苏。[①]因为 2009 年内各个季度同比增速的"前低后高"态势，实际上包含着 2008 年内各个季度同比增速"前高后低"态势的基数效应，而 2009 年内各个季度的环比增速仍将下降。同时，企业的投资减速还刚刚开始，预计将持续一年半左右的时间。所以，GDP 增长率在 2008 年第四季度首次见底后，2009 年内有所反弹，但 2010 年上半年可能再次探底。

### （四）面临较明显的通货紧缩压力

有专家学者指出，居民消费价格涨幅从 2008 年 2 月的 8.7% 下降到 12 月的 1.2%，通货膨胀压力减退，而 2009 年内存在较明显的通货紧缩压力。对于全年居民消费价格涨幅，大体有三种预测：第一种预测为 -0.2%——-0.5%；第二种预测为 1% 至 2%；但也有专家学者认为，随着大规模投资的展开，不排除出现通货膨胀反弹的可能性，这样，第三种预测为 4% 左右。

### （五）出口走势不容乐观

这次国际金融危机对我国外需下降的影响，要比 1997 年和 1998 年亚洲金融危机冲击时大得多。当时，美、欧等发达经济体处于正增长之中。而在当前危机中，2009 年，美、日、欧三大经济体均将同时陷于负增长，全球经济增长也将降至 0.5% 的低水平，这将是第二次世界大战以来全球的最低增长率。在这种大背景下，我国的出口不可能像 2002—2007 年间那样每年增长 20% 以上，甚至 30% 以上。具体对 2009 年我国出口增长的预测，不同的专家学者也做出不同的预测，大体可归纳为四种看法：（1）零增长。（2）负增长。（3）微弱的低增长，如 2%—3%。（4）中低增长，

---

[①] 石贝贝：《德银经济学家马骏：中国经济将呈"W 型"复苏》，《上海证券报》2009 年 1 月 23 日。

5%—10%左右。

## 三　宏观调控政策的重大调整

从 2007 年底中央经济工作会议到 2008 年底中央经济工作会议，在短短一年时间里，为及时、有效地应对国内外经济走势的复杂多变，宏观调控政策进行了三次重大调整。

第一次重大调整：2007 年 12 月初的中央经济工作会议，针对当时经济增长偏快和通货膨胀压力加大的趋势，宏观调控的首要任务由"单防"（防止经济增长由偏快转为过热），调整为"双防"（防止经济增长由偏快转为过热，防止价格由结构性上涨演变为明显通货膨胀）。与此相适应，稳健的货币政策调整为从紧的货币政策。

第一次重大调整之后，根据国内外经济形势的不断变化，宏观调控在操作过程中有所微调。（1）2008 年 1 月底，"科学把握宏观调控的节奏和力度"的提出。2007 年 12 月中央经济工作会议刚刚结束的时候，普遍预期 2008 年宏观调控政策特别是货币政策的紧缩力度会比较大。但进入 2008 年后，美国次贷危机的影响在全球蔓延，世界经济增长面临减速等许多不确定因素。2008 年 1 月 31 日，《人民日报》刊发了胡锦涛总书记在中共中央政治局第三次集体学习时的讲话，提出"要正确把握世界经济走势及其对我国的影响，充分认识外部经济环境的复杂性和多变性，科学把握宏观调控的节奏和力度"。第二天，2008 年 2 月 1 日，三大证券报（《中国证券报》、《上海证券报》、《证券时报》）分别以"科学把握宏观调控的节奏和力度"为题发表评论，认为宏观调控政策有可能会有所微调而放松。（2）2008 年 3 月 5 日，《政府工作报告》提出：2008 年的经济工作，要把防止经济增长由偏快转为过热、防止价格由结构性上涨演变为明显通货膨胀作为宏观调控的首要任务。特别提出："鉴于当前国内外经济形势发展的不确定因素较多，要密切跟踪分析新情况新问题，审时度势，从实际出发，及时灵活地采取相应对策，正确把握宏观调控的节奏、重点和力度，保持经济平稳较快发展，避免出现大的起落。"（3）2008 年 3 月 29 日，《国务院 2008 年工作要点》提出"防止经济下滑"。"既要防止经济由偏快转为过热，抑制通货膨胀，又要防止经济下滑，避免大的起落。"①

第二次重大调整：2008 年 7 月 25 日中央政治局会议提出，宏观调控的首要任务由"双防"调整为"一保一控"（保持经济平稳较快发展、控制物价过快上涨）。"一保一控"与"双防"的区别是：由原来第一防的"防过热"，改变为保平稳较快发展，包含了防下滑的意思。

第三次重大调整：2008 年 10 月之后，由"一保一控"调整为"一保一扩一调"（保增长、扩内需、调结构）。2008 年 9 月，美国次贷危机迅速演变成百年难遇的全球金融危机，我国经济受到的影响明显加大，而物价涨幅从 5 月起逐月回落，物价上涨问题已不是突出矛盾。（1）2008 年 10 月 17 日，国务院常务会议提出"保增长"和实施"灵活审慎"的宏观经济政策。（2）2008 年 11 月 5 日，国务院常务会议提出实行积极的财政政策和适度宽松的货币政策，出台了扩大内需、促进经济增长的十大措施，提出两年内中央工程建设项目的 4 万亿元大规模投资计划（其中，中央政府投资 1.18 万亿元，带动地方和社会投资共达 4 万亿元）。（3）2008 年 11 月 28 日，中共中央政治局会议提出，把保持经济平稳较快发展作为 2009 年经济工作的首要任务，把"保增长、扩内需、调结构"更好地结合起来。（4）2008 年 12 月 8—10 日，中央经济工作会议进一步明确提出，经济增长下滑过快已经成为当前我国经济运行中的突出问题，必须把保持经济平稳较快发展作为 2009 年经济工作的首要任务。并提出"在保增长上下功夫"的四个指导原则：把扩大内需作为保增长的根本途径，把加快发展方式转变和结构调整作为保增长的主攻方向，把深化重点领域和关键环节改革、提高对外开放水平作为保增长的强大动力，把改善民生作为保增长的出发点和落脚点。

## 四　需要进一步研究和处理好的问题

### （一）处理好政府与市场的关系

在应对国际金融危机中，各国政府都显著强化了对经济的干预。国际

---

① 《国务院 2008 年工作要点》，《人民日报》2008 年 4 月 3 日。

上有评论指出，2008 年将是西方主流经济理论和政策从自由放任转向政府干预的转折年。

从西方经济学说史的角度看，是以主张政府干预为主流，还是以主张市场自由放任发展为主流，从 15 世纪至今，随着各个不同时代所面临的不同经济问题，其演变已经历了四个阶段。

第一个阶段，15—17 世纪，重商主义是当时流行于西欧的主流经济思想。在西欧封建社会晚期和资本主义生产方式萌芽并逐渐成长的初期，为了发展商品经济，打破封建割据，扩大对外贸易，保护关税和本国产业，重商主义主张国家积极干预经济，主张强化封建集权的国家力量。

第二个阶段，18 世纪—20 世纪 30 年代，主流经济理论转变为资产阶级古典经济学及其后的新古典经济学。为了从封建制度束缚下解放生产力和进一步发展生产力，其主张经济自由主义，反对国家干预经济。主张无论是国内商业还是对外贸易都要取消一切保护政策和限制措施。认为资本主义市场经济本身可以自行调节、自行均衡、自行解决经济危机。

第三个阶段，20 世纪 30—70 年代，主流经济理论转变为凯恩斯主义。1929—1933 年的大危机，打破了长期以来占主流地位的古典均衡理论，使凯恩斯主义迅速兴起。这种理论认为市场经济本身具有缺陷，主张通过政府干预来熨平经济波动。

第四个阶段，20 世纪 70 年代至 2008 年，主流经济理论转变为现代新古典经济学。在 20 世纪 70 年代石油危机的冲击下和严重的经济滞胀困境下，凯恩斯主义失灵，各种主张市场经济自由发展、反对政府干预、放松政府管制的现代新古典经济学相继兴起。

然而，2008 年 9 月爆发的国际金融危机，像 1929—1933 年的大危机和 20 世纪 70 年代的石油危机一样，对原有的反对政府干预的主流经济理论提出了挑战。面对严重的危机，许多国家经济政策的重心转向政府的大规模救市干预。国际上有评论指出，国家与市场再次展开地盘之争，国家和市场之间的钟摆正在摆回来。

我们认为，在现代市场经济条件下，政府管理经济的职能和市场在资源配置中的基础性作用是相辅相成的，政府这只"看得见的手"和市场这只"看不见的手"缺一不可。合理的、完善的政府干预对于弥补市场经济的缺陷，维护市场机制正常运行秩序，履行国家经济职能，保证国家经济安全是非常必要的。特别是在当前应对百年难遇的国际金融危机中，政府这只"看得见的手"的作用必然会得到强化。但经济活动和经济运行的基座仍然是市场经济，市场这只"看不见的手"在资源配置中的基础性作用不会改变。从我国情况来说，我们在不断加强和改善政府经济管理职能的同时，还要认识到我国的社会主义市场经济体制刚刚建立，市场发育还很不成熟，市场机制的作用还很不健全。在当前保增长、扩内需中，一定要坚持社会主义市场经济的改革方向不动摇。通过深化改革，消除制约扩大内需的体制性、机制性障碍，构建有利于鼓励企业合理投资和支持居民合理消费的体制、机制。扩内需、保增长、保就业，最终还要靠企业、居民、社会的力量。以全社会固定资产投资的资金来源为例，国家预算内资金所占的比重由改革开放之初 1981 年的 28.1% 下降到 2007 年的 3.9%，下降了 24.2 个百分点；而各地区、各部门和企事业单位的自筹资金等则由 55.4% 上升到 77.4%，上升了 22 个百分点。现在，政府的直接投资只占全社会投资的很小一部分。扩大投资主要靠企业投资和社会投资，也就是靠发挥市场在资源配置中的基础性作用。当前，全国就业形势十分严峻。各级政府正在为扩大就业积极创造条件。但要大范围解决就业问题，更要靠发挥广大中小企业和全社会的力量。

## （二）处理好经济周期波动中繁荣与调整的关系

改革开放 30 年来，我国成功实现了从高度集中的计划经济体制到充满活力的社会主义市场经济体制的伟大历史转折。但市场经济不是风平浪静的经济，而是波动的经济。在经济周期波动中的各阶段之间，或各种经济态势之间，如繁荣与调整、上升与下行、扩张与衰退、宽松与紧缩、兴旺与危机、通胀与通缩等，具有一定的相互转换的内在关联性。从一定意义上说，每次繁荣都孕育着下一次调整，而每次调整也都孕育着下一次的繁荣。

在当前国际国内经济形势下，这种关系可以给予我们如下启示。第一，每次调整、每次危机在优胜劣汰中往往孕育着新的发展机遇，带来科技的新突破，产品的新突破，管理的新突破。这就是"危"中有"机"。

我们应在当前应对各种困难和挑战中，坚定信心，化压力为动力，化挑战为机遇，在逆境中寻找和培育新的生长点。第二，在实行宽松政策、推动扩张的过程中，要防止盲目的过度扩张，防止催生出新的泡沫。在解决眼前问题时，要注意隐含的、潜伏的问题，紧密跟踪形势，及时发现新情况、新苗头，不要累积出大问题。也就是我们常说的，要注意一种倾向掩盖另一种倾向。美国次贷危机的一个重要教训，就是在上一轮经济周期的低谷——2001年，为了防止经济严重衰退和刺激回升，采取了过于宽松而又缺乏监管的政策，导致2004年经济高峰前后的房地产泡沫，最终导致2007年和2008年的严重危机。目前，对于我国两年内4万亿元大规模投资计划，学界和社会上也提出一些担忧。一是担忧大规模投资是否会导致新一轮经济过热和通货膨胀反弹；二是担忧许多工程建设都涉及用地问题，18亿亩耕地红线能否守住；三是担忧一些地方和企业有可能沿用粗放式、外延式扩张方式，过度消耗能源资源，破坏生态环境，低水平重复建设，加大节能减排和污染治理的难度；四是担忧政府主导的投资是否会诱发各种腐败。

### （三）处理好投资与消费的关系

多年来，我国投资与消费的比例不协调，投资率偏高、消费率偏低的状况尚未得到解决。进入新世纪以来，在我国工业化、城镇化加快的过程中，消费率不断下降，由2000年的62.3%下降到2007年的48.8%，下降了13.5个百分点；而同期投资率由35.3%上升到42.3%，上升了7个百分点；净出口率由2.4%上升到8.9%，上升了6.5个百分点。在这次保增长、扩内需中，采取了许多扩大消费的举措，如提高中低收入居民的收入，完善各项社会保障制度，培育消费热点，稳定扩大住房和汽车等大宗消费，扩大教育、卫生、文化等公共服务消费。但在现阶段我国工业化、城镇化加快的过程中，消费结构向住行升级过程中，投资的扩大仍然会使投资率上升。这是一个值得认真研究的问题。

随着我国综合国力的增强，在这次扩大投资中，与以往不同的一个特点是，十分重视与直接改善民生有关的各项工程，如加大政府对保障性住房的投资建设力度。在住房建设中有一个特殊的投资与消费的关系需要弄清楚。这就是，在国际上统一规定的国民经济核算统计中，住房建设是以

"投资"计入支出法国内生产总值的"固定资本形成"项目中；而居民购买自住房，虽然对于居民生活使用来说完全属于消费，但在上述统计中，每年仅以很小数额的折旧费计入"最终消费"项目中。比如，有一套 90 万元的住房，盖了 3 年，平均以每年 30 万元计入支出法国内生产总值的"固定资本形成"项目中。而居民在购买这套住房时，虽然花了 90 万元，但在每年支出法国内生产总值统计中，是以 50 年为期，年度折旧率 2%，即每年仅以 1.8 万元计入"最终消费"项目中。简单地说，住房作为一种特殊商品，在年度统计中，以"投资"计入的多，以"消费"计入的很少。当一个国家处于住房建设高潮时期，投资率就会表现得较高。从长期看，居民住房基数扩大之后，在统计上，消费率会提高起来。

但从目前情况看，在扩大内需中，相对于扩大投资来说，扩大消费的措施还不够重，力度还不够大。

### （四）处理好内需与外需的关系

按照国际货币基金组织的分析，2004—2007 年，世界经济增长连续保持在 5% 左右的较高水平，是 20 世纪 70 年代初以来最强劲的增长。我国紧紧抓住了这一有利时机，发挥比较优势，充分利用外需，促进了经济的增长。2005—2007 年，在我国支出法国内生产总值增量中，货物和服务净出口增量的比重，即其贡献率迅速升高，达 20% 左右。在当前国际金融危机的冲击下，世界经济增长迅速减速，我国的外部需求急剧减少，这在客观上为我们扩内需、调结构提供了强大的倒逼动力。为了保持经济长期的平稳较快发展，我们必须把经济增长的基本立足点放到扩大国内需求上。但是，这并不意味着我们要放弃利用外需。当今，以世界科技迅速发展和生产要素全球流动为基础的经济全球化大趋势不会改变。我们要统筹好国内国际两个大局，充分利用国内国际两种资源，把扩大内需为主和稳定外需结合起来，继续发挥我国比较优势，不断提升我国国际竞争能力和抗风险能力，以进一步提高我国的经济实力。

### 参考文献

刘树成：《保持经济平稳较快发展》，《人民日报》2009 年 2 月 4 日，第 7 版。

石贝贝：《德银经济学家马骏：中国经济将呈"W型"复苏》，《上海证券报》2009 年 1 月 23 日。

王红茹：《经济观察：2009GDP 增长猜想》，《中国经济周刊》2009 年 1 月 5 日。

（原载经济蓝皮书春季号《中国经济前景分析——2009 年春季报告》，
社会科学文献出版社 2009 年版）

# 新中国经济增长 60 年曲线的回顾与展望

中华人民共和国成立 60 周年之际，也正值在应对百年不遇的国际金融危机的冲击中，中国经济取得"企稳回升"成效和即将步入"全面复苏"的关键时期。本文对中国经济增长率 60 年的波动曲线进行回顾与展望，共分四个部分。第一部分概述 60 年曲线的深刻变化，归纳出五个波动特点；第二部分剖析改革开放以来这条曲线背后经济结构所发生的七大变化，这些新变化也是中国经济今后继续增长的重要推动因素；第三部分说明新一轮经济周期即将来临；第四部分强调要吸取历史的经验和教训，努力延长新一轮经济周期的上升阶段，为此要把握好两点：一是要把握好新一轮周期的波形，二是要把握好新一轮周期的适度增长区间，其中，特别对新一轮周期中城市化和住宅业的重要作用，以及如何有效地解决房价不断上涨问题进行了分析。

## 一　60 年曲线的深刻变化

新中国走过了 60 年光辉历程。60 年来，中国经济发展取得了举世瞩目的辉煌成就；从年度经济增长率的角度来考察，也经历了一轮轮高低起伏的波动。图 1 绘出了 60 年来经济增长率的波动曲线（其中，1950 年至 1952 年，为社会总产值增长率；1953—2009 年，为国内生产总值增长率；2009 年为本文预估数 8%）。①

———————

① 资料来源：1950—1952 年，《全国各省、自治区、直辖市历史统计资料汇编（1949—1989）》，中国统计出版社 1990 年版，第 9 页；1953—1992 年，《新中国五十年统计资料汇编》，中国统计出版社 1999 年版，第 5 页；1993—2007 年，《中国统计年鉴》（2008），中国统计出版社 2008 年版，第 40 页；2008 年，《中国统计摘要》（2009），中国统计出版社 2009 年版，第 22 页；2009 年，本文预估数 8%。

　　1949 年 10 月 1 日，新中国成立，开辟了我国历史发展的新纪元。1950
年、1951 年、1952 年，经过三年努力，国民经济迅速恢复。这三年，社会
总产值增长率分别为 22.6%、20.1% 和 23.8%。这是新中国成立初期的恢
复性增长。从 1953 年起，开始了大规模的经济建设，进入工业化历程，到
2009 年，按照"谷—谷"法划分，国内生产总值增长率（GDP 增长率）的
波动共经历了 10 个周期。

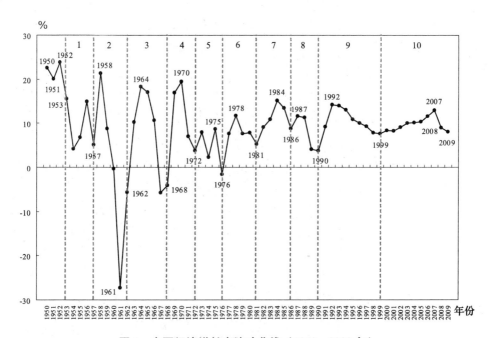

**图 1　中国经济增长率波动曲线**（1950—2009 年）

　　1953 年开始第一个五年计划建设时，当年固定资产投资规模很大，经
济增长率高达 15.6%。经济增长过快，打破了经济正常运行的平衡关系，
高增长难以持续。1954 年、1955 年经济增速回落至 4% 和 6% 左右。经济运
行略做调整后，1956 年再次加速，经济增长率又上升到 15%，难以为继，
1957 年又回落到 5% 左右。1953 年作为启动，至 1957 年成为第一个经济
周期。

　　1958 年，在当时的"大跃进"中，经济增长率一下子冲高到 21.3%，

紧接着，1960 年、1961 年和 1962 年三年，经济增长率大幅回落，均为负增长。其中，1961 年经济增长率的降幅最大，为 - 27.3%。这样，1958 年经济增长率的高峰（21.3%）与 1961 年经济增长率的谷底（- 27.3%）之间的峰谷落差近 50 个百分点。这是第 2 个周期。

对经济运行调整之后，1964 年又上升到 18.3%，这是国防建设的前期高潮。接着，1966 年发动了"文化大革命"。1967 年、1968 年经济增长率回落，出现负增长，形成第 3 个周期。

1970 年，经济增长率又冲高到 19.4%，这是国防建设的后期高潮。1972 年又回落到 3% 左右。这是第 4 个周期。

随后，进入"文化大革命"的后期。1973 年，经济增速略有回升；1974 年又掉下来。1975 年略有回升；1976 年又掉下来，为负增长。这段时期，经济增长很微弱。1976 年 10 月，粉碎"四人帮"，结束了"文化大革命"。这两个小波动组成第 5 个周期。

如果我们把 60 年来中国经济增长率的波动曲线看作是一个经济机体的心电图的话，那么，在 1972—1976 年"文化大革命"的中后期，这个机体的脉搏跳动得非常微弱，上也上不去，国民经济濒临崩溃的边缘。而在此之前，脉搏的跳动又太剧烈，强起强落。

从新中国成立到 1976 年，我国社会主义建设虽然经历过一定曲折，但总的来说，仍然取得了很大成就。基本建立了独立的、比较完整的工业体系和国民经济体系，从根本上解决了工业化过程中"从无到有"的问题。党的十七大报告指出：我们要永远铭记，改革开放伟大事业，是在以毛泽东同志为核心的党的第一代中央领导集体创立毛泽东思想，带领全党全国各族人民建立新中国、取得社会主义革命胜利和建设伟大成就以及艰辛探索社会主义建设规律宝贵经验的基础上进行的。新民主主义革命的胜利，社会主义基本制度的建立，为当代中国一切发展进步奠定了根本政治前提和制度基础。[1]

粉碎"四人帮"，结束"文化大革命"之后，1977 年、1978 年，全

---

[1]　胡锦涛：《高举中国特色社会主义伟大旗帜　为夺取全面建设小康社会新胜利而奋斗》，《人民日报》2007 年 10 月 25 日。

国上下"大干快上"的热情很高。1978 年经济增长率上升到 11.7%，1981 年回调到 5%左右，这是第 6 个周期。1978 年 12 月，党的十一届三中全会拨乱反正，结束了"以阶级斗争为纲"的历史，全党工作中心转移到社会主义现代化建设上来。开启了中国改革开放和社会主义现代化建设新的历史时期。并提出，国民经济中一些重大的比例失调状况还没有完全改变过来，基本建设必须积极地而又量力地循序进行，不可一拥而上。1979 年 4 月，召开专门讨论经济问题的中央工作会议，正式提出用三年时间对整个国民经济进行调整。

在农村改革、城市改革推动下，1984 年经济增长率上升到 15.2%，1986 年回调到 8%左右，形成第 7 个周期。

1987 年、1988 年，经济增长率分别上升到 11.6%和 11.3%。1988 年，居民消费价格上涨到 18.8%。在调整中，经济增长率在 1989 年、1990 年分别下降到 4.1%和 3.8%。这是第 8 个周期。

1991 年，经济增长率回升到 9.2%。1992 年，邓小平南方谈话和随后召开的党的十四大，为中国改革开放和社会主义现代化建设打开了一个新局面。然而，由于当时改革开放才十来年，原有的计划经济体制还没有根本转型，原有体制下的投资饥渴、片面追求速度的弊端还没有克服。在这种情况下，经济增长很快冲到 14.2%的高峰，出现经济过热现象。1994 年，居民消费价格滞后上涨到 24.1%。在治理经济过热中，1993 年下半年至 1996 年，国民经济运行成功地实现了"软着陆"，既大幅度地降低了物价涨幅，又保持了经济的适度快速增长。① 随后，又成功地抵御了亚洲金融危机的冲击和克服国内有效需求的不足。1999 年，经济增长率平稳回落到 7.6%，结束了第 9 个周期。

从 2000 年起，进入现在的第 10 个周期，到 2007 年，经济增长率连续8 年处于 8%以上至 13%的上升通道内。这 8 年，经济增长率分别为8.4%、8.3%、9.1%、10%、10.1%、10.4%、11.6%和 13%。2008 年和 2009 年，中国经济面临着国际国内四重调整的叠加，即改革开放 30 年来国内经济长期快速增长后的调整与国内经济周期性的调整相叠加，与美

---

① 刘国光、刘树成：《论"软着陆"》，《人民日报》1997 年 1 月 7 日，第 9 版。

国次贷危机导致的美国经济周期性衰退和调整相叠加，与美国次贷危机迅猛演变为国际金融危机而带来的世界范围大调整相叠加。[①] 2008 年，经济增长率回落到 9%。2009 年，预计回落至 8% 左右，完成第 10 个周期。2010 年，中国经济有望进入新一轮，即第 11 个周期的上升阶段。

总的来看，改革开放 30 年来，中国经济增长与波动呈现出一种"高位平稳型"的新态势。这种新态势表现为五个波动特点：

1. 波动的强度：理性下降。每个周期经济增长率的高峰从前面几个周期的 20% 左右，回落到改革开放之后、20 世纪 80 年代和 90 年代的 11% 至 15% 左右。进入新世纪后，在第 10 个周期，峰位控制在 13%。

2. 波动的深度：显著提高。每个周期经济增长率的低谷在前几个周期经常为负增长，而改革开放之后，每次经济调整时，经济增长率的低谷均为正增长，再没有出现过负增长的局面。

3. 波动的幅度：趋于缩小。每个周期经济增长率的峰谷落差由过去最大的近 50 个百分点，降至改革开放之后的六七个百分点。在第 10 个周期，预计峰谷落差仅为 5 个百分点左右。

4. 波动的平均高度：适度提升。1953—1978 年（以 1952 年为基年）的 26 年中，GDP 年均增长率为 6.1%；1979—2009 年（以 1978 年为基年）的 31 年中，GDP 年均增长率为 9.7%，比过去提升了 3.6 个百分点。

5. 波动的长度：明显延长。在前 8 个周期中，周期长度平均为 5 年左右，表现为一种短程周期。而 20 世纪 90 年代初之后，在第 9、第 10 个周期中，周期长度延长到 9—10 年，扩展为一种中程周期。特别是在第 10 个周期中，上升阶段由过去一般只有短短的一两年，延长到 8 年，这在 60 年来中国经济发展史上还是从未有过的。

## 二　曲线背后经济结构的新变化

中国经济的增长与波动表现出"高位平稳型"的新态势，其原因是多

---

[①] 刘树成：《2008—2009 年国内外经济走势分析》，经济蓝皮书春季号《中国经济前景分析——2009 年春季报告》，社会科学文献出版社 2009 年版。

方面的。我们曾以"外在冲击—内在传导"分析框架，将改革开放以来中国经济"高位平稳型"增长的主要原因概括为两大类：一类是宏观调控作为一种外在冲击的不断改善，另一类是经济结构作为内在传导机制的增长性和稳定性的增强。[①] 这里，本文进一步着重分析改革开放以来中国经济结构的七大变化。

1. 体制结构的变化，为经济的"高位平稳型"增长提供了重要的体制性基础。

改革开放以来，中国的经济体制发生了重大变化，由过去高度集中的计划经济体制逐步转变为社会主义市场经济体制。在原有计划经济体制下，企业的产、供、销和投资等生产经营活动均没有自主权，完全由国家计划统一管理，经济生活僵化。在社会主义市场经济体制下，经济活动的主体具有了自主权，价格杠杆、竞争机制、要素市场等市场机制被引入，市场在资源配置中日益发挥了基础性作用，这为经济发展注入了前所未有的生机和活力。

2. 所有制结构的变化，为经济的"高位平稳型"增长提供了基本经济制度条件。

所有制结构的变化，包括产值方面的所有制结构变化和就业方面的所有制结构变化。

从产值方面的所有制结构变化来看，以工业企业所有制结构为例，在工业总产值中各种所有制企业所占的比重发生了重要变化。1978 年，工业企业的所有制经济类型只有两种：国有工业和集体工业。在工业总产值（当年价格）中，他们分别占 77.6% 和 22.4%。2007 年，在规模以上工业企业的工业总产值中（"规模以上"是指年主营业务收入在 500 万元人民币以上的工业企业），按登记注册类型分，所有制实现形式已多样化（见表1），其中：非公司制的国有企业占 9%；集体企业占 2.5%；股份合作企业占 0.9%；联营企业（含国有联营企业）占 0.4%；有限责任公司（含国有独资公司）占 22.3%；股份有限公司（含国有控股企业）占

---

① 刘树成、张晓晶：《中国经济持续高增长的特点和地区间经济差异的缩小》，《经济研究》2007 年第 10 期。

9.9%；私营企业占 23.2%；其他内资企业占 0.3%；港澳台商投资企业（含合资、合作、独资）占 10.5%；外商投资企业（含合资、合作、独资）占 21%。

表 1　　　　　　　　**工业总产值中各种所有制企业所占比重**　　　　　　　单位：%

| 序号 | 按登记注册类型分 | 1978 年 | 2007 年 |
|---|---|---|---|
| 1 | 国有企业（非公司制） | 77.6 | 9.0 |
| 2 | 集体企业 | 22.4 | 2.5 |
| 3 | 股份合作企业 | | 0.9 |
| 4 | 联营企业（含国有联营企业） | | 0.4 |
| 5 | 有限责任公司（含国有独资公司） | | 22.3 |
| 6 | 股份有限公司（含国有控股企业） | | 9.9 |
| 7 | 私营企业 | | 23.2 |
| 8 | 其他内资企业 | | 0.3 |
| 9 | 港澳台商投资企业（含合资、合作、独资） | | 10.5 |
| 10 | 外商投资企业（含合资、合作、独资） | | 21.0 |

资料来源：根据《中国统计年鉴 2008》，中国统计出版社 2008 年版，第 485 页数据计算。

从就业方面的所有制结构变化来看，以城镇就业人员的所有制类型为例，1978 年，主要是两种：国有单位和集体单位，他们分别占 78.3% 和 21.5%；个体就业人员仅有一点，占 0.2%。2007 年，就业的所有制结构发生了很大变化，在城镇就业人员中，国有单位所占比重由 1978 年的 78.3%，下降到 2007 年的 21.9%；集体单位所占比重由 21.5% 下降到 2.4%；私营企业和个体的就业比重共达 26.9%；城镇其他类型就业的比重达 32.9%（见表 2）。

表 2　　　　　　　**城镇就业人员中各种所有制企业所占比重**　　　　　　单位：%

| 序号 | 按登记注册类型分 | 1978 年 | 2007 年 |
|---|---|---|---|
| 1 | 国有单位 | 78.3 | 21.9 |
| 2 | 集体单位 | 21.5 | 2.4 |

续表

| 序号 | 按登记注册类型分 | 1978 年 | 2007 年 |
|---|---|---|---|
| 3 | 股份合作单位 | | 0.6 |
| 4 | 联营单位（含国有联营企业） | | 0.1 |
| 5 | 有限责任公司（含国有独资公司） | | 7.1 |
| 6 | 股份有限公司（含国有控股企业） | | 2.7 |
| 7 | 私营企业 | | 15.6 |
| 8 | 个体 | 0.2 | 11.3 |
| 9 | 港澳台商投资企业 | | 2.3 |
| 10 | 外商投资企业 | | 3.1 |
| 11 | 城镇其他 | | 32.9 |

资料来源：根据《中国统计年鉴2008》，中国统计出版社2008年版，第110—111页数据计算。

在改革开放中，微观基础的重造，使各种所有制经济共同发展和相互促进，使市场主体和投资主体多元化，发挥了各种市场主体和投资主体的积极性，为经济的高位、平稳增长提供了重要的基本经济制度条件。

3. 资源供给结构的变化，为经济的"高位平稳型"增长提供了必要的物质条件。

市场机制的引入及其在资源配置中所发挥的基础性作用，以及所有制结构的变化，使经济的供给面增添了活力，使长期存在的资源供给严重短缺的状况基本改变。原有的煤、电、油、运、材（重要原材料，如钢铁、水泥）等资源供给的"瓶颈"制约不同程度地逐步缓解，有的还出现了一定程度的、阶段性的相对过剩。这从物质上支撑了经济的高位、平稳运行。

4. 产业结构的变化，为经济的"高位平稳型"增长提供了重要的产业基础。

在国内生产总值中，三次产业的产值结构发生了重要变化（见图2）。第一产业的比重下降，由1952年的50.5%，下降到1978年的28.2%，又下降到2008年的11.3%。第二产业的比重，由1952年的20.9%，上升到1978年的47.9%；改革开放以来，第二产业比重相对稳定，到2008年为48.6%。第三产业的比重，由1952年的28.6%，下降到1978年的

23.9%；改革开放以来，第三产业比重上升，到 2008 年为 40.1%。

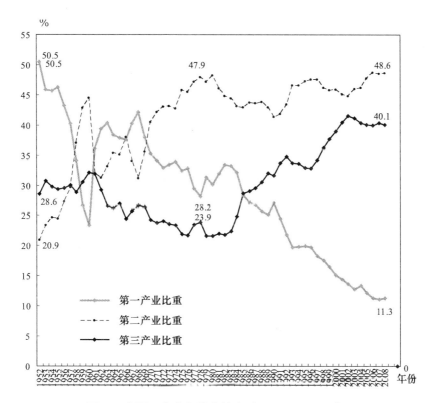

**图 2　中国三次产业的产值比重（1952—2008 年）**

资料来源：1952—1977 年，《中国国内生产总值核算历史资料 1952—1995》，
中国国家统计局国民经济核算司编，东北财经大学出版社 1997 年版，第 30 页；
1978—2008 年，《中国统计摘要》（2009），中国统计出版社 2009 年版，第 21 页。

　　改革开放以来，第一产业比重继续下降，第二产业比重相对稳定，第三产业比重上升，这有利于经济在适度高位的平稳运行。因为在三次产业中，第一产业增长与波动的特点是，增长速度较低，波动幅度较小，但受自然条件影响较大；第二产业的特点是，增长速度高，但波动幅度也较大；第三产业的特点是，增长速度较高，而波动幅度较小，一般又不受自然条件的太大影响。所以，随着第三产业比重的上升，整个经济的稳定性会增强。

　　5. 城乡人口结构的变化，为经济的"高位平稳型"增长提供了强大的需求动力。

改革开放促进了劳动力要素的流动，推动了工业化进程，提高了城市化率（城市人口占总人口的比重）。城市化率的提高，带来巨大的城市基础设施建设和房地产建设需求，带动了各种相关产业的蓬勃发展。1949年，中国城市化率仅为10.6%，1978年上升到17.9%，2008年上升到45.7%。相应地，乡村人口占总人口的比重从1949年的89.4%，下降到1978年的82.1%，又降到2008年的54.3%（见图3）。

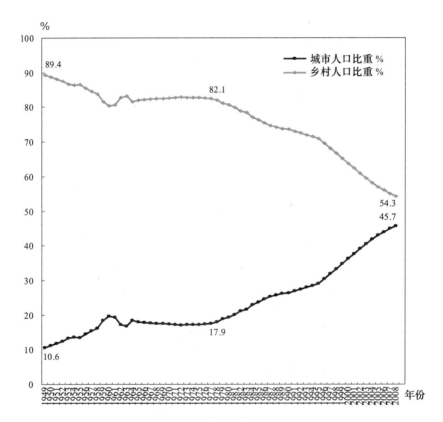

**图3　中国城市化率（1949—2008年）**

资料来源：1949—1977年，《中国统计年鉴》（1983），中国统计出版社1983年版，第104页；1978—2008年，《中国统计摘要》（2009），中国统计出版社2009年版，第40页。

6. 消费结构的变化，为经济的"高位平稳型"增长提供了新的消费需求动力。

改革开放以来，随着人均收入水平的提高，推动着消费结构的升级，使消费结构由吃、穿、用向住、行升级，由生存型向发展型和享受型升级。消费结构的升级，推动了产业结构的调整和优化，形成经济增长的重要推动力。

7. 地区结构的变化，为经济的"高位平稳型"增长提供了广阔的地理空间。

改革开放以来，在 20 世纪 80 年代和 90 年代，东部沿海地区经济增长很快；90 年代末期以来，中西部地区加快了发展。在这次国际金融危机的影响下，东部沿海地区受冲击较大，而中西部地区的工业生产增速、固定资产投资增速等普遍高于东部沿海地区。2009 年上半年，全国规模以上工业增加值同比增长 7.0%；分地区看，东部地区增长 5.9%，中部地区增长 6.8%，西部地区增长 13.2%。2009 年上半年，全国城镇固定资产投资增长 33.6%；分地区看，东部地区增长 26.7%，中部地区增长 38.1%，西部地区增长 42.1%（见表 3）。

表 3 　　　　　　　2009 年上半年工业生产和投资增长率 　　　　　单位：%

| 指标 | 全国 | 东部 | 中部 | 西部 |
|---|---|---|---|---|
| 规模以上工业增加值增长率 | 7.0 | 5.9 | 6.8 | 13.2 |
| 城镇固定资产投资增长率 | 33.6 | 26.7 | 38.1 | 42.1 |

资料来源：国家统计局网站。

以上分析表明，改革开放以来我国的经济结构发生了许多重要变化。这些新变化也有助于当前应对国际金融危机对我国经济的影响；这些新变化也还会在今后我国经济的发展中继续起到促进作用。

## 三 新一轮经济周期即将来临

从应对国际金融危机的角度看，我国经济走势可分为三个阶段：

1. 从 2008 年 7 月至 2009 年 2 月，为第一个阶段，即"急速下滑"阶段。当时，经济增长速度下滑过快，成为影响我国经济社会发展全局的突出矛盾。党中央、国务院明确提出把保持经济平稳较快发展作为经济工作的首要任务，实施了积极的财政政策和适度宽松的货币政策，出台了应对国际金融危机的"一揽子"计划。

2. 从 2009 年 3 月开始，预计持续到今年年底，为第二个阶段，即"企稳回升"阶段。我国经济目前正处于这个阶段。一系列宏观调控措施渐显成效，扭转了经济增速过快下滑的趋势，但回升的基础尚需进一步巩固。

3. 2010 年，我国经济有望进入第三个阶段，即"全面复苏"阶段，也就是进入新一轮经济周期的上升阶段。所谓"全面复苏"是指，大部分的行业，或者大部分的经济指标都陆续进入回升。而在"企稳回升"阶段，只有部分主导行业和部分主导指标开始回升。

以上前两个阶段，可从工业生产增速（全国规模以上工业增加值当月同比增长率）的波动明显看出（见图 4）。工业生产增速是反映实体经济运行状态的一个具有代表性的指标。2008 年 6 月，工业生产增速在 16%，到 2009 年 1—2 月，猛降到 3.8%，历时 8 个月，下降了 12.2 个百分点。2009 年 3—8 月，已连续 6 个月回升，走出一个 V 字形（见图 4 中虚线）。

国际金融机构对中国 2010 年经济增长也作出了明显回升的预测。据 2009 年 7—10 月发布，各国际金融机构对中国 2010 年经济增长的预测为（见表 4）：摩根士丹利，10%；巴克莱资本，9.6%；法国巴黎银行，9.5%；汇丰银行，9.5%；国际货币基金组织，9%；摩根大通，9%；亚洲开发银行，8.9%；瑞银证券，8.5%。综合区间为 8.5%—10%。

表 4　　　　　　国际金融机构对 2010 年中国经济增长率的预测

| 机构名称 | 预测值（%） |
| --- | --- |
| 摩根士丹利 | 10.0 |
| 巴克莱资本 | 9.6 |
| 法国巴黎银行 | 9.5 |
| 汇丰银行 | 9.5 |

续表

| 机构名称 | 预测值（%） |
| --- | --- |
| 国际货币基金组织 | 9.0 |
| 摩根大通 | 9.0 |
| 亚洲开发银行 | 8.9 |
| 瑞银证券 | 8.5 |
| 综合区间 | 8.5—10.0 |

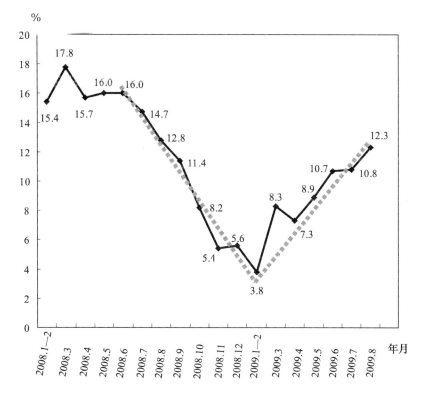

**图 4　全国规模以上工业增加值当月同比增长率**

资料来源：国家统计局网站。

## 四　努力延长新一轮经济周期的上升阶段

中国经济在有效应对国际金融危机的严重冲击中，2010 年有望进入新一轮（第11轮）经济周期的上升阶段。现在，又到了说"努力延长经济周期上升阶段"的时候了。

在第10轮经济周期的上升过程中，2003年11月召开的中央经济工作会议曾提出："当前，我国经济发展正处于经济周期的上升阶段"，"要倍加珍惜当前经济发展的好势头，巩固和发展这个好势头"①。这是中央经济工作会议首次采用"经济周期"概念对我国经济走势进行分析和判断。当时，笔者曾写了一篇文章，题为《努力延长经济周期的上升阶段》，载于《人民日报》。② 现在，第10轮经济周期即将结束，其实际运行结果是，上升阶段8年（2000—2007年），下降阶段2年（2008年和2009年）。上升阶段一直延长到8年，这在新中国成立以来的经济发展史上还是首次。

新一轮经济周期即将到来。无疑，我们要继续努力，尽可能长地延长新一轮周期的上升阶段。怎样延长呢？根据以往历史的经验和教训，最基本的是要把握好两点：一是要把握好新一轮周期的波形，二是要把握好新一轮周期的适度增长区间。

### （一）把握好新一轮周期的波形

从我国已有的10个周期看，在波形上，主要有三种波动模式：

第一种是"大起大落型"。这是1953年至20世纪80年代末，前8个周期中有代表性的波形，特别是以1958—1962年的第二个周期为典型。上升阶段一般很短，仅有1—2年，经济增长率说起就起，而且起得很高，紧接着就进入下降阶段，一般为2—4年，一个周期平均为5年左右。

第二种是"大起缓落型"。20世纪90年代初之后，波形发生了变化，由"大起大落型"变为"大起缓落型"。这反映在1991—1999年的第9个周期。这个周期上升阶段为2年，下降阶段为7年，共持续9年。其上升阶段与前8个周期一样，仍具有"大起"的特点；但下降阶段却与过去不

---

① 《中央经济工作会议在北京召开》，《人民日报》2003年11月30日，第1版。
② 刘树成：《努力延长经济周期的上升阶段》，《人民日报》2003年12月18日，第9版。

同，吸取了历史上大起大落的教训，及时进行了"软着陆"的宏观调控，使过高的经济增长率缓慢下降，避免了过去"大起"之后的"大落"。到1996 年，"软着陆"基本成功。在此基础上，又抵御了亚洲金融危机的冲击和克服国内有效需求的不足。这样，经济增长率从 1992 年高峰时的14.2%，缓慢下降到 1999 年的 7.6%，7 年间平均每年下降仅 0.9 个百分点。

第三种是"缓起急落型"。这是 2000—2009 年的第 10 个周期。在这个周期中，从一开始就注意了吸取历史上大起大落的教训，注意了防止过高、过急的"大起"，使经济增长率平稳地上升，成功地延长了经济周期的上升阶段。经过连续 8 年的上升，到 2007 年，在国内经济运行的惯性推动下和国际经济增长的有利环境下，经济增长率上升到 13%，逐渐偏快。2008 年，在国际金融危机的严重冲击下和国内调整的趋势下，经济增长率一下子降到 9%，一年间下降了 4 个百分点，于是形成"缓起急落"的波形。

在新一轮经济周期，我们应该争取实现一种新的良好的波动模式，即"缓起缓落型"。这就是既要缓起，也要缓落。在周期上升阶段，要尽可能长时间地缓起；在周期下降阶段，要平稳地小幅缓落。

**（二）把握好新一轮周期的适度增长区间**

要实现"缓起缓落型"的波动模式，关键是要把握好新一轮周期的适度增长区间，这就是对经济增长速度的高低把握问题。

目前，关于回升后中国经济应保持怎样的增长速度问题，已开始在媒体上讨论，预计很快会热烈起来。大体有五种意见：

第一种，认为中国经济今后不应再追求高速度，而应实现 7%—8% 左右的中速发展。

第二种，认为经济全面复苏后，仍可保持 10% 以上的高增长。

第三种，认为今后十几年（2008—2020 年），有可能保持 9% 以上的增长。

第四种，认为 5 年内（2008—2012 年），平均增速可达 9.5% 以上；随后 10 年（2013—2022 年），将达 8.5%；再随后 10 年（2023—2032

年），将达 7.5%。

第五种，认为在新一轮经济周期内，或者说在今后一个中期内（如 8 年左右，2010—2017 年），可保持 8% 至 10% 左右的适度高位增长。

本文主张第五种观点。这包含四层意思：一是速度不能太低；二是速度不能太高；三是把握适度增长区间及其相关因素；四是紧密跟踪和适时调控。

1. 速度不能太低。

在我国目前经济发展阶段，经济增长速度不宜低于 8%。若低于 8%，就会给企业经营、城乡就业、居民收入提高和人民生活带来严重困难，给国家财政收入和社会事业发展带来严重困难，这将会影响整个社会的安定和谐。在国际金融危机影响下，我国 GDP 增长率在 2008 年第四季度降低到 6.8%，2009 年第一季度和第二季度分别降低到 6.1%、7.9%，给企业生产和城乡就业带来严重挑战，使全国财政收入在 2008 年 10 月至 2009 年 4 月（除 2008 年 12 月）连续出现负增长。可见，经济增长率低于 8% 不行。

2. 速度不能太高。

我国经济周期波动的历史经验和教训反复告诉我们，"大起大落"的要害是"大起"。因为过急、过快、过高的"大起"，容易产生高能耗、高物耗、高污染、高通胀的巨大压力，容易造成对经济正常运行所必要的各种均衡关系的破坏，从而导致随后的"大落"。在我国以往 10 个周期中，各高峰年份的 GDP 增长率分别为：1956 年，15%；1958 年，21.3%；1964 年，18.3%；1970 年，19.4%；1975 年（"文化大革命"后期），8.7%；1978 年，11.7%；1984 年，15.2%；1987 年，11.6%；1992 年，14.2%；2007 年，13%。从我国的经验数据看，经济增长率不宜高过 11% 以上。

3. 把握适度增长区间及其相关因素。

在今后一个中期内，中国经济为什么能够保持 8% 至 10% 左右的适度高位增长呢？我们前面所分析的改革开放以来经济结构的七大变化，也就是推动经济高位平稳增长的七大因素（市场经济体制因素、所有制因素、资源供给因素、产业结构因素、城市化因素、消费升级因素、地区发展因素等），在新一轮周期中仍然会发挥作用。这里，需要特别指出的是，城市化率的提高，以及相应的房地产业特别是住宅业的发展，仍然是新一轮周期中重要的动力源之一。

对于我国未来城市化率的提高，学术界有不同看法，归纳起来主要有以下四种：

第一种看法，认为我国现有统计上的城市化率（2008 年为 45.7%）被低估了，因为没有包括全部进城的农民工。若包括全部农民工，则实际的城市化率已较高（为 60% 左右）。因此，未来城市化的发展空间已经不大，仅有 10 年时间和 10 个百分点左右的空间。

第二种看法，与第一种相反，认为我国现有统计上的城市化率被高估了，因为把在城镇居住半年以上的农民工也计算在内了。若考虑到这部分农民工还没有真正变为城里人，那么实际的城市化率还很低（不到40%）。因此，未来城市化的发展空间还很大。

第三种看法，以现有统计为基础，认为我国仍处于快速城市化阶段。到 2020 年，城市化率可达到 60% 左右；2030 年，达到 65%—70%；2050 年，达到 75%—80%，即到 21 世纪中叶实现城市化。

第四种看法，认为我国人口众多，城市化率不必太高，到 2020 年达到 60% 多一点就可以了。

以上对我国城市化率的提高问题，虽然有各种不同看法，但至少有一点是相同的，即未来 10 年内城市化的发展还是有较大空间的。这不仅包括在数量上有提高城市化率的问题，而且包括在质量上还有提高城市化水平的问题，诸如在城市中加强日常生活基础设施建设、加强交通通信基础设施建设、加强文化教育卫生医疗基础设施建设、加强环境保护基础设施建设，以及加强广大居民（包括原有城市居民和进城农民工）的住宅建设等问题。目前在我国，一方面，大部分的一般商品是产能过剩，而另一方面，许多公共品或准公共品的供给（如上述各种基础设施和保障性住房等）还远远不足。这为我国经济未来的发展提供了重要动力。

为了顺利地推进我国城市化的发展，特别是更好地使住宅业成为新一轮经济周期的重要支柱产业，就必须有效地解决房价不断上涨的问题。这个问题解决不好，将会严重影响城市化的发展，甚至影响社会安定。我国住宅业的发展经历了三个阶段：原先，在高度集中的计划经济体制下，城市中的住宅问题主要是由政府包了，住宅严重短缺；后来，住宅商品化了，完全推向市场，推动了住宅业的大发展，也使房价不断攀升；再后来，把市场化和政府责任相结合。现在看来，为有效抑制房价不断上涨趋势，必须进一步采取"釜底抽薪"办法，即把政府保障部分再加以扩大，不仅把城市低收入群众住房问题从市场中抽出来，而且要把城市中等收入群众住房问题也从市场中抽出来，纳入政府保障范围。但对城市中等收入群众的住房保障是"保"人人都有居住权，都能租上房，而不是"保"人人都有房产权；而且是在政府保障下，进行市场化操作，租住房有高、中、低档，可自主选择。

4. 紧密跟踪和适时调控。

我们说努力延长经济周期的上升阶段，并不是说在周期的上升阶段要使经济增长率一年比一年高，而是说要使经济在适度增长区间内保持较长时间的平稳增长和轻微波动，而不致很快引起经济增长率的显著下降。我们要充分注意，在一个经济周期的上升阶段，经济增长具有上升惯性。在上升过程中，在部门之间、行业之间、企业之间，在固定资产投资与产品生产之间，在经济扩张与物价上涨之间，具有连锁扩散效应或累积放大效应，这就使经济增长有从一般"较快"、到"偏快"、再到"过热"的风险。这就要求宏观调控部门紧密跟踪经济走势的发展和变化，适时适度地不断进行必要的调控，以尽可能长地延长经济周期的上升阶段和尽可能平稳地对过快上升态势进行调整。

### 参考文献

陈佳贵主编，刘树成、汪同三副主编：经济蓝皮书《2009 年中国经济形势分析与预测》，社会科学文献出版社 2008 年版。

陈佳贵主编，刘树成、汪同三副主编：经济蓝皮书春季号《中国经济前景分析——2009 年春季报告》，社会科学文献出版社 2009 年版。

刘树成：《中国经济的周期波动》，中国经济出版社 1989 年版。

刘树成：《中国经济周期波动的新阶段》，上海远东出版社 1996 年版。

刘树成:《繁荣与稳定——中国经济波动研究》,社会科学文献出版社 2000 年版。

刘树成:《经济周期与宏观调控——繁荣与稳定Ⅱ》,社会科学文献出版社 2005 年版。

刘树成:《中国经济增长与波动 60 年——繁荣与稳定Ⅲ》,社会科学文献出版社 2009 年版。

（原载《经济学动态》2009 年第 10 期）

# 新一轮经济周期分析

　　2009 年是 21 世纪以来我国经济发展最为困难的一年，也是我国有效应对国际金融危机的严重冲击、在全球率先实现经济形势总体回升向好的一年。2010 年是继续应对国际金融危机、保持经济平稳较快发展、加快转变经济发展方式的关键一年，是全面实现"十一五"规划目标、为"十二五"发展打好基础的重要一年。从宏观经济运行的波动轨迹来看，2009 年，在抵御国际金融危机的严重冲击中，我国经济增长越过谷底，结束了新中国成立以来的第 10 轮经济周期的下降阶段；2010 年，有望进入新一轮即第 11 轮经济周期的上升阶段。本文将着重分析三个问题：一是说明从第 10 轮经济周期到新一轮经济周期的转换历程，即说明新一轮经济周期的来临；二是说明刚刚结束的我国第 10 轮经济周期具有什么特点，这是我们进入新一轮周期时的起点；三是说明要继续努力延长新一轮经济周期的上升阶段，保持国民经济的长期平稳较快发展。

## 一　从第 10 轮周期到第 11 轮周期的转换历程

　　我国的第 10 轮经济周期是从 2000 年开始的，至 2009 年，整整历时 10 年，其中，上升期 8 年，回落期 2 年（见图 1）。之前的 1999 年，我国成功地抵御了亚洲金融危机的冲击和克服了当时国内有效需求的不足，经济增长率（国内生产总值增长率）平稳回落到 7.6%，从而结束了第 9 轮经济周期。2000 年进入第 10 轮经济周期，到 2007 年，经济增长率连续 8 年处于 8%—13% 的上升通道内。这 8 年，经济增长率分别为：2000 年 8.4%，2001 年 8.3%，2002 年 9.1%，2003 年 10%，2004 年 10.1%，2005 年 10.4%，2006 年 11.6%，2007 年 13%。特别需要指出的是，按照国际货币基金组织数据库的资料，我国国内生产总值在 2005 年超过法国、2006 年超过英国、2007 年又超过德国，跃居世界第三大经济体。

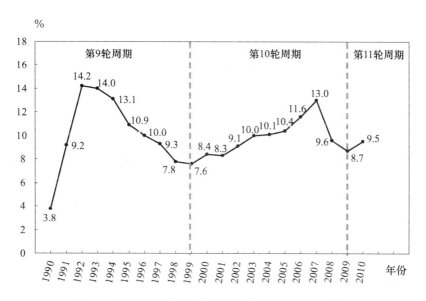

图 1　中国经济增长率的周期波动（1990—2010 年）

2008 年和 2009 年，国内的经济调整与国际的金融危机相叠加，使经济增长过快下滑成为影响我国经济社会发展全局的突出矛盾。在应对国际金融危机的冲击中，我国及时采取了积极的财政政策和适度宽松的货币政策，实施了"一揽子"计划。经过努力，到 2009 年第二季度之后，有效遏制了经济增长明显下滑的态势，越过谷底，在全球率先实现经济形势总体回升向好。从季度看，2008 年四个季度的经济增长率分别为 10.6%、10.1%、9% 和 6.8%；2009 年四个季度分别为 6.2%、7.9%、9.1% 和 10.7%。从全年看，2008 年和 2009 年，经济增长率分别回落到 9.6% 和 8.7%，实属来之不易。

2010 年，我国发展的国内外环境将会好于上年。从国际上看，世界经济有望实现恢复性增长；经济全球化的大趋势并没有改变；世界经济格局的大变革和大调整，新技术革命和产业革命的酝酿和兴起，也孕育着新的发展机遇。从国内看，我国应对国际金融危机的"一揽子"政策措施的效

应继续显现；经济回升向好的基础进一步巩固；我国经济发展仍处于重要
战略机遇期。据我们预测，2010 年，我国经济增长率有可能回升到
9.5%，从而进入新一轮经济周期。国际货币基金组织在 2009 年 4 月、7
月、10 月和 2010 年 1 月对中国 2010 年经济增长率所进行的四次预测中，
不断调高其预测值，从 7.5% 到 8.5%，再到 9%，又到 10%。

2010 年我国的发展环境虽然有可能好于上年，但是面临的形势极为复
杂。各种积极变化和不利条件、短期问题和长期矛盾、新问题和老问题、
国内因素和国际因素等相互交织，相互影响。要全面、正确地判断形势，
增强忧患意识，绝不能把经济回升向好的趋势等同于经济运行的根本好
转，也不能把经济运行在一个周期内的好转等同于经济的长期可持续
发展。

## 二　第 10 轮经济周期的特点

为了更好地把握新一轮经济周期，我们对新中国成立以来的 10 个周
期略做一点简要回顾，并说明刚刚结束的第 10 轮周期具有什么重要的
特点。

2009 年年底，刚刚去世的美国著名经济学家萨缪尔森在说明经济周期
的特点时曾形象地比喻说："没有两个经济周期是完全一样的。但它们有
许多相似之处。虽然不是一模一样的孪生兄弟，但可以看得出它们属于同
一家族。"[1]各个经济周期之所以具有"相似之处"和"属于同一家族"，
是因为它们都呈现出扩张与收缩、波峰与波谷相交替的运动。而之所以又
"不是一模一样的孪生兄弟"，是因为它们的波动有着不尽相同的长度、高
度、深度和幅度等。

1949 年 10 月 1 日新中国成立，开辟了我国历史发展的新纪元。1950
年、1951 年、1952 年，经过三年努力，国民经济迅速恢复。这三年，社
会总产值增长率分别为 22.6%、20.1% 和 23.8%。这是新中国成立初期

---

① 保罗·A. 萨缪尔森、威廉·D. 诺德豪斯：《经济学》，中国发展出版社 1992 年版，第 313
页。

的恢复性增长。从 1953 年起，我国开始了大规模的经济建设，进入工业化历程，由此也开始进入经济的周期波动历程。到 2009 年，经济增长率的波动共经历了 10 轮周期（见图 2，其中，1950—1952 年，为社会总产值增长率；1953—2010 年，为国内生产总值增长率；2010 年为本文预测数 9.5%）。

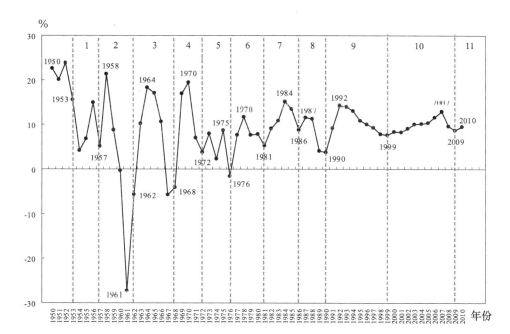

图 2　中国经济增长率的周期波动（1950—2010 年）

1953—1957 年为第 1 轮周期，历时 5 年；1958—1962 年为第 2 轮周期，历时 5 年；1963—1968 年为第 3 轮周期，历时 6 年；1969—1972 年为第 4 轮周期，历时 4 年；1973—1976 年为第 5 轮周期，历时 4 年；1977—1981 年为第 6 轮周期，历时 5 年；1982—1986 年为第 7 轮周期，历时 5 年；1987—1990 年为第 8 轮周期，历时 4 年；1991—1999 年为第 9 轮周期，历时 9 年；2000—2009 年为第 10 轮周期，历时 10 年。

第 10 轮经济周期呈现出以下鲜明的特点（见表 1）：

1. 就整个周期的长度看。在前 8 轮周期中，周期长度平均为 5 年左右，表现为一种短程周期。第 9 轮周期延长到 9 年，而第 10 轮周期又延长到 10 年。第 9、第 10 轮周期扩展为一种中程周期。

2. 就上升阶段的长度看。在前 9 轮周期中，上升阶段一般只有短短的一两年，而在第 10 轮周期中，上升阶段延长到 8 年，即从 2000 年到 2007 年经济增长率连续 8 年处于 8% 至 13% 的上升通道内，走出了一条新中国成立以来在历次经济周期波动中从未有过的最长的上升轨迹。

表 1　　　　　　　　　　　中国历次经济周期比较

| 周期序号 | 起止年份 | 周期长度 | 上升阶段长度 | 下降阶段长度 | 峰位年份和经济增长率 | 谷位年份和经济增长率 | 峰谷落差（百分点） |
|---|---|---|---|---|---|---|---|
| 1 | 1953—1957 | 5 年 | 2 年 | 3 年 | 1956 年 15.0% | 1957 年 5.1% | 9.9 |
| 2 | 1958—1962 | 5 年 | 1 年 | 4 年 | 1958 年 21.3% | 1961 年 -27.3% | 48.6 |
| 3 | 1963—1968 | 6 年 | 2 年 | 4 年 | 1964 年 18.3% | 1967 年 -5.7% | 24.0 |
| 4 | 1969—1972 | 4 年 | 2 年 | 2 年 | 1970 年 19.4% | 1972 年 3.8% | 15.6 |
| 5 | 1973—1976 | 4 年 | 2 年 | 2 年 | 1975 年 8.7% | 1976 年 -1.6% | 10.3 |
| 6 | 1977—1981 | 5 年 | 2 年 | 3 年 | 1978 年 11.7% | 1981 年 5.2% | 6.5 |
| 7 | 1982—1986 | 5 年 | 3 年 | 2 年 | 1984 年 15.2% | 1986 年 8.8% | 6.4 |
| 8 | 1987—1990 | 4 年 | 1 年 | 3 年 | 1987 年 11.6% | 1990 年 3.8% | 7.8 |
| 9 | 1991—1999 | 9 年 | 2 年 | 7 年 | 1992 年 14.2% | 1999 年 7.6% | 6.6 |
| 10 | 2000—2009 | 10 年 | 8 年 | 2 年 | 2007 年 13.0% | 2009 年 8.7% | 4.3 |

3. 就经济增长率的峰位看。在 20 世纪 50 年代、60 年代的几轮周期中，经济增长率的高峰十分陡峭，高达 20% 左右，如 1958 年 21.3%，1964 年 18.3%，1970 年 19.4%。改革开放以来，在 80 年代、90 年代的周期中，经济增长率的峰位有所控制，下降到 14%—15%，如 1984 年 15.2%，1992 年 14.2%。第 10 轮周期中，经济增长率的高峰在 2007 年，为 13%，峰位已进一步有所控制和理性下降。

4. 就经济增长率的谷位看。在改革开放之前的周期中，经济增长率的低谷经常为负增长。如 1961 年 – 27.3%，1967 年 – 5.7%，1976 年 –1.6%。改革开放之后，没有再出现负增长，每次低谷均为正增长，只是增速减缓。20 世纪 90 年代以来，经济增长率的低谷有所上升，如 1990 年 3.8%，1999 年在抵御亚洲金融危机中回落到 7.6%。这次，在第 10 轮周期中，在应对百年不遇的国际金融危机中，2009 年经济增长率仅回落到 8.7%，实属来之不易。

5. 就经济增长率波动的幅度看。在 20 世纪 50 年代、60 年代的周期中，经济增长率的峰谷落差很大，如在第 2 轮周期中，1958 年的峰值 21.3% 与 1961 年的谷值 – 27.3% 之间的落差达 48.6 个百分点。改革开放之后，波幅明显缩小，经济增长率的峰谷落差缩小到 6 至 7 个百分点左右。而在第 10 轮周期中，峰谷落差仅为 4.3 个百分点。

## 三　继续延长新一轮经济周期的上升阶段

第 10 轮经济周期的上升阶段延长到 8 年，走出了一条新轨迹。现在，我国经济正在进入新一轮经济周期的上升阶段，我们要继续努力延长新一轮经济周期的上升阶段。为此，一方面，我们要继续承接国际金融危机给我国经济发展带来的倒逼压力，刻不容缓地加快经济发展方式的转变和经济结构的调整；另一方面，又要根据我国以往经济周期波动的历史经验和教训，加强和改善宏观调控，继续保持经济的平稳较快发展，避免经济的大起大落。

保持经济平稳较快发展，对于我国经济、社会大局的稳定，以及推动各项事业的顺利发展，都具有极其重要的意义。保持经济的平稳较快发展，也为经济发展方式转变和经济结构调整提供良好的宏观经济环境。如果经济过热，就会助长原有的粗放型经济发展方式和进一步恶化经济结构；而如果经济过冷，就要采取扩张性的宏观调控政策来全力保增长、防下滑，这也不利于经济发展方式的转变和经济结构的调整。

为了保持经济的平稳较快发展，在宏观调控中需要把握好两个要点：一是把握好经济增长速度，二是把解决短、中、长期问题相结合。

### （一）把握好经济增长速度

2010 年国内生产总值增长的预期目标仍为 8% 左右。这是自 2005 年以来连续第六年提出 8% 的目标了。20 世纪 90 年代初以来，在历年政府工作报告中所设定的经济增长目标有这样几种情况：1993—1995 年，主要设定区间为 8%—9%；1996—1998 年，设定为 8% 左右；1999—2004 年，主要设定为 7% 左右（其中有两年未提经济增长目标）；2005 年之后，均设定在 8% 左右。虽然近六年来每年都提出 8% 的经济增长预期目标，但其含义是有所不同的。在前四年提出 8%，主要含义是在经济加速增长中"防过热"、"防大起"；去年提出 8%，主要含义是在抵御国际金融危机的冲击中"保增长"、"防大落"；而今年提出 8%，主要含义是"调结构"、"转方式"，即主要是强调好字当头，切实引导各方面把工作重点放到调整经济结构、转变发展方式上来。

8% 的经济增长预期目标，是我国目前经济发展阶段上的一个基本底线。一来，它是作为政府提出其他各项宏观调控目标，如就业目标、物价目标、财政预算目标等的基本参考线。二来，我国作为一个拥有 13 亿人口的发展中国家，在目前发展阶段，必须保持一定的经济增长速度。一定的经济增长速度，是保障城乡就业、提高居民收入、改善人民生活、增加国家财政收入、发展各项社会事业和维护社会稳定大局的基础。若低于 8%，将会给企业经营、群众生活、社会发展等带来一系列困难。三来，8% 是一个预期性的目标，是经过各方面努力可实现的、且留有一定余地的目标。在实际经济运行中，有可能会超过这一目标。但这个"超过"是有一定上限制约的。如果经济增速过高，将会产生"四高"的压力，即高能耗、高物耗、高污染、高通胀的压力，造成经济的"大起大落"。这就需要我们在实际经济运行中把握好适度经济增长区间，既不要太低（如低于8%），也不要太高。那么，这个"卞限"如何把握呢？

最近，我们课题组利用HP趋势滤波法，根据我国1978—2009年国内生产总值增长指数，得到滤波后的趋势增长率，如图3所示。[①] 滤波后的趋势增长率比实际增长率平滑，大体处于8%—12%内。滤波后的国内生产总值趋势增长的年均递增速度为9.87%，这与1979—2009年31年间国内生产总值实际增长的年均递增速度9.78%很接近，仅差0.09个百分点。我们可将8%—12%这一区间视为我国改革开放以来已有的适度经济增长区间，即下限为8%，上限为12%，潜在经济增长率的中线为9.8%。而现在，当我们进入新一轮经济周期后，要考虑三大因素的变化：一是国际经济环境发生了很大变化。国际金融危机后，外需在一定时期内仍将处于萎缩和低迷状态。经济全球化的大趋势虽然不会改变，但全球的资源和市场的争夺将更加激烈，贸易保护主义也明显加剧。二是资源、能源、环境等约束不断强化。三是要更加注重提高经济增长的质量和效益，更加注重经济发展方式转变和经济结构调整。因此，在新一轮经济周期，适度经济增长区间的上限可下调两个百分点，即适度经济增长区间可把握在8%—10%，潜在经济增长率的中线可把握为9%。这对宏观调控的政策含义是：当实际经济增长率高出10%时，就要实行适度的紧缩性宏观调控政策；当实际经济增长率低于8%时，就要实行适度的扩张性宏观调控政策；当实际经济增长率处于8%—10%区间时，可实行中性的宏观调控政策。

在新一轮经济周期，适度经济增长区间把握在8%—10%，也有一系列的支撑因素。[②]这主要是：（1）改革和体制因素。社会主义市场经济体制在改革中的不断完善，以公有制为主体的多种所有制经济的共同发展和相互促进，为经济的适度增长提供了重要的制度基础。（2）资源供给因素。改革开放30年来的经济发展，为经济的适度增长提供了必要的物质

① 中国社科院经济所宏观调控课题组：《宏观调控目标的"十一五"分析与"十二五"展望》，《经济研究》2010年第2期。

② 同上。

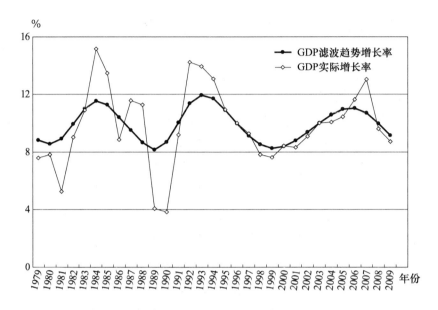

**图 3    国内生产总值实际增长率和滤波趋势增长率（1979—2009 年）**

条件。（3）工业化和城市化因素。我国工业化和城市化的加快发展，为经济的适度增长提供了强大的内需动力。（4）消费升级因素。收入水平提高和消费结构升级，为经济的适度增长提供了新的消费需求动力。（5）新兴产业和科技因素。新兴产业和科学技术的发展为经济的适度增长提供了新的增长源泉。（6）地区因素。东、中、西部各地区在应对国际金融危机中的调整和发展，为经济的适度增长提供了广阔的地理空间。

**（二）把解决短、中、长期问题相结合**

2010 年要继续实施积极的财政政策和适度宽松的货币政策，保持政策的连续性和稳定性，根据新形势、新情况不断提高政策的针对性和灵活性。处理好保持经济平稳较快发展、调整经济结构和管理好通胀预期的关系。这就是在宏观调控中要把解决短、中、长期问题相结合。

所谓解决短期问题，就是要继续应对国际金融危机的影响，保持一定的政策力度，巩固经济企稳向好的势头，以保持好当前的经济平稳较快发展。

　　所谓解决中期问题，就是要管理好通胀预期。仅从短期看，我国居民消费价格总水平不会上涨得太高。但需要注意的是，价格的上涨是货币信贷超常增长和经济过快增长的滞后结果。特别是在经济周期的上升阶段，经济增长具有加速上升的惯性。在部门之间、行业之间、企业之间，在固定资产投资与产品生产之间，在经济扩张与物价上涨之间，均具有连锁扩散效应或累积放大效应。由此，容易使经济增长面临从"回升"到"偏快"、再到"过热"的风险，而使物价面临从"紧缩"到"温和上涨"、再到通货膨胀的风险。因此，通货膨胀是一个动态的、中期的过程，要防止通货膨胀就要提前管理好容易引发通胀预期的各种因素，特别是提前管理好货币信贷发行和提前把握好经济增长速度。而若等到严重通货膨胀来临之后再去治理，付出的代价就要很大了。这就需要中央政府和宏观调控部门紧密跟踪经济形势的动态变化，适时适度地进行必要的调控。

　　所谓解决长期问题，就是要对长期存在的一些结构性矛盾（如内需和外需、投资和消费之间的不均衡，产业间的不协调，城乡及区域间发展的不平衡，经济发展与社会事业发展的不均衡等）继续努力调整，对长期存在的粗放型经济发展方式继续加快转变，对影响经济健康发展的体制性、机制性障碍继续进行改革，均要取得实质性进展，以不断夯实经济长期平稳较快发展的基础。

### 参考文献

陈佳贵、李扬主编，刘树成、汪同三副主编：经济蓝皮书《2010 年中国经济形势分析与预测》，社会科学文献出版社 2009 年版。

　　刘树成：《繁荣与稳定——中国经济波动研究》，社会科学文献出版社 2000 年版。

　　刘树成：《经济周期与宏观调控——繁荣与稳定Ⅱ》，社会科学文献出版社 2005 年版。

　　刘树成：《中国经济增长与波动 60 年——繁荣与稳定Ⅲ》，社会科学文献出版社 2009 年版。

　　刘树成：《新中国经济增长 60 年曲线的回顾与展望》，载经济蓝皮书《2010 年中国经济形势分析与预测》，社会科学文献出版社 2009 年版。

　　中国社科院经济所宏观调控课题组：《宏观调控目标的"十一五"分析与"十二五"展望》，《经济研究》2010 年第 2 期。

国家统计局：历年《中国统计年鉴》，中国统计出版社。

IMF：World Economic Outlook Database.

保罗·A. 萨缪尔森，威廉·D. 诺德豪斯：《经济学》，中国发展出版社 1992 年版。

（原载经济蓝皮书春季号《中国经济前景分析——2010 年春季报告》，
社会科学文献出版社 2010 年版）

# 2010 年我国经济发展的国内外环境分析

如果说 2008 年是我国发展进程中很不寻常、很不平凡的一年，2009 年是 21 世纪以来我国经济发展最为困难的一年，那么 2010 年则是国内外经济环境极为复杂的一年。温家宝总理在十一届全国人大三次会议上所作的《政府工作报告》中指出："今年发展环境虽然有可能好于去年，但是面临的形势极为复杂。"复杂在于：各种积极变化和不利条件、短期问题和长期矛盾、新问题和老问题、国内因素和国际因素等相互交织，相互影响。本文拟对今年我国经济发展面临的国内外环境进行一些具体分析。

## 一 国际经济环境分析

总的来看，今年我国经济发展的国际环境具有"两面"或"双向"特点，即向好趋向和不利趋向相互交叠，表明外部环境的不稳定、不确定因素依然很多。

1. 世界经济有望恢复性增长，但复苏的基础仍然脆弱。

在百年不遇的严重的国际金融危机冲击下，2009 年，世界经济出现了第二次世界大战以来首次负增长，即出现了全球性的经济衰退。按照国际货币基金组织 2010 年 1 月公布的最新统计，2009 年，世界产出的增长为 $-0.8\%$（见表 1 和图 1）。各国在应对危机中，采取了一系列金融救援政策或经济刺激政策。这些应急政策的规模和力度都是空前的。这些政策的效应正在显现，到现在，可以说已经避免了像 1929—1933 年那样的世界经济大萧条的再现。具体来看，世界经济在经历了 2008 年下半年至 2009 年上半年的大幅下滑后，从 2009 年下半年起开始出现复苏的迹象。如果国际经济、金融领域不发生重大的意外事件，2010 年世界经济增长有

望转负为正，实现恢复性增长。按照国际货币基金组织 2010 年 1 月公布
的最新预测，2010 年世界产出预计增长 3.9% （见表 1）。其中，发达经
济体的经济增长将由去年的 -3.2%，回升到 2.1%。美国经济增长率去年
为 -2.5%，是 1947 年以来 62 年中的最大降幅，今年预计回升到 2.7%。
欧元区将由去年的 -3.9%，回升到 1%。日本将由去年的 -5.3%，回升
到 1.7%。而新兴和发展中经济体的回升情况有可能会好于发达国家，其
经济增长将由去年的 2.1%，回升到 6%。中国将由去年的 8.7%，回升到
10%。印度将由去年的 5.6%，回升到 7.7%。巴西将由去年的 -0.4%，
回升到 4.7%。俄罗斯将由去年的 -9%，回升到 3.6%。

表 1　　　　　　　　　**世界和主要经济体的经济增长率**

|  | 2009 年统计（%） | 2010 年预测（%） |
|---|---|---|
| 世界产出 | -0.8 | 3.9 |
| 发达经济体 | -3.2 | 2.1 |
| 美国 | -2.5 | 2.7 |
| 欧元区 | -3.9 | 1.0 |
| 日本 | -5.3 | 1.7 |
| 新兴和发展中经济体 | 2.1 | 6.0 |
| 中国 | 8.7 | 10.0 |
| 印度 | 5.6 | 7.7 |
| 巴西 | -0.4 | 4.7 |
| 俄罗斯 | -9.0 | 3.6 |

资料来源：IMF：World Economic Outlook Database.

在世界经济有望实现恢复性增长的同时，其复苏的基础仍然脆弱。因
为世界经济的复苏主要是依托各国政府超常的强力政策的刺激。特别是在
发达国家，实体经济的回升尚面临较多困难，而经济复苏也尚未带来就业
的增长。目前，美国失业率仍处于 10% 左右的高位，达到 26 年来的最高
水平。2009 年第四季度，美国就业岗位净减少 20.8 万个。在衰退比较严
重的西班牙，失业率已高达 18%。由于发达国家的复苏还没有恢复到潜在

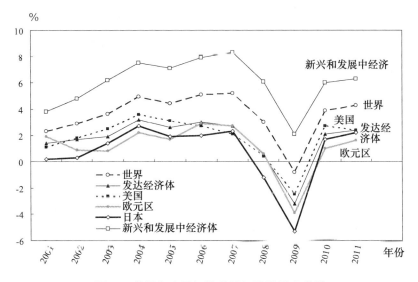

图 1　世界和主要经济体的经济增长率曲线

经济增长水平，中短期内失业率仍将居高不下。在国际金融危机中，以美国为代表的发达国家原有的过度负债消费模式受到巨大冲击，面临深度调整，加之失业率居高不下，致使私人消费依然疲软，又使企业投资意愿低迷。国际市场需求不振可能会在一个较长时期内存在。世界经济的复苏将会是一个曲折、缓慢的过程。

2. 国际金融市场渐趋稳定，但风险没有完全消除。

2008 年春、夏，美国次贷危机愈演愈烈，迅猛演变为金融海啸。当时，美国许多著名的大型金融机构纷纷陷于严重亏损的困境，或宣布破产，或被收购、接管。如 2008 年 1 月，美国第一大商业银行花旗集团和第二大商业银行摩根大通银行，均宣布因次贷而出现巨额亏损。2008 年 3 月，美国第五大投资银行贝尔斯登公司，被摩根大通银行收购。2008 年 9 月，先是美国最大的两家住房抵押贷款融资机构（"房利美"和"房地美"），因资金短缺而濒于破产，被美国政府接管；紧接着，美国第三大投资银行美林证券公司被美国银行收购；美国第四大投资银行雷曼兄弟公司宣布破产保护；美国第一大投资银行高盛公司和第二大投资银行摩根士丹利公司，双双宣布业务转型，转为商业银行，接受政府监管。一时间，国际金融市场激烈震荡。一年多来，国际金融市场渐趋稳定，全球股市自2009 年 3 月以来在震荡中反弹，信贷市场的各项风险指标相继回落或接近危机前的水平。但金融风险并未完全消除，国际金融危机余波未了。

美国等发达国家金融机构的资产损失严重，去杠杆化和清理坏账的过程尚未结束，新的资产泡沫和金融风险还在积聚，不排除再度出现局部性金融震荡的可能。美国联邦储蓄保险公司的一份最新报告表明，2009 年，美国的"问题银行"数量由年初的 252 家增至年底的 702 家。"问题银行"的数量及其资产总额均创 1993 年以来 17 年中的最高峰。2009 年，美国共有 140 家银行倒闭或被接管；今年以来至 2 月中旬，就又有 20 家银行倒闭或被接管。预计今年美国银行业破产数量可能会超过去年。2009 年，美国银行业的放贷骤降 7.5％，为 1942 年以来 67 年中的最大降幅。

特别是一些国家的政府债务危机或主权信用危机事件接连发生。如近期发生的迪拜债务危机，特别是欧元区债务危机。2009 年 4 月爱尔兰财政债务危机曝光，到年底希腊债务危机走上前台，接着葡萄牙、西班牙、意大利、比利时等主权信用评级下调，也频频登上"问题国家"名单。据英国《每日电讯报》报道，国际媒体将问题较为严重的葡萄牙（Portugal）、爱尔兰（Ireland）、希腊（Greece）、西班牙（Spain）戏称为欧元区的"猪四国"（PIGS，即四国首字母的缩写）。欧盟成员国中有 2/3 以上国家出现财政赤字和公共债务超标而偿债能力严重不足的问题。国际信用评级机构穆迪公司警告说，主权信用危机将成为 2010 年全球经济发展的最大包袱，并在金融市场上频频制造余震。

3. 各国经济刺激政策取得一定成效，但退出抉择艰难。

在应对百年不遇的国际金融危机中，各国纷纷出台的超常规的扩张性财政政策和货币政策，对于世界经济复苏、稳定金融市场，起到了一定的重要作用。但这些巨额经济刺激政策的退出却遇到了"三维"难题。其一，如果过早退出，收紧财政政策和货币政策，有可能导致复苏的夭折，引发新一轮经济衰退。最近，在国际金融危机中债台高筑的希腊政府，刚刚出台了削减社会保障、裁员减薪、增加税收等一系列财政紧缩措施之后，就爆发了数千抗议者的示威游行。公众担心，政府的财政紧缩措施可能导致失业率大增和工薪待遇降低。在西班牙、葡萄牙等，工会为反对政府的紧缩政策而不断组织和呼吁进行罢工与抗议活动。其二，如果过晚退出，有可能诱发政府债务危机、通货膨胀、资产泡沫等风险。各国过度宽松的货币政策已使市场流动性大量增加，有可能导致石油、原材料等国际市场大宗商品价格的震荡走高和剧烈波动。其三，如果各国在退出的时机和力度上不一致，又有可能导致大规模的国际套利，加剧国际投机资本的游动，引发国际资本市场、主要货币汇率的剧烈波动。

这使各国宏观经济政策的协调难度加大。2009 年年末，澳大利亚、印度、越南等国已将通货膨胀视为经济发展的头号敌人。部分国家已开始退出过度宽松的货币政策。如 2009 年 8 月，以色列央行在全球第一个宣布加息。2009 年 10—12 月，澳大利亚连续 3 次加息，使其成为 20 国集团中最早开始退出经济刺激政策的国家。2009 年 10 月，印度央行提高了银行法定流动资金比率，开始收紧货币供应。2010 年 2 月，美联储向社会公布了其宽松货币政策的退出计划，发出政策收紧信号，但并没有给出具体的时间表；随后，提高了商业银行贴现率。由此，引起金融市场的担心和动荡。

4. 经济全球化深入发展的大趋势没有改变，但贸易保护主义明显抬头。

国际上有舆论认为，此次国际金融危机对世界经济、金融等造成严重冲击和带来极大混乱，世界经济增长格局也将会有所变化，因此经济全球化有可能发生逆转，或面临停滞，甚或崩溃终结。我们认为，经济全球化，即生产、贸易、投资、金融等经济活动在全球范围内的拓展，是当代科学技术发展、生产力发展和国际分工发展到较高水平的必然结果，其深入发展的大趋势不会改变。此次国际金融危机不会从根本上改变世界经济中长期发展趋势。然而，国际金融危机及其所引发的全球经济衰退，也在一定程度上导致了贸易保护主义的抬头和急剧升温。欧美等发达国家为了解决国内就业问题，迫于国内政治和经济等压力，以解决"全球经济失衡"为借口，对包括我国在内的发展中国家采取了许多贸易保护主义措施，给世界经济的持续复苏造成巨大威胁。这些贸易保护主义的形式更加多样化，包括反倾销反补贴措施、一般保障和特殊保障措施、提高进口关税、设立技术性贸易壁垒等。在后国际金融危机时期，各国政府都有责任继续推动经济全球化朝着均衡、普惠、共赢方向发展。

5. 世界经济格局大变革大调整孕育着新的发展机遇，但产业竞争、气候变化等全球性问题仍错综复杂。

世界经济发展史表明，每一次大的经济危机往往孕育和催生出一场新的科技革命。正是科技上的重大突破和创新，推动着世界经济结构的重大调整，推动着新一轮的世界经济繁荣。后国际金融危机时期，世界经济格局大变革大调整的一个重要内容就是新的科技革命与产业革命的酝酿和兴起。如以绿色和低碳技术为标志的新能源革命，电动汽车、新材料、信息网络、生命科学和生物技术的研发与市场开拓，空间、海洋和地球的深部开发利用等。这将使人类社会进入空前的创新密集和产业振兴时代，孕育着新的重大发展机遇。但各国在抢占经济科技制高点的过程中，围绕战略型新兴产业而展开的科技竞争、人才竞争也将会日趋激烈。谁能在科技创新方面占据优势，谁就能够掌握未来发展的主动权。与此同时，气候变化、粮食安全、能源资源安全等一些全球性问题错综复杂，也会形成新的挑战。如在应对气候变化方面，国际斗争曲折复杂，发展中国家和发达国家的交锋十分激烈。一些发达国家企图否定"共同但有区别的责任"原则，要求发展中国家特别是我国承担超出自身能力和发展水平的量化减排指标，以为发展中国家的经济正常发展制造障碍。

## 二　国内经济环境分析

总的来看，今年我国经济发展的国内环境也具有"两面"或"双向"特点，即有利条件和突出矛盾同时并存，表明前进的道路并不平坦，绝不能把经济回升向好的趋势等同于经济运行的根本好转。

1. 当前经济回升向好的基础进一步巩固，但经济增长的内生动力不足，就业形势依然严峻。

在国际金融危机冲击下，我国经济从 2008 年下半年起受到严重影响，实体经济增长明显下滑。以国内生产总值季度增长率来看，2008 年第一季度和第二季度时，还处在略高于 10% 的位势，而到第三季度和第四季度就分别下降到 9% 和 6.8%，到 2009 年第一季度更下降到 6.2% 的谷底；但从 2009 年第二季度起扭转了下滑趋势，开始逐季回升，第二、第三、第四季度分别增长 7.9%、9.1% 和 10.7%（见图 2）。以全国规模以上工业增加值月同比增长率来看，从 2008 年 6 月的 16%，猛降到 2008 年 11 月的 5.4% 和 12 月的 5.6%，短短半年内就下降了十多个百分点；到 2009 年 1—2 月合计，又下降至 3.8% 的谷底；但从 2009 年 3 月起扭转了下滑趋势，开始回升，到 11 月和 12 月分别回升至 19.2% 和 18.5%（见图 3）。无论是从国内生产总值季度增长率来看，还是从全国规模以上工业增加值月同比增长率来看，都走出了一个标准的 V 字形反转，在全球率先实现经济形势总体回升向好。

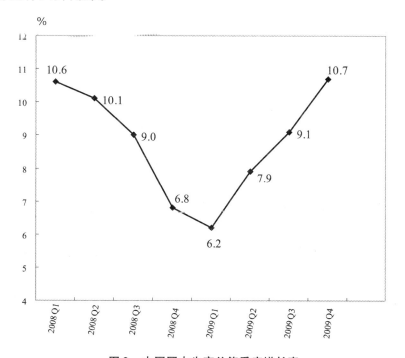

**图 2  中国国内生产总值季度增长率**

当前，我国国内生产总值已连续三个季度回升，工业生产已连续 10 个月回升，经济回升向好的基础进一步巩固，但经济增长的内生动力仍然不足。因为经济的回升主要是依靠政府实施了应对国际金融危机的"一揽子"计划等政策发挥作用的结果，而社会投资意愿尚未明显跟进，居民消

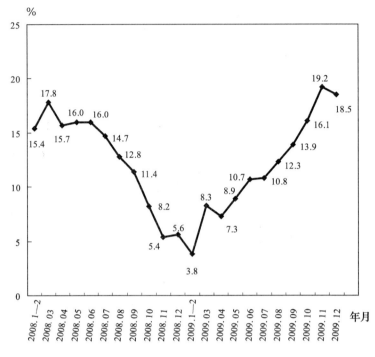

图3　中国工业生产月度增长率

费后劲亦感不足，进一步扩大内需难度加大，而外需的萎缩和低迷状态又难以在短期内改变。

　　与此同时，就业形势依然严峻，就业压力总体上持续增加和结构性用工短缺的矛盾并存，即总体上的"求职难"与结构性的"用工荒"并存。一方面，从劳动力供求总量看，一定时期内仍处于供大于求的局面，城镇新成长劳动力和高校毕业生的规模很大，农村剩余劳动力转移的任务也还很大；另一方面，在就业上又存在着一定的结构性供不应求的用工短缺情况。今年新春伊始，珠三角、长三角等沿海地区就出现了"用工荒"问题。据人力资源和社会保障部近期调查，东部沿海地区有70%被调查的企业存在"用工荒"。这一是因为经济回升向好，企业特别是沿海外贸企业的订单增多，因此用工需求旺盛，更需要具有一定经验和技能的熟练工、技术工；二是农民工特别是新生代农民工自身对工作选择、生活待遇、未来前途等有了新要求。这就使得用工需求方与劳动供给方二者出现不匹配。

2. 扩大内需和改善民生的政策效应继续显现，但财政金融领域潜在风险增加。

在应对国际金融危机的过程中，我国及时、果断地实施了积极的财政政策和适度宽松的货币政策，全面实施并不断完善"一揽子"计划，有效扩大了内需，并与扩大居民消费、改善民生相结合，很快扭转了经济增速明显下滑趋势，这些政策的效应将会继续显现。但与此同时，也积累了一定的财政金融风险。2009 年，货币信贷超常增长，人民币新增贷款高达9.6 万亿元，是上年的两倍，接近国内生产总值的 30%。这对房地产等资产价格上涨和滞后的消费物价上涨产生了很大压力。以银行为主渠道的地方政府融资平台迅速发展，潜伏的财政信用风险不容忽视。

3. 企业适应市场变化的能力和竞争力不断提高，市场信心增强，但自主创新能力不强，部分行业产能过剩矛盾突出，结构调整难度加大。

我国企业在应对突如其来的国际金融危机中，顽强拼搏，化危为机，通过提高管理水平、加快创新步伐、调整发展战略、推进兼并重组等对策，使企业适应国内外市场变化的能力和竞争力有了新的提高。一些具有自主品牌、自主知识产权和高新技术的企业，显示出较强的抗御风险能力和市场竞争力。据世界知识产权组织公布的数据，2009 年我国共申请国际专利 7946 项，比上年增长 29.7%，专利申请总数排名世界第五。在 2009年世界 500 强排名中，中国大陆入选的企业数量已达 34 家，首次超过英国。随着经济回升，市场信心逐步增强。企业家信心指数在 2008 年第四季度"高台跳水"，猛降到 94.6 点，创近年来新低，之后从 2009 年第一季度起逐季回升，到 2009 年第四季度提升到 127.7 点。可以反映市场信心的另一指标——新订单指数，2008 年 11 月曾下降至 32.3% 的最低点，远低于临界值 50%，表明市场需求的低迷和信心不足。2009 年 2 月之后至今年 2 月，各月的新订单指数均回升到 50% 以上，其中 2009 年 12 月还达到 61% 的高点。

但是，总体上说，我国自主创新能力还不强。目前，我国已有近 200种产品的产量位居世界第一，但具有国际竞争力的品牌却很少。在出口产品中，拥有自主知识产权的品牌尚不到 10%。由于我国出口产品大量是贴牌产品，处于国际产业分工价值链的低端，附加值很低，导致利润大量流失。据统计，在我国出口的通信、半导体、生物医药和计算机等高新技术产品中，外国公司获得授权的专利数占到90%以上。2009年我国共申请国际专利7946项，比上年增长29.7%，专利申请总数排名世界第五。但其中，"发明专利"所占比例偏低，而"外观设计"和"实用新型"的专利申请居多，表明我国企业自主研发投入的力度远远不够。据中国企业评价协会2009年发布的中国企业自主创新评价报告，目前我国企业的自主研发经费占销售收入的比例平均仅为3.8%。而发达国家的经验表明，这一比例只有在5%以上的企业，才有竞争力；而在2%的企业，只能勉强生存；若在1%，则企业很难生存。以家电企业来说，我国家电行业的研发投入占销售额的比例仅为1%，致使我国家电企业基本不具有基础技术和核心技术，在液晶面板、半导体、芯片等核心技术领域一直受制于人。由于我国缺乏自主品牌，主要靠大量消耗资源来进行生产，因此单位资源的产出水平仅相当于美国的1/10、日本的1/20。在新兴产业发展方面，我国总体上也缺乏核心技术和领军人才。目前，我国还仅是"制造大国"、"贸易大国"，而远非"制造强国"、"贸易强国"。由"中国制造"走向"中国创造"还需付出很大努力。

与此同时，我国部分行业产能过剩问题严重，而淘汰落后产能和兼并重组又面临就业压力大、体制机制不健全等制约。据中国企业家调查系统2009年10月的调查显示，有63.4%的企业认为，其所在行业产能过剩，其中有18.6%的企业认为是"严重过剩"，有44.8%的企业表示是"有些过剩"。另外，有37.1%的企业反映，其整个行业的产能过剩是当前企业发展碰到的最主要困难。据悉，截至2009年第三季度，我国24个工业行业中，已有21个行业出现产能过剩，其中钢铁、水泥、平板玻璃、煤化工、多晶硅、风电设备等6个行业是重点。不仅一些传统产业仍在盲目扩张，而且一些新兴产业也出现重复建设倾向。

4. 粮食连续丰收和农民收入提高，但农业稳定发展和农民持续增收的基础不稳固。

在我国，"三农"工作作为重中之重，不断得到加强。2009年，面对国际金融危机的严重冲击，面对严重自然灾害的挑战，面对国内外农产品市场价格的剧烈波动，经过艰苦努力，我国整个农业农村形势好于年初预期。2009 年，粮食总产量达到 53082 万吨，再创历史新高，实现连续 6 年增产（见图 4）。这对保持农产品市场供给、稳定整个物价水平起到了不可忽视的重要作用。2009 年，农村居民家庭人均纯收入首次突破 5000 元，达到 5153 元，实际增长 8.5%，也是实现了连续 6 年的较高速度增长。在 1997—2003 年 7 年间，农村居民家庭人均纯收入的实际增长仅为 2%—4% 左右；而在 2004—2009 年近 6 年中，上升到 6%—9% 左右。农村的水、电、路、气、住房、教育、卫生、社会保障等生产生活条件也都有了新的改善和发展。但是，农业稳定发展和农民持续增收的基础并不稳固。一来，农田水利等基础设施薄弱，农业抗灾能力不强，农业生产受气候变化的影响还很大；二来，农业科技推广等社会化服务的基层体系尚不健全，其对农业生产的支撑不足；三来，粮食生产基数不断提高，农业种养的比较效益又偏低，农产品价格下行压力亦较大，粮食持续增收和农民持续增收的难度都在加大；四来，农村各项公共事业的发展还很滞后，工业化和城镇化的快速推进也使统筹城乡经济社会发展出现一些值得关注的新情况和新问题，如保护耕地问题、保障农民权益问题、新生代农民工问题等。

5. 我国仍处于重要战略机遇期，但医疗、教育、住房、收入分配、社会管理等方面的突出问题亟待解决。

后国际金融危机时期，我国仍处于重要战略机遇期。此次国际金融危机并没有根本改变世界经济的中长期发展趋势，也没有改变我国经济社会发展的基本面和长期向好趋势。从国内的各种因素看，一者，工业化和城镇化的快速推进，将为今后经济发展提供强大的内需动力；二者，我国人均国民总收入水平的不断提高和相应的消费结构升级，将为今后经济发展提供新的消费需求动力；三者，科学技术发展和战略性新兴产业的兴起，将为今后经济发展提供新的增长源泉；四者，东、中、西部各地区在应对国际金融危机中的调整和新崛起，将为今后经济发展提供广阔的地理空间；五者，社会主义市场经济体制在改革中的不断完善，以公有制为主体的多种所有制经济的共同繁荣和相互促进，将为今后经济发展提供重要的制度基础；六者，改革开放 30 年来我国经济的快速增长，将为今后经济

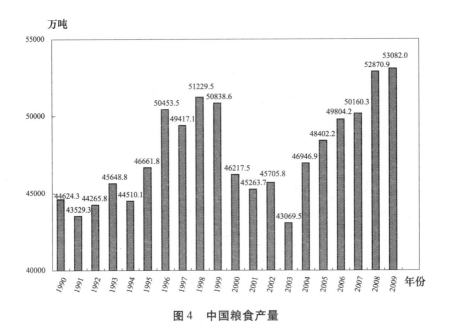

**图4　中国粮食产量**

发展提供必要的物质条件；七者，我们党和政府在领导社会主义现代化建设过程中，以及在应对亚洲金融危机、特别是应对此次国际金融危机过程中所积累起来的丰富经验，将为今后经济发展提供宝贵的政策支持。

但是，在今后一定时期内，也是我国社会矛盾凸显期。以改善民生为重点的社会建设任务还很艰巨，医疗、教育、住房、收入分配、社会管理等方面的突出问题不少，亟待解决。据新华网、人民网今年"两会"前夕分别所做的民意调查显示，医疗卫生、教育公平、调控房价这"三难三贵"问题（看病难、看病贵，上学难、上学贵，买房难、买房贵）仍被选入前十大热点问题，其中，特别是房价过快上涨问题从来没有像今年这样备受关注。同时，收入分配差距过大也被选为前十大热点问题，而且在新华网调查结果中还被列为榜首。调查认为，我国目前绝大多数居民并不是没有消费意愿，而是收入分配差距过大，一些居民收入水平较低，消费能力不足。另外，户籍改革、养老保险、反贪反腐、司法公正、民主监督、网络问政等社会管理方面的问题也受到广大网民的高度关注而被选为前十大热点问题。

综合上述，今年我国经济发展的国内外环境虽然有可能好于去年，但是面临的形势极为复杂。我们必须全面、正确地判断形势，增强忧患意识，充分利用各种有利条件，做好应对各种风险的准备，努力实现经济社会又好又快发展。

### 参考文献

陈佳贵、李扬主编，刘树成、汪同三副主编：经济蓝皮书《2010 年中国经济形势分析与预测》，社会科学文献出版社 2009 年版。

刘树成：《繁荣与稳定——中国经济波动研究》，社会科学文献出版社 2000 年版。

刘树成：《经济周期与宏观调控——繁荣与稳定 II》，社会科学文献出版社 2005 年版。

刘树成：《中国经济增长与波动 60 年　　繁荣与稳定 III》，社会科学文献出版社 2009 年版。

刘树成：《新中国经济增长 60 年曲线的回顾与展望——兼论新一轮经济周期》，《经济学动态》2009 年第 10 期。

中国社科院经济所宏观调控课题组：《宏观调控目标的"十一五"分析与"十二五"展望》，《经济研究》2010 年第 2 期。

IMF：World Economic Outlook Database.

（原载《经济学动态》2010 年第 3 期）

# 2010年中国经济走势特点与"十二五"时期经济增速分析

## 一　2010年中国经济走势的五大主要特点

特点一，在继续应对国际金融危机中，中国经济开始进入新一轮经济周期的上升阶段。

中国的上一轮经济周期，即新中国成立以来的第10轮经济周期，是从2000年至2009年，走出了一个"8+2"的良好轨迹，即8年的上升期，2年的回落期，共历时10年（见图1）。从上升期看，2000年至2007年，国内生产总值（GDP）增长率连续8年处于8%至14%的上升通道内，这是新中国成立以来历次经济周期波动中都从来没有过的最长的上升轨迹。在过去的前9轮经济周期中，上升期往往只有短短的一两年。从回落期看，2008年，在国内经济调整和国际金融危机冲击的叠加作用下，GDP增长率从2007年的14.2%，下降到9.6%，一年间回落了4.6个百分点，回落的势头较猛。2009年，GDP增长率下降到9.1%，仅比上年回落0.5个百分点。2010年，GDP增长率有可能回升到10%左右（9.8%—10.2%），高于2009年，从而进入新一轮即第11轮经济周期的上升阶段。

从季度GDP增长率看，2008年第一季度至第四季度，呈现出显著的下降趋势，分别为10.6%、10.1%、9.0%和6.8%，一直到2009年第一季度，下滑至6.5%（见图2）。2009年，在应对国际金融危机的严重冲击中，从第二季度起，GDP增长率越过谷底，走出了一个典型的V字形回升，在全球率先实现经济形势的总体回升向好。2009年第一季度至第四季

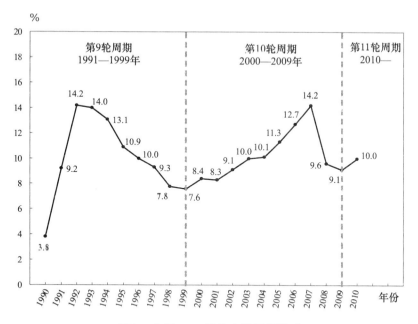

图 1　中国 GDP 增长率的周期波动

度，GDP 增长率呈上升趋势，分别为 6.5%、8.1%、9.1% 和 10.7%。2010 年第一季度，GDP 增长率继续上升至 11.9%，第二季度略有回落，为 10.3%，上半年为 11.1%。

特点二，工业生产等经济指标的增速适度放缓，高位回调回稳。

工业生产、固定资产投资、货币供应量等经济指标的增速有所减缓，在高位回调并回稳，呈现前高后低态势，由应对国际金融危机中的"回升向好"向正常的"平稳增长"转变。

首先，考察工业生产的运行态势。全国规模以上工业增加值月同比增长率在经历了 2008 年 7 月至 2009 年 1- 2 月的迅速下滑，以及 2009 年 3 月至 12 月的回升向好而走出一个 V 字形轨迹之后，2010 年 1—2 月达到了 20.7% 的新高点（见图 3）。从 2010 年 3—7 月，增速回调至 13.4%。8 月又略升至 13.9%。6 月、7 月和 8 月这三个月，回稳在 13% 的水平上。工业增速的适度回调主要有两方面的原因：一方面，上年高基数的影响。2009 年工业生产的增速是"前低后高"，即上年同期基数逐月上升，影响到今年月同比增速出现"前高后低"的情况。另一方面，国家宏观调控等

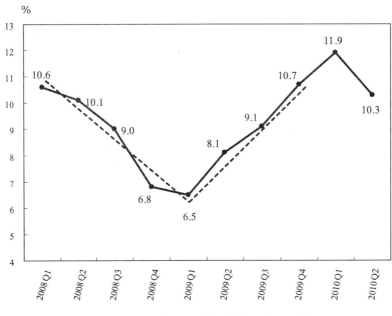

%

**图 2　中国季度 GDP 增长率的 V 字形回升**

政策主动调整的结果。工业生产增速在回升中达到一定高点之后，为避免经济大起大落，为节能降耗和淘汰落后产能，为防止物价过快上涨，就需要对经济增速有所调控。特别是 2009 年第三季度至今年第一季度，在工业生产迅速回升中，六大高耗能行业（黑色金属冶炼及压延加工业、有色金属冶炼及压延加工业、非金属矿物制品业、化学原料及化学制品制造业、石油加工炼焦及核燃料加工业、电力与热力的生产和供应业）出现增长势头过快、产能释放过快、能耗上升过快的不良情况。2010 年 4 月 28 日国务院常务会议部署进一步加大节能减排工作之后，5 月以来，加大了节能减排、淘汰落后产能的力度，使工业生产增速有所下降。目前，工业生产的适度减速是正常的。从 2010 年 1—8 月全国规模以上工业增加值的累计同比增速来看，比上年同期增长 16.6%，仍处于较高水平。

　　其次，考察固定资产投资的运行态势。全国城镇固定资产投资各月累计同比增速从 2010 年 1—2 月的 26.6%，略回落至 1—8 月的 24.8%（见图 4）。此前，在应对国际金融危机冲击而实施"一揽子"投资计划中，

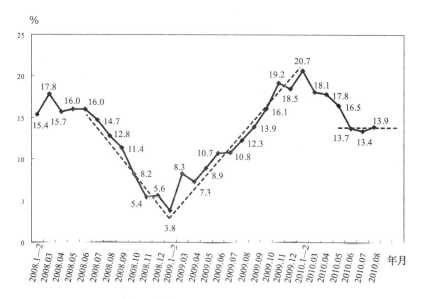

**图 3　全国规模以上工业增加值月同比增长率**

2009 年 1—4 月累计至 1—12 月累计，全国城镇固定资产投资增速均在 30% 以上。而从 2005—2008 年的各月累计同比增速来看，25%—28% 属于一般正常范围。2010 年，投资增速的适度回落除上年基数较高的因素外，主要是国家加强宏观调控的结果。一方面，国家严格控制新上项目，原则上不再增加新项目。另一方面，六大高耗能行业的投资增速有较大回落。2010 年 1—8 月，六大高耗能行业投资累计同比增长 14.5%，比上年同期回落 9.6 个百分点。而 8 月当月，六大高耗能行业投资增长仅 9.2%。值得注意的是，民间投资正在加快。1—7 月，民间投资增长为 31.9%，比城镇固定资产投资增长（24.9%）高出 7 个百分点。此外，2010 年来，房地产开发投资和住宅投资增速较快，近几个月累计同比增速分别处于 35%—38% 和 33%—35% 的较高和较稳定的水平上。

再次，考察货币供应量的变化态势。广义货币（M2）和狭义货币（M1）的供应量在经历了 2009 年各月的上升后，2010 年 1—8 月各月末的同比增速基本上呈适度回落之势。M2 由 1 月末同比增长 26.1%，回落到 7 月末的 17.6%，8 月末略有回弹，为 19.2%。M1 由 1 月末同比增长 39%，回落到 8 月末的 21.9%。货币供应量的适度回落体现了国家在宏观

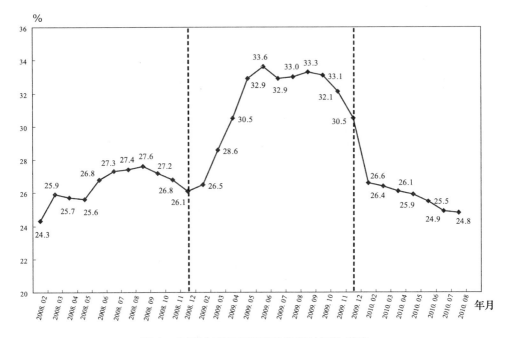

**图4 全国城镇固定资产投资累计同比增速**

调控中主动调整的结果；同时，也与外汇占款的增速放缓有关。

特点三，物价小幅上扬，但温和可控。

居民消费价格月同比上涨率从 2010 年 1 月的 1.5%，上升到 8 月的 3.5%，这是自 2008 年 11 月以来 22 个月中的最高点（见图6）。8 月，环比上涨 0.6%。居民消费价格上涨的原因主要是两个方面：一方面，受上年翘尾因素的影响。上年物价走势是前低后高，这对今年物价产生了一定的翘尾影响。在 8 月同比增长 3.5% 中，有 1.7 个百分点是由翘尾因素形成的。另一方面，是新涨价因素。在 8 月同比增长 3.5% 中，有 1.8 个百分点是由新涨价因素引起的。在新涨价因素中，主要是由于食品价格上涨带动的。近几个月来，我国从南到北天气多变，洪涝等自然灾害频发，造成蔬菜、粮食、鸡蛋等一些产品价格较大幅度上涨。8 月，鲜菜价格同比上涨了 19.2%，粮食价格同比上涨 12%。从环比看，8 月，猪肉价格环比上涨 9%，鲜菜价格环比上涨 7.7%，鸡蛋价格环比上涨 7.5%。

关于价格的后期走势，仍然具有一定的不确定性，因为推动价格上涨

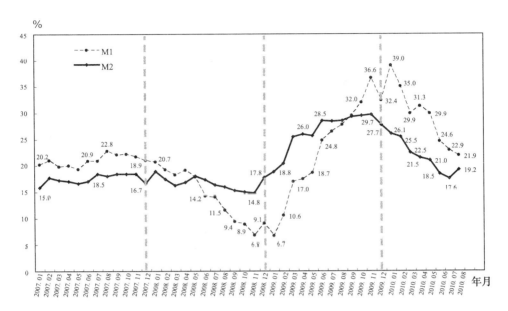

图 5　货币供应量 M1 和 M2 月末同比增速

的因素与抑制价格上涨的因素同时存在。推动价格上涨的因素主要有：其一，农产品价格的变化具有一定的不确定性，特别是国际粮价上涨会对国内市场产生一定的刺激。近期，受全球极端恶劣天气影响，俄罗斯、哈萨克斯坦、乌克兰、加拿大、澳大利亚等主要产粮国的粮食大面积减产，国际粮价出现新一轮上涨行情。其二，劳动力工资成本上升、生产资料价格上涨，在一定程度上也可能会传导到居民消费价格上。抑制价格上涨的因素主要有：第一，经济增速的适度回调。从我国物价变动的一般规律来看，物价的过高上涨主要与经济增长率的过高上升密切相关。近几年来，我国 GDP 增长率较为平稳，物价的波动也就较为平缓。图 7 给出 1990 年1 月至 2010 年 8 月居民消费价格月同比上涨率曲线。从图 7 可以看出，在1994 年 10 月达到 27.7% 的最高峰之后，近些年来，只有两次程度不同的上涨。一次是 2004 年 7 月，达到 5.3%；另一次是 2008 年 2 月，达到8.7%。这均与当时经济增长率上升有关。这两次物价上涨也均由于当时经济增长率被调控在一定范围内而没有出现物价持续上涨局面。历史经验表明，只要经济增长不过热，物价上涨就好控制。第二，加强了对通胀预期的管理。2010 年 1—8 月各月末，广义货币（M2）和狭义货币（M1）供应量的同比增速基本上呈适度回落之势，有利于缓解通货膨胀压力。有关部门也加强了对市场秩序的管理，加强了对市场价格行为的监管。第三，粮食供求总量基本平衡。2004—2009 年，我国粮食生产连续 6 年丰收。今年，夏粮仍是丰收年，秋粮亦丰收在望。第四，大部分工业品仍然是供大于求，对其价格的上升产生了一定的抑制作用。工业品出厂价格的月同比上涨率已由 5 月的 7.1%，回落到 8 月的 4.3%，这有利于缓解对后续产品的价格传导压力。第五，上年物价翘尾因素逐渐减弱。今年 7 月翘尾影响为 2.2 个百分点，8 月减少到 1.7 个百分点，9 月将减少到 1.3 个百分点。综合以上对各种因素的分析，总的来看，抑制价格上涨的影响可能要大于推动价格上涨的影响，全年物价温和可控，可维持在 3% 左右。

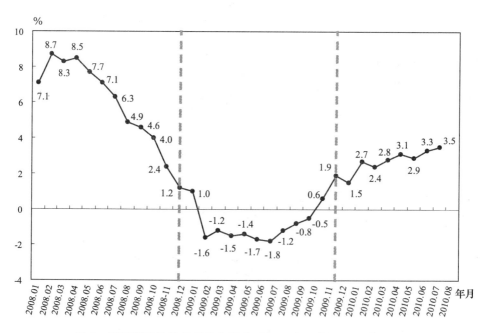

图 6　居民消费价格月同比上涨率（2008 年 1 月—2010 年 8 月）

特点四，经济社会发展中的"两难"问题较多。

这与经济波动处于新一轮经济周期的上升初期有关。一些问题既带有上一周期下降阶段的特点，又带有新一轮周期开始上升阶段的特点。其

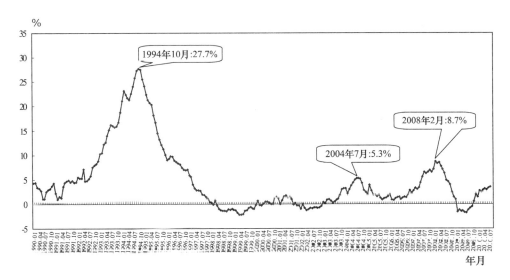

图7　居民消费价格月同比上涨率（1990 年 1 月—2010 年 8 月）

中，既有当前突出的紧迫问题，亦有长期存在的结构性问题。经梳理，主要"两难"问题有以下几个方面：

（1）宏观调控政策松紧度面临的"两难"。在应对国际金融危机中出台的一系列扩张性刺激政策取得一定成效后，有个退出问题。但如果退出得过早，经济增速就有可能重新大幅下滑；如果退出过晚，通胀压力就会很大。

（2）房价调控面临的"两难"。对于高房价，若不有效调控，容易引发社会问题。但如果房地产业迅速下滑，也直接影响经济增速，影响在房地产业就业的大批农民工。

（3）收入分配改革面临的"两难"。要提高消费对经济增长的贡献，要缩小收入分配差距，就要增加中低收入者的收入。但这将增加企业的成本，给企业经营带来困难。同时，要在国家、企业、个人之间分好"蛋糕"，涉及重要的税制改革，难度也很大。

（4）物价调控面临的"两难"。为了转变经济发展方式、促进节能减排，有必要对原来比较低的资源价格进行改革。但当前通胀压力较大，要把握好调价力度，否则将加大物价上涨压力。

（5）人民币汇率面临的"两难"。如果升值过快，将面临出口形势恶化、农民工就业困难的压力；而且，将来一旦有风吹草动，有金融冲击，也容易造成大幅度贬值，使币值大起大落，影响整个经济稳定。如果不升值，国际上的压力大。持续小幅上调，也容易造成热钱大量流入。

（6）外贸出口面临的"两难"。一方面，随着国际金融危机的大浪潮过去，世界经济进入复苏，要借有利时机扩大出口。另一方面，世界经济复苏步履维艰，特别是欧洲主权债务危机目前看是小风小浪，如果处理不好就会引起大风大浪，所以，外需形势不容乐观。

特点五，中国经济总量首次超过日本，成为世界第二大经济体。

2009 年，中国 GDP 总量为 4.9092 万亿美元，日本为 5.0675 万亿美元，中国比日本少 0.1583 万亿美元。2010 年第二季度，中国 GDP 总量为 1.33 万亿美元，日本为 1.28 万亿美元，中国超过日本 0.05 万亿美元，中国首次成为世界第二大经济体。这是今年中国经济发展中一件具有标志性的大事。今年全年中国 GDP 总量超过日本已无悬念。对此，海外媒体纷纷报道和发表评论。《纽约时报》2010 年 8 月 16 日报道说，中国经济在经历了几十年令人炫目的发展之后，在 2010 年第二季度终于超过日本成为世界第二大经济体，这是中国经济发展的一个里程碑。中国经济超过日本早在意料之中，但成为现实后还是让人们感受到震动。美国世界新闻网（www.chinesedailynews.com）早在 2010 年 5 月 13 日发表文章，题目是《中国经济的"超日"喜忧参半》，认为：中国经济一旦"超日"，成为全球第二大经济体之后，可以带来之喜，显而易见。但重点应看的，可能还是由之带来之忧。一定要认清楚的是，总量的全球第二大经济体，不等于人均的第二经济体，也绝非第二经济强国，现在中国经济发展到了转折关头，迫切需要转变发展方式。

# 二　"十二五"时期中国经济增长速度分析

"十二五"时期（2011—2015 年），是我国全面建设小康社会的关键时期，是深化改革开放、加快转变经济发展方式的攻坚时期。综合判断国际国内形势，我国发展仍处于可以大有作为的重要战略机遇期，既面临难得的历史机遇，也面对诸多可以预见和难以预见的风险挑战。"十二五"规划的主线，无疑是加快经济发展方式转变。加快经济发展方式转变将贯穿于我国经济社会发展的全过程和各领域。在这种大背景下，"十二五"时期，我国经济增长速度将会是一个什么趋势，会出现一些什么特点，这是大家都很关注的问题。

### （一）各五年计划中经济增长速度的预期目标和实际值

先回顾一下"七五"计划以来到"十一五"规划这 5 个五年计划或规划中，经济增长速度的预期目标与实际执行的情况（见表 1）。"七五"计划中，经济增长速度的预期目标为 7.5%，实际增速为 7.9%，超出 0.4个百分点。"八五"计划中，经济增长速度的预期目标原定为 6%，后修订为 8%—9%，实际增速为 12.3%，超出原目标 6.3 个百分点，超出修订目标 4.3—3.3 个百分点。"九五"计划中，经济增长速度的预期目标为 8%，实际增速为 8.6%，超出 0.6 个百分点。"十五"计划中，经济增长速度的预期目标为 7%，实际增速为 9.8%，超出 2.8 个百分点。"十一五"规划中，经济增长速度的预期目标为 7.5%，实际增速为 11%（2010年 GDP 增速暂按 10% 计算），超出 3.5 个百分点。

从年度经济增长预期目标来看（见表 2），自 2005 年至 2010 年，连续 6 年均确定为 8% 左右（均为 GDP 增速），而各年均超过（2010 年 GDP 增速暂按 10% 计算）。总的来看，无论是五年计划还是年度计划，实际经济增速都超过预期目标。

早在 1983 年，邓小平曾指出："根据最近的统计，一九八二年工农业总产值增长百分之八左右，大大地超过了原定的增长百分之四的计划。前两年还没有发生这种情况，一九八二年是头一次出现。这里就提出一个问题，如果我们的年度计划定低了，而实际增长速度高出很多，会产生什么影响？对这个问题，要抓紧调查研究，作出符合实际的分析。现在不是说要改变原定的'六五'计划，长期计划留的余地应该大一些，年度计划可以打得积极一点，当然也要留有余地，重视提高经济效益，不要片面追求产值、产量的增长。总结历史经验，计划定得过高，冒了，教训是很深刻的，这方面的问题我们已经注意到了，今后还要注意。现在我们要注意另外一个方面的问题。"①从 1983 年邓小平指出这一问题至今已过去 27 年了，仍然是实际经济增速高出预期目标，有时高出很多。现在，大家都习惯了这一情况，改起来也难。

表1　　　　　　　　各五年计划中经济增长速度的预期目标和实际值

| | 起止年份 | 年均经济增长速度<br>预期目标（%） | 年均经济增长速度<br>实际值（%） | 实际值高于预期<br>目标（百分点） |
|---|---|---|---|---|
| "七五"计划 | 1986—1990 | 7.5 | 7.9 | 0.4 |
| "八五"计划 | 1991—1995 | 8—9（6） | 12.3 | 4.3—3.3（6.3） |
| "九五"计划 | 1996—2000 | 8 | 8.6 | 0.6 |
| "十五"计划 | 2001—2005 | 7 | 9.8 | 2.8 |
| "十一五"规划 | 2006—2010 | 7.5 | 11.0 | 3.5 |

注："年均经济增长速度预期目标"中，"七五"计划、"八五"计划和"九五"计划为 GNP 增速预期目标；"十五"计划和"十一五"规划为 GDP 增速预期目标。"年均经济增长速度实际值"均为 GDP 增速。

表2　　　　　　　　　　年度经济增长预期目标和实际值

| 年份 | 年度经济增长速度<br>预期目标（%） | 年度经济增长速度<br>实际值（%） | 实际值高于预期<br>目标（百分点） |
|---|---|---|---|
| 2005 | 8 | 11.3 | 3.3 |
| 2006 | 8 | 12.7 | 4.7 |
| 2007 | 8 | 14.2 | 6.2 |
| 2008 | 8 | 9.6 | 1.6 |
| 2009 | 8 | 9.1 | 1.1 |
| 2010 | 8 | 10.0 | 2.0 |

### （二）"十二五"时期我国经济增长速度可能会呈现的特点

从目前情况看，"十二五"时期我国经济增长速度可能会呈现出如下

---

① 《各项工作都要有助于建设有中国特色的社会主义》，《邓小平文选》第三卷，人民出版社1993 年版，第 22 页。

三个主要特点：

1. 从经济周期波动中的位置看，将处于新一轮经济周期的上升阶段。

"七五"时期（1986—1990 年）的第一年，正值经济增长率的低谷年，随后，进入新中国成立以来的第 8 轮周期，经济增长率两年高起，两年下落，起伏较大（见图 8）。

"八五"时期（1991—1995 年），进入第 9 轮周期，经济增长率大起而过热，之后平稳回落。

"九五"时期（1996—2000 年），处于第 9 轮周期的继续回落中，最后一年开始转入第 10 轮周期的上升阶段。

"十五"时期（2001—2005 年）的五年一直处于第 10 轮周期的上升通道内，这是各五年计划中波动态势最好的五年。

"十一五"时期（2006—2010 年）处于第 10 轮周期的继续攀升中，随后，在国内经济周期调整和国际金融危机冲击的叠加作用下，经济增长率回落，最后一年开始进入第 11 轮周期的上升阶段。

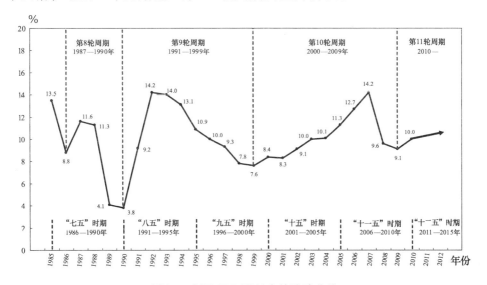

图 8　中国 GDP 增长率的波动曲线

这样，"十二五"时期（2011—2015 年）正像"十五"时期那样，处于新一轮经济周期的上升阶段。这时，经济增长既不处于过热之中，也不处于下滑之势。可以借助这一有利态势，推动经济发展方式转变和经济结构调整，为全面建成小康社会打下具有决定性意义的基础。

2. 从基年看，经济增长率的位势较高，继续加速上升的空间不大，宏观调控的主要关注点是经济走稳，防止经济增长由偏快转为过热。

"七五"时期开始前的基年，1985 年，GDP 增长率高达 13.5%（见图 8），因此，刚进入"七五"时期就面临着国民经济调整，经济增长率回落。

"八五"时期开始前的基年，1990 年，GDP 增长率下落至 3.8%，这就使"八五"时期经济增长率有较大的上升空间。

"九五"时期开始前的基年，1995 年，GDP 增长率正在从前期高点回落至 10.9%，使"九五"时期难以有上升的空间。

"十五"时期开始前的基年，2000 年，GDP 增长率刚开始回升，为 8.4%，这使"十五"时期经济增长率有一定的上升空间。

"十一五"时期开始前的基年，2005 年，GDP 增长率已上升到 11.3%，面临经济增长由偏快转为过热的风险。

"十二五"时期开始前的基年，2010 年，GDP 增长率预计为 10% 左右，位势较高，继续加速上升的空间不大，宏观调控的主要关注点应该是防止经济增长由偏快转为过热。"十二五"时期的宏观调控可以借鉴"十五"时期和"十一五"前期的经验，即为了延长经济周期的上升阶段，或者说延长国民经济在适度高位的平稳运行，需要根据经济波动的具体态势，采取多次性或多阶段性的微调，使经济增长率不"冒顶"，即不要过高地突破适度经济增长区间。[①]

最近，我们课题组曾利用趋势滤波法和生产函数法，根据我国改革开放以来的有关数据进行了计算，得出：改革开放以来，我国适度经济增长区间为 8%—12%，潜在经济增长率中线为近 10%。[②] 在"十二五"时期，要考

---

① 笔者曾撰文具体阐明这一问题，见《多次性微调：使经济增长率不"冒顶"》，《经济学动态》2006 年第 10 期；并见《把握本轮周期中宏观调控的多阶段性特点》，《2007 年中国经济形势分析与预测》，社会科学文献出版社 2006 年版。

② 中国社科院经济所宏观调控课题组：《宏观调控目标的"十一五"分析与"十二五"展望》，《经济研究》2010 年第 2 期。

虑三大因素的变化：一是国际经济环境发生了很大变化。国际金融危机后，外需在一定时期内仍将处于萎缩和低迷状态。经济全球化的大趋势虽然不会改变，但全球的资源和市场的争夺将更加激烈，贸易保护主义也明显加剧。二是资源、能源、环境等各种约束不断强化。三是要更加注重提高经济增长的质量和效益，更加注重经济发展方式转变和经济结构调整。因此，在"十二五"时期，适度经济增长区间的上限可下调两个百分点，即适度经济增长区间可把握在 8%—10%，潜在经济增长率中线可把握为 9%。

3. 从经济发展阶段看，人均国民总收入开始进入中高收入国家行列，仍处于较快发展时期。

世界银行按照人均国民总收入（人均 GNI），将世界各经济体划分为四组：低收入组、中低收入组、中高收入组和高收入组。每年的具体划分标准有所增减变化。世界银行对各经济体人均国民总收入的统计，也经常有增减修订。按照世界银行的统计和分组，中国人均国民总收入首次由低收入组进入中低收入组有两个年份。

一个是 1997 年，按照世界银行当时的统计，该年中国人均国民总收入为 860 美元，高于该年中低收入组的下限 786 美元，由此，中国首次进入中低收入组。但后来世界银行修订数据，将该年中国人均国民总收入调减为 750 美元，这样，又低于该年中低收入组的下限 786 美元，中国仍属于低收入组。

另一个是 1998 年，按照世界银行当时的统计，该年中国人均国民总收入为 750 美元，低于该年中低收入组的下限 760 美元，中国被列为低收入组。后来世界银行修订数据，将该年中国人均国民总收入调高为 790 美元，这样，又高于该年中低收入组的下限 760 美元。从世界银行的最后修订数据看，1998 年中国首次进入中低收入组。

1999 年之后到现在，无论是从世界银行的最初统计看，还是从最后修订看，中国一直处于中低收入组行列。2009 年，根据世界银行公布的数据，中国人均国民总收入为 3620 美元。预计在"十二五"时期内，中国人均国民总收入将突破 4500 美元，届时将开始进入中高收入组。

人均国民总收入水平是一国经济发展所处阶段的重要标志性指标之一。人均国民总收入处于不同水平，或者经济发展处于不同阶段，对经济增长速度会有不同的影响。一般说来，在人均国民总收入由较低水平向中等水平提高时，伴随着消费结构升级和相应的产业结构升级，经济增长速度可能会呈现较快局面；当人均国民总收入提高到一定的较高水平时，随着消费结构的稳定和基本消费需求的饱和等因素影响，经济增长速度有可能呈现放缓趋势。但这个"一定的"较高水平究竟是多少，各国情况会有不同。

同时，各国在低收入水平、中等收入水平或高收入水平各不同阶段，也会遇到各种不同的经济和社会问题。如果处理得好，会继续推动经济和社会发展；如果处理不好，有可能使经济发展处于停滞状态，这就产生出所谓的"低收入陷阱"（又称"贫困陷阱"）、"中等收入陷阱"、"高收入陷阱"等问题。"中等收入陷阱"问题又可分为"中低收入陷阱"和"中高收入陷阱"问题。"中低收入陷阱"说的是，人均国民总收入由低收入组进入中低收入组之后，在向中高收入组迈进时，在这一阶段可能会遇到的经济和社会问题。"中高收入陷阱"说的是，人均国民总收入由中低收入组进入中高收入组之后，在向高收入组迈进时，在这一阶段可能会遇到的经济和社会问题。其实，不论在低、中、高哪个收入阶段，都有可能存在相应的经济和社会问题，也就是存在一定的所谓"陷阱"问题；而不论在低、中、高哪个收入阶段，也都有可能顺利跨越"陷阱"。

中国在 2004 年最初发布 2003 年人均 GDP 突破 1000 美元时，学术界曾集中讨论过如何跨越"中低收入陷阱"问题。中国在"十二五"时期内人均国民总收入将进入中高收入组，因此，现在需要讨论的则是如何跨越"中高收入陷阱"问题。但从国际经验看，顺利跨越"陷阱"或一时跌入"陷阱"的例子都有，各国情况不一，关键是看经济和社会发展战略是否得当。同时，我国在"十二五"时期内人均国民总收入刚刚突破 4500 美元而开始进入中高收入组，距离高收入组（届时预计高收入组的下限将会在 13000 美元以上）还有很大的发展空间。所以，在当前和今后一个时期，我国发展仍处于可以大有作为的重要战略机遇期，国民经济保持一定的较快发展仍然是可能的。

韩国和日本是成功跨越"中等收入陷阱"的例子。从韩国的情况看（见图 9，左坐标为人均 GNI，右坐标为 GDP 增长率）。20 世纪 60 年代初，韩国人均国民总收入仅有 110 美元。从 1978 年突破 1000 美元，到 1987 年突破 3000 美元，再到 1995 年突破 10000 美元，仅用了 17 年时间。也就是说，韩国顺利地跨越了"低收入陷阱"、"中低收入陷阱"和"中高收入陷阱"，一路攀升到高收入组。但随后，在 20 世纪 90 年代中后期亚洲金融危机的冲击下，在 1997 年人均国民总收入到达 12190 美元后，迅速下跌到 1998 年的 9200 美元，直到 2003 年才恢复到 12680 美元的水平，历时 6 年的调整。近几年来，又上升到 20000 美元以上。

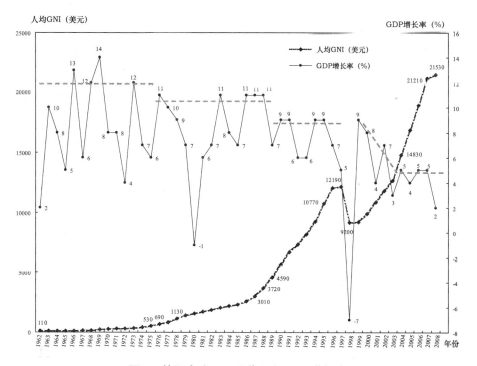

**图 9　韩国人均国民总收入和 GDP 增长率**

资料来源：图 9 至图 13 的数据，均来自世界银行数据库。

在韩国，从相对应的 GDP 增长速度看，大体经历了五个阶段：

（1）在人均国民总收入从 110 美元过渡到 500 美元期间，即从 1962—1975 年间，GDP 增长速度较高，经常高达 12% 以上。

（2）在人均国民总收入从 600 美元过渡到 3700 美元期间，即从 1976—1988 年间，GDP 增长速度也较高，经常高达 11%。

（3）在人均国民总收入从4500美元过渡到12000美元期间，即从1989—1997年亚洲金融危机前，GDP增长速度仍维持在较高水平，经常高达9%。

（4）在人均国民总收入达到12000美元后，在亚洲金融危机的冲击下，下跌到9200美元，经过6年调整，恢复到12000美元水平，即从1998—2003年，GDP增长速度明显回落。

（5）在人均国民总收入从14000—20000美元期间，即从2004—2008年间，GDP增长速度处于5%左右。

总的来看，韩国在人均国民总收入从1962年110美元到1997年达到12000美元期间，在长达36年间，均保持了较高的经济增长速度。

从日本的情况看（见图10，左坐标为人均GNI，右坐标为GDP增长率）。20世纪60年代初，日本人均国民总收入为610美元。从1966年突破1000美元，到1973年突破3000美元，再到1984年突破10000美元，仅用了18年，成功地跨越了"中低收入陷阱"和"中高收入陷阱"，迅速攀升到高收入组。然后，到1988年又突破20000美元，1993年突破

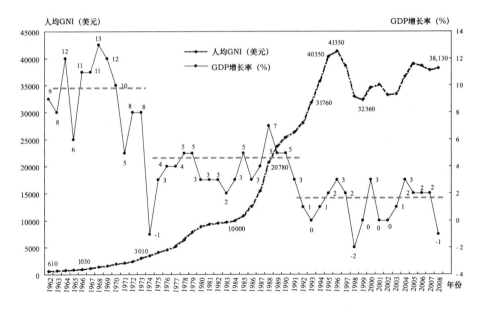

图10　日本人均国民总收入和GDP增长率

30000 美元，1995 年突破 40000 美元。从 1984 年突破 10000 美元，到 1995 年突破 40000 美元，仅用了 11 年。在 1996 年达到 41350 美元之后，至今，徘徊在 40000 美元以下至 32000 美元之间。也可以说，日本陷入了"高收入陷阱"。

在日本，从相对应的 GDP 增长速度看，大体经历了三个阶段：

（1）在人均国民总收入从 610 美元过渡到 3000 美元期间，即从 1962—1973 年间，GDP 增长处于高速区，经常高达 8%—13%。

（2）在人均国民总收入从 3000 美元过渡到 25000 美元期间，即从 1974—1990 年间，GDP 增长处于中速区，经常为 3%—5% 之间。

（3）在人均国民总收入达到 26000 美元以上，即从 1991 年至今，GDP 增长处于低速区，经常为 0—3%。

总的来看，日本人均国民总收入在 1984 年上升到 10000 美元之后，又在 11 年间以适中的速度，顺利上升到 1995 年的 40000 美元，并在 1988—2001 年的 12 年间，人均国民总收入超过了美国。

巴西和泰国是曾陷入"中等收入陷阱"的例子。从巴西的情况看（见图 11，左坐标为人均 GNI，右坐标为 GDP 增长率）。20 世纪 60 年代初，巴西人均国民总收入为 230 美元，到 1976 年突破 1000 美元。然而，1980 年上升到 1890 美元，即接近 2000 美元时，陷入了"中低收入陷阱"，人均国民总收入回落到 1570 美元，直至 1988 年，连续 8 年徘徊，没有突破 2000 美元。1989 年达到了 2000 美元，到 1997 年突破 5000 美元，但又陷入了"中高收入陷阱"，人均国民总收入回落到 2970 美元，连续 9 年徘徊，没有突破 5000 美元。近几年，上升到 7300 美元。

在巴西，从相对应的 GDP 增长速度看，大体经历了四个阶段：

（1）在人均国民总收入达到 300 美元以下时，即从 1962—1967 年间，GDP 增长速度较低，经常处于 3%—5% 之间。

（2）在人均国民总收入从 300 美元上升到 1890 美元期间，即从 1968—1980 年间，经济增长速度较高，经常高达 9% 以上。

（3）在人均国民总收入从 1890 美元过渡到 4000 美元之前，即从 1981—1995 年间，GDP 增长速度回落，经常处于 4%—5% 之间，且多次出现负增长。

（4）在人均国民总收入突破 5000 美元之后，即从 1997 年后，GDP 增长

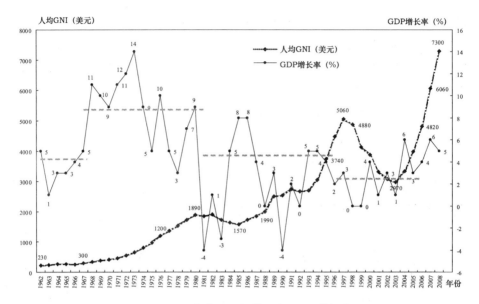

图 11　巴西人均国民总收入和 GDP 增长率

速度进一步回落，经常处于 3% 左右。近几年来，经济增长速度又有所回升。

从泰国的情况看（见图 12，左坐标为人均 GNI，右坐标为 GDP 增长率）。20 世纪 60 年代初，泰国人均国民总收入为 110 美元，到 1988 年突破 1000 美元，1993 年突破 2000 美元，1996 年接近 3000 美元。但随后陷入了"中低收入陷阱"，人均国民总收入又回落到 1900 美元，直至 2007 年才突破 3000 美元，这期间连续 11 年徘徊。

在泰国，从相对应的 GDP 增长速度看，大体经历了四个阶段：

（1）在人均国民总收入从 110 美元达到近 500 美元期间，即从 1962—1978 年间，GDP 增长速度较高，经常处于 8%—11% 之间。

（2）在人均国民总收入从 500 美元上升到近 800 美元期间，即从 1979—1986 年间，GDP 增长速度有所下落，经常处于 5%—6% 之间。

（3）在人均国民总收入从 800 美元过渡到近 3000 美元期间，即从 1987—1996 年间，GDP 增长速度又上升到 8%—13% 之间。

（4）在人均国民总收入接近 3000 美元之后，即从 1997 年后，GDP 增长速度又回落至 5% 左右。

现将韩国、巴西、泰国、中国总的做一些比较（见图 13）。在 1962

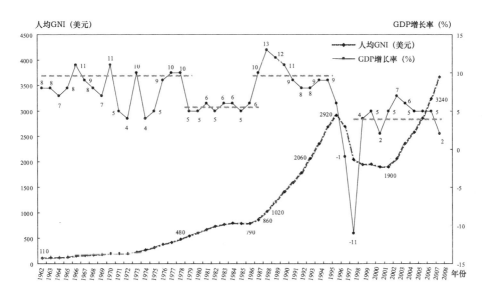

图 12　泰国人均国民总收入和 GDP 增长率

年，韩国人均国民总收入为 110 美元，巴西为 230 美元，泰国与韩国一样为 110 美元，中国为 70 美元。

从突破人均 1000 美元的时点看，巴西最早，在 1976 年；韩国紧随其后，在 1978 年；泰国则在 1988 年，比韩国晚了 10 年；而中国则在 2001 年，比泰国又晚了 13 年。

从突破人均 3000 美元的时点看，韩国最早，在 1987 年；巴西在 1994 年，比韩国晚了 7 年；泰国则在 2007 年，比巴西晚了 13 年；而中国则在 2009 年，比泰国又晚了 2 年。

从突破人均 5000 美元的时点看，韩国最早，在 1990 年；巴西在 1997 年，比韩国晚了 7 年；而泰国、中国目前尚未达到人均 5000 美元的水平。

从突破人均 8000 美元的时点看，韩国最早，在 1993 年；巴西在 2009 年，比韩国晚了 16 年。

从突破人均 10000 美元的时点看，韩国在 1995 年；而巴西目前尚未达到人均 10000 美元的水平。

在 2009 年这一时点上，韩国人均国民总收入已高达 19830 美元；巴西为 8070 美元；泰国为 3760 美元；中国已非常接近泰国，为 3620 美元。

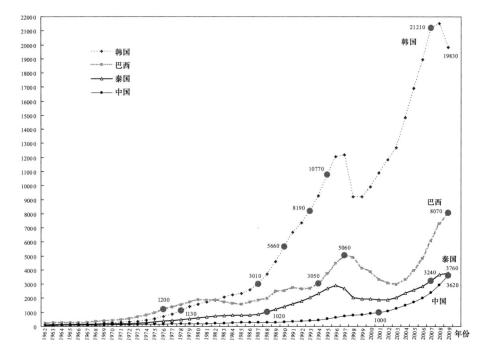

图 13　韩国、巴西、泰国、中国的人均国民总收入比较

　　图 13 的对比说明，各国在自己的发展中都会有顺利的时候，也都会遇到不同的问题，而中国目前人均国民总收入的水平还较低，发展的空间还很大。最近，世界银行行长佐利克在中国与世界银行合作 30 周年座谈会上致辞，指出："英明的领导人和官员开始提出中国如何以最佳方式规避'中等收入陷阱'。经验证明，从中等收入过渡到高收入比从低收入过渡到中等收入更难。……中国从中低收入经济转向高收入社会的经验，也可能为其他中等收入经济体提供借鉴。"[1]

### 参考文献

　　陈佳贵、李扬主编，刘树成、汪同三副主编：经济蓝皮书《2010 年中国经济形势分析与预测》，社会科学文献出版社 2009 年版。

　　陈佳贵、李扬主编，刘树成、汪同三副主编：《中国经济前景分析——2010 年春季报

---

　　① 佐利克：《在中国与世界银行合作 30 周年座谈会上的致辞》，2010 年 9 月 13 日，世界银行网站。

告》，社会科学文献出版社 2010 年版。

刘树成：《多次性微调：使经济增长率不"冒顶"》，《经济学动态》2006 年第 10 期。

刘树成：《把握本轮周期中宏观调控的多阶段性特点》，载经济蓝皮书《2007 年中国经济形势分析与预测》，社会科学文献出版社 2006 年版。

刘树成：《中国经济增长与波动 60 年——繁荣与稳定Ⅲ》，社会科学文献出版社 2009 年版。

刘树成：《新中国经济增长 60 年曲线的回顾与展望——兼论新一轮经济周期》，《经济学动态》2009 年第 10 期。

刘树成：《2010 年我国经济发展的国内外环境分析》，《经济学动态》2010 年第 3 期。

中国社科院经济所宏观调控课题组：《宏观调控目标的"十一五"分析与"十二五"展望》，《经济研究》2010 年第 2 期。

佐利克：《在中国与世界银行合作 30 周年座谈会上的致辞》，2010 年 9 月 13 日，世界银行网站。

World Bank：Database.

（原载经济蓝皮书《2011 年中国经济形势分析与预测》，

社会科学文献出版社 2010 年版）

# "十二五"时期我国面临的国内外环境分析

党的十七届五中全会通过的"十二五"规划建议、温家宝总理在十一届全国人大四次会议上的《政府工作报告》，都全面分析了我国"十二五"时期面临的国内外环境，均强调指出，综合判断国际国内形势，我国发展仍处于可以大有作为的重要战略机遇期。这里，我们进行一些具体分析。

## 一 "重要战略机遇期"论断的深刻含义

对国内外各种环境条件进行动态考察和趋势分析，从而对国际国内形势做出科学判断和准确把握，是我们正确制定重大战略目标与任务的前提和基础。综合判断国际国内形势，我国发展仍处于可以大有作为的重要战略机遇期，这一论断为制定和实施"十二五"规划的宏伟目标与任务提供了最基本的国内外环境条件分析，是我们制定和实施"十二五"规划的科学前提。能否抓住重大历史机遇，也就是能否充分利用国内外一切有利条件，排除各种不利因素的影响，历来是关系我们革命和建设事业兴衰成败的大问题。

在刚刚跨入 21 世纪的时候，2002 年，党的十六大首次提出，综观全局，21 世纪头 20 年，对我国来说，是一个必须紧紧抓住并且可以大有作为的重要战略机遇期。2007 年，党的十七大重申，从新的历史起点出发，抓住和用好重要战略机遇期。当新世纪第一个十年已经过去，第二个十年刚刚开始的时候，面对国际上金融危机严重冲击及其深远影响的新情况，面对国内改革开放三十多年来我们所取得的举世瞩目的经济快速增长"奇迹"以及所带来的新矛盾，我国发展是否仍然处于重要战略机遇期、是否仍然可以大有作为，是我们首先需要回答的大问题。现在，我们有了明确答案：综合判断国际国内形势，我国发展仍处于可以大有作为的重要战略机遇期。这一论断的深刻含义就在于，在新世纪第二个十年的开端，统一认识，凝聚力量，进一步增强机遇意识和忧患意识，继续抓住和用好我国发展的重要战略机遇期，更加奋发有为地朝着全面建设小康社会伟大战略目标再上新台阶。

# 二　国际环境分析

**（一）国际环境总的特点是，两个大趋势和一个总潮流没有改变，即世界多极化和经济全球化的客观趋势深入发展，和平、发展、合作仍是时代潮流**

世界多极化，即世界多种力量相互并存、相互借助、相互制约，在国际事务中平等参与、共同发挥作用的格局。它是冷战结束以来世界两极格局终结、国际关系趋于缓和、各种力量此消彼长和重新组合的必然结果。国际金融危机后，世界力量对比正在发生新的变化，发展中国家特别是新兴市场国家的整体实力正在上升。世界多极化的深入发展有利于进一步遏制霸权主义和强权政治，推动公正合理的国际政治经济新秩序的建立，有利于维护世界和平与稳定。争取较长时期的和平国际环境和避免新的世界大战仍然是可能的。

经济全球化，即生产、贸易、投资、金融等经济活动在全球范围内的广泛拓展，资本、技术、劳动力、信息等各类生产要素在全球范围内的大规模流动和配置的过程。它是当代生产力发展、科学技术发展、国际分工发展到较高水平的必然结果。国际金融危机后，经济全球化的趋势继续深入发展，世界各国经济的相互依存、相互影响进一步加深，新的跨国并购、跨境投资、技术合作和产业转移的势头正在上升。经济全球化的深入发展有利于生产要素在全球的优化配置，促进世界经济的发展，有利于各国参与国际经济合作与竞争，拓宽自己的发展空间，也有利于世界和平与稳定。

在世界多极化和经济全球化大趋势的推动下，和平、发展、合作仍时代潮流。求和平、谋发展、促合作，关系到各国人民的福祉，代表了各国人民的根本利益，是各国人民的共同愿望。顺应时代潮流，维护世界和平，在平等互利的基础上加强各国之间的友好合作，寻求和扩大各国利益的汇合点，促进共同发展和繁荣，已经成为越来越多国家的现实选择。

**（二）在国际上两个大趋势和一个总潮流没有改变的情况下，国际金融危机的冲击和影响深远，世界经济格局也正在发生深刻变化，表现出一些具体的新特点**

1. 世界经济结构加快调整

国际金融危机后，世界经济结构进入调整期，各国正在调整自己的发展模式，以寻求新优势。发达国家由于金融体系受到重创，信贷难以恢复正常，加之就业的恢复滞后于经济复苏，失业率居高不下而收入下降，致使长期以来形成的过度负债、过度消费的模式被打破，试图通过扩大投资和出口、重振制造业来恢复经济增长。新兴市场国家出口拉动型增长模式受阻后，在努力稳定外需市场的同时，试图通过扩大内需，开拓新的增长点来进一步发展经济。资源输出国借助资源优势，加强自我开发利用，延伸产业链，试图改变单纯依赖资源出口的发展模式。世界经济结构的这种大调整，将会给国际市场上的需求结构和供给结构带来较大影响。在需求面，消费将持续不振；在供给面，竞争将更加激烈。

2. 全球经济治理机制深刻变革

全球经济治理机制是指对国际上重大经济、财政、金融、货币等问题进行磋商和解决的组织机构及其协调活动。在国际金融危机严重冲击下，原来由少数几个发达国家所垄断的传统国际经济协调平台已难以应对现今复杂多变的世界经济形势，必须形成更多国家平等参与、共同发挥作用的机制。如加强20国集团的作用，使其成为国际社会讨论和协调宏观经济政策的主要平台。由此，世界经济治理机制进入变革期。包括国际金融监管改革、国际金融组织体系改革、国际货币体系改革等都已成为国际社会的重要议题。

3. 科技创新和产业转型孕育突破

大的经济危机，对于旧的产业结构来说，是一种清理机制，而对新的产业结构来说，则是一种催生机制。在国际金融危机冲击、全球气候变化、资源环境压力加大等多重压力下，世界科技创新和产业转型正处于新的孕育期，全球将进入空前的创新密集和产业振兴时代。世界许多国家纷纷把加强科技创新，加强前沿基础研究，加强人才培养，加快培育和发展新能源、新材料、新信息网络、生物医药、节能环保、低碳技术、绿色经济等新兴产业，作为新一轮科技革命和产业革命的重点，抢占未来经济和科技发展的战略制高点。美国政府在 2009 年 9 月出台了《美国创新战略：推动可持续增长和高质量就业》报告，提出加大投资，恢复美国基础研究的国际领先地位；强调培养符合 21 世纪知识和技能的下一代人才，培养世界一流的劳动力队伍；提出推动市场竞争，激励创新创业；在清洁能源、先进汽车、卫生保健等国家优先领域催生重大突破。欧盟 2010 年 3 月出台了《欧洲 2020 战略》，提出未来经济发展三大重点：发展基于知识和创新的智能经济；提高资源利用效率和发展绿色技术，实现可持续增长；提高就业水平，加大技能培训投入，实现经济、社会和地区融合的高就业的包容性增长。日本提出了《未来开拓战略》，俄罗斯提出了发展可再生能源的《国家政策重点方向》，韩国提出了《绿色发展国家战略》等。

4. 发展中国家特别是新兴市场国家整体实力步入上升期

在应对国际金融危机中，发达国家普遍陷入困境，经济低迷，复苏缓慢，而发展中国家特别是新兴市场国家率先复苏，凸显经济快速、稳定增长的良好势头。按国际货币基金组织最新公布的《世界经济展望》，2009 年，发达经济体的经济增长率为 - 3.4%，而新兴和发展中经济体为 2.6%；2010 年，发达经济体为 3%，而新兴和发展中经济体为 7.1%。国际货币基金组织将鲜明对比的发达经济体的慢速复苏同新兴和发展中经济体的快速复苏现象，称为"双速复苏"。发展中国家特别是新兴市场国家逐渐成为世界经济增长的重要引擎。同样根据国际货币基金组织的报告，按照市场汇率估算，中国、印度、巴西、俄罗斯"金砖四国"的 GDP 总量，2008 年占世界份额的 15%，到 2015 年将上升至 22%，四国经济总量将超过美国，四国的 GDP 增量也将占世界增量的 1/3。在国际事务中，发展中国家正在争取更多的参与权和话语权，正在发挥着越来越重要的作用。

### （三）国际环境总体上有利于中国和平发展，但影响和平、发展、合作的不稳定和不确定因素也仍然较多

首先，两个"压力"还将长期存在，即发达国家在经济上、科技上占优势的压力、霸权主义和强权政治的压力将长期存在。其次，世界经济格局的以上一些新特点，有的也利弊共存，既有机遇也有挑战，特别是国际上围绕资源、市场、技术、人才的竞争更加激烈，贸易保护主义时有加剧。再次，当前，世界经济将继续复苏，但复苏的动力不强，隐忧时有发生。这些，对中国经济、社会发展也提出了新的挑战。

## 三　国内形势分析

### （一）国内经济走势总的特点是，长期向好的趋势没有改变，我国仍处于工业化、信息化、城镇化、市场化、国际化深入发展阶段，"五化"相互促进，发展空间还很大

工业化是我国全面建设小康社会最基本的物质技术条件和基础。按照已经实现工业化的国家的一般情况，工业化过程分为两大阶段，第一阶段是工业化初步发展，工业比重超过农业；第二阶段是工业化深度发展，农业比重进一步下降，工业比重亦下降，服务业比重超过工业。从我国三次产业增加值占国内生产总值的比重变化看（见表1），1952年，以农业为主的第一产业占50.5%，远大于以工业为主的第二产业的比重20.9%，第三产业比重为28.6%。1970年，第二产业比重上升为40.5%，首次超过第一产业。1978年，改革开放之初，第一产业比重下降为28.2%，第二产业比重上升为47.9%，第三产业比重比1952年有所下降，为23.9%。到2010年，第一产业比重继续下降为10.2%，第二产业比重基本稳定，略有微弱下降，为46.8%，第三产业比重上升为43%，但仍低于第二产业。从产值比重这个角度看，我国工业化的发展总体上尚处于中期阶段。然而，从我国三次产业的就业比重的变化看，到目前，第一产业的就业比重虽然有明显下降，但仍高于第二产业。第一、第二、第三次产

业的就业比重，1952 年分别为 83.5%、7.4% 和 9.1%，2009 年分别为 38.1%、27.8% 和 34.1%。这与我国是人口大国有关。实现工业化仍然是我国现代化进程中艰巨的历史性任务。"十二五"时期，我国要加快推进工业化，提高工业化的水平和质量，改造提升制造业，培育和发展战略性新兴产业，发展结构优化、技术先进、清洁安全、附加值高、吸纳就业能力强的现代产业体系，坚持走中国特色新型工业化道路。

表 1                                   三次产业比重

单位：%

| 年份 | 三次产业增加值占国内生产总值比重 | | | 三次产业就业人数占总就业人数比重 | | |
|------|--------|--------|--------|--------|--------|--------|
|      | 第一产业 | 第二产业 | 第三产业 | 第一产业 | 第二产业 | 第三产业 |
| 1952 | 50.5 | 20.9 | 28.6 | 83.5 | 7.4 | 9.1 |
| 1978 | 28.2 | 47.9 | 23.9 | 70.5 | 17.3 | 12.2 |
| 2010 | 10.2 | 46.8 | 43.0 | 38.1* | 27.8* | 34.1* |

资料来源：《中国统计年鉴》（2010），中国统计出版社 2010 年版，第 39 页。其中，三次产业就业人数占总就业人数比重中，带 * 数据为 2009 年数；三次产业增加值占国内生产总值比重中，2010 年数据来源为国家统计局《中华人民共和国 2010 年国民经济和社会发展统计公报》，《人民日报》2011 年 3 月 1 日。

信息化是一场新的科技革命。信息技术的广泛应用，已成为促进经济和社会发展的重要手段。我国呈现出以信息化带动工业化、以工业化促进信息化、信息化和工业化相融合的后发优势，引发了生产方式变革，推动了经济发展方式转变，为我国在高起点上推进工业化进程提供着重要的技术支撑。我国信息基础设施水平快速跃升，全国信息通信干线光缆已达 2120 万芯公里（光缆是多芯的，其统计方法是，用芯数乘以光缆长度，称为"芯公里"），成为全球最大的信息通信网络。全国固定电话用户、移动电话用户、互联网网民人数均已居世界第一位。"十二五"时期，我国要全面提高信息化水平，加快建设宽带、泛在、融合、安全的下一代国家信息基础设施，推进经济、社会各领域信息化，进一步推动信息化与工业化的深度融合，建设信息中国。

　　城镇化是工业化和信息化的重要载体，是扩大内需特别是扩大消费需求的最大潜力所在。我国城镇化率（城镇人口占总人口的比重），1949 年为 10.6%，1978 年上升到 17.9%。"十一五"时期，我国城镇化发展很快，城镇化率由 2005 年的 43%，上升到 2010 年的 47.5%，上升了 4.5 个百分点，年均上升 0.9 个百分点（见图 1）。"十二五"期间，我国还要积极稳妥地推进城镇化，不断提高城镇化的水平和质量，增强城镇综合承载能力，预防和治理"城市病"。"十二五"期末，2015 年，城镇化率预计达到 51.5%，年均上升 0.8 个百分点。2014 年，我国城镇人口将首次超过乡村人口，这对于具有十三亿多人口的大国来说，将是一个历史性的重大变化。

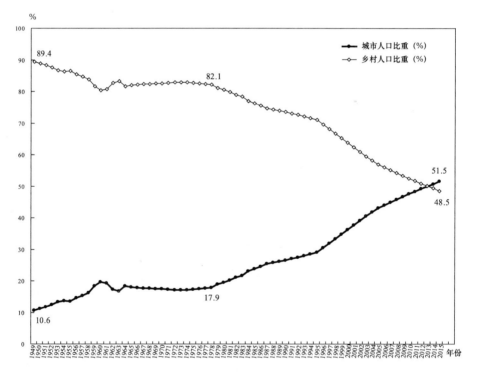

**图 1　中国城镇化率**

　　资料来源：《中国统计年鉴》（2010），中国统计出版社 2010 年版，第 95 页。"十二五"期间为预计数。

　　市场化是推动我国经济、社会发展的重要体制机制保障。改革开放三十多年来，我国已经成功实现了从高度集中的计划经济体制向充满活力的社会主义市场经济体制的伟大历史转折。市场机制的引入及其在资源配置中所发挥的基础性作用，提高了资源配置的效率，有力地推动了我国经济的快速增长。市场机制的发挥作用，是基于以公有制为主体、多种所有制经济共同发展的基本经济制度的建立和发展。以工业企业所有制结构的变化来看，在工业总产值中各种所有制企业所占的比重发生了重要变化。改革开放之初，1978年，工业企业的所有制经济类型只有两种：国有工业和集体工业。在工业总产值（当年价格）中，他们分别占77.6%和22.4%。2009年，在规模以上工业企业的工业总产值中（"规模以上"是指年主营业务收入在500万元人民币以上的工业企业），按登记注册类型分，所有制实现形式已多样化（见表2）。其中：（1）非公司制的国有企业占8.3%；（2）集体企业占1.7%；（3）股份合作企业占0.7%；（4）联营企业（含国有联营企业）占0.2%；（5）有限责任公司（含国有独资公司）占22.1%；（6）股份有限公司（含国有控股企业）占9.2%；（7）私营企业占29.6%；（8）其他内资企业占0.4%；（9）港澳台商投资企业（含合资、合作、独资）占9.5%；（10）外商投资企业（含合资、合作、独资）占18.3%。"十二五"时期，我国将进一步改革攻坚，完善社会主义市场经济体制，坚持和完善基本经济制度，在重要领域和关键环节取得改革的突破性进展，为科学发展提供有力保障。

表2　　　　　　　　　　工业总产值中各种所有制企业所占比重

单位：%

| | 按登记注册类型分 | 1978年 | 2009年 |
|---|---|---|---|
| 1 | 国有企业（非公司制） | 77.6 | 8.3 |
| 2 | 集体企业 | 22.4 | 1.7 |
| 3 | 股份合作企业 | | 0.7 |
| 4 | 联营企业（含国有联营企业） | | 0.2 |
| 5 | 有限责任公司（含国有独资公司） | | 22.1 |
| 6 | 股份有限公司（含国有控股企业） | | 9.2 |

续表

| | 按登记注册类型分 | 1978 年 | 2009 年 |
|---|---|---|---|
| 7 | 私营企业 | | 29.6 |
| 8 | 其他内资企业 | | 0.4 |
| 9 | 港澳台商投资企业（含合资、合作、独资） | | 9.5 |
| 10 | 外商投资企业（含合资、合作、独资） | | 18.3 |

资料来源：根据《中国统计年鉴》（2010），中国统计出版社 2010 年版，第 507 页数据计算。

国际化是推动我国经济、社会发展的重要外部条件。在当代，闭关自守是不能实现工业化和现代化的。对外开放已成为我国的基本国策。三十多年来，我国已经形成全方位、多层次、宽领域的对外开放格局，有力地推动了我国经济、社会的迅速发展。"十二五"期间，我国将实行更加积极主动的对外开放战略，不断提高对外开放水平，继续稳定和拓展外需，加快转变外贸发展方式，拓展新的开放领域和空间，坚持"走出去"和"引进来"相结合，利用外资和对外投资并重，培育参与国际经济技术合作与竞争的新优势。提高利用两个市场、两种资源的能力，推动外贸发展从规模扩张向质量效益提高转变，从低成本优势向综合竞争优势转变。

**（二）除以上的长期向好趋势外，当前我国经济发展还有一系列有利条件**

1. 从需求面看，我国市场潜力巨大。

"十一五"期间，我国人均国内生产总值从 1700 美元提高到 4000 美元。到"十二五"期末，按 2010 年价格计算，人均国内生产总值预计超过 4 万元人民币；若按 1 美元等于 6.5 元人民币计算，将超过 6000 美元。对于地域辽阔且拥有十三亿多人口的大国来说，人均收入水平的提高将提供广阔的内需市场，将有力地推动我国需求结构及相应产业结构的升级。

2. 从供给面看，我国资金供给充裕，科技和教育水平整体提升，劳动力素质提高，基础设施日益完善。

资金供给充裕。我国拥有不断增强的财政实力、较为宽裕的信贷资金和较为充足的外汇储备，以保证经济、社会发展的资金供给。我国经济的平稳较快发展，为财政收入的稳定增长奠定了税源基础。全国财政收入保持了较强劲的增势。"十一五"期间，我国财政收入连续快速增长，从2005年的3.16万亿元增加到2010年的8.31万亿元，年均增长21%。财政收入的增加，对于推动发展方式转变和经济结构调整，促进城乡统筹和区域协调发展，实现基本公共服务均等化、保障和改善民生提供了坚实的财力保障。我国金融机构人民币各项存款余额，2005年为28.7万亿元，2010年达到71.8万亿元，其中，城乡居民储蓄存款达到30.3万亿元。2010年，我国国家外汇储备已超过2.8万亿美元，连续5年居世界第一位。

科技和教育水平整体提升，劳动力素质提高。我国自主创新水平提高，科技实力显著提升。我国全社会研究与试验发展经费支出总量，按当前汇率计算，已居世界第四位。研究与试验发展经费支出占国内生产总值的比重，在"十一五"时期由1.3%上升到1.8%，到"十二五"期末预计进一步上升到2.2%。截至2009年，我国科技人力资源总量达5100万人，跃居世界第一位。我国发明专利授权量，2009年达12.8万件，比2005年增长142%，居世界第三位，而且国内发明专利授权量首次超过国外在华授权量。2010年，我国发明专利授权量又上升到13.5万件。我国的国际专利申请量，2010年突破1.2万件，已跃居世界第四位。在前沿技术研究领域，我国科技成果取得众多突破，部分成果已达到国际领先水平。我国自主研制的千万亿次高效能计算机"天河一号"，运算性能达到世界第一。载人航天和探月工程取得重大进展，神舟系列飞船发射成功，使我国成为世界上第三个掌握空间出舱活动技术的国家。嫦娥一号、嫦娥二号相继发射成功，使我国成为世界上第五个发射月球探测器的国家。教育水平整体提升。"十一五"期间，高等教育毛入学率从2005年的21%提高到2009年的24.2%，在学总规模达2979万人，居世界第一位。国民平均受教育年限，"十一五"期间由2005年的8.5年，上升到2010年的9年。高中阶段教育毛入学率由2005年的52%提高到2010年的82.5%，到2015年将进一步提升到87%。主要劳动年龄人口平均受教育年限，2009年达9.5年，2015年将达10.5年。新增劳动力平均受教育年限，2015年将达到 13.3 年。

基础设施日益完善。我国交通运输已告别了过去经常作为国民经济发展"瓶颈"的历史，成为经济、社会发展的重要支撑和先导。全国公路网总里程，改革开放之初，1980 年只有 88.8 万公里，到 2010 年年底达到 398.4 万公里，已跃居世界第二位。高速公路通车里程由 2005 年的 4.1 万公里扩展到 2010 年的 7.4 万公里。港口和集装箱吞吐量连续 7 年保持世界第一。"十二五"时期，进一步统筹各种运输方式发展，基本建成国家快速铁路网和高速公路网，构建网络设施衔接完善、技术装备先进适用、交通服务安全高效的综合交通运输体系。

3. 从政策面看，我们党和政府宏观调控与应对重大挑战的能力明显增强，社会大局保持稳定。

"十一五"时期，面对国内外环境的复杂变化和重大风险挑战，诸如防止国内经济增长过热，应对国际金融危机的巨大冲击，战胜四川汶川特大地震等重大自然灾害，我们党和政府团结带领全国人民，沉着应对，果断决策，保持了经济平稳较快发展的良好态势，维护了社会大局的稳定，积累了弥足珍贵的经验。从宏观调控方面说，主要经验有：一是必须坚持科学发展，加快经济发展方式转变；二是必须坚持政府调控与市场机制有机结合，在充分发挥市场配置资源的基础性作用的同时，注重发挥我国社会主义制度决策高效、组织有力、集中力量办大事的优势；三是必须坚持统筹国际国内两个大局，把扩大内需作为长期战略方针，同时实行互利共赢的开放战略；四是必须坚持把改革开放作为推动经济、社会发展的根本动力；五是必须坚持发展经济与改善民生相统一，让全体人民共享改革发展成果；六是必须坚持发挥中央和地方两个积极性，形成共克时艰的强大合力。这些宝贵经验对于我们继续前进具有深远意义。保持社会大局稳定是我国经济、政治、社会、文化等一切事业发展的重要保证。针对我国当前阶段正值经济体制深刻变革、社会结构深刻变动、利益格局深刻调整、思想观念深刻变化的新情况，党和政府始终高度重视加强和创新社会管理，化解社会矛盾，应对社会风险，做好新形势下群众工作，促进了社会和谐，保障了广大人民安居乐业，为全面建设小康社会奠定了基础。

## （三）国内经济走势总体上有利于我国发展，但我国发展中不平衡、不协调、不可持续的问题依然较多

这些问题具体有：在人民群众最为关注的方面，收入分配差距较大，物价上涨预期较强，房价涨幅居高难下，"城市病"日趋凸显；在经济发展方面，经济增长的资源环境约束更加强化，投资与消费关系的失衡难以在短期内矫正，城乡和区域发展还不协调；在体制机制方面，制约科学发展的体制机制障碍依然较多，科技创新能力总体上还不强。

总之，"十二五"时期，我们既面临难得的历史机遇，也面对诸多可以预见和难以预见的风险挑战。我们要善于科学判断和准确把握国内外发展大势，充分利用一切有利条件，有效解决突出矛盾和问题，继续抓住和用好我国发展的重要战略机遇期，为夺取全面建设小康社会新胜利、推进中国特色社会主义伟大事业而努力奋斗。

### 参考文献

《中共中央关于制定国民经济和社会发展第十二个五年规划的建议》，《人民日报》2010 年 10 月 28 日。

温家宝：《政府工作报告——二〇一一年三月五日在第十一届全国人民代表大会第四次会议上》。

刘树成：《中国经济增长与波动 60 年——繁荣与稳定Ⅲ》，社会科学文献出版社 2010 年版。

刘树成：《2010 年中国经济走势特点与"十二五"时期经济增速分析》，载《2011 年中国经济形势分析与预测》，社会科学文献出版社 2010 年版。

国家统计局：历年《中国统计年鉴》，中国统计出版社。

IMF：World Economic Outlook Database.

（原载经济蓝皮书春季号《中国经济前景分析——2011 年春季报告》，
社会科学文献出版社 2011 年版）

# 2011 年和"十二五"时期中国经济增长与波动分析

2007 年以来，我国经济运行态势表现出四个阶段的变化，由 2007 年的高位偏快，转为国际金融危机冲击时的大幅下滑，随后转向有效应对国际金融危机冲击的恢复性大幅回升，又进一步转向新一轮合理的适度增长区间。具体分析，2011 年和"十二五"时期我国经济走势可能会呈现以下六大特点：

1. 从经济周期波动的态势看，2011 年和"十二五"时期，中国经济将在新一轮周期的适度增长区间内运行。

新中国成立以来，从 1953 年起，开始大规模的经济建设，进入工业化历程，到 2009 年，经济增长率（国内生产总值增长率）的波动共经历了 10 轮周期，2010 年又进入了新一轮即第 11 轮经济周期。

前 8 轮周期，可以概括为"2 + 3 = 5"周期，即周期长度一般来说平均为 5 年左右，上升期很短，往往只有短短的一两年，随后的调整回落期往往为 3 年左右，总体说来表现为一种"短程"周期。

而第 9 轮周期的长度延长到 9 年，第 10 轮周期又延长到 10 年，这两轮周期扩展为一种"中程"周期。第 9 轮周期为"2 + 7 = 9"周期，即上升和前 8 轮周期一样，只有短短两年，但回落期比较平稳，每年平均回落 1 个百分点，平稳回落了 7 年，整个周期为 9 年（图 1）。第 10 轮周期走出了一个"8 + 2 = 10"的新的良好轨迹，即上升期延长到 8 年，从 2000 年至 2007 年，经济增长率连续处于 8% 至 14% 的上升通道内，这是新中国成立以来历次经济周期波动中从未有过的最长的上升轨迹。但到 2007 年，经济增长有些偏快。2008 年，在国内经济调整和国际金融危机

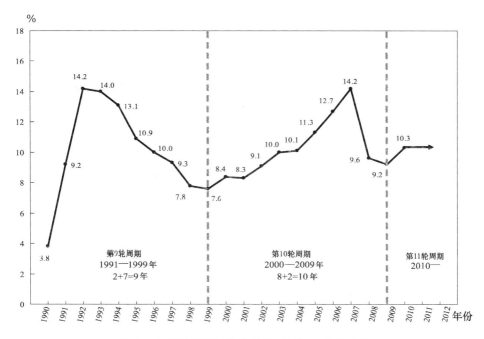

图 1　中国经济增长率的波动（1990—2010 年）

冲击的叠加作用下，经济增长率从 2007 年的 14.2% 下降到 9.6%，一年间回落了 4.6 个百分点，回落的势头较猛。在应对国际金融危机的冲击中，中国及时采取了积极的财政政策和适度宽松的货币政策，实施了"一揽子"计划，到 2009 年第二季度之后，有效遏制了经济增长急速下滑的态势，在全球率先实现经济总体回升。2009 年全年，经济增长率为 9.2%，仅比上年回落 0.4 个百分点。2010 年，经济增长率回升到 10.3%，高于 2009 年，从而进入新一轮即第 11 轮经济周期。如果宏观调控把握得好，第 11 轮经济周期有可能延续第 9、第 10 轮周期的长度，走出一个 10 年左右的"中程"周期。这样，2011 年和"十二五"时期中国经济就可能运行在新一轮周期的适度增长区间。

　　从经济增长率的季度波动来看（图 2），可以更清晰地看到，近几年来中国经济运行态势所呈现的四个阶段变化。第一阶段，2007 年各季，经济增长在 14% 左右的高位运行，显然偏快；第二阶段，2008 年至 2009 年第一季度，出现大幅下滑，一直下滑到 2009 年第一季度 6.6% 的低谷；第

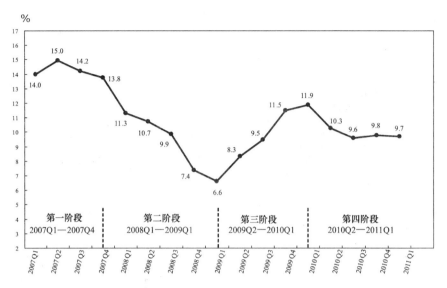

**图2 中国经济增长率的季度波动（2007年第一季度至2011年第一季度）**

三阶段，2009年第二季度至2010年第一季度，在应对国际金融危机冲击中呈现恢复性大幅回升，一直回升到2010年第一季度11.9%的高位，走出一个V形回升轨迹；第四阶段，2010年第二季度至2011年第一季度，经济增长率在向适度增长区间的回落中趋稳，2011年第一季度为9.7%。由此，中国经济运行已由应对国际金融危机冲击时大幅下滑和其后恢复性大幅回升的"非常状态"，向适度增长区间的"正常状态"转换。

2. 从基年经济增长率的位势看，起点较高，2011年和"十二五"时期继续加速上升的空间不大，宏观调控的侧重点是使经济走稳，主要防止经济增长由偏快转为过热。

"八五"时期（1991—1995年）的起点，即"八五"开始前的基年，1990年，经济增长率为3.8%，这使"八五"时期经济增长率有较大的上升空间。

"九五"时期（1996—2000年）的起点，1995年，经济增长率正在从前期高点回落至10.9%，使"九五"时期难以有上升的空间。

"十五"时期（2001—2005年）的起点，2000年，经济增长率刚开始回升，为8.4%，这使"十五"时期经济增长率有一定的上升空间。

"十一五"时期（2006—2010 年）的起点，2005 年，经济增长率已上升到 11.3%，面临经济增长由偏快转为过热的风险。

"十二五"时期（2011—2015 年）的起点，2010 年，经济增长率为 10.3%，位势较高，继续加速上升的空间不大。宏观调控的侧重点是使经济走稳，防止借"十二五"规划开局之年盲目大干快上，防止借领导班子换届之机大搞"政绩工程"，防止整个经济增长由偏快转为过热，努力保持国民经济在适度增长区间平稳运行。为此，2011 年和"十二五"时期，宏观调控首先要使经济增长率从应对国际金融危机冲击中的恢复性大幅回升，向适度增长区间平稳回落。进入 2011 年后，这一正常、平稳的回落过程却被中外一些媒体和人士解读为中国经济已处于滞胀状态，或面临滞胀风险，或将陷入"硬着陆"，经济增长率有可能降到 8% 以下，甚至说中国经济在未来三年内可能发生银行危机，等等。这种解读是不符合中国国情的。

说中国经济已经陷入或可能陷入滞胀的主要依据是两个指标：一是中国制造业采购经理指数（PMI）近两个月连续回落的情况。二是全国规模以上工业增加值月同比增长率 4 月比 3 月回落了 1.4 个百分点。

中国制造业采购经理指数，2011 年 4 月为 52.9%，比 3 月降低 0.5 个百分点；5 月为 52%，比 4 月又降低 0.9 个百分点，降至 9 个月来最低点（图 3）。从中国制造业采购经理指数 2007 年 1 月以来的波动情况看，2007 年各月处于 55% 左右的高位，2008 年 4 月达到 59.2% 的高峰；在国内经济调整和国际金融危机冲击下，由 2008 年 4 月的高峰猛降到 2008 年 11 月 38.8% 的低谷，随后回升；从 2009 年 3 月至 2011 年 5 月的 27 个月中，中间虽有几次在 51%—56% 区间的小幅波动，但是连续处于临界点（50%）以上的扩张区间。在现实经济生活中，由于各种因素的影响，经济运行过程不可能是直线上升的，有点小幅波动是正常的。不应一看到有点小幅波动就大惊小怪。

从全国规模以上工业增加值月同比增长率来看，与前面经济增长率的季度波动情况一样，近几年来也呈现出四个阶段的变化（图 4）。第一阶段，2007 年各月，工业生产增长在 18% 左右的高位运行，有些偏快；第二阶段，2008 年至 2009 年 1—2 月，出现大幅下滑，一直下滑到 2009 年

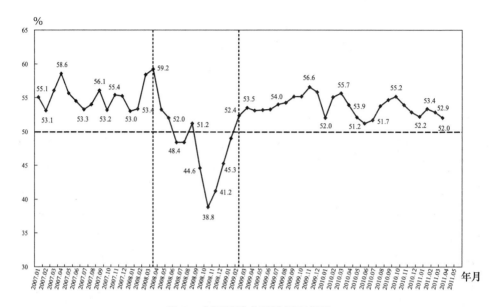

图3　中国制造业采购经理指数

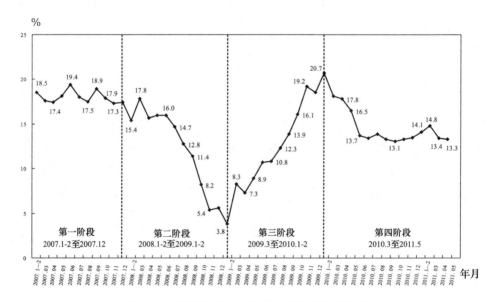

图4　全国规模以上工业增加值月同比增长率

1—2月3.8%的低谷；第三阶段，2009年3月至2010年1—2月，在应对
国际金融危机冲击中呈现恢复性大幅回升，一直回升到2010年1—2月

20.7%的高位，也走出一个 V 形回升轨迹；第四阶段，2010 年 3 月至 2011 年 5 月，工业生产增速在向适度增长区间的回落中趋稳，从 2010 年 6 月到 2011 年 5 月，已连续 11 个月保持在 13.1%—14.8%。这怎能说中国经济已经陷入或可能陷入滞胀呢。

3. 从宏观调控的首要任务看，2011 年重在稳定物价总水平，"稳物价"与"稳增长"是相辅相成的。

2011 年 1—5 月，居民消费价格月同比上涨率分别为 4.9%、4.9%、5.4%、5.3% 和 5.5%（图5）。从近 5 年来的情况看，2006 年，物价较为低稳，在 3% 以下轻微波动。2007 年，物价开始攀升，连续破三、破四、破五、破六。2007 年年底的中央经济工作会议提出"双防"：防止经济增长由偏快转为过热，防止价格由结构性上涨演变为明显通货膨胀。2008 年初，物价上冲到 8.7%，有突破 10% 的危险。随后，在应对国际金融危机冲击中，物价随经济增长率一起下降至 1.2%。2009 年，物价在大部分月份中处于负增长。2010 年下半年，物价开始攀升，破三、破四、破五。主要是从一些小品种的农产品涨价开始，民间的概括为"蒜你狠、豆你玩、姜你军、油你涨、糖高宗、苹什么、辣翻天"，等等。

关于这次物价上涨的原因和对策，笔者已有所分析（见刘树成《深刻把握经济运行态势和宏观调控新变化》，《人民日报》2011 年 1 月 10 日，第 7 版）。需要讨论的是，改革开放三十多年之后的今天，广大人民群众对物价上涨的承受度是提高了，还是降低了？笔者认为，不是提高了，而是降低了。这是因为：其一，物价上涨直接影响城乡居民特别是中低收入群体的实际生活水平。广大居民切身感受到的不是笼统的物价总水平上涨 4% 或 5%，而是其中食品类特别是粮食、蔬菜、食用油、肉类、蛋类、水果等日常生活必需品的价格，有的上涨了 10%，甚至是 20% 以上。物价上涨，对高收入者来说不算什么，对低收入者来说却加重了生活负担，因此对于业已存在的贫富差距的拉大起到加剧的作用，容易激化社会矛盾。其二，从改革开放到现在，随着经济的发展和市场化的推进，一般居民家庭多少都有了一些预防性储蓄，即备用于医疗、教育、住房、养老、失业等预防性支出的储蓄。而一旦物价上涨、货币贬值，居民储蓄将缩水，家庭资产将蒸发，这将严重影响群众的情绪，影响群众生活的安定，影响群

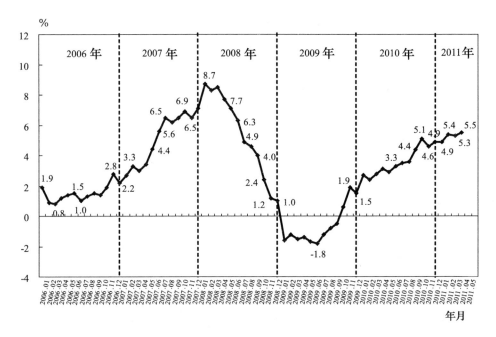

图5　居民消费价格月同比上涨率（2006年1月—2011年4月）

众对政府的信任。所以，物价问题涉及千家万户，是关系民生、关系经济健康发展、关系社会和谐稳定的大局问题，绝不可轻视。在2010年年底召开的中央经济工作会议提出，保持物价总水平基本稳定，是当前和今后一个时期宏观调控最紧迫的任务，要"把稳定价格总水平放在更加突出的位置"。在2011年3月5日的《政府工作报告》中进一步提出，"要把稳定物价总水平作为宏观调控的首要任务"。

对于今年内的物价走势，主流观点认为，由于2010年物价走势是前低后高，再加上翘尾因素的影响，今年可能会是前高后低，经过努力，实现4%左右的物价调控目标是有一定把握的。笔者也同意这样的一个基本判断。但是，还要考虑到一些不确定性因素的影响。如果一些不确定性因素的作用比预计的强，那么今年的物价走势也有可能仍然会是一个前低后高的状况。当然，我们不希望出现这种状况，但我们对一些不确定性因素绝不可掉以轻心。从今明两年看，这些不确定性因素主要有三个：

一是经济增长态势。今明两年经济增长会不会出现偏快或过热的情况？改革开放以来历次物价上涨，跟需求面即经济增长过热的拉动关系密切，而这次物价上涨的一个新特点是，我国的经济增长速度并没有像过去那样过高。在经济增长速度还没有明显高企、经济没有明显偏快或过热的情况下，物价却开始攀升。到现在，大部分中外经济专家都预测 2011 年中国经济增长率要低于 2010 年，大约在 9.5%。笔者也基本同意这个预测。但是我们并不排除今明两年我国经济增长仍然可能会出现偏快问题。这主要是考虑到各级领导班子换届，再加上"十二五"规划开局，各地"大干快上"的热情很高。因此，当前"稳物价"与"稳增长"的任务是相辅相成的。

二是农业自然灾害因素。我国已连续 7 年粮食增产。今年，如果自然灾害特别是旱灾严重的话，将会影响到粮食丰收，会助推物价上涨。

三是国际因素。如国际上原油价格、原材料价格、农产品价格走高的话，输入型通货膨胀的压力就会加大。

除以上三个不确定性因素外，我们还要关注和警惕工资上涨与物价上涨的螺旋式攀升问题。这涉及菲利普斯曲线关系问题。菲利普斯曲线有三种表达方式：

第一种是 1958 年当时在英国从事研究的新西兰经济学家 A. 菲利普斯本人最早提出的原始的曲线，其纵轴是工资上涨率，横轴是失业率，主要关注的是工资上涨与失业之间的关系。

第二种是 1960 年美国经济学家萨缪尔森和索洛改造过的菲利普斯曲线，其纵轴由工资上涨率改变为物价上涨率，横轴仍然是失业率。之所以可用物价上涨率代替工资上涨率，是因为当时在美国，物价上涨主要源于工资上涨，即源于劳动成本的上升。

第三种也就是我们现在常见的一种，其纵轴仍然是物价上涨率，横轴则由失业率改变为经济增长率缺口，即现实经济增长率与潜在经济增长率之间的缺口。之所以可用经济增长率缺口代替失业率，是因为 1962 年美国经济学家奥肯提出了经济增长率缺口与失业率之间的数量关系，被称为奥肯定律。

这样，原始的菲利普斯曲线中，其纵轴工资上涨率被物价上涨率所代替，其横轴失业率被经济增长率缺口所代替。

我国现在推动物价上涨的因素中，越来越多地涉及工资成本的上涨了，这又回到了原始菲利普斯曲线的纵轴指标。而我国在 1997 年以来，物价保持了十几年的低稳状态，与经济增长率被控制得没有出现严重过热状态有关，同时，也与劳动成本较低、工资上涨缓慢有关。因此，过去在研究菲利普斯曲线关系时，没有更多地关注物价上涨与工资上涨的关系。而现在，我国廉价劳动力的时代已经结束了。今后，物价上涨与劳动成本上涨的关系更紧密了。现在，许多地方提出居民收入增长或职工工资增长与经济增长同步，有的提出五年内工资翻番计划。这需要密切关注和跟踪，警惕工资与物价的螺旋上升。

4. 从宏观调控的政策组合看，积极的财政政策与稳健的货币政策相搭配。

2010 年 12 月召开的中央经济工作会议，根据国内外经济形势的新变化，对宏观调控两大主要政策的取向和搭配进行了调整，即继续实施积极的财政政策，而货币政策则由"适度宽松"转为"稳健"（见图 6）。之所以继续实施积极的财政政策，就是要发挥财政政策在稳定经济增长、调整经济结构、调节收入分配、促进社会和谐等方面的重要作用。但与前两年有所不同的是，随着经济运行态势的变化，积极财政政策的规模和重点要有所调整，力度有所微调。货币政策由"适度宽松"调整为"稳健"，是宏观政策取向的一个重要变化，是由应对国际金融危机冲击时的"非常状态"，向经济稳定增长的"正常状态"回归。由"适度宽松"转为"稳健"，一方面，适当收紧了货币信贷，这主要是为了应对国际流动性严重过剩，应对国内物价上涨压力、抑制资产价格泡沫、稳定通胀预期；另一方面，转为"稳健"也就是转为"中性"，并不是转为"紧缩"，还要更好地服务于保持经济平稳较快发展。

财政政策和货币政策作为宏观调控的两大主要政策工具，自 20 世纪 90 年代初以来，随着我国社会主义市场经济体制的逐步建立和发展，随着我国经济运行态势和国际经济形势的不断变化，在其取向和搭配上已有 6 次变换（见图 6）。

第一次，双紧型搭配。从 1993 年下半年开始，针对当时经济运行中出现的经济过热和严重通货膨胀情况，采取了适度从紧的财政政策和适度

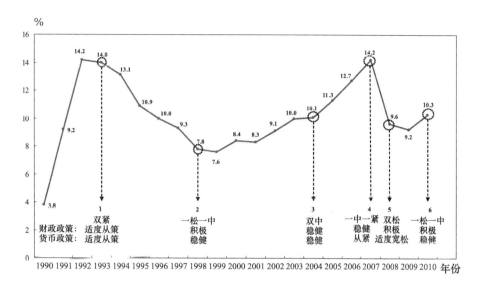

**图 6  财政政策与货币政策的松紧搭配**

从紧的货币政策，使我国经济运行在 1996 年成功地实现了"软着陆"，有效地治理了经济过热和严重的通货膨胀。从 1993 年下半年至 1998 年上半年，这一政策搭配共实行了约五年。

第二次，一松一中型搭配。为了应对 1997 年爆发的亚洲金融危机的冲击，以及克服国内需求不足并防止通货膨胀再起，从 1998 年年中开始，宏观调控两大政策均转换了方向。适度从紧的财政政策转为放松性、扩张性的积极财政政策，适度从紧的货币政策转为松紧适度的、中性的稳健货币政策。积极的财政政策有利于扩大总需求，促进经济增长，防止经济下滑。稳健的货币政策既保证了对经济发展的必要支持，又防止了盲目放松银根，有利于防范金融风险；既抑制了通货紧缩，又防止了通货膨胀卷土重来。从 1998 年年中至 2004 年，这样的政策搭配共实行了约六年半，在进入新世纪之时，推动我国经济进入了新一轮经济周期的上升阶段。

第三次，双中型搭配。进入新世纪后，为了防止经济在回升中的偏热趋向，从 2005 年开始，积极的财政政策转向了松紧适度的稳健财政政策，货币政策继续实行松紧适度的稳健货币政策，至 2007 年，实行了约三年。由此，使我国经济连续保持了平稳较快增长。

第四次，一中一紧型搭配。2007 年 12 月初，中央经济工作会议提出"双防"，要把防止经济增长由偏快转为过热、防止价格由结构性上涨演变为明显通货膨胀作为宏观调控的首要任务。在"双防"任务下，继续实行稳健的财政政策，而稳健的货币政策则转向较为严厉的从紧的货币政策。2008 年上半年实行半年后，又转入应对国际金融危机冲击。

第五次，双松型搭配。2008 年下半年开始，为了应对美国次贷危机转化为国际金融危机的冲击，宏观调控两大政策都转换了方向。财政政策由"稳健"转为"积极"，货币政策由"从紧"转为"适度宽松"。这是 20 世纪 90 年代初以来，两大政策首次实行双松型搭配。至 2010 年，实行了约两年多，使我国在全球率先实现经济形势的总体回升向好。

第六次，即最近一次，一松一中型搭配。两年多来，在应对国际金融危机冲击的过程中，我国经济运行已由增速大幅下滑转向总体回升向好，又进一步转向新一轮的正常增长阶段，根据国内外经济形势的新变化，财政政策继续保持"积极"，而货币政策转为"稳健"。

在丰富多变的实践中，我国宏观调控的水平不断提高，应对能力不断增强，为保持经济平稳较快发展提供了有力的政策支撑。

5. 从潜在经济增长率看，"十二五"时期，在以加快转变经济发展方式为主线的背景下，适度经济增长区间可把握在 8%—10%，潜在经济增长率的中线可把握在 9%。

我们课题组利用趋势滤波法和生产函数法，根据我国改革开放以来的有关数据进行了计算，得出：1979—2009 年，我国适度经济增长区间可视为 8%—12%，潜在经济增长率中线为近 10%。改革开放以来我国经济的高速增长，也付出了很大的代价，主要表现为粗放型的经济增长方式。粗放型的经济增长方式可概括为"三高五低"：高能耗、高物耗、高污染；低劳动成本、低资源成本、低环境成本、低技术含量、低价格竞争。由此，带来经济生活中的一系列结构性矛盾，主要是：（1）内需与外需不均衡；（2）投资与消费比例不协调；（3）收入分配差距较大；（4）第一、二、三次产业结构不合理；（5）科技创新能力不强；（6）城乡、地区发展不平衡；（7）经济增长的资源环境约束强化；（8）经济发展与社会发展不协调等。这种粗放型的经济增长方式和一系列结构性矛盾，使我国今后的经济发展受到能源、矿产资源、土地、水和生态环境的严重制约，受到各种成本上升的影响，受到国内消费需求狭窄的限制，受到国际上经济、金融等风险的冲击。所以，在"十二五"时期，转变经济发展方式刻不容缓。在此背景下，"十二五"时期，适度经济增长区间的上限可下调两个百分点，即适度经济增长区间可把握在 8%—10%，潜在经济增长率中线可把握为 9%。这对宏观调控的政策含义是：当实际经济增长率高出 10% 时，就要实行适度的紧缩性宏观调控政策；当实际经济增长率低于 8% 时，就要实行适度的扩张性宏观调控政策；当实际经济增长率处于 8%—10% 的区间时，可实行中性的宏观调控政策。

6. 从经济增长的动力看，人均收入水平的提高、城镇化的推进、产业结构的调整升级，是"十二五"时期的重要动力源。

"十二五"时期，我国将发生两大历史性变化：一是按照世界银行的标准，我国人均国民总收入将由中低收入组进入中高收入组；二是我国城镇人口比重将超过 50%。这将为"十二五"时期扩大内需特别是扩大消费需求、促进需求结构和产业结构优化升级提供重要动力。

"十一五"期末，2010 年，我国 GDP 总量达到 39.8 万亿元人民币，按国际货币基金组织的换算，为 5.745 万亿美元。该年，日本 GDP 总量为 5.39 万亿美元。中国经济总量超过日本，成为世界第二大经济体。该年，美国 GDP 总量为 14.624 万亿美元，是中国的 2.55 倍，中国为美国的 39%。"十一五"时期，GDP 年均增长率，原规划为 7.5%，实际执行结果为 11.2%。从人均 GDP 看，"十一五"时期，由 2005 年人均 14185 元人民币上升到 2010 年人均 29748 元人民币（大约从 1700 美元上升到 4000 美元）。人均 GDP，"十一五"原规划年均增长 6.6%，实际增长 10.6%。

按"十二五"规划，在全面提高质量和效益的基础上，国内生产总值年均增长 7%。按 2010 年价格计算，2015 年 GDP 总量将达到 55 万亿元人民币。按国际货币基金组织的预测，到 2015 年，中国 GDP 总量将达 9.98 万亿美元，美国将达 18 万亿美元。美国是中国的 1.8 倍，中国为美国的 55%，即超过美国 GDP 总量的一半。到 2015 年，中国人均 GDP 将达到 3.96 万元人民币，若按 1 美元等于 6.5 元人民币计算，将超过 6000 美元。

图 7 绘出了世界银行数据库中国人均国民总收入从 1962—2010 年

的增长情况。2011—2015 年是根据"十二五"规划的推算。1962 年，中国人均国民总收入为 70 美元，在世界处于低收入组。到 1978 年改革开放之初，上升到 190 美元。到 1998 年上升到 790 美元，进入中低收入组。在跨进新世纪之初，突破人均 1000 美元。"十一五"时期，从人均 1760 美元上升到 4050 美元。在"十二五"时期第一年，2011 年，预计人均达到 4450 美元，开始进入"中高收入组"。

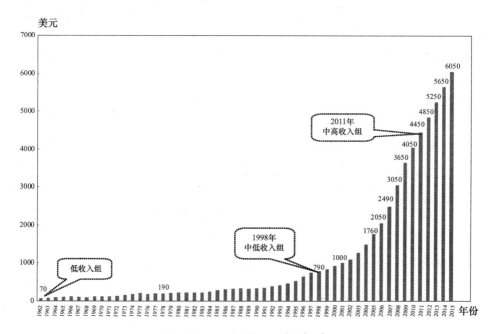

**图7　中国人均国民总收入（1962—2015 年）**

从居民收入看，"十一五"时期，我国城镇居民人均可支配收入由 2005 年 10493 元人民币，上升到 2010 年 19109 元人民币。"十一五"原规划年均增长 5%，实际增长 9.7%。农村居民人均纯收入由 2005 年 3255 元人民币，上升到 2010 年 5919 元人民币。"十一五"原规划年均增长 5%，实际增长 8.9%。在"十二五"规划中，提出"两个同步、两个提高"：努力实现居民收入增长和经济发展同步、劳动报酬增长和劳动生产率提高同步，逐步提高居民收入在国民收入分配中的比重，提高劳动报酬在初次分配中的比重，加快形成合理的收入分配格局。按照"十二五"规划，城镇居民人均可支配收入将由 2010 年 19109 元人民币, 上升到 2015 年大于 26810 元人民币, 年均增长大于 7%。农村居民人均纯收入将由 2010 年 5919 元人民币, 上升到 2015 年大于 8310 元人民币, 年均增长亦大于 7%。

关于城镇化的推进。我国城镇化率(城镇人口占总人口的比重, 见图 8), 1949 年为 10.6%, 1978 年上升到 17.9%。"十一五"时期, 城镇化率由 2005 年的 43%, 上升到 2010 年的 47.5%(按照 2010 年第六次全国人口普查的最新数据, 城镇化率为 49.68%, 乡村人口比重为 50.32%)。"十二五"期间, 我们还要积极稳妥地推进城镇化, 不断提高城镇化的水平和质量, 增强城镇综合承载能力, 预防和治理"城市病"。按"十二五"规划, 到 2015 年, 城镇化率要达到 51.5%。"十二五"期间, 我国城镇人口将首次超过乡村人口, 这对于具有十三亿多人口的大国来说, 将是一个历史性的重大变化。

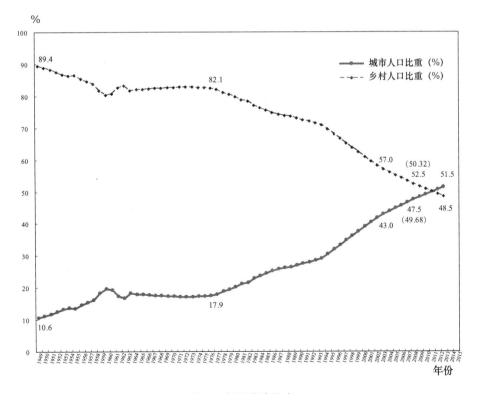

图 8 中国城镇化率

关于产业结构的调整升级。"十二五"时期，我国产业结构将有重要变化，这包括：加快发展现代农业，改造提升制造业，培育发展战略性新兴产业，推动能源生产和利用方式变革，构建综合交通运输体系，全面提高信息化水平，推进海洋经济发展，推动服务业大发展，加快发展文化产业（见表1）。这将为"十二五"时期我国经济发展注入新的动力。

表1                      "十二五"时期产业结构调整

| | 相关产业 | 主要内容 |
|---|---|---|
| 1 | 加快发展现代农业 | 保障国家粮食安全作为首要目标 |
| 2 | 改造提升制造业 | 发展先进装备制造业，调整优化原材料工业，改造提升消费品工业，促进制造业由大变强 |
| 3 | 培育发展战略性新兴产业 | 节能环保产业、新一代信息技术产业、生物产业、高端装备制造、新能源产业、新材料产业、新能源汽车 |
| 4 | 推动能源生产和利用方式变革 | 构建安全、稳定、经济、清洁的现代能源产业体系 |
| 5 | 构建综合交通运输体系 | 按照适度超前原则，统筹各种运输方式发展，基本建成国家快速铁路网和高速公路网，初步形成网络设施配套衔接、技术装备先进适用、运输服务安全高效的综合交通运输体系 |
| 6 | 全面提高信息化水平 | 加快建设宽带、融合、安全、泛在的下一代国家信息基础设施 |
| 7 | 推进海洋经济发展 | 海洋油气、运输、渔业、旅游、海洋生物、海水综合利用、海洋工程装备制造 |
| 8 | 推动服务业大发展 | 生产性服务业、生活性服务业 |
| 9 | 加快发展文化产业 | 推动文化产业成为国民经济支柱性产业 |

**参考文献**

《中华人民共和国国民经济和社会发展第十二个五年规划纲要》，《人民日报》2011年3月17日。

中国社会科学院经济研究所宏观经济调控课题组（执笔张晓晶、汤铎铎、刘树成）：《宏观调控目标的"十一五"分析与"十二五"展望》，《经济研究》2010 年第 2 期。

刘树成：《2010 年中国经济走势特点与"十二五"时期经济增速分析》，载经济蓝皮书《2011 年中国经济形势分析与预测》，社会科学文献出版社 2010 年版。

刘树成：《深刻把握经济运行态势和宏观调控新变化》，《人民日报》2011 年 1 月 10 日。

刘树成：《"十二五"时期我国面临的国内外环境分析》，载经济蓝皮书春季号《中国经济前景分析——2011 年春季报告》，社会科学文献出版社 2011 年版。

（原载《经济学动态》2011 年第 7 期）